KB131982

아는 와이프

1

내
생
애
단
한
번
의
if

아는와이프

arte POP

⊘ 일러두기

1   이 책은 2018년 8월 1일부터 9월 20일까지 tvN에서 방영된 수목드라마
     〈아는 와이프〉의 대본을 엮어 만든 것입니다.

2   양희승 작가의 드라마 대본 집필 형식에 맞춰 편집했습니다.

3   인물들의 대사는 그 느낌을 살리기 위해 최소한의 수정만 하였으니, 한글
     맞춤법에 맞지 않더라도 양해 바랍니다.

4   화면에 인물이 등장하지 않고 목소리만 들리거나(전화 통화, 회상) 직접 소
     리 내어 연기하지 않는(독백, 생각) 대사들은 인물 이름에 (주혁), (우진) 식
     으로 괄호 처리했습니다.

5   말줄임표, 마침표, 느낌표 등은 최대한 통일하였으나, 상황 묘사가 극적
     일 때는 그에 맞는 느낌을 살렸습니다.

6   이 대본집은 방송 전 작가가 집필한 원고로, 편집/연출에 의해 방송된 영
     상물과 다소 차이가 있습니다.

(E)   효과음

(M)   배경 음악

(C.U)   close up. 카메라가 피사체를 화면에 크게 확대해 나타내는 것

(f.o/f.i)   fade out/fade in. 화면이 점차 희미해지다/화면이 점차 밝아지다

(s.s)   subtitles, 자막이라는 뜻으로 S로 표현하기도 함

(diss)   화면이 서로 겹치듯 맞물려 장면 전환 되는 것

팬   화면 전체를 상/하 혹은 좌/우로 움직인다는 뜻

사람은 누구나 지나간 시간과 선택에 대한 미련을 가지고 있습니다. 그 미련으로 인해 또는 처음 사랑할 때의 뜨거움을 망각한 탓에 가장 가까운 사람에게 오히려 소홀해지기 마련이죠. 모든 부부들의 문제 역시 이것에 기인한다고 생각합니다.

〈아는 와이프〉는 평범한 남자가 한순간 저지른 잘못된 선택에 대해 이야기합니다. 그의 파멸과 극복, 성장을 통해 '지금 당신 곁의 그 사람에게 최선을 다하라'는 메시지를 전하고 싶어 기획한 드라마입니다. 그 과정에서 몇몇 시행착오로 인해, 또는 보는 이의 상황에 따라 불편함도 있으셨겠지만, 목표 지점이 확고했기에 반성과 자위를 반복하며 들끓는 여름을 버텼습니다.

그 지난한 과정에서 함께 공감해주고 응원을 아끼지 않으신 애청자분들, 무엇보다 놀라운 열정과 집중력으로 최선의 주혁과 우진을 만들어주신 지성, 한지민 배우님 외 모든 배우님들, 동병상런 파트너 이상엽 감독님 외 모든 스태프분들, CJ 관계자 모두 깊은 애정을 담아 감사드립니다.

우리는 모두 그 누군가의 '아는 그 사람'입니다.

_〈아는 와이프〉작가 양희승

차례

차 주 혁

적당한 학력과 적당한 직장, 적당하기 어렵다는
허세도 '아리가또'도 적당히 할 줄 아는 지극히 평범한 30대 남자.
그러나 직장 생활, 결혼 생활 무엇 하나 순탄한 게 없다.

1차 KCU 은행 가현점 대부계 대리. 괴물로 변해버린 와이프 서우진을 악처라 여긴다.

2차 첫사랑에 성공, 이혜원과 결혼해 재벌가 사위가 된다. 여전히 은행원.

3차 나는 모든 여자의 불행. 혼자 살겠다며 걷고, 걷고, 또 걷는다. 우진을 다시 만나기
전까지는…. 역시 KCU 은행 가현점 차 대리다.

서 우 진

어릴 때부터 지금까지 직진본능에, 까불기 좋아하는 화끈한 캐릭터.
떡볶이와 돈가스를 좋아한다.
항상 밝고 잘 웃던 아이가 독박육아,
맞벌이 생활에 찌들어 무서운 아줌마가 되었다.

1차 집에서는 두 아이의 엄마, 바깥일도 한다. 본인도 괴팍하게 변해버린 자신이 싫다.

2차 밝고 씩씩한 싱글. KCU 은행 글로벌경영팀에서 일하다가, 아픈 모친을 돌보기 위해
집과 가까운 가현점으로 이동 신청을 한다. 기억은 사라졌지만 유부남인 차주혁에
게 마음이 가 당황스럽다.

3차 이번에는 스스로 시간을 돌렸고, 주혁의 마음도 돌려놓기 위해 무조건 직진!

윤 종 후

차주혁의 절친.
입사 때부터 항상 붙어 다녀 서로 모르는 게 없을 정도다.
다정다감, 쾌활한 성격, 센스까지 겸비해 주변 모든 이들과 잘 지낸다.

1차 차주혁의 입사 동기이자, 절친. 첫사랑에 성공해 결혼하고 쌍둥이 딸을 낳았다.

2차 여자 친구가 유학 가는 날, 차주혁에게 택시를 새치기 당한다. 그 나비효과로 첫사
랑을 놓치고 30대 중반까지 화려한 싱글로 살고 있다. 본사에서 가현점으로 온 서
우진을 마음에 두고, 그녀에게 정착하려 한다.

3차 차주혁이 안 탄 택시 잘 타고 첫사랑과 결혼. 역시 쌍둥이를 낳고 딸바보로 산다.

이 혜 원

JK그룹의 외동딸. 첼로를 전공했다.
머리부터 발끝까지 '있는 집 딸' 포스가 철철 흐른다.

1차 차주혁의 대학시절 첫사랑. 대학 내에서 여신급 존재다. 졸업 후 오랜만에 주혁과
     마주치고 "좋아했었다"는 한 마디로 그의 마음을 흔들어놓는다.

2차 차주혁의 와이프. JK그룹의 외동딸이자, 음대 시간 강사. 취미는 돈 쓰기, 특기는 싫
     은 일 안 하기.

3차 차주혁의 대학 후배. 주혁의 철벽 방어에 당황하지만 주혁에게는 추억일 뿐이다.

내 침대에는 나를 이기는

───

괴물이 산다

컷1. 서울 도심 전경 (밤)

빌딩 숲, 바쁘게 오가는 사람들, 도로 위 빽빽한 차들…. 건물 외벽 옥외 전광판에는 저녁 뉴스를 전하는 앵커의 모습이 보인다.

컷2. 어느 한적한 도로 (밤)

하늘에 떠 있는 달. 살짝 두 개로 분할됐다가 다시 한 개로 겹쳐지고…. (부감) 노후되어 보이는 무인 톨게이트를 지나는 자동차 한 대. 통과 후 속도 빨라지나 싶더니 공간 속으로 감쪽같이 훅 사라진다.(C.G)

(주혁)   이 세상은 참 이상한 일 천지다.

컷3. 도심의 도로 (낮)

요란한 굉음과 함께 어마무시한 속도로 질주하는 검은 세단. 차

선을 지그재그로 위험하게 오가며 앞선 차들을 추월해 가고 있다. 전방에 보이는 '인천공항 10km' 표지판. 시간이 없다는 듯 점점 더 속도를 올리며 광란의 질주를 하는 세단.

(주혁)　자연산 여름 딸기보다 비닐하우스에서 만든 겨울 딸기가 맛있고, 한겨울에 개나리꽃이 핀다. 10원짜리 동전 하나를 만드는 데 30원의 돈이 들어가는가 하면, 사람들이 찾아가지 않은 휴면 금융 재산이 1조 4천억이 넘는다고 한다.

컷4. 차 안 (낮)

셔츠와 넥타이 풀어헤치고, 머리 흐트러진 채 운전대 잡고 있는 주혁. 핏대를 곤두세우고 거칠게 운전하는 모습 위로,

(환)　차량 번호 4885! 지금 인천공항에 진입했다고 합니다! 휴대폰은 꺼져 있습니다!

주혁이 시간 확인하며 속력 더 높이는데, 조수석 시트 위의 휴대폰이 울린다.
(E) 띠리리리리리리…
신경 쓰이는 듯 휴대폰 힐끗 보는 주혁. 이때, 차 앞으로 화물 잔뜩 실은 트럭이 훅 막아서자

주혁　이런 씨! (핸들 휙 꺾어 옆 차선으로 이동해 속력 높이는데)
(E) 띠리리리리리, 띠리리리리리리…
주혁　…! (휴대폰 계속 울린다. 급한 건가? 받아야 되나? 신경 쓰인다)

(E) 띠리리리리리, 띠리리리리리리리…! (벨소리가 점점 커진다. 마치 살아 있는 생명체인 양… 날 안 받으면 죽여버리겠다는 듯 울어댄다)

주혁   (아무래도 신경 쓰이는 듯, 손을 뻗어 휴대폰을 잡으려는데 안 닿는다)

그 와중에도 휴대폰 벨은 계속 시끄럽게 울어대고, 닿을 듯 말 듯 바르르 떨며 손을 뻗다가 힐끗 전방 보는데…, 갑자기 끼어드는 차 한 대. 놀라는 주혁, 급브레이크 밟지만 이미 늦었다. 주혁의 차 급정거하며 결국 앞차를 받는….
(E) 끼이익! (쿵!!!)

컷5. 도로 (낮)

앞차의 뒷범퍼와 키스 상태인 주혁의 차. 보닛에선 연기가 나고….
(E) 띠리리리리리, 띠리리리리리리… (이 와중에도 울려대는)

컷6. 차 안 (낮)

운전대에 머리 박은 채 이마에서 피를 흘리고 있는 주혁. 희미하게 눈 뜨며 조수석의 휴대폰을 노려본다.
(E) 띠리리리리리, 띠리리리리리리…

(주혁)   세상의 이상한 일들 중 최고는 바로 사랑이다. 죽을 것 같이 사랑해서 결혼했다가 죽일 것 같은 원수가 되어 산다…. 그러고 보면…,

카메라, 천천히 조수석 쪽으로 팬하며

(주혁)   살면서 만나는 수많은 적들, 그중에 가장 세고 악랄한 적은 바로….

시트 위 휴대폰 화면 삼단 줌인, 팡! 팡! 팡! 집요한 발신의 주인공 '와이프'

(M) 싸이코 OST 중 〈THE MURDER〉 + (E) 천둥소리

(주혁) 와. 이. 프. 다!

클로즈업된 휴대폰 화면 위로 피 흘리는 글씨체의 타이틀이 뜬다.

제1화 | 내 침대에는 나를 이기는 괴물이 산다

2. 아파트 외경 (밤)

자막in 사고 16시간 전.
(E) 응애애…! (집이 떠나갈 듯한 갓난아이 울음소리)

3. 주혁의 집 안방 (밤)

새벽 2시를 가리키고 있는 탁상용 시계. 더블침대 옆으로 아기침
대 나란히 붙여져 있고, 그 위로 흔들리는 모빌들, 쌓아놓은 기저
귀들, 언제라도 먹을 수 있게 대기 중인 젖병 등이 보인다.
침대 위에선 얕게 코를 고는 주혁과 세 살배기 아들, 우진이 자고
있고… 붙어 있는 아기 침대에는 10개월령 딸이 숨이 넘어갈 듯
울고 있다. 그 소리에 힘겹게 눈 뜬 우진, 손 뻗쳐 새 기저귀를 빼
내고는, 피곤해 죽겠다는 듯 눈을 반쯤 감은 채 기계적인 손놀림
으로 아기 기저귀를 갈아준다.

(컷) 이번엔 잠결에 일어난 아들이 우진을 흔든다. '쉬, 쉬이…' 하
지만 도저히 못 일어나겠는 우진. 손을 뻗어 주혁을 툭툭 친다.

우진   야…, 야아….

주혁   음…. (깰 생각이 전혀 없다는 듯 돌아누워 버리는)

우진   (끙, 할 수 없이 일어나 쉬통을 찾아 아이 옷 내리고 받쳐준다. 눈 감
은 채…) 쉬….

(컷) 응애애…!!! 또다시 넘어갈 듯 울음을 터뜨리는 갓난아이.
겨우 잠들었던 우진의 얼굴에 괴로운 기색이 스친다. 도저히 못
일어나겠다는 듯 주혁을 발로 툭툭 차던 우진. 급기야 주혁을 발
로 훅, 밀어버린다. 침대 밑으로 떨어진 주혁, 놀란 듯 벌떡 일어
나 '왜, 왜왜?!'

(컷) 아기 입에 젖병을 물린 채 꾸벅꾸벅 조는 주혁. 조준을 못해
젖병을 아기의 볼에 대고 있다. 다시 빼액!!! 하고 우는 아기. 주
혁, 놀라 눈 번쩍 뜨고, 얼른 다시 아기 입에 젖병 물리다가, 이내
또 꾸벅꾸벅 조는….

(컷) 시끄럽게 울어대는 알람 소리. 우진과 주혁, 아랑곳 않고 자
고 있다. 이래도 안 일어날 거냐는 듯 알람이 계속 울려대자 뒤척
이는 우진과 주혁. '헉…!' 동시에 눈을 뜬다. 시계를 보니 7시 45
분…!

우진/주혁 아이 씨…!/망했다! (동시에 벌떡 일어나는)

4. 주혁의 집 거실 (낮)

우진   (아직 봉두난발인 상태로 아이들 옷 입히랴, 밥 먹이랴, 어린이집 가져
갈 가방 챙기랴 정신없는데, 피곤이 얼굴에 밴 듯 시크한 표정이다.)

주혁은 주혁대로 욕실에서 고양이 세수만 하고 튀어나와 옷방으

로 허둥지둥 들어갔다가, 이내 런닝 바람으로 다시 튀어나온다.

주혁   셔츠. 셔츠, 없다 셔츠. (급하다. 빨래통에서 벗어놓은 셔츠를 하나
         집어 탁탁, 털고는 부랴부랴 주워 입는다. 머리는 아직 더듬이마냥
         뻗쳐 있다)

우진   (역시 급한) 애들 버스 놓쳤어, 데려다 주고 가면 안 돼?

주혁   (단추 끼우며) 아, 안 돼, 안 돼…. 늦었어. 오늘 늦으면 나 잘릴지
         도 몰라.

우진   (히스테릭한 말투로) 나도 늦었거든! (말하다 뛰어다니는 아들 잡으
         며) 꼬맹이 너 진짜, 가만히 못 있어? 옷을 입어야 갈 거 아냐!

주혁   (대충 옷 입고, 가방 집어 들며) 나 먼저 간다, 미안!!! (현관으로 간다)

우진   (주혁 뒤꼭지에 대고) 나 이따 단체 있어, 애들 픽업 가능해?

주혁   몰라, 상황 봐야 돼. (신발 신는다)

우진   문자 해. 안 되면 쌤한테 미리 말해야 되니까! 꼭 해라, 알았지?!

주혁   (건성으로) 어어, 알았어, 알았어. 나 가! (서둘러 나간다)

우진   문자 꼭 하라고! (소리 치는데)

주혁   (쾅! 문 닫히는 소리에 묻히고 만다)

우진   (획, 주혁이 나간 현관문을 본다. 희번덕… 살기 어린 눈동자)

5. 지하철역 내 (낮)

지하철 도착. 사람들 타고 있고, 두 계단씩 뛰어 내려오는 주혁.
코앞에서 지하철 문이 닫혀버린다.

주혁   아쒸… 이거 못 타면 **빼박** 지각인데, 씨…! (다시 뛰어나가는 모습)

6. 은행 외경 (낮)

아직 고객 출입문 쪽 셔터가 올라가 있지 않은 은행의 외경이 보인다.

7. 은행 내 객장 (낮)

아침을 여는 분주한 은행의 모습. 청원경찰인 민수가 창문 열고, 에어컨 켜고, 금고 관리자인 변 팀장이 외금고의 육중한 문 열고, 종후가 내금고에서 현금 꺼내 와 자출납 금고에 채워 넣는다. 직원들 각자 시재 챙겨 오고, 종후는 슬쩍 주혁의 시재까지 챙겨 온다.

8. 은행 앞 (낮)

땀을 비오듯 흘리며 뛰어오는 주혁, 시간 확인한다. 8시 45분. 지각이다! 아… 뛰어온 보람도 없이…. 망연자실한 주혁. 이내 뭔가 머리를 굴려보는가 싶더니 좌우를 살핀 후 자동화기기 코너 안으로 들어가 ATM기 옆에 가방과 윗옷을 두고, 쓰레기통을 뒤져 빈 컵(커피 테이크아웃용)을 하나 잽싸게 꺼낸다.

9. 은행 내 객장 (낮)

각자 자리에 앉아 객장 업무 준비 중인 직원들의 모습이 보인다. 이때 문이 열리고…. 빈 커피잔 들고 마치 벌써 출근해서 커피 한 잔 사 가지고 오는 척 연기하는 주혁. 옆자리의 종후와 눈이 마주친다. 종후의 사인, 내가 시재 갖다 났어…. 오케이, 알았어…. 자연스럽게 제자리로 가는데,

(변 팀장)	스톱, 스톱, 스토옵!
주혁	(멈칫. 아… 하필…! 눈빛 흔들리는)
변 팀장	고대로 있어, 고대로…. (다가선다. 딱 걸렸다는 표정으로 스캔하며) 그러니까 벌써 출근은 했고, 여유롭게 커피 한 잔 사 들고 들어왔다… 그 시나리오지 지금?
주혁	(일단 버텨보자) 네, 뭐… 그렇죠?

변 팀장   음… 그래? (주혁 의자 발로 틱틱 밀며) 근데 맨날 메고 다니던 그 갈색 가방은 어디 갔을까? 윗옷도 없네. 아이고, 명찰도 미처 못 다시고.

주혁   (침 꼴깍) ….

변 팀장   (시재통 보며) 시재통은 챙겨놨다…. 이건 윤종후가 커버 친 걸 거고, 그치?

종후   (얼결에) 네. (놀라) 네?

변 팀장   오케이, (주혁 보며) 차 대리 너 쓰리아웃. 내가 지각 세 번이면 인사고과 마이너스라고 이미 말했으니까 받고. 어쭙잖게 잔머리 굴린 죄, 마이너스 1점 추가 받고. 내 마음대로 1점 더 추가. 합이… 와, 어마어마하다… 야! (주혁 보며) 뭐, 불만 있냐?

주혁   … 아닙니다. 없습니다.

(직원들, 변 팀장과 주혁 힐끔거리며 분위기 싸한데) 이때, 지점장이 늘 그렇듯 업된 상태로 출근한다.

지점장   아, 좋은 아침입니다. 여러분! 아주 굿모닝!!!

직원들   오셨어요?/지점장님 나오세요?

지점장   근데 분위기 왜 이래? 우리 종친 차 대리, 아침부터 뭘 또 잘못하셨나?

변 팀장   아… 그게 아니라…. 출근이 자꾸 늦어서….

지점장   에이, 빡빡하게 아침부터. 변 팀장은 가만 보면 사람이 너무 완벽주의야. 빈틈도 좀 있고 그래야 인간적이지, 나처럼. 안 그래?

변 팀장   제가 무슨 완벽…. (뻘쭘해) 어이, 장 팀장! 오늘 환율표 TTS 확인했어? (자리로 가는)

지점장   (주혁에게 속삭인다) 내가 말했지, 정글에서 살아남으려면 일단 적의 눈에 띄지를 말라구. (찡긋하며) 어때, 오늘 끝나고 당구나 한 게임?

주혁   (간절한 척) 저야 너무 바라죠. 점장님, 리스펙, 리스펙! (엄지 내

밀면)

지점장   (주혁 등 툭툭 쳐주고 자리로 간다)

주혁   (다시 정색. 아침부터 참 버라이어티하다. 후… 한숨 내쉬는데)

종후   (주혁 툭툭 치며 가스총 가리키고, 손가락으로 옥상 가리킨다. 가스나 충전하러 가자는 제스처)

10. 은행 건물 옥상 (낮)

주혁과 종후, 가스총 들고 나온다. 주혁은 표정 완전 빗금이다.

주혁   아, 변사또 시키… 전생에 무슨 원수가 졌나, 아주 드럽게 쪼아요, 사사건건.

종후   꼬일 만하지. 별정직에서 딱, 마지막 특채 된 거까진 좋았는데, 올라가질 못하잖아, 더 이상. 부지점장은 벌써 갔어야 되는데 말야.

주혁   아, 그게 우리 탓이냐고, 지 못난 탓이지.

종후   야, 그래도 넌 지점장 있잖아. 동아줄치고는 좀 부실한 동아줄이지만도.

주혁   … 아침부터 피곤하다, 벌써. 일진이 왜 이러냐, 오늘. (가스 가는)

종후   (가스 갈며) 애 때문에 또 못 잤냐? 그래도 말 못하고 밤새 울어제끼던 시절이 그리울 때가 곧 올걸? 말 트면… 그때부턴 생지옥이야. 이건 뭐야, 이건 또 뭐야….

주혁   산 넘어 산이로구나. 에효….

종후   (가스 다 갈고 장난스럽게 총 겨눈다. 영화 〈신세계〉 흉내) 죽기 딱 좋은 날씨네. 이제라도 그 총 내려놓으면 살려는 드릴게.

주혁   지랄한다.

종후   (영화 〈아저씨〉 흉내) 내일만 사는 놈은 오늘만 사는 놈한테 죽는다. 난 오늘만 산다. (입으로) 탕!

주혁   (입으로) 피유피유! (하며 〈매트릭스〉 총 피하는 모션)

종후   어쭈. 유연성 죽이는데?

주혁	인마, 내가 이래봬도 초딩 때 꿈이 발레리노였다, 인마. 볼래? (난 간에 다리 턱 올리고 스트레칭하듯 팔 동작하면서)
종후	와… 어떻게 그게 되냐? (흉내내 보는데 안 된다) 아, 아.
주혁	야, 안 돼, 이게? 야. (다리 찢고) 야, 야. (신나서 여러 동작 해 보 이는데…. 순간 투둑, 바지 터지는 소리) … 뭐야…. 아이 씨, 진짜 씨… (울상 되며 터진 데 보면)
종후	쯔쯔… 니가 오늘 일진이 사납긴 하다이? 어떻게, 조퇴라도 할래?

11. 은행 외경 (낮)

| 주혁 | (E) 딩동 324번 고객님, 5번 창구로 오십시오. 324번 고객님. (1, 2초 사이 두고 '딩동') 325번 고객님, 5번 창구로 오십시오. |

12. 은행 내 객장 (낮)

대출계- 주혁 오른쪽 옆 창구인 환의 자리는 비어 있고….
주혁 창구로 다가서는 고객1, 자리에 앉는다.

주혁	정성을 다해 모시겠습니다, 어서 오십시오.
고객1	네… 저기 아파트 분양 대출 좀 알아보러 왔는데요…. (하는데)
고객2	(남자, 다가선다) 저기, 나 324번인데…. 화장실 갔다 왔더니 그새 불렀네?
주혁	네, 잠시만 기다려 주십시오. 이분 먼저 하고 처리해드리겠습니다.
고객2	아, 뭐야, XX. 내가 324번이라니까 뭘 기다리래, 또!
주혁	그게 아니라, 고객님이 자리를 비우셔서….
고객2	내가 괜히 자리를 비웠냐! 줄창 기다려도 안 부르니까 오줌 싸 러 갔다 온 거 아니야. 사람도 미어터지는구만, 저긴 아까부터 비 워놓고 말야. 뭐 놀러 갔냐? 고객이 니들 호구야?!

주혁	아, 옆 창구는 지금 점심시간이거든요. 저희가 교대로 점심을 먹어서….
고객2	뭔 점심을 한 시간을 처먹냐고! 아, 씨! 말하다 보니까 더 열받네. 여기 지점장 어디 있어? 지점장 나오라 그래, XX! (창구 마구 발로 차면서)
민수	(청원경찰이다, 얼른 와) 고객님, 나가서 얘기하시죠. 나가세요. (끌고 가는)
고객2	(끌려가면서도) 내가 누군 줄 알아, 니들 XX! 누군 줄 아냐고!
종후	(보며) 누군 줄 알아는 뭔 유행어도 아니고 참….
주혁	누굴까? 가끔은 진짜 궁금하더라, 난. (하곤 다시 미소 장착) 죄송합니다, 고객님. 분양 대출 상담하신다고요?

비로소 한가해진 대출계 창구.
주혁, 기지개 켜며 한숨 돌리는데, 띵, 사내 메신저 알림 울린다.

#. 인서트 -'차 대리님, 수신계 창구 넘 밀려요. 대신 좀 땡겨주세요 ㅠㅠ'

주혁	아…. (나도 귀찮은데…. 오른쪽 보며) 어이, 환. 수신 좀 땡겨.
환	저요?
주혁	너지, 그럼. 확! 신입이 빠져가지고….
환	아…, 나 지금…. (뭐라 하려는데)
주혁	해라, 토 달지 말고. 수신 애들 쩔쩔매는 거 안 보여?
환	(쳇…) 그럼 자기가 하던가…. 대신 일찍 보내줘요. 중국어 회화 있어요, 오늘.
주혁	(알았다는 듯 손 휘이휘이 저으면)
환	(딜 성사됐다, 벨 누르며) 786번 고객님, 이쪽에서 도와드리겠습니다.
(직원들)	(떼로 인사하는 소리) 이럇샤이마세!!!

13. 에스테틱 입구 (낮)

입구에 서서 단체로 들어오는 일본 관광객들을 맞이하는 직원들.
그 사이에 유니폼을 입은 우진도 껴 있다.

사장   (유창한 일본어로) 오 고쿠로 데시타? 코치라에 도죠. (오느라 고
생 많으셨죠? 이쪽 룸으로 모시겠습니다) (직원들 보며) 각각 베드
하나씩 붙고, 릴렉싱 티 먼저 준비하고.

직원들   네. (안내해 들어가며) 코치라니 나리마스!(이쪽으로 오세요)

우진   코치라니 나리마스! (안내해 들어가다가 슬쩍 휴대폰을 본다. 주혁
으로부터 아직 문자가 없다. 사장 눈치 보며 얼른 '픽업 돼, 안 돼?'
문자 치는)

14. 은행 외경 (낮)

은행 셔터문 내려져 있고

(변 팀장)   아직이야? 수신팀, 아직 못 찾았어?!

15. 은행 내 객장 (낮)

직원들, 싸한 분위기에서 시재통의 마감된 시재를 풀어 수차례
확인 중이다. 주혁 책상 위, 휴대폰 문자벨 딩동! 주혁 모른 채 수
신계 쪽을 돕는다.

향숙   (짜증) 저희 벌써 세 번째 확인 중이거든요?

혜정   다 맞다니까요!

변 팀장   사고는 났는데 사고 친 사람은 없다, 그게 말이 돼, 지금?

장 팀장   아니, 왜 변 팀장님은 우리한테만 그래요? 대부에서 로스 난 걸

수도 있잖아요.

변 팀장   정황상 우리 쪽 로스가 아니니까 그러는 거 아냐. 외화 시재가 안
         맞는데.

장 팀장   이보세요, 동기님. 아무리 그래도 업무 중엔 존대 좀 하시죠. (신
         경전 하는데)

향숙   (그제야 생각난) 맞다…! 아까 창구가 너무 밀려서 대부
        쪽으로 고객 토스했는데…. 환전 고객이었던 거 같은데.
        (말하며 주혁 쪽 보면)

주혁   (당황) 아… 그거 난 김환이한테 넘겼는데….

혜정   (환 이름 적힌 환전거래표 찾아들고) 여기요! 여기 찾았어요! 환
        씨 맞아요! 아무래도 10달러를 100달러로 착각한 거 같은데.

장 팀장   (팔짱 끼고 변 팀장 보며) 그렇다는데요, 대부계 변 팀장님?

변 팀장   아… 김환 이 시키…. 이거 사고 한번 칠 줄 알았어, 이거. 얘, 얘,
         어디 갔어. 얘?

주혁   저기… 오늘 중국어 수업 있는 날이라 좀 일찍 나갔는데….

변 팀장   뭐?! 누가 먼저 퇴근시키래, 누구 마음대로?!

주혁   저… 제가….

변 팀장   어쭈! 아주 훌륭한 콤비 났다? 사수는 지각, 신입은 민폐, 앞에서
         끌고 뒤에서 밀고, 팀웍 죽여! 야, 차 대리! 너, 김환이 대신 이 건
         수습해, 당장.

주혁   (전표 보고 휴대폰 거는, 안 받는다. 회사 번호로 건다) 네, 바나나 여
        행사죠? 거기 직원 중에 박영례 씨… 에?! (귀에서 휴대폰 떼고) 방
        금 공항으로 출발했다는데….

변 팀장   (답답) 쫓아가야지 그럼, 자식아!

주혁   (뛰어나가다가 다시 돌아오는) 팀장님… 죄송하지만 저, 팀장님
        차 좀….

16. 도로 (낮)

(프롤로그 상황의) 요란한 굉음과 함께 어마무시한 속도로 질주하는 세단. 차선을 지그재그로 오가며 앞서가는 차들을 추월하는….

17. 에스테틱 내 룸 (낮)

우진, 고객 얼굴에 팩 올리며 초조한 듯 벽걸이 시계를 본다. 7시가 다 되어가고 있다. 아니나다를까, 징, 요란하게 울려대는 우진의 휴대폰.

우진   (올 것이 왔구나…. 고객에게) 스미마셍! (양해 구하곤 얼른 손 닦고 구석으로 가 전화 받는) 네, 선생님. 죄송합니다, 제가 일이 아직 안 끝나서. 미리 말씀드렸어야 되는데 애들 아빠가 갈 수도 있을 거 같아서…. 아… 상견례요? 그러셨구나. 죄송합니다! 그럼 바로 다시 전화드릴게요, 네. (얼른 끊고 주혁에게 전화한다. 신호는 가는데 받지를 않는다. 초조하고 난감한 표정)

(사장)   그게 뭔 소리야, 우진 씨? 관리하다 말고 어딜 가?!

18. 에스테틱 입구 (낮)

사장에게 사정하고 있는 우진. 당혹스러움으로 얼굴이 벌겋다.

우진   죄송합니다, 애들 픽업할 사람이 없어서.

사장   그래서 미리 말했잖아 내가, 단체 있다고! 대책을 세웠어야지, 손님 눕혀 놓고 이게 말이 되니? 봐주는 것도 정도가 있지 말야….

우진   압니다. 근데 상황이 여의치 않아서….

사장   아, 몰라, 그 베드 끝내. 끝내고 뛰어가든지 날아가든지 해! (가는)

우진   (미치고 팔짝 뛰겠다. 다시 주혁에게 전화 거는…. 역시 안 받는다…)

순간 인내에 한계를 느끼며 훅, 치밀어오르는 우진. 호흡이 거칠
어지며 입가에 실룩실룩 경련이 일고 얼굴이 벌개지는(C.G)

(E) 우진의 거친 호흡 echo로 울리며

19. 도로 (낮→밤)

(프롤로그 상황의)

(E) 띠리리리리리… 띠리리리리리… 전화벨 울려대고

앞차의 뒷범퍼와 키스 상태인 세단. 보닛에선 연기가 나고….

차창 안으로 이마에 피 흘린 채 운전대에 얼굴 박고 있는 주혁의
모습이 보인다. 이 와중에도 계속 울려대는 전화벨.

(E) 띠리리리리… 띠리리리리…

20. 병원 응급실 외경 (밤)

구급차에서 환자 내리는 구급요원들, 나오는 의사들…. 분주한
응급실 앞.

(환)   … 대리님… 차 대리님…!

21. 병원 응급실 (밤)

이마에 반창고 붙인 채 누워 가늘게 코 골던 주혁, 번뜩 눈을 뜬다.
옆에서 환이 한심하다는 듯 주혁을 내려다보고 있다.

환   참, 속도 편하시네요. 잠이 오세요, 이 와중에?

주혁   스읍…! (침 닦고 일어나며) 내가 요새 계속 잠을 설쳐가지고….
근데 니가 어떻게….

환   어떻게요, 윤 대리님한테 호출당했죠. 팀장님 차는 수리 보내

	고, 치료비는 대리님 지갑에서 카드로 계산했어요. 제 카드가 한 도초과라.
주혁	그, 그럼 그 환전 고객은…?
환	날랐죠. 지금쯤 중국 상공 어디 날고 있을걸요. 운도 참 더럽게 좋아.
주혁	하아…. (망했다…. 고개 떨구다가 이마 상처가 당기는 듯, 아…!)
환	그러게 왜 저한테 환전은 맡기셔 가지고, 아직 익숙하지 않단 말이에요, 환전은.
주혁	(보며) 그래서… 내 탓하는 거냐, 너 지금?
환	아니 그건 아닌데, 아씨…. 학원 동기들이랑 수업 끝나고 딱 볼링 한 게임 치러 가려고 그랬는데…. 썸타는 애도 껴 있단 말이에요, 거기.
주혁	(기가 막혀) 아… 난 진짜…. 아… 니가 진짜… 아… 버겁다 버거워, 진짜….
환	(보며) 환전 차액은 점장님이 손실보전금으로 메꾸신대요. 팀장님은 완전 꼭지 돌아서…. 그럴 만하죠. 업무로스에, 고객 쫓겠다고 리스 계약서 잉크도 안 마른 차를 박살 내놨으니. 뭐랬다더라? 얼빠진 놈들. 갈아마셔도 시원찮을 놈들. 능지처참을 해서 은행문 앞에 효수를…!
주혁	야, 그만. (상처 쑤신다) 그만해, 제발!
환	전화나 한 통 하세요. 도착하면 보고는 하라셨으니까.
주혁	휴우…. (한숨 쉬며, 그래도 할 건 해야지…. 휴대폰 열다가 멈칫한다)

휴대폰 화면 C.U - 문자 순서대로

4pm '어머님이 꽃게 보내셨대. 이따 갖고 들어가.'
4:45pm '이따 애들 픽업 안 까먹었지?'
5pm '7시까지야. 늦으면 안 된다. 나도 오늘 단체 예약 있다.'

6:30pm '출발했어?'

7:05pm '어린이집 선생님 전화 왔어. 어디야? 가고 있는 거지?'

7:10pm '왜 전화 안 받아?'

7:16pm '야!!!'

7:23pm '전화 받으라고!!!'

7:44pm '… 너… 오늘 주ㄱ….'

마지막 문자, 3단으로 팡! 팡! 줌업되며

(M) 싸이코 OST 중 〈THE MURDER〉 + (E) 천둥 번개가 치는.

주혁　(!!!) 오마이갓…. 오마이갓, 오마이갓! (벌떡 일어나는)

환　어디 가세요? 제 생각엔 내일도 여기 누워 계시는 편이….

주혁　시끄러! 나 영원히 누워 있을 수도 있어, 인마. 간다! (뛰어가는)

환　아, 대리님! 확인 전화는 해주고 가셔야죠!

22. 주혁의 집 앞 (밤)

허둥지둥 뛰어오는 주혁. 집 한 번 올려다보고는 쏜살같이 뛰어
들어간다.

23. 주혁의 집 현관 앞 (밤)

계단 뛰어 올라오는 주혁. 집 현관 앞까지 뛰어가 버튼 누르려다
멈칫한다. 닥칠 일을 예견이라도 하는 듯 공포 어린 표정.

(주혁)　… 일찍이 소크라테스 형이 말했다. 양처를 얻으면 행복할 것이
고 악처를 얻으면 철학자가 될 것이다. 그래… 나는 철학자다….
철학자다…. (후… 심호흡하고는 결심이 선 듯 꾹, 꾹, 버튼 누르는)
(E) 도어락 열리는 소리

(주혁)　　나는 철학자…. (하며 현관으로 들어서는 순간! 얼굴로 퍽, 날아오는
　　　　　아이들 똥 모양 인형!) …! (멈칫, 두려움 가득한 눈으로 앞을 보면)

노기 어린 표정의 우진, 고무장갑 낀 채 주혁을 노려보고 서 있다.
한쪽에는 보행기를 탄 10개월 아기가 있고, 세 살배기 아들은 장
난감을 들고 마구 뛰어다니고 있다. 집은 아이들의 장난감과 씻
기고 정리 못한 욕조, 벗어놓은 옷들로 아수라장이 되어 있고….
식탁 위에는 스티로폼 박스 속에 꽃게가 널브러져 있다.

우진　　(노기 어린) 어딜 들어와. 뭐하러 들어와. 나가.
주혁　　(두려움 어린) 여, 여보….
우진　　(갑자기 격해진다. 각티슈, 장난감 등 잡히는 대로 던지며) 나가! 나
　　　　가라고! 꼴도 보기 싫으니까 나가! 안 나가? 내가 나갈까? 내가
　　　　나가?!
주혁　　(쩔쩔매며) 아니, 여보. 그게 아니고 오늘….
우진　　닥쳐! 한마디만 더 해, 입을 호치케스로 확 박아버릴 테니까!
주혁　　야, 그래두 남편한테 호치케스는 좀….
우진　　닥치랬다.
주혁　　아니, 일단 내 말을….
우진　　닥쳐, 닥쳐! 목소리 듣기 싫으니까 입도 뻥끗하지 말고 닥치라
　　　　고오!
　　　　(폭발하는데 입꼬리 실룩, 콧평수 넓어지며 손까지 부르르 떠는…)
　　　　(M) 싸이코 OST 중 〈THE MURDER〉 + (E) 천둥소리
주혁　　(일단 입 다문다. 우진의 분노 레벨이 거의 피크다. 이럴 땐 가만있는
　　　　게 상책이다)
우진　　(서슬 퍼런 채) 내가 오늘 얼마나 뛰었는지 알아? 차가 밀려서! 택
　　　　시 타고 가다 내려서 구두 벗어 들고 뛰었어, 미친년마냥! 어린이

집에선 쌤이 죽어라 전화해대지, 넌 죽어라고 안 받아 처먹지, 손님들은 벌써 들이닥쳤지, 나더러 어쩌라고, 어?! 문자 한 통 하는 게 그렇게 힘드니? 전화 한 통 받아주는 게 그렇게 힘들어?! 쟤들은 나 혼자 낳았니? 왜 내가 독박을 써야 되는데, 왜애애!!! (핏대 세우며 소리 지르는데 눈에서 불꽃이 파바박 튄다. C.G)

주혁   …! (흠칫 놀란다. 환각이다. 정신 차리려 고개 저어본다)

우진   (씩… 씩…. 화가 가라앉지 않은 듯 입꼬리 실룩실룩)

주혁   (눈치 보며) 알았어. 내가 잘못했으니까 일단 진정하고, 흥분 좀 가라앉히고, 어? 나도 좀 전에 부재중 전화 보고 생각나 가지고. 나도 오늘 미친놈처럼….

우진   좀 전에? 좀 전에 그걸 아셨어?! 난 미친년처럼 발 동동거리면서 손가락이 부러져라 전화해댔는데 넌 좀 전에 알았구나, 어? 흐흐… 그랬어…. 흐흐….

주혁   (소름이 오싹. 심상치 않은 기운 느끼고는 한 걸음 물러선다)

우진   (주혁 확 노려보며) 그걸 지금 말이라고 하냐, 이 개XX XXX아!!!(소리 지르며 꽂게 집게발을 집어 들어 불꽃슛을 날린다)

휘익, 바람을 가르는 소리와 함께 날아가는 집게발. (slow)
주혁의 오른쪽 뺨을 살짝 스치고는 벽에 붙은 유아용 다트판에 가 팍 꽂힌다! 정중앙이다! 100점이다! 놀라 얼음이 된 채 그 자리에 선 주혁. 오른쪽 뺨에는 피가 맺히고….
장난감 들고 뛰어다니던 아들, 엄마 대단하다는 듯 '와!' 하고 박수 친다.

25. 실내 포차 외경 (밤)

(종후)   왜 야밤에 오라가라야. 30분밖에 없어, 와이프한테 껌 산다고 하고 나왔어.

26. 실내 포차 (밤)

얼굴 처박고 허겁지겁 우동 먹고 있는 주혁. 맞은편엔 포차 사장 상식과 불려 나온 추리닝 차림의 종후가 앉는다.

상식   야, 천천히 먹어, 인마. 체한다. (종후 보며) 애 상태 왜 이러냐, 얘?

종후   에구, 냅둬라, 허기지기도 할 거다. 밑에 신입이 오늘 대박 한 건 했거든. 얘가 고객 잡으러 공항 가다가 팀장 차 확 꼴아박고, 난 리도 아니었다, 오늘.

상식   쯔쯔… 그런 거 보면 차암, 자영업이 속은 편해. 그치?

종후   직장인의 로망 아니냐. 장사는 좀 되고?

상식   되는데 이 모양이겠냐? (다른 테이블, 손님이 하나도 없다) 마음 비웠다, 나는. 어차피 이런 포차야 서민 장사인데 불황이 내가 어 쩐다고 되는 것도 아니고.

종후   난 대리 딱지나 좀 뗐음 좋겠다. 언제 회사에서 4번 타자 핵심 인 력 돼보냐.

상식   얀마, 조직이 잘 찔러 넣는 투수만 있다고 이기냐? 전체를 두루 살필 줄 아는 포수, 죽기 살기로 뛰어다니며 불 끄는 유격수도 필 요한 거야, 인마. (하는데)

주혁   하아… (한숨 쉬며 고개 든다. 이마와 뺨에 밴드가 붙어 있다)

상식/종후   (동시에 보는)

상식   야, 땅 꺼지겠다?

종후   왜 오늘 일 때문에? 야, 털어, 털어! 다 끝났잖아.

주혁   나 이혼하고 싶다.

종후   뭐?!

상식   왜, 왜왜. 제수씨 남자 생겼냐?

주혁   (진지) 아니, 너무 무서워서. 걔가 변해가는 게 무섭다, 난. 예전에 알던 귀엽고 발랄하던 그 여잔 어디 가고, 웬 괴물 하나랑 침대를 같이 쓰고 있는 거 같애.

종후   (난 또…) 야, 여자들 결혼하고 아줌마 되면 다 그래. 울 와이프도 그 연약하던 게 양팔에 쌍둥이를 안고 발로 쌀자루를 굴리더라니까. 진짜 신공 아니냐?

주혁   그 정도가 아냐, 이건. 아예… 다른 인격체가 돼버렸어.

#. 회상 1 - 주혁 집 화장실

주혁, 샤워 끝내고 머리 터는데…. 화장실 문이 벌컥 열리고, 자다 깬 듯 엉망인 몰골의 우진이 들어온다. 주혁이 민망해 수건으로 몸 가리는데, 우진이 변기 쪽으로 가더니 바지를 내리고 앉는다. 이어 들리는 졸졸졸, 소리.

주혁 눈 질끈 감는 모습

(주혁)   결혼 초엔 샤워하면서도 문 걸어 잠그고 오버를 떨던 여자가 이젠 내 앞에서 막 엉덩이를 깐다?

(상식)   야, 그건 급하면 그럴 수 있는 거 아니냐?

(주혁)   그럴 수 있지. 거기까지면 나도 이해한다. 그런데….

눈 뜨는데, 캬악… 퉤! 가래침 뱉는 우진. 다시 질끈 눈 감는 주혁의 모습

(주혁)   아저씨도 그런 부랑자 같은 아저씨가 없다. 그래, 그래도 그건 인간적인 걸로 하고 넘어가자고. 근데… 나 최근에 밥 얻어먹은 기억이 전혀 없다? 쫄쫄 굶고 야근까지 하고 집에 왔는데, 내 밥 한 그릇을 안 남겨놔.

#. 회상 2 - 주혁의 집 주방

주린배 쥐고 주방에 가서 밥솥 열어보는 주혁. 역시나 텅 비었다.

주혁, 안방 쪽으로 다가가 조심스럽게 문 연다. 아이들 재우느라 누워 있

는 우진

주혁   … 저기… 여보…. 나 저녁 못 먹었는데….
우진   (낮은 톤, 짜증 어린) 그래서, 지금 밥을 하라고? 나더러?
주혁   아니, 그냥 그렇다고. 알았어, 재워, 재워. (문 닫으려는데)
우진   (귀찮다는 듯) 냉동실이나 열어보든지.

냉장고로 가 냉동실 문 열면 냉동실 가득 벽돌처럼 빼곡히 쌓여
있는 하얀 백설기. (C.U)
한숨이 절로 나오는 주혁. 행여 무너질까 조심스럽게 백설기 하
나를 빼서 선 채로 꾸역꾸역 먹는데 목이 멘다. 물 마시려 생수통
찾는데 물통도 텅 비었다. 어쩔 수 없이 수돗물 받아 마시는데 눈
에서 눈물이 핑 돈다.

(주혁)   노숙하는 길냥이들도 밥은 얻어먹고 살잖아. 하물며 난 사람 새
끼인데…. 내가 칠첩반상을 차려달라는 것도 아니고, 집밥 한 번씩
먹고 싶다는 건데…. 와이프한테 밥 얘기 꺼내는 게 이렇게 죄스
러워야 되나? 그래야 돼?

다시 실내 포차.

종후   야, 대한민국 남자들 다 그러고 살아. 오죽하면 '단군 이래로 가
장 불쌍한 요즘 30대 가장'이란 말이 나오겠냐. 여자들이 하는
일이 너무 많은 거라. 애들 문화센터 데리고 다녀야지, 유치원에
대기 올려놓으러 새벽부터 나가 줄서야지, 정보 얻으러 아줌마들
모임에 나가야지, 그 와중에 능력껏 돈도 벌어야지.
상식   아이고, 이 미친놈의 대한민국.
종후   니 와이프도 스트레스 많겠지. 피부샵에서 종일 서서 일할 거 아
냐. 애 둘 케어 혼자 다 할 거고, 꾸미고 밥하고 그럴 기력이 있겠

냐고.

주혁 그니까. 나도 그게 미안해서 다 이해하고 감수하려고 그랬다. 내가 능력이 모자라 고생시키니까. 근데… 이젠 더 이상 감당이 안돼.

종후/상식 …? (뭐가 감당이 안 되냐는)

주혁 분노조절장애.

종후/상식 뭐?/뭔 장애?

주혁 웬만하다가도 순간 꼭지가 돌면 때와 장소를 불문하고 폭발하는데….

#. 회상 3 - 대형 마트

계산을 위해 길게 늘어선 줄. 중간에 카트와 함께 서 있는 주혁과 우진.

주혁 …! (번뜩 생각난 듯) 아, 나 쉐이브젤 안 샀다. 얼른 갔다 올게, 여보.

우진 다음에 사, 바로 우리 차례야. 애들 데리러 빨리 가야 된단 말야.

주혁 다 써서 그래, 금방 갔다 올게. (뛰어가는)

(컷) 바로 앞 사람이 계산하고 있고, 불안함에 눈빛이 흔들리는 우진, 두리번거리며 주혁 찾는데…. 결국 우진의 차례가 오고만다.

우진 (부글부글… 뒷사람에게) 머… 먼저 하세요. (다시 줄의 맨 뒤로 가는)

이때, 주혁이 쉐이브젤을 들고 저만치에서 뛰어온다.

주혁 (뛰어오며 신나서) 여보, 원 쁘러스 원! 원 쁘러스 원!

우진 (그런 주혁을 보며 분노가 치밀어 오른다. 입꼬리가 경련으로 실룩실룩하는)

주혁	(우진 쪽으로 와서 눈치 없이) 원 쁘러스 원! 대박이지? (해맑게 웃는데)
우진	(폭발한다) 내가 금방 차례 온댔지! 이 개XX XXX야!!!
	(M) 싸이코 OST 중 〈THE MURDER〉 + (E) 천둥소리
주혁	…!!! (너무 놀라 쉐이브젤 떨어뜨리고)
사람들	…!!! (놀라 눈 동그래지고, 한 엄마는 얼른 제 아이의 귀를 막는다)

다시 실내 포차. 못 믿겠다는 표정의 상식과 종후.

상식	진짜? 그 사람 많은 데서 너한테 육두문자를 썼어?
주혁	욕 잘해. 쓴 지 꽤 됐어.
종후	그건 좀 센데…. 야, 그래도 말로만 그러지. 니 마누라가 폭력은 안 쓰잖냐. 내 대학동기는 뻑하면 마누라한테 맞아서 전치 4주씩 나오고 그런다니까.
주혁	폭력? 안 쓴다고 누가 그래? (말하며 오른쪽 빰 위 밴드를 들이민다)
상식/종후	(놀란) 제수씨… 작품이야…?/오마이갓….
주혁	… 나 진짜 생명의 위협을 느낀 게 한두 번이 아니다. 근데 솔직히 무서워서 이혼 얘기도 못 꺼내겠어. 나 진짜… 평생 이 여자랑 이렇게 살아야 되냐? 어?
상식/종후	(대답 없이 주혁에게 생수통 건네고)/(토닥토닥 주혁의 등을 쳐주는)
주혁	(친구들 위로에 울컥하며 깡생수 벌컥벌컥 들이킨다)

그렇게 길고, 힘들고, 억울하고, 배고프고, 서럽던 하루가 저물며… (f.o/f.i)

27. 다음 날. 은행 외경 (낮)

시재 챙겨 오던 주혁, 변 팀장과 눈 마주친다. 죄인인지라 얼른 고개 숙이고, 변 팀장 뭐라 한마디 하려는데 지점장이 박수 탁탁 치며….

지점장　자, 오늘도 아주 무사히! 어제 일은 잊고, 오늘은 또 오늘의 태양이 뜨는 거니까, 어? 우리 행칙 알지? 혹시라도 강도 오면 몸 다 치지 말고 있는 현금 다 내줘. 왜? 저 금고 안에는 더 많은 돈이 있으니까, 줘도 우리 지점 망하진 않는다!

직원들　네!

지점장　그리고 오늘 끝나고 회식 있다. 전에 행장님이 주신 금일봉 쓸 거니까 대부계, 마감 안 늦게 대출서류 틈틈이 정리하고! 자자! (박수 세 번 치면)

직원들　믿음과! 나눔으로! 새로운 금융! (외치고 각자 신규통장, 카드 챙기는데)

변 팀장　(심각한 표정으로 일어선다) 야, 대부계 모여.

주혁과 종후, '또 뭐야…' 눈빛 교환하며 변 팀장 자리로 간다. 환도 따라가면,

변 팀장　넌 어째 사고를 치고도 쪼는 기색이 없다? 안 쫄리니?

환　눈치 보는 건데요, 지금.

변 팀장　아으, 또라이. (하고는 주혁을 본다)

주혁　(미리 깨갱) 죄송합니다. 올라간 보험료만큼, 제가 뛰어서 실적 내겠습니다.

변 팀장　그러니까. 내가 그래서 모이란 거야. (하며 모니터 돌린다. 주혁, 종후 한 번씩 보며) 보이지? 우리점 대출 실적. 몇 위냐?

종후　(보고) 아… 행운의 럭키 세븐…?

변 팀장	그래, 7위. 겁나 떨어졌지? (전단지 뭉치 내민다) 돌려.
환	이게 뭡니까, 팀장님?
변 팀장	이젠 은행도 세일즈 시대야. 우리가 찾아가지 않으면 고객도 찾아오지 않는다. 오늘부터 홍보 전단지 500장씩 할당량, 각자 점심시간에 돌린다.
주혁/종후/환	아…. (낮은 탄식 새어 나온다. 뭐라 반박도 못한다)

29. 거리 (낮)

미소 장착한 채 거리에서 전단지 돌리는 주혁과 종후, 그리고 환.
환은 이 상황이 내키지 않는 듯 뚱한 표정이다.

종후	(얼굴은 미소지만 불만 가득한) 아무리 그래도 이건 좀 아니지 않냐? 우리 엄만 아직도 은행이 신의 직장인 줄 알고 있는데 말야…. 이게 뭐냐, 길바닥에서.
주혁	(역시 미소로) 그러게. 대학 때도 안 한 전단지 알바를 다 하고 있다, 내가. (말하면서도 사람들에게 전단지 나눠 주며) KCU 은행입니다.
환	(멈추며) 아, 전 못하겠어요. 어차피 시말서도 써야 되고…. 가서 이거 반납하고 한 장 더 쓰든지, 그냥 박살 날래요.
종후	이놈 보게, 이거. 배짱 하고는.
주혁	넌 대체 뭘 믿고 그러냐?
환	그냥…, 집이 좀 사는데요.
종후/주혁	(허걱)… 얼마나?/… 뭐…, 아버지가 빌딩이라도 몇 개 있으셔?
환	강남엔 두 개밖에 없어요. 어쨌든 전 들어갑니다. 천천히 오세요. (간다)
종후	부러운 놈. 참 저 새끼 여러 가지로 사람 환장하게 해, 그치.
주혁	(역시 짜증 난다. 괜히) 너도 지금 짜증 나거든? 니가 앞에 있으니까 내 건 안 받잖아, 사람들이. 야! 찢어져, 찢어져!

30. 아파트 안 (낮)

궁여지책으로 아파트 안에 잠입해 들어간 주혁. 두리번거리며 주변 눈치 보고 얼른 우편함으로 가 전단지를 막 꽂아 넣는데

(경비)	어이! 거기 뭐요?
주혁	…! (놀라 돌아본다)
경비	(다가와) 이거, 이거 이런 거 넣으면 안 돼요, 이거! 다 빼요, 얼른.
주혁	아저씨, 저 근처 KCU 은행 대리거든요. 그냥 한 번만 좀 봐주시죠.
경비	아, 안 돼. 나가요! 잡상인 들이면 내가 혼나. 나가, 나가. (주혁 등 밀면서)
주혁	아저씨… 여기만 마저 넣을게요, 예? (버티는데)

이때 긴가민가하는 표정으로 서 있던 혜원, 주혁 보고 표정 환해지며

(혜원)	맞구나, 주혁 선배. (다가오는)
주혁	…! (보고 멍한)
혜원	뭐야, 반응이 왜 이래. 내 얼굴 까먹었어? 나야, 혜원이.
주혁	(그제야) 어… 혜원아. 오랜만이다…. 미국에서는 언제 왔어?

31. 갈비탕 집 (낮)

마주 앉아 갈비탕 먹고 있는 주혁과 혜원.

주혁	맛있는 거 먹으라니까…. 오랜만에 내가 사는 건데….
혜원	갈비탕 맛있잖아. 미국 생활을 워낙 오래 해서 이런 거 엄청엄청 그리웠어. 그리고… 선배 한식 체질이잖아. 학생식당에서도 항상 한식 쪽에 줄 섰던 거 같은데.

주혁	그런 것도 기억해?
혜원	그럼 기억하지. (제 고기 덜어주며) 여기, 고기 더 먹어. 선배.
주혁	먹지, 난 괜찮은데.
혜원	먹어. 선배 좀 말랐어. 난 다이어트. (하고 미소 지어 보이면)
주혁	(순간 울컥한다. 이 얼마만에 느껴보는 애정 어린 배려냐…)
혜원	왜 그래?
주혁	어? 아니…. 누가 나 챙겨주는 게 너무 오랜만이라….
혜원	뭐?
주혁	(아차) 아, 아냐. (한 숟갈 떠먹고) 미국에서는 아주 온 거야? 아니면 잠깐?
혜원	왔어, 아주. 거기 시향까지 들어갔는데, 시시하고 재미가 없더라고. 향수병이었나 봐. 가족들도 보고 싶고 친구들도 보고 싶고…. 선배도 가끔 보고 싶었어. 특히 봄 되면. 우리 봄에 처음 만났잖아. 그때 선배들이랑도 많이 어울리고.
주혁	(끄덕끄덕) 외로웠나 보구나… 외국 생활이.
혜원	(끄덕) 애들 통해서 선배 얘기 들었었는데, 와이프가 엄청 미인이라며? 다들 선배 능력자라던데?
주혁	능력자는 무슨, 괜히들 하는 얘기지….
혜원	그 얘기 듣는데 살짝 샘나더라? 예전에 내가… 선배 좋아했잖아, 알지?
주혁	…! (금시초문이다. 먹다가 멈칫, 놀라서 보는)
	(E) 딩동, 딩동, 딩동, 딩동… (연달아 울리는 은행 알림벨)

32. 은행 내 객장 (낮)

멍하니 아무 생각 없이 계속 버튼 누르는 주혁. 주혁의 창구 앞.
영문 모른 채 자기 번호가 불린 고객들이 한꺼번에 몰려든다. 옆
자리의 종후가 '뭐 하냐'는 듯 툭, 치면 그제야 정신 차리는 주혁.

주혁	아, 죄송합니다. (괜히 툭툭 치며) 기계가 왜 이래, 고장인가…. 저기, 한 분씩 처리해드리겠습니다. 죄송합니다.
고객들	(투덜거리며 다시 물러나고)
고객3	(서류 내밀며) 저기, 개인 신용 대출 좀 알아보려고요….
주혁	아, 네… (하며 서류 검토하는 와중에 또 멍… 하며)
(혜원)	내가 선배 좋아했잖아… 내가 선배 좋아했잖아…
(주혁)	(생각에 잠긴 채) 몰랐다. 전혀 몰랐어…. 혜원이도 날 좋아했었다니….
고객3	저기요, 담보 대출 가능한지 알고 싶은데….
주혁	네? 아, 네… 잠깐만요. 자격 조건이…. (하고 서류를 보며…, 다시 혜원 생각에 골몰한다.
(주혁)	그때 그럼, 그래서…. 난 그런 줄도 모르고…. 하아…. (회한의 한숨을 쉰다)
	(M) 바흐 무반주 첼로곡 1번 '프렐류드'류

33. 캠퍼스 전경 (낮, 자막 2006년)

(첼로 선율 고조되며) 푸르른 녹음과 학생들로 반짝반짝 빛나는 캠퍼스. 복학생인 주혁이 자전거를 타고 부지런히 페달을 밟는다. 건물 앞에 선 주혁, 자전거 거치대에 자전거 매어놓고 건물로 들어간다.

34. 음대 건물 복도 (낮)

알바 중인 주혁. 음료 채워 넣고, 동전 수거한 후 자판기 닫는다. 자판기 옆면 관리표에 체크한 후 밀차를 밀고 다음 장소로 이동한다.

주혁	으아…. 무거워 뒤지겠네…. 다음 학기에는 꼭 행정실 알바 해야

지….

주혁, 밀차를 밀고 가는데…. 고혹적인 첼로 소리가 그의 귀를 파
고든다. 라이브로 들려오는 무반주 첼로곡이다. 홀린 듯 음악실
쪽으로 향하는 주혁, 살짝 열린 문틈으로 음악실 안을 엿본다.
의자에 앉아 첼로 연주 중인 혜원. 맨발로 첼로 연주에 심취해 있
고, 그 옆으로 하이힐 구두가 놓여 있다. 첼로 옆으로 드러난 유
난히 하얗고 긴 발목 C.U 되고…. 주혁은 넋을 놓고 그런 혜원을
한참 바라보는데…. 이때, 지나가는 학생이 밀치는 바람에 음악
실 안쪽으로 훅 밀려 들어가는 주혁.

혜원   …! (놀라서 연주 멈춘다)
주혁   (당황해 괜히 스트레칭하며) 아… 음악실이 이렇게 생겼구나. 꽤
      넓네…. 이게 몇 평인가? (아무 말이나 하는) 근데 방금… 라이브
      죠, 그거?
혜원   네? (무슨 말인가 하며 바라본다)
주혁   아, 아닙니다. 그럼, 계속하십시오. 실례 많았습니다! (내빼는)
혜원   (보다가 풉, 재밌는 사람이네. 웃고 다시 첼로 켠다)

35. 캠퍼스 (낮)

주혁, 대학 동기인 상식과 함께 강의실 향해 가는데 저 멀리 남학
생들에게 둘러싸여 얘기하고 있는 혜원이 보인다.

상식   우리 과 선배들 죄다 취업 못해서 난리도 아니란다. 야, 나도 취
      업이고 뭐고 일찌감치 포기하고 돈 모아서 장사나 할까…? (하는
      데)
주혁   (저도 모르게 혜원만 보는)
상식   …? (뭐야, 하고 주혁의 시선 따라가다가) 아, 쟤? 음대 05학번 이

혜원. 완전 유명하잖아. 우리 학교 남자애들의 로망, 마돈나, 뮤즈? 뭐, 여튼 간에. 눈 달린 남자라면 누구나 혹할 만하지. 왜, 땡기냐?

주혁   어… 아니 뭐…. (하면서도 혜원에게서 눈을 못 떼는)

상식   쯧쯧, 맛이 갔구만. 포기해, 인마! 쟤 주위에 쟁쟁한 놈들이 얼마나 많은데. 음악 감상 동아리가 쟤 하나 때문에 완전 남탕이 됐다는 거 아냐.

주혁   음악 감상…? 그거, 복학생도 들 수 있는 거냐? (당장이라도 가입할 듯한)

36. 캠퍼스 내 음악 감상실 (낮)

음악 감상 동아리 회원들, 클래식 음악 틀어놓고 감상 중. 뒤쪽에 앉아 있는 주혁은 음악 감상에는 관심도 없고 앞쪽에 앉아 있는 혜원만 뚫어져라 감상 중이다. 눈에는 하트가 뿅뿅이다.

37. 음대 건물 내 음악실 앞 (낮)

주혁, 혜원의 첼로 연주가 들려오는 음악실 앞을 기웃거린다. 손에는 장미 한 송이가 쥐어져 있고, 혼자 연습해본다.

주혁   혜원아, 생일이라며? 약소하다. (하고는 갸웃)… 오다 주웠어, 가져. (또 갸웃하는데)

이때 장미꽃 100송이를 들고 오는 남학생. 음악실 문 똑똑 두드리면,

혜원   어, 선배! (음악실에서 나오는)

주혁   …! (놀라서 얼른 주저앉아 신발 끈 묶는 척한다)

남학생	생일 축하한다. 자… (장미 꽃다발 내밀면)
혜원	어머, 어떻게 알았어? 너무 예쁘다. 고마워, 선배.
남학생	가자, 밥 사줄게. 어디, 교외로 나갈까?
혜원	안 돼, 멀리 못 가. 합주 잡혔어. (남학생과 걸어가며) 라콜로프라고, 내가 제일 좋아하는 첼리스트 내한해서 오늘 사인회 있는데 거기도 못 가게 생겼어. 속상해.
주혁	(사인회? 하며 쳐다본다)

38. 사인회장 (낮)

'첼리스트 라콜로프 사인회' 플래카드 밑에서 사인회가 한창이다. 사인 받기 위한 긴 줄의 중간에 서 있는 주혁. 참을성 있게 제 차례를 기다린다.

39. 교내 음악감상실 (낮)

동아리 활동이 끝난 혜원, 가방 챙기는데…. 주혁이 CD를 쑥 내민다.

혜원	어, 주혁 선배. (뭐냐는 듯 보면)
주혁	아니, 우연히 지나가다가…. 줄이 엄청나더라고. 연예인 팬 사인회인가 해서 줄 섰는데 유명한 첼리스트라나…. 얼결에 받긴 했는데 내가 첼로 무식자라…. 너 가져. (하며 CD 놓고 휙 가버린다)
혜원	(얼떨떨한 채 보는데, CD에 혜원의 이름과 함께 사인이 되어 있다)
주혁	(다시 와서) 늦었지만, 생일 축하한다. (하고 다시 간다)
혜원	(그제야 눈치 채고 피식, 미소 짓는다)
	(E) 쾅쾅! 쾅쾅쾅쾅! (문 두드리는 소리)

시끄러운 소리에 주혁 눈을 뜬다. 다섯 평 남짓 되는 주혁의 원룸 자취방. 촌스러운 꽃무늬 벽지에 오래된 옷장 하나, 책상 정도의 단출한 살림살이다. 빈 과자봉지, 먹다 남은 컵라면, 허물 벗듯 벗어놓은 옷들이 여기저기 널려 있고, 옆에는 반라의 상식이 주혁에게 다리 하나를 턱 걸친 채 자고 있다. 주혁, 잠이 안 깨는 듯 눈을 끔뻑거리며 일어나 앉는다.

주은   (문을 부술 듯 두드리며) 오빠! 아, 빨랑 열어! 나 팔 빠진다고! 셋 셀 동안 안 열면 확 문 부숴버린다, 진짜! (마구 두드리는)

그제야 자리에서 일어나는 주혁, 부스스한 채 걸어가 문을 열면 양손 가득 김치통과 반찬 찬합을 든 (트레이닝복 차림의 뚱뚱한) 주은이 들어온다.

주은   (방을 둘러보며) 히익! 꼬라지 봐라. 이게 방이야 축사야, 뭐야? 아으, 냄새!
주혁   (잠 덜 깬 상태로 배 긁으며) 웬일이야, 연락도 없이…. 학교는?
주은   개교기념일. (째려보며) 좀 받지, 일단?
주혁   (쓱 보고, 반찬통 받아 내려놓는다)
주은   (두리번거리며) 간만에 늦잠 좀 자려고 했더니만 오빠 반찬 갖다 주라고, 아침부터 어찌나 등짝 스매싱을 날리시는지, 모친께서. 심지어 내가 고3이다, 오빠. 응? 기차도 입석 타고 왔어요. 그런 반찬이야, 그게. 알고나 드셔.
주혁   (하품하며) 살 더 쪘다? 스트레스 안 받는 거 아니야?
주은   스트레스 땜에 더 먹는 거거든? (냄새 맡으며) 어떻게 사람 사는 집에서 이런 냄새가 나냐? 졸업하면 바로 올라와서 합치든가 해야지…. (발로 옷들을 구석으로 몰며) 아주 개판이구만. 개판 5분

전이야.

주혁   어제 토고전 했잖아. 천수 형 프리킥 못 봤냐, 너? 환상적인 감아차기, 이거.

주은   봤지요, 저도. 그래서…, 역전승에 신나서 밤새 파티를 하셨어요? 이렇게 처드시고?

주혁   아니, 독일 월드컵 첫 승이니까…. (찝…) 넌 애가 애국심이 없냐.

주은   아, 됐고! 치워, 얼른. 누워 계신 분도 좀 일어나시고. 깬 거 다 알거든요?

상식   (벌떡 일어난다. 이불로 웃통 가리고) 안녕하십니까? 동생분 말씀 많이 들었습니다. 주혁이 동기이자 빈대, 아니 사실상 동거인 오상식입니다.

주은   (못마땅한 듯 쳐다보며) 옷이나 입으시죠, 눈 더 버리기 전에.

상식   넵. (책상에 올려둔 옷 얼른 주워 입는데)

주은   (옷장 문틈으로 삐죽 나온 책 귀퉁이 발견하고) 참나…. 옷은 책상에 책은 옷장에. 뭐, 제자리에 있는 게 없구만. (옷장 손잡이 잡아 열려는데)

주혁/상식   (깜짝 놀라) 야야, 잠깐!/아, 안 돼!

주은   (이미 열었다. 와르르 쏟아지는 야한 만화책, 잡지 등등) …!

주혁/상식   (동시에 서로를 가리키며) 얘, 얘 거야!/얘 겁니다!

주은   (올… 하는 표정) 나 좀 빌려 가도 돼? (눈을 빛낸다)

41. 과거 주혁 자취집 앞 (낮)

가방 메고 급하게 뛰어나오는 주혁.

주혁   … 아씨, 늦었다…. 갑자기 주은이 기지배가 오는 바람에…. (급히 가는데)

옆집 마당에서 주인 아줌마가 물청소하고 남은 물을 밖으로 쫙!

뿌린다.

주혁   (다리에 물벼락 맞고) 앗, 차가워!
아줌마 (놀라며) 아이구, 어떡해! 지나가면 지나간다고 얘길 좀 하든지.
주혁   (어이가 없다는 듯 아줌마 보며) 그럼, 지나가겠습니다…. (젖은 채
       부랴부랴 뛰어간다)

42. 버스 정류장 앞 (낮)

정류장 앞 판매 부스에서는 백지영 〈사랑 안 해〉가 흘러나온다.
버스에서 내리는 주혁. 급히 뛰어가다가 가판대 다리에 무릎을
부딪힌다.

주혁   아, 아! (아픈 듯 무릎 잡고 한 발로 뛰는데)
여고생1, 2 (가판대 앞에서) 아, 뭐야. 얘네 짜증 나! (인상 쓴다)

주혁이 보면, 신문 1면에 '2006년 월드컵 대한민국vs토고, 역대
월드컵 사상 첫 원정 승리!' 기사 있고, 하단에 '브란젤리나 커플,
딸 샤일로 출산 후 첫 바깥나들이 포착'이라는 기사가 있다.

여고생1 이쁘고 잘생긴 것들끼리 만나 너무 잘 살잖아, 이쁜 딸까지 낳고.
여고생2 그러게. 하늘이 너무 불공평한 거 아니냐?
주혁   (마음이 바쁘다. 얼굴 일그러진 채 일단 뛰어간다)

43. 캠퍼스 (낮)

주혁, 전력을 다해 뛰어가다가, 갑자기 멈춰 선다. 맞은편에서 혜
원이 원피스 차림에 첼로를 메고 사뿐사뿐 걸어오고 있다.

혜원	(마주 오다가 주혁을 발견하고) 선배! (손 흔들면)
주혁	(어색하게 손 흔들며) 어… 혜원아.
혜원	(주혁 앞으로 와서) 1교시인가 보다, 늦었네. 난 연습실 가는 길.
주혁	어, 그래…. 연습 잘해. (하고 가려는데)
혜원	저기, 선배!
주혁	어?
혜원	저녁에 시간 어때? 첼리스트 독주회가 있는데 티켓이 두 장이라. 같이 안 갈래?
주혁	어? 어… 있지, 시간. 그래, 같게. 가자.
혜원	잘됐다. 그럼 8시에 예술의 전당 입구에서 봐. 늦음 안 된다. (웃으며 지나간다)
주혁	(얼떨떨한 채 혜원의 뒷모습 보다가) 와우! (그제야 데이트가 실감난다. 흥분한 채 걸어가며) 와우, 와아우!!! (뛰어가다가 맞은편에서 오는 오토바이에 치일 뻔한다)
	(E) 끼이익, 급브레이크 소리
오토바이	아, 죄송합니다! 괜찮으세요?
주혁	(한껏 업됐다) 아, 네. 괜찮아요, 전 괜찮습니다! 진짜예요! (다시 뛰어가며) 좋은 하루 되세요! 해브 어 나이스 데이! (손까지 흔들어주고 간다)
오토바이	…?

44. 아이스크림 가게 (낮)

전 타임 알바생에게 저녁 타임 부탁하는 주혁. 마음이 급하다.

주혁	오늘 저녁만 좀 커버해 주라. 대신 다음에 내가 두 탕 뛸게, 응?
알바생	알았어요. 근데 형, 뭐 좋은 일 있어요?
주혁	어, 있어. 완전 좋은 일. (뛰어나가며) 부탁한다!

45. 과거 주혁 자취방 (낮)

씻고 나온 주혁. 로션 바르고, 이 옷 입었다가 저 옷 입었다가 쌩
쇼를 하고, 거울 앞에서 머리 스타일을 이렇게도 해봤다가 저렇
게도 해봤다가…. 마지막 점검하는데, 냄새가 좀 미흡하다. 얼른
나가서 섬유탈취제를 들고 들어오는 주혁. 손으로 몇 방울 찍어
향수인 양 옷에 묻히며 설레는 표정.

46. 버스 정류장 (낮)

버스 기다리는 주혁. 시간 확인하는데…. 이때 주혁 옆으로 다가서
는 교복 차림의 여고생. 다름 아닌 우진이다. 기다리던 버스가 도
착하고 우진이 먼저 올라탄다. 그다음 다음 정도에 주혁이 탄다.

47. 버스 안 (낮)

버스 앞부분에 서서 창 밖 보던 주혁, 시선 돌리다가 멈칫! 하는.
주혁의 시선 끝, 웬 늙수그레한 40대 남자가 여고생인 우진의 엉
덩이에 손을 대고 쓰다듬고 있다. 순간 우진이 남자의 손목을 꽉
잡고,

우진   지금 뭐 하시는 거예요? 왜 남의 엉덩일 만져요?
변태남   (시침 떼는) 내가 언제 학생 엉덩이를 만졌다고 그래? 차가 흔들
         려서 그냥 살짝 닿았나 어쨌나, 난 알지도 못했구만.
우진   뻥치시네. 이렇게, 이렇게 쓰다듬었잖아요, 아저씨가!
변태남   이게, 아니라는데 어디 어른한테! 진짜 혼나 볼래? 내가 아니라
         는데 왜 자꾸 난리야? 내가 니 엉덩이 만진 거 본 사람 있어? 있
         으면 나와 보라 그래!
주혁   (잠시 망설인다. 내가 보긴 봤는데)

변태남	너야말로 학생 맞아? 이거, 괜히 시비 걸어서 돈 뜯어내는 꽃뱀 아냐?
우진	뭐라고요? (지지 않고 남자 째려보는데)
(주혁)	제가 봤는데요!
우진/변태남	(돌아보면)
주혁	제가 봤다고요. 아저씨가 저 학생 엉덩이 만지는 거.

48. 경찰서 (밤)

목격자 진술 중인 주혁.
그 옆옆 자리에서 우진도 진술하며 힐끔, 계속 주혁을 본다.

주혁	… 맞아요. 그냥 닿은 거 아니고 의도적으로 만진 거 확실해요. 제가 봤습니다.
경찰	(진술서 쓰며) 오케이, 알겠습니다. 기록 보니까 뭐, 초범도 아니구만.
주혁	저기, 그럼 전 이제 가봐도 되죠? 좀 늦어서. (마음 급하다, 일어선다) 가보겠습니다, 수고하십시오! (꾸벅 인사하곤 뛰어나가는)
우진	어어, (일어서서) 저기요, 오빠!
주혁	(못 듣고 나가버리는)
우진	(고맙단 인사도 못했는데…. 아쉬운 표정)

49. 공연장 입구 (밤)

약속 장소로 뛰어오는 주혁. 예상대로 혜원은 없다. 휴대폰으로
전화를 걸어보지만 받지 않는다. 이놈의 오지랖…. 뭐하러 봤다
고는 해서…. 후회가 밀려오지만 이미 늦었다. 얼굴 쓸어내리며
착잡해한다.

(주혁)   … 미안해…. 일부러 안 간 게 아니라 일이 좀 생겨서…. 뭐냐
면….

50. 다음 날/학교 음악실 앞 (낮)

열심히 해명하는 주혁과 새초롬하니 그 앞에 서 있는 혜원.

혜원   됐어. 괜찮아. 나도 좀 기다리다 혼자 들어가서 봤어, 공연.
주혁   그, 그래? 어쨌든 미안하다. 사과의 의미로 오늘 저녁에 시간 되
면 내가….
혜원   아냐, 약속 있어. 나 들어가 볼게, 연습해야 돼서. (새초롬히 들어
간다)
주혁   …. (글렀구나…, 직감한다. 울고 싶은 심정이다)

51. 캠퍼스 (낮)

주혁, 울적한 마음으로 교문 쪽을 향하는데… 두리번거리며 오던
교복 차림의 우진, 주혁 보고는 표정이 환해지며 뛰어온다.

우진   (주혁 어깨 톡 치며) 오빠!
주혁   …? (돌아보고, 누구더라? 생각하는 표정)
우진   (캐 발랄) 기억 안 나세요? 어제, 왜 버스, 엉덩이!
주혁   (그제야 생각난) 아, 아…. 근데 여긴 어떻게…?
우진   어제 경찰서에서 오빠 학교 댈 때 들었거든요. 근데 이렇게 바로
만날 줄은 몰랐는데…. 우리가 진짜 인연은 인연인가 보다, 그쵸?
주혁   (얜 또 뭔가 싶다) 그래서, 용건이 뭔데?
우진   밥 살게요. 제가 원래 신세 지고는 그냥 못 넘어가는 아주 깔끔한
성격이라서….
주혁   (심드렁) 됐다, 먹은 걸로 할게. 나 알바 가야 돼. (우진 훑어보며)

근데 너 치마가 너무 짧은 거 아냐? 좀 길게 입지, 웬만하면. (말하고 가는)

우진   어, 같이 가요. 오빠! (주혁 쫓아가며 치마 손으로 끌어내린다)

52. 아이스크림 가게 (낮)

주혁, 바닥 난 아이스크림 통 갈고, 닦아내는 등 일하는 동선. 우진, 아이스크림 하나 먹으며 주혁 뒤를 쫓아다니면서 계속 쫑알거린다.

우진   와… 여기서 알바하려면 팔 힘도 대따 세야겠다. 이거, 아이스크림 푸는 거 엄청 힘들지 않아요? 저번에 보니까 풀 때 막, 힘줄이 막 솟고 그러던데.

주혁   (묵묵히 제 일 하는)

우진   오빠, 주말엔 알바 없죠? 토요일 날 뭐 해요?

주혁   (단호박이다) 교회 가.

우진   일요일은요?

주혁   절에.

우진   (오기 생기는 듯) 그럼 저랑 심야영화 봐요. 슈퍼맨 리턴즈.

주혁   봤어.

우진   아직 개봉 안 했는데…. 오빠 집은 어디예요? 난 보은동인데.

주혁   (더 이상 못 받아주겠다는 듯) 저기 미안한데, 방해되니까 그만 좀 가줄래? 사장님 오시면 손님하고 노닥거린다고 나 짤리거든?

우진   짤리면 더 좋은데, 난. 오빠, 제 수학 과외 안 하실래요?

주혁   뭐?

우진   엄마가 지금 제 과외 선생님 찾고 있거든요. 엄마한테 말해서 돈 많이 드리라고 그럴게요. 오빠, 제 과외 쌤 해요. 네? 네, 네?

주혁   야, 과외는 무슨. 골치 아파. 하려면 나도 다시 공부해야 되고….

우진   일주일에 두 번, 2시간 기준으로 월 30, 아니 40! 어때요?

주혁   (혹하는 표정)

53. 우진의 집 거실 (낮)

우진 모, 주혁에게 과외비 봉투를 준다. 우진(사복)도 옆에 서 있다.

우진 모   이거, 이번 달 과외비. 그래도 주혁 학생 덕분에 쬐끔 올랐어요,
           성적이.

우진   쬐끔이라니, 엄마. 전교 등수 20등이면 선전한 거지.

주혁   (우진 쿡 찌르고) 감사합니다, 아니 죄송합니다. 더 열심히 하겠습
           니다, 어머니.

           (컷) 상 놓고 마주 앉아 과외 중인 주혁과 우진. 간식으로 접시에
           딸기 올려져 있고, 우진은 공부에는 관심 없는 듯 책상 위에 턱
           괴고 주혁 얼굴만 보고 있다.

주혁   … 자, 기본적으로 삼각함수는 변곡점에 대해 뭐다? 대칭이다. 그
           럼 이 문제에서….

우진   (딴청한다. 딸기 하나 입에 넣고) 음… 맛있다. 난 세상에서 딸기가
           제일 맛있더라.

주혁   공부 좀 하자, 우진아! 너 감기 때문에 수업 땡긴 거 다 보충해야
           되거든. 에너지 짱인 애가 뭔 감기는 그렇게 자주 걸리냐, 참….

우진   편도선이 커서 그래요, 입도 크고. 볼래요? (아, 입 열어 보여주면)

주혁   (무시하고) 다시 문제로 돌아가서, f(x)가 세 실수 a, b, c에 대
           해….

우진   (역시 무시) 근데 나처럼 입 크면 키스하는 데 유리한가? 쌤은 키
           스 몇 번 해봤어요? 난 키스 잘하는 남자가 좋던데. 아, 근데 그
           키스 말이에요. 너무 오래 하면 혀랑 입술이랑 안 아픈가? 한 시
           간 넘게도 하고 그런다던데.

주혁   (한숨 쉬며 본다) 넌 대체 커서… 뭐가 되려고 그러냐?

우진   선생님 와이프요. (하더니 윗옷 목을 늘어뜨리며 쌩글쌩글 웃는)

주혁   (어이없는) 모가지 올려라, 얼른. 쪼꼬만 게 까져가지고.

우진   (당돌한 표정으로) 나 선생님 진짜 좋아해요. 산낙지 먹다가 목구멍에 콱 들러붙어서 숨 막혀 죽을 만큼 좋아하는데. 완전, 레알, 진심.

주혁   (기가 막힌) 야, 넌 어떻게… 고백까지 그렇게 똘끼가 충만하냐.

우진   그래서, 귀여워 죽겠나? 그럼 귀여워해요. 내 허락할게. (하고는 주혁 손을 잡아 제 머리를 쓰담쓰담 하며) 음, 좋다…. 난 선생님이 이렇게 해주면 막 행복해지더라. 아무래도 내 성감대는 요기, 정수린가 봐요.

주혁   (당황. 손 얼른 거두면)

우진   옴마, 선생님 얼굴 빨개졌어. 어떡해. 너무 귀여워!

주혁   (당황 감추며) 야, 너 씨…. 확 그냥, 혼난다, 진짜! (눈 부라리는데)

이때, 방 안에서 전화벨 소리. 이어 '여보오! 안 돼, 여보!!!' 하는 우진 모의 울부짖음이 들린다. 놀란 우진과 주혁, 안방 문 열고 들어간다.

54. 우진의 집 앞 (밤. *3회 이후 계속 등장할 집)

앞에 택시 잡아 서 있는 주혁. 다리 풀린 우진 모 부축해 택시에 타는 우진. 눈물 흘리며 '아빠… 아빠아…' 읊조린다. 주혁, 황급히 '성지병원 응급실요!' 외치고는 택시 문 닫아준다.

55. 병원 장례식장 (밤)

우진 부 영정 사진 놓여 있는 제상, 앞에서 절하고 있는 주혁. 우진 모는 반 넋 나간 채 '… 저녁때 밥 사준다고 나오라고… 나랑

약속까지 하고선 어떻게…' 혼잣말하듯 흐느끼고, 우진은 눈물
그렁그렁한 채 입 앙다물고 서 있다.

56. 병원 장례식장 복도 (밤)

주혁, 나오는데 우진이 쫓아 나온다. 얼굴이 열로 벌겋다.

주혁 (그런 우진 보며) 너… 괜찮아? 또 열나는 거 같은데….
우진 (고개 저으면)
주혁 (그래. 열이 대수냐, 지금…. 우진 툭툭 치고 돌아서려는데)
우진 (주혁 팔 잡는다)
주혁 …? (돌아보면)
우진 (눈물 그렁그렁한 채) … 선생님… 안 가시면 안 돼요…? (echo로
    올리며)
(장 팀장) 차 대리, 뭐 해. 술 안 받을 거야?

57. 다시 현재/고깃집 외경 (밤)

떠들썩한 소리, 지글지글 고기 익는 소리 섞여 산만하다.

58. 고깃집 안 (밤)

은행 회식 자리. 주혁, 종후, 향숙, 혜정, 환, 장 팀장 한 테이블이
고, 장 팀장이 맥주 따라주려는데 주혁은 그냥 멍때린 채 가만히
있다.

장 팀장 술 안 받냐고. 차 대리, 자기야!
주혁 (그제야 정신 차리고) 아… 아, 받아야죠. (맥주 받는)
장 팀장 자, 술 약한 차 대리는 반만. (사이다 채워주며) 나머진 사이다….

오케이, 우리 테이블 한잔하자. 고생하셨습니다, 감사합니다, 사랑합니다, 고감사!

일동 고감사! (잔 부딪히고는 마시는)

주혁 (건배하고 한 모금 마시는데… 혜원 때문인지 맥사도 쓰다)

종후 (옆에서 주혁 보며) 야, 너 오늘 왜 그러냐? 첨일 뭔 나사 빠진 애마냥.

주혁 (괜히 부아가 난다. 시크하게) 내가 뭐. 고기나 처먹어. (맥사 마저 마시는데)

이때 상석에 있던 지점장, 화장실 가기 위해 지나가다가 주혁 보며

지점장 어이, 우리 종친! 아주 많이 먹어.

주혁 (급 표정 관리) 예, 점장님, 많이 먹고 있습니다.

지점장 내가 얘 형뻘이잖아. 우리 종파야, 얘가. (사람들에게 말하고 나가면)

종후 (힐끗 보곤) 종친은 무슨. 같은 종파 아니잖아, 너. 언제 커밍아웃할 거냐?

주혁 (우울 모드다, 귀찮은 듯) 아, 몰라. 벌써 그렇게 알고 있는 걸 어쩌라고.

종후 (환한테) 이 자식 이거, 은근 얍실한 데가 있어요, 이거. 지점장이 지 종파로 오해하는데 아니라고 안 한다? 상사한테 아리가또 하겠다고 지 뿌리도 파는 놈이야, 이놈이. (농담하는데)

주혁 (안 그래도 혜원이 때문에 속상해 죽겠는데… 울컥한다) 야, 말을 해도 넌… 뿌릴 팔다니! 내가 김씨야? 이씨야? 차씨 맞잖아. 어? 대한민국에 차씨가 많은 줄 아냐? 알고 보면 다 같은 라인이야, 인마. 연결된 뿌리라고! 그리고 까짓 거, 뿌리 좀 팔면 어떠냐? 내가 지금 똥오줌 가리게 됐냐? 대출이자에 육아비에 친가, 처가 보내는 생활비에, 맞벌이를 해도 달마다 마이너스구만, 아리가또 고 아가리또고 할 수 있는 건 해야지. 뿌리라도 팔아야지! 니가 내 속을 알아, 자식아?

종후   (벙쪄서) … 알았어 인마, 농담이야…. 맥사 마시고 취했나…. 왜 이렇게 예민하냐, 오늘?

주혁   (괜히) 몰라, 자식아. 너도 싫고, 와이프도 싫고, 회사도 싫고, 다 싫어, 자식아! (빈 잔에 맥주 한가득 따르고는 한입에 훅 털어 넣는다)

(주혁)   사랑했지만…!

노래방 반주에 맞춰 부르는 주혁의 노랫소리.

59. 가라오케 (밤)

만취해 열창 중인 주혁. 감정이입 100퍼센트! 노래보다는 차라리 절규에 가깝다.

주혁   (울음기 섞인) 그대를 사아랑했지마하안… 그저 이렇게 멀리서 바라볼 뿐은 다가설 수 없어허….

(컷) 홍 올라 십팔번 부르는 지점장. 주혁, 그 옆에서 광란의 댄스 춘다. 슬픔을 잊기 위한 처절한 몸부림이다. 리듬 무시하고 점프 점프해대고, 각티슈 뽑아 탈춤을 추고, 심지어 지점장 가랑이 사이로 들어가 헤드뱅잉까지 한다.

일동   …!!! (경악의 표정)

종후   (제 눈으로 보고도 믿을 수 없는) 저 미친놈, 저거! 왜 저러냐, 저거.

환   저렇게까지 해야 돼요, 진짜, 사회생활? (비관적인 표정)

    (E) 다급하게 번호키 누르는 소리. 띠띠, 띠띠띠띠–

60. 주혁의 집 거실 (밤)

벌컥 열리는 문. 다급히 들어오는 주혁. 입 막은 채 화장실로 직행한다.

61. 주혁의 집 화장실 (밤)

웩! 웨엑! 변기 끌어안고 헛구역질하는 주혁. 이때 우진이 신경질적으로 문을 확 열어젖힌다. 자다 깬 몰골로 서서….

우진   미쳤니? 애들 깨잖아!
주혁   …. (멈칫)
우진   술도 약한 주제에 술 처마시고 뭔 장한 일 했다고…. 소리 내지 마라. 조용히 처자자! (하고는 문 쾅, 닫고 나간다)
주혁   (원망스럽게 보다가) 우욱! (소리에 놀라 본능적으로 제 손으로 입 틀어막는)

62. 주혁의 집 옷방 (밤)

안방에서 쫓겨난 주혁, 휘적휘적 작은방으로 들어와 털썩 주저앉는다. 옷 행거와 잡동사니들이 가득한 옷방 겸 창고방. 구석에 거꾸로 처박혀 있는 결혼사진도 보이고, 박스 위에 게임기 세팅되어 있다.

주혁   말끝마다 미쳤뉘, 미쳤뉘…. 그래, 미쳤다! 안 미치고 어떻게 너하고 사냐, 이 나쁜 여자야…. (털썩 주저앉는다. 물끄러미 박스 위 게임기 보는)

쓸쓸한 마음 가눌 길 없는 주혁. 게임이라도 해볼까…? 전원 켜고 컨트롤러를 찾아 쥐는데…. 모니터가 부팅 화면에서 그냥 멈춘다.

주혁   … 아, 씨…. 얜 또 왜 이래…. (컨트롤러 마구 누르며) 너까지 왜
      이래에…. 이러지 마, 진짜아…! (컨트롤러 휙 내던지고 눕는다. 서
      러움에 울컥. 게임기 꺼안고) … 바보 같은 놈… 여자 마음도 모르
      고…. 쓸데없이 오지랖만 넓어가지고… 씨… (울먹) 혜원아…, 혜
      원아아아…! (엎드려 흑흑 흐느끼는)

      들썩이는 주혁의 등…. 그렇게 서글픈 그 밤이 가며….(f.o/f.i)

63. 다음 날/지하철 외경 (낮)

      요란한 소리를 내며 질주하는 지하철.

64. 지하철 안 (낮)

      출근길의 직장인들, 학생들, 앉아서 혹은 선 채로 대부분 스마트
      폰 보고 있다. 손잡이 잡고 선 채로 꾸벅꾸벅 졸고 있는 주혁. 숙
      취의 여파다. 이때, 뭐라뭐라 혼자 중얼거리며 옆 칸에서 건너오
      는 허름한 차림의 남자.

지하철남 … 항성 울프가 블랙홀화되면 그 영향으로 발생한 강한 중력으
      로 지구 자전 속도가 느려져. 그래서 시공간에 균열이 생기고 웜
      홀이 생성되는 거야….

      남자가 툭 치고 지나가는 바람에 졸고 있던 주혁이 살짝 깬다.

지하철남 이미 조금씩 틈이 벌어지고 있어…. 울프가 소멸되는 순간, 중력
      이 최대치가 되면 그 웜홀을 통해 과거로 갈 수 있어…. 타이밍이
      중요해…. 달이 신호야!

주혁   …? (대체 뭐라는 거야, 하며 보는데)

아줌마1, 2 쯔쯔… 멀쩡하게 생겼구만…. 요새 왜 이렇게 미친놈이 많아, 무
          섭게…. (하는데)

          이때, 아줌마2의 발에 걸려 넘어지는 남자. 아줌마2는 모른 척
          발 당겨 넣고…. 주혁은 반사적으로 넘어진 남자를 일으켜준다.

주혁   아이구… 괜찮으세요…? (옷 털어주며)

지하철남   (멍하니 주혁을 보더니… 주머니에서 뭔가 꺼내 손에 쥐여주고 간다)

주혁   …?! (뭐지? 손바닥 펴서 보면 발행연도 2006년이 찍힌 500원짜리
          동전 두 개다) 뭐야…. (하다) 어? 근데 06년 500원짜리…, 이거
          되게 희귀템인데…. (이미 옆 칸으로 간 남자 바라보며 동전은 무심코
          주머니에 넣는다)

65. 은행 내 객장 (낮)

          '8월 30일 목요일'
          은행 내 배치된 날짜/요일 판에서 줌아웃하면, 직장인 대출 상담
          중인 주혁. 숙취로 안색이 영 안 좋다.

주혁   (팸플릿 보여주며) 소득이나 재직 확인 후에 바로 진행 가능하고
          요, 최대 2000만 원, 금리는 연 5.95퍼센트 정도 됩니다.

고객4   (끄덕이며) 알겠습니다. 와이프랑 상의해보고 연락드릴게요. (일
          어나는)

주혁   충분히 고려하시고 연락 주십시오. 좋은 하루 되십시오, 고객님.
          (미소로 인사하고 바로 정색, 책상에 고개 박고는) 아, 머리야…. 죽
          갔네, 진짜.

          이때, 종후가 전화 받고 오는 길인 듯 들어온다.

종후	팀장님. 마포 한 대리 모친상 당했다는데요? 내일이 발인인가 본데.
변 팀장	그래? 연세 별로 안 많으실 텐데, 아프셨나? 난 오늘 제사가 있어서 못 갈 거 같고, 누구 시간 되는 사람, 대표로 좀 가지?
종후	어쩌죠? 저도 아버지가 아프셔서 집에 가봐야 되는데…. 장례식장이 하필 경기도 장원? 양평 옆에 어딘 거 같은데.
장 팀장	전 미용실 예약이 있어서…. 예약 잡기가 워낙 힘든 데라….
향숙/혜정	저는 친구랑 약속/전 친구가 네일샵을 오픈해서 가봐야 되는데….
환	전 빠집니다. 얼굴도 몰라요.
일동	(일제히 주혁을 보는)
주혁	?! (숙취에 푸석한 얼굴로 왜 날 보냐는 듯 보는)

66. 주혁의 집 지하 주차장 (밤)

집에서 검은 양복으로 바꿔 입고 내려온 주혁. 구석에 방치하듯 세워놓은 자기 차(경차)로 가며 우진과 통화 시도한다.

주혁	어, 여보. 저기, 예전에 우리 지점 있던 한 대리가 모친상을 당해가지고….
(우진)	그래서.
주혁	가봐야 될 것 같은데, 거기가 경기도 장원 쪽에 있는 병원이라….
(우진)	알았어. (툭 끊어버리는)
주혁	… 늦을 수도 있겠다고 그러려고 그랬는데…. 하여튼 말을 끝까지 듣는 법이 없어, 망할 놈의 마누라…. (휴대폰 보며 중얼… 차 문 여는)

67. 장례식장 (밤)

한 대리 어머니 영정 사진 보이고… 상주와 맞절하는 주혁, 일어난다.

주혁	(한 대리 손 잡아주는) 그래, 상심이 얼마나 커. 어떻게 이렇게 갑
	자기….
한 대리	(침울한) 반찬 갖다 주신다고, 우리 집에 오시다가 오토바이에….
	내가… 내가 조금만 더 일찍 마중 나갔어도…. (흐느끼는)
주혁	(그랬구나…. 한 대리 손등 토닥토닥 해주는)

68. 장례식장 내 주차장 (밤)

통화하며 차 쪽으로 걸어오는 주혁.

주혁	… 어, 엄마. 나예요. 김밥은 많이 파시고? 저녁? 먹었지, 그럼. 우
	진이가 잘 챙겨요. 알잖아, 엄마. 나 밥심으로 사는 거. 엄마 손목
	은 괜찮나? 아니, 그냥 생각나서. 아부지 약주도 좀 줄이시라고
	하고…. 네, 시간 되면 한번 내려갈게요. 네, 주무세요. (전화 끊고
	한숨 쉰다) 아…, 울 엄마 보고 싶다…. (하늘 보는데)
	순간, 달이 진동하듯 흔들리며 두 개로 살짝 갈라진다. 눈 동그래
	지는 주혁, 얼른 눈을 비비고 보는데… 다시 하나가 된 달.

주혁	… 눈깔도 맛탱이가 갔나…. 과로 때문이야…. (고개 저으며 차 문
	열고 타는)
	(M) 차 안 CD 플레이, 첼로 독주곡이 흘러나오고

69. 한적한 교외 도로 (밤)

도로 위를 달리는 주혁의 차. 첼로 선율에 맞춰 질주해 가고 카메
라 팬하면… 하늘에 떠 있던 보름달, 또 진동하듯 흔들리다가 점
차 두 개로 갈라지나 싶더니 다시 하나로, 또 두 개로, 다시 하나

로, 반복한다. (C.G)

오가는 차 없는 한적한 도로. 주변은 칠흑같이 어둡고, 뭔가 미스터리한 기운이 감돈다. 하늘엔 어느새 달이 완전히 갈라져 두 개의 달이 떠 있고 (C.G) 카메라 다시 밑으로 팬하면, 좀 전에는 없었던 무인 톨게이트가 생겨나 있다.

전방을 향해 운전해 가던 주혁, 그 옆으로 대형 광고판이 보인다.

#. 광고판 인서트 - '당신의 인생도 바뀔 수 있습니다. 새롭게 시작하세요! - 희망 비뇨기과' 카피와 함께 활짝 웃는 남자 모델의 모습

광고판을 흘깃 보는 주혁. 다시 앞쪽 보는데…. 저 멀리 톨게이트가 보인다.

주혁   (…!) 뭐야… 여기 톨게이트가 있었나…? 올 땐 없었던 거 같은데…. (갸웃하는)

주혁 차, 톨게이트로 진입하는데 요금 안내판에 '소, 중형차 500원'이라고 적혀 있다. 게다가 요즘에는 본 적 없는 동전통이 구비된 톨게이트다.

주혁   … 뭐야…. 하이패스도 아니고…. 뭔 톨비가 500원이야…? (아무래도 이상하다, 갸웃하지만… 일단 주머니 뒤져 500원짜리 동전 하나를 꺼낸다)

#. 동전 인서트 - 발행 연도 2006년 C.U 되는

주혁   (500원 동전 던지고, 짤랑 소리와 함께 톨게이트 빠져나간다)

72. 과거로 가는 도로/차 안 (밤)

주혁   (톨게이트 빠져나와 달리는데… 뭔가 낯설다) … 이런 델 지나갔었
       나, 아까…?

       갸웃하는데, 이때 네비게이션 화면이 오작동을 일으키며 요란하
       게 경고음을 울린다.
       '경로를 이탈하였습니다. 경로를 이탈하였습니다.'

주혁   어라… 얜 또 왜 이래? (당황해 리셋 버튼 누르는데)

       이때, 차 계기판의 바늘이 마음대로 왔다 갔다 하기 시작한다. 이어
       경고등에 불이 들어오고, 저절로 속력이 마구 빨라진다.

주혁   …! (놀라서) 뭐야, 왜 이래, 이거! 아씨!!!
       (점점 속력이 더 붙자, 두려움에 얼굴 하얗게 질리는)

73. 과거로 가는 도로 (밤)

       엄청난 속도로 터널을 통과한 주혁의 차. 운전석에서 겁에 질린
       표정으로 속력을 줄이려 애쓰는 주혁의 모습 보이는데… 차 속
       력은 점점 높아진다. '아악!!!' 하는 주혁의 비명 소리 들리고 동
       시에 주혁의 차 빨려 들어가듯 공간 속으로 훅, 사라지며 화이트
       아웃.
       1초…, 2초…, 3초…, 숨 막힐 듯한 정적이 흐르고….

(E) 쾅쾅! 쾅쾅쾅쾅! (문 두드리는 소리)

74. 과거 주혁 자취방 (낮, D-day)

시끄러운 소리에 주혁, 번쩍 눈을 뜬다. 뭔가 익숙한 듯 낯선 꽃
무늬 벽지가 눈에 들어온다. 눈 끔뻑끔뻑.

(주혁) … 뭐지? 병원인가…? … 병원 천장치곤 좀 난해한데, 벽지가….

눈알 굴리는 주혁. 낯익은 낡은 옷장이 보인다. 그 옆에 낡
은 책상도 보인다. 책꽂이에는 『금융학 원론』 책이 꽂혀 있고
'20022271 차주혁'이라 쓰여 있다. 천천히 고개를 돌리니 바로
옆에 반라의 상식이 주혁에게 다리 하나를 턱 걸친 채 자고 있다.
주변에는 빈 과자봉지, 먹다 남은 컵라면, 허물 벗듯 벗어놓은 옷
들이 여기저기 널려 있다.
벌떡 일어나는 주혁. 다시 두리번거리는데…. 분명 옛날 내 자취
방이다.

(주혁) … 여긴… 옛날 내 자취방인데…. 내가 왜 여기 있지? (어리둥절
한데)
(주은) (문을 부술 듯 두드리며) 오빠! 아, 빨랑 열어! 나 팔 빠진다고! 셋
셀 동안 안 열면 확 문 부숴버린다, 진짜! (마구 두드리는)
(주혁) …! (이건 주은이 목소린데…?)

뭐가 뭔지 얼떨떨한 주혁. 일단 일어나 방문을 여는데…. 10년 전
의 주은(트레이닝복 차림의 뚱뚱한)이 김치통과 반찬 찬합을 들고
들어온다.

주은 (방을 둘러보며) 히익! 꼬라지 봐라. 이게 방이야 축사야, 뭐야?

아으, 냄새!

주혁   (놀라) 주, 주은아…!

주은   학교 째고 온 거 아니야. 개교기념일이야. 좀 받지, 일단. (손 내밀면서)

주혁   …! (얼결에 반찬통 받는)

주은   (두리번거리며) 간만에 늦잠 좀 자려고 했더니만 오빠 반찬 갖다 주라고, 아침부터 어찌나 등짝 스매싱을 날리시는지, 모친께서. 심지어 내가 고3이다, 오빠. 응? 기차도 입석 타고 왔어요. 그런 반찬이야, 그게. 알고나 드셔.

(주혁)   … 뭐지? 이거 어디서 많이 봤던 상황인데…?

주은   (냄새 맡으며) 어떻게 사람 사는 집에서 이런 냄새가 나냐? 졸업하면 바로 올라와서 합치든가 해야지…. (발로 옷들을 구석으로 쓸며) 아주 개판이구만, 개판이야. 어젠 또 월드컵 본다고 광란의 파티를 했겠지. 역전승에 신나 가지고, 어?

(주혁)   월드컵? 역전승?! (놀라 눈 동그래지는)

주은   아, 좀 치워봐 봐. 누워 계신 분도 일어나시고, 깬 거 다 알거든요?

상식   (벌떡 일어난다. 이불로 웃통 가리고) 안녕하십니까? 동생분 말씀 많이 들었습니다. 주혁이 동기이자 빈대…. 아니, 사실상 동거인 오상식입니다.

주은   (본다) … 옷이나 입으시죠, 눈 더 버리기 전에.

상식   넵. (책상에 올려둔 옷 얼른 주워 입는)

(주혁)   …!!! (주은과 상식 본다…. 뭔가 깨달은 듯) 이, 이건…, 그날이다! 10여 년 전 그날!!!

주은   (옷장 문틈으로 삐죽 나온 책 귀퉁이 발견하고) 참나…, 옷은 책상에 책은 옷장에. 뭐 제자리에 있는 게 없구만. (옷장 손잡이 잡아 열려는데)

상식   (놀라) 아, 안 돼요!

주은   (이미 열었다. 와르르 쏟아지는 야한 만화책, 잡지 등등) …!

상식   (얼른) 애, 애 겁니다. 제 거 아니에요.

주은   (호기심 어린) 올…! 나 좀 빌려 가도 되나? (잡지 보며 눈 빛내는)

벙찐 표정의 주혁, 서둘러 벽면에 걸려 있는 달력을 확인한다. 달
력 줌인. 2006년 6월이다. 이럴 수가! 지금이 2006년이라니….
이게 어떻게 된 거지? 멘붕인 채 얼어붙은 듯 그 자리에 서 있는
주혁 모습에서….

1화 엔딩.

☾

인생은,

————

선택의 미로다

1. 전화 연결 - 차 안 (낮)

전방을 향해 운전해 가던 주혁, 옆으로 대형 광고판이 보인다.

#. 광고판 인서트 - '당신의 인생도 바뀔 수 있습니다. 새롭게 시작하세요 - 희망 비뇨기과' 카피와 함께 활짝 웃는 남자 모델의 모습.

광고판을 흘깃 보는 주혁. 다시 앞쪽 보는데⋯ 저 멀리 톨게이트가 보인다.

주혁   (!) 뭐야⋯ 여기 톨게이트가 있었나⋯? 올 땐 없었던 거 같은데⋯. (갸웃하는)

주혁 차, 톨게이트로 진입하는데 요금 안내판에 '소, 중형차 500원'이라고 적혀 있다. 게다가 요즘에는 본 적 없는 동전통이 구비된 톨게이트다.

주혁   ⋯ 뭐야⋯ 하이패스도 아니고⋯. 뭔 톨비가 500원이야⋯? (아무래도 이상하다, 갸웃하지만⋯ 일단 주머니 뒤져 500원짜리 동전 하나를 꺼낸다)

#. 동전 인서트 - 발행연도 2006년 C.U 되는

주혁   (500원 동전 던지고, 짤랑 소리와 함께 톨게이트 빠져나간다)

2. 전회 연결 - 과거로 가는 도로/차 안 (밤)

주혁   (톨게이트 빠져나와 달리는데… 뭔가 낯설다) … 이런 델 지나갔었나, 아까…?

갸웃하는데, 이때 네비게이션 화면이 오작동을 일으키며 요란하게 경고음을 울린다.
'경로를 이탈하였습니다. 경로를 이탈하였습니다.'

주혁   어라… 얜 또 왜 이래? (당황해 리셋 버튼 누르는데)

이때, 차 계기판의 바늘이 마음대로 왔다 갔다 하기 시작한다. 이어 경고등에 불이 들어오고, 저절로 속력이 빨라진다.

주혁   …! (놀라서) 뭐야, 왜 이래, 이거! 아씨!!!
(점점 차 속력이 더 붙자, 두려움에 얼굴 하얗게 질리는)

3. 전회 연결 - 과거로 가는 도로 (밤)

엄청난 속도로 터널을 통과한 주혁의 차. 운전석에서 겁에 질린 표정으로 속력을 줄이려 애쓰는 주혁의 모습 보이는데… 차 속력은 점점 높아진다. '아악!!!' 하는 주혁의 비명 소리 들리고 동시에 주혁의 차 빨려 들어가듯 공간 속으로 훅, 사라지며 화이트 아웃.
1초…, 2초…, 3초…, 숨 막힐 듯한 정적이 흐르고….

(E) 쾅쾅! 쾅쾅쾅쾅! (문 두드리는 소리)

4. 전화 연결- 과거 주혁 자취방 (낮, D-day)

시끄러운 소리에 주혁, 번쩍 눈을 뜬다. 뭔가 익숙한 듯 낯선 꽃
무늬 벽지가 눈에 들어온다. 눈 끔뻑끔뻑.

(주혁)   … 뭐지? 병원인가…? … 병원 천장치곤 좀 난해한데, 벽지가….

눈알 굴리는 주혁. 낯익은 낡은 옷장이 보인다. 그 옆에 낡
은 책상도 보인다. 책꽂이에는 『금융학 원론』 책이 꽂혀 있고
'20022271 차주혁'이라 쓰여 있다. 천천히 고개를 돌리니 바로
옆에 반라의 상식이 주혁에게 다리 하나를 턱 걸친 채 자고 있다.
주변에는 빈 과자봉지, 먹다 남은 컵라면, 허물 벗듯 벗어놓은 옷
들이 여기저기 널려 있다.
벌떡 일어나는 주혁. 다시 두리번거리는데…. 분명 옛날 내 자취
방이다.

(주혁)   … 여긴… 옛날 내 자취방인데…. 내가 왜 여기 있지? (어리둥절
        한데)
(주은)   (문을 부술 듯 두드리며) 오빠! 아, 빨랑 열어! 나 팔 빠진다고! 셋
        셀 동안 안 열면 확 문 부숴 버린다, 진짜! (마구 두드리는)
(주혁)   …! (이건 주은이 목소린데…?)

뭐가 뭔지 얼떨떨한 주혁. 일단 일어나 방 문을 여는데…. 10년
전의 주은(트레이닝복 차림의 뚱뚱한)이 김치통과 반찬 찬합을 들
고 들어온다.

주은   (방을 둘러보며) 히익! 꼬라지 봐라. 이게 방이야 축사야, 뭐야?

아으, 냄새!

주혁   (놀라) 주, 주은아…!

주은   학교 째고 온 거 아니야, 개교기념일이야. 좀 받지, 일단. (손 내밀 면서)

주혁   …! (얼결에 반찬통 받는)

주은   (두리번거리며) 간만에 늦잠 좀 자려고 했더니만 오빠 반찬 갖다 주라고, 아침부터 어찌나 등짝 스매싱을 날리시는지, 모친께서. 심지어 내가 고3이다, 오빠. 응? 기차도 입석 타고 왔어요. 그런 반찬이야, 그게. 알고나 드셔.

(주혁)   … 뭐지? 이거 어디서 많이 봤던 상황인데…?

주은   (냄새 맡으며) 어떻게 사람 사는 집에서 이런 냄새가 나나? 졸업 하면 바로 올라와서 합치든가 해야지…. (발로 옷들을 구석으로 쓸며) 아주 개판이구만, 개판이야. 어젠 또 월드컵 본다고 광란의 파티를 했겠지. 역전승에 신나 가지고, 어?

(주혁)   월드컵? 역전승?! (놀라 눈 동그래지는)

주은   아, 좀 치워봐 봐. 누워 계신 분도 일어나시고, 깬 거 다 알거든요?

상식   (벌떡 일어난다. 이불로 웃통 가리고) 안녕하십니까? 동생분 말씀 많이 들었습니다. 주혁이 동기이자 빈대…. 아니, 사실상 동거인 오상식입니다.

주은   (본다) … 옷이나 입으시죠, 눈 더 버리기 전에.

상식   넵. (책상에 올려둔 옷 얼른 주워 입는)

(주혁)   …!!! (주은과 상식 본다…. 뭔가 깨달은 듯) 이, 이건…. 그날이다! 10여 년 전 그날!!!

주은   (옷장 문틈으로 삐죽 나온 책 귀퉁이 발견하고) 참나…. 옷은 책상 에 책은 옷장에. 뭐, 제자리에 있는 게 없구만. (옷장 손잡이 잡아 열려는데)

상식   (놀라) 아, 안 돼요!

주은   (이미 열었다. 와르르 쏟아지는 야한 만화책, 잡지 등등) …!

상식   (얼른) 얘, 얘 겁니다. 제 거 아니에요.

주은	(호기심 어린) 올…! 나 좀 빌려 가도 되나? (잡지 보며 눈 빛내는)

벙찐 표정의 주혁, 서둘러 벽면에 걸려 있는 달력을 확인한다. 달력 줌인. 2006년 6월이다. 이럴 수가! 지금이 2006년이라니…. 이게 어떻게 된 거지? 멘붕인 채 얼어붙은 듯 그 자리에 서 있는 주혁 모습에서….

5. 과거 주혁 자취집 앞 (낮)

주혁 자취집 대문이 열리고, 얼떨떨한 채 가방 메고 나오는 주혁. 아직 상황 파악이 안 돼 걷다가 다시 멈춰 서는데, 옆집 마당에서 주인 아줌마가 물청소하고 남은 물을 밖으로 쫙 뿌린다.

주혁	…! (다리에 물벼락 맞은)
아줌마	(놀라며) 아이구, 어떡해! 지나가면 지나간다고 얘길 좀 하든지.
(주혁)	(바지 물에 젖은 채…) 똑같다…. 그날하고 똑같아…!
아줌마	가, 언능. 날 좋아서 바로 마르긴 하겠다.
(주혁)	(멀뚱히 서서 보며) … 꿈인가? 꿈이라도 너무 생생한데, 이건…?
아줌마	(보는) 아, 안 가? 나 마저 버려야 되는데.
주혁	(어리둥절한 채 인사하고 가는)

6. 버스 정류장 앞 (낮)

정류장 앞 판매 부스에서는 백지영 〈사랑 안 해〉가 흘러나온다. 버스에서 내리는 주혁. 급히 뛰어가다가 가판대 다리에 무릎을 부딪힌다.

주혁	아, 아! (아픈 듯 무릎 잡고 한 발로 뛰는데)
여고생1, 2	(가판대 앞에서) 아, 뭐야. 얘네 짜증 나! (인상 쓴다)

주혁이 보니, 신문 1면에 '2006년 월드컵 대한민국 vs 토고, 역대 월드컵 사상 첫 원정 승리!' 기사 있고, 하단에 '브란젤리나 커플, 딸 샤일로 출산 후 첫 바깥나들이 포착'이라는 기사가 있다.

여고생1 이쁘고 잘생긴 것들끼리 만나 너무 잘 살잖아, 이쁜 딸까지 낳고.
여고생2 그러게. 하늘이 너무 불공평한 거 아니냐?
(주혁)   (이 상황조차도 똑같다. 뭐 이런 꿈이 다 있나…. 신기해 죽겠다는 표정으로 걸어간다)

7. 과거 캠퍼스 (낮)

주혁, 아직 뭐가 뭔지 모르겠다는 표정으로 생각하며 걸어가는 중.

(주혁)   … 꿈인지 생신지, 뭐가 뭔지 모르겠지만… 어쨌든 지금은 2006년, 12년 전 그날이다. 이대로라면… 이제 곧…? (침 꿀꺽 삼키고 정면 응시하면)

맞은편에서 혜원이 원피스 차림에 첼로 메고 걸어온다. (slow)

(주혁)   혜원이다!
혜원   (마주 오다가 주혁 보고) 선배! (손 흔들면)
(주혁)   12년 전의 혜원! 꽃처럼 환한 미소로, 어디든 천국으로 만들던 나의 첫사랑!
혜원   1교시인가 보다, 늦었네. 난 연습실 가는 길.
주혁   어, 어…. (멍한 채 혜원이 얼굴만 빤히 보는)
혜원   (그 시선에 볼 발그레지며) 저기 선배. 저녁에 시간 어때? 첼리스트 독주회가 있는데 티켓이 두 장 있어서…. (주혁을 보는)
주혁   어? 어…. 있어. 있지, 시간. 그래, 같게.
혜원   잘됐다. 그럼 8시에 예술의 전당 입구에서 봐. 늦음 안 된다.

(웃으며 가는)

(주혁)   (그런 혜원 보며…) 그랬구나, 혜원아. 별 의미 없이 가자고 한 게
아니었어. 너도 날…, 너도 날…. (생각할수록 눈치채지 못한 자신
이 원망스러운데)

주혁, 미련 가득한 표정으로 혜원 쪽 돌아보며 걸어간다. 이때,
마주 오던 오토바이. 미처 주혁을 보지 못하고 달려오다가 '어
어…!!!' 소리 지른다. 그 소리에 놀라 앞쪽 보는 주혁. 놀란 표정
에 반사적으로 팔을 들어 얼굴을 가리며 오토바이와 부딪힌다.
픽! 순간 다시 화이트 아웃.

8. 현재 주혁의 집 안방 (낮)

주혁, 눈 뜨고 벌떡 일어난다. 다시 현재 주혁의 집 안방이다. 순
간, 공간이 잠시 진동하듯 흔들리고는 바로 멀쩡해진다. 주혁, 얼
얼한 머리를 만지며 이게 진짜 꿈인지 생시인지 두리번거리는
데…. 이때 우진이 들어와 가방에 아기 용품들을 챙기며

우진   (힐끗) 뭐 해, 안 일어나고. 회사 안 가?

주혁   (우진 보며) 저기 여보…, 오늘 며칠이야? 아니, 몇 년도야?

우진   2018년 8월 29일 수요일이다, 됐니?

주혁   (…!) 수요일? 금요일 아니고?

우진   수요일 맞거든. 잘 자고 왜 헛소리야, 꿈 꿨어?

주혁   (잠시 멍하다가) … 그치? 꿈이지? 그래, 꿈이야…. 꿈이 아니면
뭐겠냐고, 이게. (그러다 뭔가 이상하다, 갸웃하며) 근데 여보… 나
어제 어떻게 들어왔지?

우진   어떻게 들어오긴, 걸어 들어왔지. 그러게 술 좀 작작 처마시라니
까, 그러다 골로 간다 진짜. (가방 다 챙기고 나서면)

주혁   어디 가?

우진 니 앞으로 생명보험 들러 간다, 왜. (쯧) 애들 차 태워주고 바로 출근할 거니까 일어나든지 말든지. (하곤 휑하니 나가 버린다)

(주혁) (갸웃…) 이상하다…. 차에 이상 있었던 것까진 기억나는데…. 거기서부터 딱 끊기네. 진짜 술을 너무 마셨나, 요새. (일어난다. 대충 이부자리 정리하며…) 그나저나… 꿈 치고는 생생해도 너무 생생하다…. 어제 혜원이를 만나서 그런 꿈을 꾼 건가…? (갸웃하는)

9. 거리 (낮)

부산한 아침 거리. 바쁘게 오가는 출근길 사람들.
양복 차림으로 지하철 향해 바쁘게 걸어가는 주혁 모습에서
타이틀이 뜬다.

제2화 | 인생은, 선택의 미로다

10. 은행 앞 토스트 포차 (낮)

종후와 함께 아침으로 토스트 먹고 있는 주혁. 아직 꿈 생각에 골몰한 표정.

종후 (양복 차림 손님들 보며) 미어터지는구나, 미어터져. 아침밥 먹고 나오는 남자는 진정, 전설 속에만 존재하는 인물인 것이냐….

주혁 ….

종후 아… 엄마 밥 먹고 싶다. 아빠 좋겠다, 맨날 엄마한테 밥 얻어먹고. (하는데)

주혁 저기, 종후야…. 너 꿈인데 꿈 아닌 거 같은 꿈, 꿔본 적 있냐?

종후 뭐라?

주혁   꿈인데, 너무 생생해서 깨고도 꿈 같지가 않은, 그런 거 있잖아.

종후   아…, 있지, 그런 거. 꿈에서 내가 한효주랑 사귄 거라. 근데 그 꿈
      이 얼마나 생생했던지, 그다음부턴 티비에 한효주가 나오면 남
      같지가 않고, 헤어진 여친 같고, 욱해서 막 키스씬도 못 보겠고.
      아주 묘하더라니까.

주혁   아니, 그런 게 아니고….

종후   다 개꿈이야, 인마. 니가 요새 스트레스가 너무 많아서 그래. 그런
      의미에서, 오늘 퇴근하고 겜이나 한 판? 나 렙업도 다 해놨는데.

주혁   내 엑스 프로 맛탱이 갔어. 구매 글 올려놨는데 아직 쪽지도 없다.

종후   아이고, 기어이 갔구나. 가실 때 됐지, 애 많이 쓰셨다, 그분.

주혁   새 거 같은 중고나 하나 딱 걸리면 좋겠는데 말야. (하며 음료 마
      시다 흠칫)

      #. 인서트 - 손목에 꿰맨 모양의 흉터

주혁   … 웬 흉터지? 나 여기 이딴 거 없었는데.

종후   (힐끗 보며) 뭔 소리야? 너 그거 예전부터 있었잖아. 입사 때부터.

주혁   야, 무슨…. 난 진짜 모르는 상처야, 인마.

종후   니가 모르면 누가 아냐고. (주혁 자세히 들여다보는) 너 진짜 이상
      하다, 오늘. 농담이 아니라 병원 가봐야 되는 거 아냐? 요새 조기
      치매 진짜 무섭다던데.

주혁   …? (아무리 생각해도 기억에 없다. 갸웃하는)

11. 은행 입구 (낮)

      종후와 주혁 막 은행 들어가려는데, 향숙과 혜정이 안에서 나온다.

향숙   어, 이제들 오세요?

혜정   저희 지금 커피 사러 가는데, 드실 거죠? 커피 좋아하시잖아요.

주혁	어? 어…. (당황해 머뭇거리는데)
종후	(휴대폰 받는 척) 여보세요? 어, 여보…. 아니, 나 지금 들어가는데…. (들어가는)
주혁	(저게 선수를…! 어쩔 수 없이) 어, 그래. 사 와. 여기…. (카드 꺼내 주면)
향숙	어머, 저희가 사드리려고 했는데…. 땡큐, 대리님. (가려다가) 아, 근데 우리 것만 사요? 팀장님이랑 다른 분들 거는….
주혁	어? 어, 사. 그거 얼마나 한다고…. (보며) 거기 체크카드 되지? (울상 되는)

12. 은행 내 객장 (낮)

향숙과 혜정이 '차 대리님이 쏘신 거예요', '아이스 아메리카노입니다' 하며 커피를 자리로 서빙하고…, 주혁은 쓸쓸한 표정으로 자리에 앉는다.

변 팀장	차 대리가 웬일이야, 커피를 다 사고….
장 팀장	여튼 사줘도 난리야. 잘 마실게, 차 대리.
향숙/혜정	잘 마실게요, 차 대리님! (해맑게 인사하며 자리에 앉는)
민수	잘 마시겠습니다. (입구 쪽에서 꾸벅 인사한다)
환	아, 전 콜드브루만 마시는데…. 다음부턴 그걸로 부탁드려요.
주혁	…! (빠직! 저게 사람 놀리나?)
종후	(놀리듯) 잘 마실게, 차 대리. (훅, 얼굴 밀착하며 작게) 그러게, 쌍커피를 조심해야지! 대리님, 커피 사주세요. 이 한마디에 일주일치 용돈이 날아가는구만.
주혁	(속이 부글부글, 주먹 날리는 제스처하는데)

이때, 지점장 출근한다.

| 직원들 | 지점장님 오십니까?/안녕하세요! |

지점장	어, 다 같이 모닝커피 타임? 좋다! 안 그래도 나 커피 땡겼는데.
향숙/혜정	… 어머, 지점장님 걸 깜빡했다…/그러게… 어쩌죠? (눈치 보면)
지점장	그래? 아, 괜찮아. 난 그냥 탕비실에 있는 믹스 마시지, 뭐. 의사가 혈관 막힌다고 단거 끊으라 그러긴 했는데, 한 잔이야 뭐 괜찮겠지? 바로 죽겠어?
직원들	…! (굳으며, 저 인간 또 삐졌구나…. 망했다 하는 표정인데)
주혁	(자기 커피를 내민다) 점장님, 이거 드십시오. 아메리카노입니다.
지점장	아냐, 마셔. 차 대리 건데.
주혁	아뇨, 전 커피 마시면 밤에 잠이 안 와서. 지점장님 겁니다, 진짜.
지점장	그래? 역시 나 챙기는 건 차 대리밖에 없어. (받으며) 땡큐! (마시고 바로 기분 좋아진) 으아, 시원해! 역시 더울 땐 아이스 아메리카노야, 어? 그런 의미에서 내가 퀴즈 하나 낼까? 인도는 지금 몇 시게? 알아? 몰라몰라? 인도는 말야, 지금 4시야. 인도네시아. 맞지? 맞지맞지? 푸하하…! (기분 좋게 지점장실로 가는)
종후	나이스 방어! 와, 저 삐돌이. 너 아니었음 일주일은 시달릴 뻔했다, 또.
주혁	시끄러워, 넌, 닥쳐. (하곤) 나 ATM 잔고 채우러 간다. (기기 뒷공간으로 간다)

13. ATM기 뒷공간 (낮)

허탈한 표정의 주혁, ATM기에 현금 넣으며….

(주혁)	… 하아…. 일주일 또 삼각김밥만 먹게 생겼네. (돈 보며) 이 돈이 다 내 돈이면 얼마나 좋냐. 확, 갖고 튈까? 튀어, 진짜?! (하는데)

이때, 휴대폰에서 댓글 알림벨이 딩동, 울린다.

주혁	(휴대폰 꺼내 댓글 확인하다가 눈 번쩍) 어! 어어!!!

#. 화면 인서트 - '엑스 프로 신상 40에 팝니다. 상태 A+입니다'

주혁   우와! (소리 질렀다가 급 음소거하고) 대박. 대애박. (다시 확인하고, 서둘러 현금 넣어 문 닫고 키 채우고 뛰어간다)

14. 은행 내 객장 (낮)

뛰어나온 주혁, 변 팀장 눈치 한 번 보고는 종후한테 쓱 다가가

주혁   (작게) 야… 나 오늘 커피 쏴서 제대로 복 받나 봐. (하곤 휴대폰 보여주는)
종후   뭐, 왜. (보다가 역시) 우와! (역시 음소거) 대박. 대박, 대애박.
주혁   (흥분, 작게) 그치, 대박이지.
종후   어! 완전 죽인다, 진짜.
주혁   심지어 웃돈도 하나도 없어. 이거 정말 실화냐?
종후   야, 버스 떠나기 전에 연락해. 초특급 우량버스야, 이건. 놓치면 진짜 후회해.
주혁   오케이! 침착, 침착. (하고 답글 다는)

화면 상단에 뜨는 답글 S.S '네, 구매할게요.'
띠링, 판매자 답글 S.S '오늘 바로 거래 가능할까요?'
다시 주혁 답글 S.S '네. 몇 시에 어디서 만날까요?'
띠링, 판매자 답글 S.S '6시쯤. 서초역 4번 출구 앞?'

주혁   (…!) 야, 6시에 보자는데? 6시 퇴근 가능할까?
종후   야, 일단 질러. 6시고 5시고 무조건 간다 그래야지, 인마.
주혁   그치? 오케. ('네, 그럼 6시에 봬요' 답글 올리고) 완료! (손 들며)
종후   나이스, 굿 거래! (하이파이브하는데)
변 팀장 (째리며) 일 안 하냐, 니들? 근무 중에 자꾸 노닥거릴래?

주혁   (일하는 척) 그럼 환율을 다시 환산해서 합산해야 되는 거 아냐?
           (변 팀장 눈치 보곤 쓱 자리에 앉는다. 설레고 벅차고 간만에 뭔가
           업된)

15. 에스테틱 내 룸 (낮)

           우진 또래의 여자 고객, 겉옷과 가방을 우진에게 건넨다.

우진   (옷걸이에 걸며) 오랜만에 오셨어요. 오늘도 페이스 윤곽 관리하
           실 거죠?
여자   아니, 오늘은 어깨 받을래. 지난 주에 발리 갔다 온 여독이 안 풀
           려서.
우진   아, 발리 다녀오셨구나. 어쩐지 이쁘게 잘 타셨더라. 옷 갈아입고
           나오세요. 세팅해 놓겠습니다.
여자   (탈의실로 들어가다가) 아, 그리고 나 미지근한 물 한 잔만.

           (컷) 마사지복 갈아입고 누운 여자. 우진이 물컵 건네면,

여자   (한 모금 마시고) 으, 차가워! (짜증) 미지근하게 달라니까!
우진   아, 섞은 건데. 다시 갖다 드릴게요.
여자   (짜증 섞인) 됐어, 안 마셔. 에어컨 강도나 좀 올려줘. 더워 죽겠
           어, 아주.
우진   네. (에어컨 올리고 추운 듯 팔 두어 번 쓸어내리곤) 그럼, 림프선
           마사지부터 들어가겠습니다. (누르며 영업 들어간다) 볼수록 이쁘
           게 잘 타셨다. 발리 볕이 좋긴 좋은가 봐요. 근데 그을린 피부일
           수록 보습 배로 신경 쓰셔야 되는 거 아시죠? (콜록) 저희 샵 선
           케어 라인 되게 괜찮은데… 프랑스 제품인데, 피부 재생이랑 탄
           력에 진짜 좋아서….
여자   영업 너무 티나게 한다. 사장이 그렇게 시켜요?

우진	(당황) 아, 아니 영업이 아니라….
여자	그거 팔면 언니도 인센 같은 거 받나? 그럼 생각해 볼게, 갈 때 샘플 챙겨줘 봐요. (비꼬듯) 하긴…. 여기 월급 갖고 생활이나 하겠어? 화장품이든 양심이든 뭐든 팔아야지. (눈 감는) 에어컨 쫌만 더 올리자. 더워, 더워.
우진	(에어컨 강도 더 올리며 콜록콜록 잔기침 하는데)

이때, 휴대폰 진동벨이 울린다.

| 우진 | (보는데 '엄마 집주인'이다) 죄송합니다. 받아야 되는 전화라서. (손 닦고 구석으로 가 전화 받는다. 작게) 네, 아주머니…. 네…. (표정 어두워지는) |

16. 은행 내 객장 (낮)

업무 중인 주혁. 게임기 받을 생각에 표정이 한껏 업되어 있다.

주혁	(고객한테 설명하는) 전화로 말씀드린 대로 이 상품은 저희 은행에서 프리미엄으로 제시하는 개인 신용 대출 상품이거든요. 금리는 6.5퍼센트까지 개인 신용도에 따라 변동이 있고요, 상환은 원리금 균등분할 상환이고요.
고객2	네, 다른 것도 알아봤는데 조건이 확실히 더 좋더라고요.
주혁	아, 알아보셨구나. 그렇죠, 배추 한 단을 사도 이파리가 시들었나 벌레는 얼만큼 먹었나 꼼꼼히 따지는 게 득인데…. (미소) 제가 말씀드린 서류들 갖고 오셨죠?
고객2	아, 네. (가방에서 꺼내는)
(주혁)	(그 사이 시간을 확인한다. 4시가 다 되어간다. 뭔가 들뜨는)
고객2	여기요. (서류들 내민다)
주혁	네. (서류 보며) 원천징수영수증, 재직증명서…. 신분증도 주셔야

되는데.

고객2	아, 네. (지갑 보며 갸웃) 어… 왜 없지? 이상하네…. (가방 뒤지는)
주혁	왜… 안 갖고 오셨어요, 신분증?
고객2	아닌데…. 항상 지갑에… (하다가, 아차!) 아… 집에서 정리한다고 빼놓고… 어쩌죠? 오늘 해야 되는데…. 집에 갔다 올까요? 6시 좀 넘을 거 같은데, 기다려 주시면….
주혁	아… 6시요…? (잘못하면 게임기를 놓칠 수도 있다) 저기…, 일단 처리해드릴 테니까 내일 가지고 나오세요. 저희 지점 오랜 고객 이시고 하니까.
고객2	아, 그래도 돼요?
주혁	원칙적으론 안 되는데, 해드려야죠…. 집도 너무 머시고.
고객2	아, 감사합니다. 내일 꼭 가져올게요. (기뻐하는)

(컷) 시계 5시 30분 가까이 되어가고 있고… 주혁, 결재 서류 마
무리해 일어나는데… 지점장 자리가 비어 있다.

주혁	(향숙한테) 지점장님 어디 가셨어?
향숙	네, 아까 본사 잠깐 가신다고 나가셨는데…. 다시 들어오실걸요?
주혁	아…. (초조하다, 빨리 나서야 되는데…)

안 되겠다…. 다시 자리에 앉는 주혁. 업무 세부사항 적힌 메뉴얼
북을 펼친다.

#. 인서트 - 비상 결재 : 지점장님 아이디 bh640725/비번 0725

지점장 아이디와 비번 넣어 로그인하고, 기안함 열고 차주혁 이
름으로 올라온 결재 서류 클릭, 지점장 승인 클릭까지 일사천리
로 처리하는. 됐다…. 드디어 오늘 업무 끝…. 새 게임기와 만날
시간이다!

주혁　(변 팀장 눈치 보며 다가가는) 팀장님. 집에 일이 좀 있어서…. 오늘만 좀 먼저 퇴근하면 안 될까요?

변 팀장　년 형제가 열 명쯤 되냐? 집에 뭔 놈의 일이 그렇게 많냐?

주혁　죄송합니다, 좀 심각한 일이라서. (연기 돌입) 저도 마음 같아서는 호적을 파버리고 싶은데 그게… 천륜을 거스를 수도 없고 참…. (심각한 표정 짓는)

변 팀장　(진짜 심각한가? 눈치 보며) 흠…, 그럼 일단 뭐, 가보든지.

주혁　감사합니다! (90도로 인사하고, 돌아서며 종후한테 눈빛을 보낸다)

(주혁)　야, 서초까지 30분에 끊을 수 있을까?

(종후)　(역시 눈빛으로) 지금 출발하면 충분하다. 고고!

주혁　(기대감으로 눈이 반짝. 가방 들고 종후와 하이파이브하고 나간다)

17. 다세대 주택가/우진 모 저장 강박 집 앞 (낮)

이삼 층 규모의 다세대 주택이 빼곡하게 늘어선 좁은 골목. 우진이 잰걸음으로 걸어가다가 멈칫한다. 저만치에 녹슨 철대문 안에서 이미 전쟁 중인 집주인과 우진 모의 고성이 들려온다.

(집주인)　하루이틀도 아니고 이게 뭔 짓이냐고, 이게! 치워라, 치워라, 내가 몇 번을 얘기했냐고. 아우, 징그러 진짜. 드럽게 말도 안 들어.

(우진 모)　치울 거라고, 내가. 치울 거라 그랬잖아!

(집주인)　그러니까 언제? 언제 치우냐고! 나 죽고 묻히면 그때 치우게? 대체 언제!!!

우진　휴우…. (깊은 한숨을 내쉰 뒤, 각오한 듯 대문 앞으로)

18. 우진 모 저장 강박 집 마당 (낮)

우진, 대문 열고 들어오면 좁은 마당에 집주인과 우진 모가 대치 중이다. 우진 모가 버티고 선 뒤쪽으로는 서랍장이며, 망가진 의자며, 여러 포대 자루에 담긴 병이며, 잡다한 물건들이 쌓여 있다.

집주인   어, 딸! 잘 왔어. 이거 좀 봐, 이거. 이게 쓰레기장이지 집이냐고, 이게. 아우, 이 냄새! 어젯밤엔 들어오다 부딪혀가지고 내가, 봐 봐. 이거, 발가락에 멍든 거.

우진   (기가 막힌) 죄송합니다. 정말 죄송합니다.

집주인   죄송이고 나발이고 됐고. 아니, 남의 집 마당에 고물을 쌓아놓고 이게 뭔 민폐냐고, 이게. 미칠려면 곱게 미치든지 말야.

(우진)   (뭐라 대구하기도 난감하다. 모친 보면)

(우진 모)   (우진의 등장에 한풀 꺾인 채 씩씩거리고만 서 있다)

19. 우진 모 저장 강박 집 (낮)

우진, 모친이 사는 집 안에 들어오자 잡다하게 쌓여 있는 물건들-오래된 밥통, 주방용품, 신문지, 기타 등등-에 한숨이 절로 나온다. 뒤따라 들어온 모친을 보며

우진   … 이게 뭐야, 엄마. 얻다 쓰려고 이걸…. 다 갖다 버려. 좀 제발!

우진 모   안 돼! … (막아서며) 버리긴 왜 버려, 아깝게…. 다 쓸 물건들이구만. 사람들이 말야, 기름 한 방울 안 나는 나라에서 맨 버릴 줄만 알고 아낄 줄은 모르고.

우진   엄만 얻다 쓸 건데? 쓸 데가 없으니까 자꾸 쌓여만 가는 거 아냐. 제발 엄마, 고집 좀 부리지 말고. 이러고 어떻게 살아? 이게 사람 사는 집이야?

우진 모   (눈 깔고) … 사람 사는 집이지, 그럼… 개돼지가 사나…? (무안하니 괜히 정리)

우진   부탁하는데 엄마, 제발….

우진 모   물이나 한 잔 마시고 가, 얼른. (고물들 사이로 힘들게 냉장고 앞에 가서 냉장고 문 열고) 아니면 미숫가루 타주랴? 이게 어디 갔지?

여보, 청주 이모가 보낸 미숫가루 못 봤어?

우진　　!!! (여보라니… 놀라서) 엄마…!

우진 모　어? (보고 잠시 멍…) 내가 이걸 왜 열었더라? 뭐 꺼낼라 그랬
　　　　지…?

우진　　(모친 상태가 점점 더 심각하다. 가슴이 쿵 내려앉는 표정)

20. 지하철역 앞 (낮)

지하철 계단을 경중경중 뛰어 올라오는 주혁. 두리번거리며 거
래남으로 보이는 사람을 찾는데, 안 보인다. 휴대폰을 보니 5분
밖에 안 늦었다. 설마… 5분을 안 기다리고 갔을까? 괜히 불안
한데.

(거래남)　… 7468님?

주혁　　(돌아보면, 게임기 상자 든 남자가 서 있다) 아, 6458님?

거래남　네, 죄송해요. 제가 잠깐 화장실 좀 갔다가 오느라고.

주혁　　아니에요, 아니에요. 저도 방금 왔습니다.

거래남　물건 상태부터 보시겠어요? (상자 열어서 보여주는)

주혁　　(입 찢어지는) 후아, 진짜 제대로 A급인데요. 완전 새 거 같아요.

거래남　(급 우울) 새 거예요. 사 온 날 바로 마누라한테 걸려서요…. 마누
　　　　라가 당장 처분 안 하면 저를 처분하겠다고 해서….

주혁　　아아… 예에…. (동병상련이 느껴진다. 절로 숙연해지는)

거래남　아시죠? 이 모델 얼마나 구하기 힘든지. 줄서기 알바까지 동원해
　　　　서 정말 힘들게 모셔 온 놈이거든요. 근데 마누라가 자기랑 게임
　　　　중에 하나만 고르라고…. (울컥) 생존 게임 하겠다고 진짜 목숨을
　　　　내놓을 순 없잖아요.

주혁　　그쵸… 잘 알죠…. 걱정 마세요. 제가 많이 아껴주겠습니다. (봉투
　　　　내밀면)

거래남　(봉투 확인) … 맞네요…. 그럼… 님, 즐겜. (힘겹게 돌아서 가는)

주혁   가십시오! 감사합니다! (짠하게 거래남의 뒷모습 보다가 배시시, 제 손에 들린 게임기를 본다. 드디어 게임기를 손에 넣었다. 브라보!!!)

21. 복권방 근처 거리 (낮)

생각이 많은 표정의 우진, 천천히 걸어오고 있는

(집주인) 어째 상태가 점점 더 안 좋아. 밤에도 자꾸 나가는 거 같고…. 고물들 때문이 아니라 엄마를 위해서 빨리 요양병원 같은 데 알아보는 게 안 낫겠어?
우진   … 하아…. (심란한 표정, 저 앞 복권방을 보는)

22. 복권방 (낮)

공시 책 펴놓고, 제자리 뛰기를 하며 알바 중인 주혁 동생 주은. 그 앞에 상식이 복권 긁고 서 있다.

상식   (꽝인 듯) 아….
주은   (한심하다는 듯) 참… 봐도 봐도 질린다, 이 그림은. 아니, 백날 천날 뽑아도 꽝인걸. 돈이 안 아까워, 오빤? 차라리 기부를 해, 자자손손 복이나 받게.
상식   니 그림도 만만찮게 지겹거든? 알바를 하든가 공부를 하든가 나가서 달리든가 하나만 하지, 그거 하면서 책이 눈에 들어오냐?
주은   쳇, 남이사 뛰면서 책을 보든 앞구르길 하든 뭔 상관? 요새 운동 못해서 불안해 죽겠구만! 나 요요 오면 오빠가 책임질래요?
상식   책임…. 무슨 그런 끔찍한 소리를 눈 하나 깜짝 않고 하시나?
주은   아, 쏘리. 나도 뱉자마자 소름 돋았네…. 쏘리쏘리. (하는데)

이때, 우진이 문 열고 들어온다.

주은   (보고) 어, 언니! 웬일이에요, 이 시간에?

우진   아… 근처에 볼일 있어 왔다가…. (상식 보며) 잘 지내셨어요?

상식   아, 그럼요. 제수씨. 저야 뭐….

주은   너무 잘 지내 탈이지, 이 오빤. 뻑하면 여기 와 시간 죽이고….

상식   야야. (눈 부라리곤 우진 보며) 그럼 두 분 얘기 나누세요. 전 포차 문 열 때가 돼서…. 안녕히 가세… 아니, 계세요. (하곤 내빼듯 얼른 나가는)

우진   (보며) 아가씨는 안 힘들어요? 공시 준비하면서 알바하기.

주은   힘들어도 어쩌겠어요? 서른 넘은 게 부모님한테 생활비 부쳐달라고 할 수도 없고. 뭐, 올 엄마아빠 먹고 죽을래도 부칠 돈도 없을 거고.

우진   ….

주은   근데 오빠 얼굴 보기가 힘드네, 바쁜가 봐요. 커피 할래요? (하다) 아, 맞다, 언니 커피 안 좋아하지. 그럼 간만에 둘이 나가서…. (똑, 술잔 꺾는 모션)

우진   아니… 시간 안 될 거 같애. (눈치 보며) 저기… 아가씨 친구가 요양병원에서 일한다 그랬죠? 거긴 한 달에 대충 얼마나 한대요?

주은   글쎄요. 그때 얼핏 듣기로… 한 120 한다 그랬던 거 같은데… 왜요?

우진   (헉, 비싸다…) 아니… 누가 좀 알고 싶다 그래서…. 다른 데도 그렇게 비싸려나?

주은   다 비슷할걸요. 그래서 자식들이 뿜빠이해서 내잖아, 보통. 효도를 할래도 돈이 있어야 된다 이거지, 망할 놈의 세상. (하다가) 근데 언니, 화장 안 해? 너무 맨얼굴이다. 그래 가지구 남자 친구나 하나 붙겠어? 요즘 유부녀들 남친 하나씩은 능력껏 다 키우던데. (눈치 보며) 농담인데 웃지도 않네. (쩝…)

(우진)   (120… 엄두가 안 난다…. 마음 안 좋은)

24. 주혁의 집 앞 (밤)

게임기 상자 들고 기분 째져서 오던 주혁, 집 앞에서 멈칫한다.
잠깐… 이대로 들고 들어갔다가 우진에게 걸리면… 최소 유혈
사태다…. 두리번거리는 주혁, 근처 재활용 쓰레기장에 있는 까
만 비닐봉지를 크기에 맞는 것으로 골라내 게임기를 넣는다.

25. 주혁의 집 현관+거실 (밤)

주혁, 게임기가 들어 있는 까만 비닐봉지 안고 들어온다. 첨벙첨
벙 물소리와 함께 '가만 좀 있어!' 하는 우진의 카랑카랑한 목소
리가 들린다. 욕실에서 아이들을 씻기는 모양이다.

주혁   (들리지 않길 바라며, 작게) 여보, 나 왔어…. (하곤 냉큼 옷방으로)

26. 주혁의 집 옷방 (밤)

게임기 상자를 껴안고 방으로 들어온 주혁. 어디 숨길까 우왕좌
왕하다가 세워둔 여행용 트렁크 뒤에 살짝 숨기는데….

(우진)   뭐 해? 와서 애 좀 받아줘!
주혁   (깜짝) 어어, 나가! (하곤 그래도 불안한지 무릎 담요 집어 들고 상
       자 위에 휙 덧씌워 완벽하게 감춰놓고 토닥토닥하고 나가는)

27. 주혁의 집 안방 (밤)

침대에 누워 우진 잠들기를 기다리는 주혁. 자나 싶어 살며시 일

어나려는데,

우진   저기….

주혁   (얼른 다시 눕고) 어, 어…? (자다 깬 척하는)

우진   아냐… 자….

주혁   (조용히 쨤을 본다. 침묵. 잠들었나 싶어 다시 일어나려는데)

우진   저기….

주혁   (다시 눕고) 어, 어…. 뭐 할 말 있어? 해….

우진   곧 인사 있을 거랬잖아. 이번엔 팀장 승진, 확실해?

주혁   (찔린다) 아니, 뭐… 글쎄….

우진   (짜증스럽게) 기란 거야, 아니란 거야?

주혁   (대충 얼버무리는) 백퍼 확실하진 않은데… 잘 모르겠네. (얼른 말 돌린다) 참, 그러고 보니까 장모님 뵌 지 너무 오래됐네. 잘 계시지? 요새 왜 갓김치 안 주시나? 예전엔 자주 해주시더니.

우진   (또 욱한다) 처먹고 싶으면 니가 해 먹든지! (하곤 획 돌아눕는다)

주혁   (잠시 침묵하다가… 조심조심 우진 코에 손대 보고는 조용히 밖으로 나간다)

28. 주혁의 집 웃방 (밤)

최대한 부스럭 소리 안 내려 애쓰며 게임기 상자 꺼내는 주혁. 상자에서 게임기 꺼내 무릎에 올려놓고 전원 켜서 성능 확인해본다.

주혁   (너무 좋다) 으흐… 진짜 죽인다…. 어디 있다 이제 왔어 너어 응? (하고는 바깥 기색 신경 쓰는. 아무래도 불안해서 안 되겠다. 전원 끄며) 오케이. 차차 서로 알아가기로 하고, 오늘은 요기까지. (다시 상자 속에 넣고 원래대로 숨기며) 니가 부끄럽거나 그런 건 아닌데…. 조심해서 나쁠 건 없으니까. 응, 당분간만 이렇게 지내보자. 알았지? (톡톡, 애정을 담아 상자 두드린다)

뿌듯한 미소가 만면에 가득한 주혁. 벽면 스위치 탁 끄며 암전….

(E) 주혁 휴대폰 벨소리

29. 다음 날/주혁의 집 안방 (낮)

벨소리에 뒤척이는 주혁. 더듬더듬 손으로 휴대폰을 찾는다. 우진은 어느새 일어나 아이들 데리고 나간 듯하다.

주혁   (비몽사몽인 채 받는) … 여보세요….

(환)   네 대리님, 저 환인데요…. 비상인 거 같은데요? 감사 떴어요.

주혁   (눈 감은 채) 감사? … 저저번 달에 떴잖아, 걔네. 뭔 감사를 또 해…?

(환)   모르겠고요, 어쨌거나 빨리 나오셔야 될 것 같습니다, 끊습니다. (끊는)

주혁   아… 이것들이 감사에 재미가 붙었나. 뭔 감사를 시도 때도 없이… (…! 눈 번쩍)

#. 회상 플래시 - 2회 16씬. 고객에게 신분증 내일 가져오라던 모습.
지점장 아이디, 비번 치고 들어가 대출 결재 서류에 대신 승인받던 주혁

주혁   …!!! (벌떡 일어난다) 아아, 안 돼… 안 돼, 안 돼…! (바지 찾아 급하게 다리 넣고, 한 손으로는 휴대폰 검색) 어디 갔어, 이거…. 고객 정보…. 정보, 정보…. (울상) 아, 왜 하필! 씨…. (한쪽 다리로 서서 다른 다리마저 바지에 넣으려다 자빠질 뻔하며 나가는데)

카메라 협탁 위 달력 줌인 하면… 8월 30일이다!

30. 주혁의 집 앞 (낮)

종종걸음으로 가며 급하게 고객과의 통화 시도하는 주혁. 안 받는다….

주혁   아… 제발 좀 받아라, 좀… 제발 제발…. (하는데 상대가 전화 받은 듯) 네, 여보세요? 네, 고객님. 저 KCU 은행 차주혁 대립니다. 다른 게 아니라, 제가 급하게 어제 못 받은 신분증 사본을 좀 받아야 돼서요…. 지금 어디세요? 제가 그리로 갈게요. (멈칫) 에?! 아침 회의 브리핑요…?!

31. 은행 내 객장 (낮)

감사팀 직원 세 명… 은행 청결 상태 및 책상 꼼꼼하게 점검하며 감사 중이고 키맨인 환과, 연락받고 부랴부랴 출근한 변 팀장, 장 팀장, 종후, 향숙, 혜정. 뻘쭘하게 도열해 서 있고… 지점장은 감사팀장 쫓아다니며 마크하느라 애쓰는.

지점장   … 아니, 뭔 감사를 지지난 달에 하고 또 해, 참. 감사팀 인원이 늘었나? 강 팀장 일을 너무 만들어서 하는 거 아냐?

감사팀장   저희도 싫죠. 암행어사 놀이도 한두 번이지, 자꾸 하면 눈치 보여요. 근데 이번 감사는 무학 지점 개인 정보 유출 건 때문에 긴급으로 실시되는 거라서….

지점장   아… 그 건? 우리 점은 뭐, 그런 아마추어적인 실수는… (하는데)

감사직원1   팀장님. 여기요!

일동 시선 집중. 감사직원1이 김환의 책상, 리더기에 꽂혀 있는 보안카드를 가리킨다.

지점장	… 하는구나. 원숭이도 나무에서 떨어지는 날이 있는 거니까, 응?
감사팀장	보안카드 관리 교육 잘하셔야겠어요. (자리로 가며 체크)
변 팀장	(끙, 한숨 쉬고는 환 째려본다)
환	(시선 피해 딴청)
종후	(휴대폰 진동벨 울린다. 주혁이다. 구석으로 슬쩍 가 받는) 야, 너 왜 안 와?
(주혁)	(헉헉) 종후야, 자세한 얘긴 나중에 할 테니까 끌어.
종후	뭐? 뭘 끌어?
(주혁)	(헉헉) 시간 끌라고…. 걔들 대출 서류함 못 보게 해. 나 갈 때까지 무조건 끌어, 알았지? 목숨 걸고 끌어! 너만 믿는다. 끌어!!! (툭 끊는)
종후	… 아… 얘 또 뭔 사고를 친 거야…. 아 참. (눈치 보는)

32. 회사 건물 복도 (낮)

다급한 표정으로 바쁘게 어딘가 찾는 주혁. 저쪽에 고객이 말했던 '기획1팀 회의실'이 있다. 달려가 창문으로 보면, 예의 고객이 팀장 이하 팀원들 앉혀놓고 한창 브리핑 중이다.

주혁	아… 돌겠네…. (마음이 급해 죽겠는)

이때, 직원인 듯한 사람 지나간다.

주혁	(잡고) 저기 죄송한데, 여기 회의 끝나려면 아직 멀었나요?
직원	아… 좀 아까 들어가서… 한 시간 정도는 있어야 끝날 텐데….
주혁	한 시간요? (울상 짓는데… 복도 끝 쪽에 자판기가 눈에 들어온다)

고객, U자형으로 둘러앉은 팀원들 앞에서 브리핑 중이다.

고객   … 예능형 광고는 다변화된 미디어 환경 속에서 사람들의 이목을 끌기 위해 등장한, 장르의 벽을 허문 새로운 광고 형태라고 볼 수 있습니다. 광고 길이 자체는 3분에서 7분 정도로… (하는데)

이때, 문 열리며 주혁이 너무나 자연스럽게 들어와 쟁반에 담아 온 음료수 여러 개를 테이블에 하나, 하나, 세팅한다.

고객   ?! (주혁 등장에 놀라는데)
팀원들   (회사에서 제공하는 거라 생각하고 자연스럽게 따서 마시는)
주혁   (마지막으로 남은 음료수 고객에게 가 내미는)
고객   (당황한 채 일단 음료수 집는데)
주혁   (빈 쟁반을 든 채 그대로 있는. 신분증을 달라는 뜻)
고객   …? (못 알아듣고 눈썹 치켜뜨면)
주혁   (답답하다. 쟁반을 살살 흔들어 보인다. 신분증 얼른 달라고)
고객   (아… 신분증. 얼른 신분증 꺼내 쟁반 위에 놓는)

34. 은행 내 객장 (낮)

기본 감사 끝나가는 감사원들. 종후, 초조해 연신 출입문 쪽 보는데 감사팀장, 감사원들을 본다.

감사팀장 다 됐지? 이제 현금 시재랑 대출 서류들만 보면 되는 건가?
종후   …! (큰일났다!)
감사팀장 (돌아보며 변 팀장에게) 자, 이제 금고 좀 열어주시… (하는데)
종후   (안 되겠다, 얼른 팀장 팔 잡고) 저기, 잠깐만. 아까부터 낯이 좀 익

	은데…. 혹시 신용산고등학교 안 나오셨어요? 53회!
감사팀장	아닌데요, 저 외고 나왔는데요.
종후	아… 그럼 혹시 신원중학교? 아님 동산초등학교?
감사팀장	아니고요, 딱 봐도 같은 연배는 아닌 거 같은데…. 저 74거든요, 빠른.
종후	아… 얼굴이 너무 동안이셔서…. 실례했습니다! (눈치 보는데)
감사팀장	(무시하고) 변 팀장님. 얼른 금고 좀 열어주시죠.
변 팀장	아, 네. (키 가지러 책상으로 가는데)
종후	(슬며시 쫓아간다. 키 꺼내는 변 팀장 옆에 붙어 서서 안절부절못하고)
변 팀장	너 왜 그래, 아까부터? 아, 비켜. (종후 밀려는데)
종후	(잡고) 저 팀장님! 저기… 아… 실은…. (변 팀장 귀에 대고 속닥속닥, 주혁 얘기하는)
변 팀장	뭐?! (감사팀 눈치 보며) 아… 이 시키가 진짜…. 하필 왜 오늘 진짜….
종후	어쩌죠?
변 팀장	어쩌긴. 우리 점 경평이 달려 있는데, 일단 끌고 봐야지. (슬쩍 보는)

변 팀장과 종후, 키 들고 감사팀들 있는 쪽으로 간다.

변 팀장	저기, 그럼 이쪽으로. (가다가) 아이쿠우! (넘어지는 척하며 키 떨어뜨리는)
종후	팀장님! (달려가 잡는 척하며 키 발로 차 책상 밑으로 집어넣는다) 아유, 큰일 날 뻔하셨네. 괜찮으세요?
변 팀장	어, 난 괜찮은데…. 아이고, 키가 이게 어디 갔나? (찾는 척하는)
종후	그러게요, 여기 어디 있어야 되는데, 이게… 발이 달린 것도 아니고 참… (책상 밑 보며) 여기 어디… 들어갔나 본데요…. (들여다보며 찾는 척하는)
감사팀장	(짜증스럽게 보면)

변 팀장	그래? 잘 좀 꺼내봐, 좀.

종후	네… 꺼내긴 꺼내야 되는데…. (보면 바로 책상 앞에 떨어져 있는 열쇠 두고 엄한 데 찾으며) 이게 워낙 깊숙이 들어가서…. 아우, 손이 안 닿네, 이게…. (하는데)

환	(팔 쑥 집어넣어 키 꺼내는) 바로 앞에 있는데요? (내밀면)

변 팀장/종후	…!!! (미치겠다… 황당한 표정 위로)

	(E) 끼이익! (급정차하는)

35. 은행 앞 거리 (낮)

멈춰 선 택시에서 급하게 내리는 주혁.

주혁	잔돈 됐어요, 아저씨! 속도위반 날아오면 그 번호로 전화 주세요! (외치곤 냅다 은행으로 뛴다. 손에는 신분증 복사본 종이가 들려 있다)

36. 은행 내 객장 (낮)

땀범벅이 된 주혁, 뛰어 들어오는데…. 이미 감사가 끝난 듯 모여 있는 감사원들과 직원들.

주혁	(헉… 헉… 숨찬 채 보면)

일동	(주혁 쪽 본다. 뭔가 싸한 분위기의)

종후	(주혁 보며 고개 절레절레… 늦었다는…)

주혁	(늦었구나… 손에 꼭 쥐고 있던 신분증 복사본 툭, 떨어뜨리는)

	(컷) 변 팀장 앞에 선 주혁. 죄인 모드로 고개 푹 숙인

변 팀장	타이밍 한번 절묘하다, 어? 사고를 어쩜 이렇게 딱 맞춰 치셨어,

감사 날에. 이거 어떻게 책임질 거야? 너 때문에 우리 점 경평이
얼마나 깎인 줄 알아?

주혁   …

장 팀장   이번 건은 좀 크긴 하다. 지점장님 본사 콜 받으셨어, 이따 들어
가셔야 돼.

주혁   … 죄송합니다…. 입이 열 개라도 할 말이 없습니다….

변 팀장   아, 아냐. 죄송하지 마. 나한테 죄송하지 말고 니 마누라한테 죄
송해. 너 이번 인사에 진급, 물 건너갔어. 니가 진급자 명단에 있
잖아? 그럼 내가 도시락 싸 들고, 목숨 걸고 뜯어말릴 거야. 난 그
게 공평하다고 본다. 아니냐?

주혁   … 옳으십니다.

변 팀장   됐고, 시말서 써서 내고, 오늘 나랑 눈 마주치지 말고. 절대로.
(가는)

주혁   (울고 싶다…. 지푸라기라도 잡는 심정으로 지점장 쪽 보는데)

지점장   (고개 돌려 외면한다. 이번 건은 나도 어쩔 수 없다는 듯…)

주혁   (진짜 죽고 싶다…. 난 왜 이렇게 재수가 없을까…)

37. 은행 외경 (낮)

38. 은행 내 탕비실 (낮)

테이블 앞에 앉아 냉커피 마시며 휴식 중인 장 팀장, 향숙, 혜정.

장 팀장   아우, 당 떨어져. 아침부터 식겁했다, 아주. 기 빠져, 기 빠져.

향숙   그러게요, 감사 때문에 화장도 제대로 못하고 나오고….

혜정   나 아침 먹다 말고 나왔잖아. 이놈의 감사만 없으면 감사하겠어,
진짜.

향숙   근데 차 대리님… 너무 안됐지 않아요? 별로 큰 실수 안 하시는
분인데 하필이면….

장 팀장	그치, 자잘하게 찍히는 건 몰라도 큰 사고는 안 치는 앤데…. 그 냥 딱 이 말이 생각나네. 난. '재수 없는 포수는 곰을 쏴도 웅담이 없다…' 재수 옴 붙었단 얘기지.
향숙	인사에 영향 있을까요? 다음이 딱 팀장 연차인데.
혜정	아무래도 있지 않겠어? 윗상사 고과가 제일 크잖아.
장 팀장	있지, 당연히. 그러고 보면 차 대리는 줄 잘못 섰어. 지점장 라인 보단 변 팀장 라인에 섰어야 되는 건데 말야. 그러니까 자기들은 줄 잘 선 거야. 내가 설마 자기들한테 마이너스 되게 고과 주겠어? 안 그래?
향숙/혜정	(어쩔 수 없이 맞장구) 아, 그럼요./운이 좋죠, 저희가. 흐흐.
장 팀장	(향숙 보고) 근데 자기, 귀걸이 어디서 샀어? 너무 이쁘다. 사다 주라, 돈 줄게.
향숙	(체념한 표정으로 귀걸이 귀에서 빼는데)
(종후)	야야, 야! 왜 이래!!!

39. 은행 건물 옥상 (낮)

옥상 난간 올라타려는 주혁과 필사적으로 말리는 종후.

주혁	냐, 인마! 차라리 콱 죽어버리게!!!
종후	여기서 뛰어내려도 안 죽어. 몸만 상해, 자식아.
주혁	하… (한숨 쉬고) 미친놈, 돌은 놈, 우라질 놈. 그놈의 게임기 하나 에 맛탱이 가가지고 진짜…! 내가 잠깐 미쳤었나 봐…. 요즘 계속 우울 모드라… 뭘로든 좀 풀고 싶어서, 정신이 나갔던 거 같애, 진짜…. (괴로움에 난간에 엎드리면)
종후	(등 토닥이며) 야, 괜찮아. 살다 보면 실수도 할 수 있고 진급이 늦 어질 수도 있고 그런 거지. 너 걱정 마. 내가 팀장 되면 지각해도 봐주고 동기 혜택, 그딴 거 이빠이 줄 테니까! 어? 힘내, 짜식아!
주혁	흐… 그걸 위로라고 하냐, 자식아. 차라리 확 관둬 버릴까? 사직

서 내버려?

종후   너 땅 있냐?

주혁   (고개 젓는다)

종후   건물 있어? 아님 어디 묵혀둔 금이나 현금이라도 있냐?

주혁   비참하다. 그만하자.

종후   (사원증 만지며) 이건 버리고 싶다고 버릴 수 있는 게 아니지, 인마. 우리 가족 생명줄이잖냐. 긍정적으로 생각해. 그래도 너, 기똥찬 게임기 하나는 건졌잖아.

주혁   흐흐… 눈물 나네…. (웃프다) 아… 저렇게 빌딩이 많은데 어떻게 내 건 하나도 없냐…?

종후   주인이 겹쳐서 그래. 한 놈이 열댓 개씩 가지고 있잖냐.

주혁   아, 지라알 엿 같애, 진짜! (지르는)

종후   그래, 니들끼리 다 해 처먹어라아!!! (장단 맞춰주는)

주혁   나도 진짜로, 열라 폼나게 살고 싶다! (지르는데 눈물이 찔끔 난다)

괜히 민망해 '야, 이씨!!!' 허세 어린 함성을 날려보는 주혁. 그렇게 허무한 메아리가 도시의 빌딩숲을 가르며

(E) 우르르 쾅쾅! 천둥 치는 소리

40. 도시 저녁 외경 (밤)

막 어둠이 내린 도시. 천둥 벼락과 함께 소나기가 내리기 시작하고….

41. 주혁의 집 거실 (밤)

안방에서 아이들 재우고 나오는 우진. 행여 깰까 조심스럽게 문 닫는다. 한숨 돌리고 둘러보는데. 어질러진 아이들 장난감이며, 씻기느라 벗어놓은 옷이며, 먹다 만 밥그릇이며 수저며…. 집이

엉망진창이다. 손에 닿는 대로 주워 올려놓고, 담고, 정리하는 우진. 소파 위에 던져놓았던, 세탁소에서 찾아온 옷을 들고 옷방으로 간다.

우진, 옷을 행거에 걸어놓고 돌아서다가… (!!!) 트렁크 뒤 뭔가에 시선이 꽂힌다. '저게 뭐지?' 하는 의구심 어린 표정으로 무릎 담요를 벗겨내면, 주혁이 감춰뒀던 게임기 상자가 모습을 드러낸다. 상자를 들어내 열어보는 우진. 아니나다를까, 게임기다.
고장난 채 세팅되어 있던 이전 게임기를 한 번, 새 게임기를 한 번 바라보던 우진. '이 인간이 나 몰래 또…?!' 하는 표정.
'난 돈 때문에 엄마를 요양원에 모시지도 못하는데…. 한 푼이 아까워 절절 매는데….'
분노가 치밀어 오르며 입꼬리가 또 실룩실룩한다.
(M) 싸이코 OST 중 〈THE MURDER〉 + (E) 천둥소리

우산도 없이 뛰어오는 주혁. 허둥지둥 연립 안으로 뛰어 들어간다.

계단으로 뛰어 올라오는 주혁. 비에 옷이 쫄딱 젖었다. 어디 옷뿐인가, 아침부터 마음 졸이며 뛰고, 깨지고…. 마음도 옷만큼 푹 젖은 채 천근만근이다. 초췌한 몰골로 버튼키 꾹꾹 누른다.
(E) 띠리릭 (현관문 열리는 소리)

45. 주혁의 집 거실 (밤)

주혁, 현관문 열고 들어오는데… 아무도 없다. 거실 여기저기 치우다 만 흔적. 애들 재우나? 조심스럽게 안방 문을 열어보는데 애들만 잠들어 있고 우진은 없다. 갸웃, 어디 갔지? 돌아서는데… 활짝 열린 옷방 문이 눈에 들어온다.
순간, 불길한 예감이 스친다. 주혁, 옷방으로 들어가려는데 욕실 쪽에서 촤아아… 하는 물소리가 들린다.

주혁　　…!!! (촉이 와 서둘러 욕실로 가는 주혁. 욕실 문 확 여는데…)

우진이 욕조에 게임기를 처넣고, 샤워기로 물을 받고 있다.

주혁　　(놀라 눈 커지며) 야아!!!
우진　　(본다. 이미 괴물로 돌변한 얼굴이다)

46. 주혁의 집 욕실 (밤)

뛰어 들어오는 주혁. 욕조에서 게임기를 건져보지만, 이미 본체 가 물에 잠겨 흠뻑 젖었다.

주혁　　(제대로 화난, 우진 보며) 너 뭐야, 이게 무슨 짓이야, 지금?
우진　　(목소리 깔고) 그러는 넌 무슨 짓인데?
주혁　　뭐? 내가 먼저 물었….
우진　　게임에 더 이상 돈 쓰지 말랬지? 저번 게 마지막이라고 했잖아, 내가! 왜 경고 무시해? 내놓고 쓰지도 못할 걸 왜 사는데?
주혁　　야! 초딩한테도 발리는 게임기 쓰다가, 그마저 고장 나서….
우진　　그럼 관두지 그냥, 게임을! 멸치 비늘만 한 월급에, 대출 이자에, 육아비에, 양쪽 집에 보태는 생활비에… 취미 생활이 가당키나…

(하는데)

주혁 끊지 마, 끊지 마, 내 말 좀 끊지 말라고!!! (소리 지르곤) 넌 왜 맨 날 남의 말을 툭툭 끊는 건데? 나 얘기 다 안 했다고! 내 얘기 듣고 니 얘기 하라고, 제발! 나, 니 남편이라고, 알아?!

우진 (어이없다는 듯 보면)

주혁 야, 내가 우리 생활비를 건드렸냐, 너한테 돈을 달랬냐. 비상금 눈꼽만치씩 모은 거, 그거 탈탈 털어서… 그래, 게임기 하나 샀다. 매일도 아니고 매달도 아니고 몇 년 만에, 어? 나 위해 투자 좀 했다. 그게 그렇게 큰 죄냐? 죄야?

우진 (보며) 넌 지금… 내 말의 행간을 전혀 이해 못하는구나….

주혁 뭘 이해해야 되는데, 뭘!!! 왜 나만 이해해야 되는데? 넌 내 마음 아냐? 나도 회사 생활 지쳐. 집에선 마음 편하게 쉬고, 내일을 버틸 힘도 얻고 싶고 그래. 근데 이게 뭐냐? 회사보다 집이 더 지쳐. 고객보다 마누라 상대하는 게 더 어려워. 젠장…! 넌 너만 힘든 줄 알지? 너랑 사는 나도 있어, 왜 이래?! 난 내가 제일 불쌍해. 세상에서 제일 불쌍해. 알아? 에이씨!!! (뛰쳐나가는)

우진 …. (얼굴이 붉으락푸르락한데)

잠시 후, 쾅! 거칠게 현관문 닫히는 소리 난다.

47. 주혁의 집 앞 (밤)

씩씩거리며 나오는 주혁. 막상 나오고 보니 신발이 짝짝이다. 진짜 별게 다 안 되는구나, 나는…. 서럽고, 속상하고, 비참하고… 울컥한 마음에 눈물이 앞을 가린다. 터덜터덜 짝짝이 신발을 신고 걷는다.

48. 실내 포차 앞 (밤)

'오늘 저녁 장사 쉽니다'라고 쓰인 종이가 붙어 있는 문 앞. 어느새 비 그치고 포차 앞에서 허탈한 표정의 주혁이 휴대폰으로 통화를 하고 있다.

주혁 … 그래? 많이 안 좋아? … 여름 감기는 개도 안 걸린다는데, 참…. 아냐, 그냥. 한잔 할까 하고 왔다가…. 그래, 쉬어라. 어. (끊고 다시 단축번호 누르는. 종후다. 받는데) … 여보세요? 아, 제수씨…, 아… 애들 이유식거리 사러… 네, 알겠습니다…. 네….

주혁, 전화 끊고 휴우…, 긴 한숨 내쉬며 포차 앞에 쭈그리고 앉는다. 천천히 전화번호 검색해보는데… 오늘따라 전화할 데가 마땅치 않다. '혜원' 번호 띄워놓고 잠시 망설이는 주혁. 그래도 이건 아니다…. 넘기고… '마포 한 대리'에서 번호 멈추고 잠시 생각한다.

주혁 (혼자 중얼) … 올라왔으려나? 큰일 치르고 한잔하고 싶을 수도 있는데…. (잠시 고민하다가 전화한다) … 어, 한 대리. 어디야?
(한 대리) 집이죠. 이 시간에 웬일이세요, 차 대리님이?
주혁 아니, 그냥. 마음도 허전할 텐데 술이나 한잔 사줄까 하고.
(한 대리) 술도 잘 못하시면서…. 어쨌든 오세요. 일단 저희 집으로. 집에 맥주 있어요.
주혁 (반색) 그래? 가도 돼?

49. 주상 복합 아파트 복도 (밤)

사이다와 안주거리 담긴 봉지를 털레털레 들고 걸어오는 주혁. 307호 앞에 서서 벨 누른다. 잠시 후, 문 열리며 주혁 반기는 한 대리.

한 대리 어, 빨리 오셨네. 어디 밖에 계셨어요? 들어오세요!

주혁   … 어…, 쉬고 싶은데 내가 눈치 없이 온 거 아니야? (하며 들어가는)

50. 주상 복합 아파트 안 (밤)

원룸 형태의 주상 복합 아파트. 주혁, 한 대리 따라 들어가 식탁
위에 봉지를 놓는다.

주혁   … 그냥 집에 아무것도 없을 것 같아서… 맥주랑 안줏거리 좀 샀어.
한 대리   먹을 게 왜 없어요? 우리 집도 안주 천진데, 오늘.
주혁   어? (하는데)

욕실에서 변기 물 내리는 소리가 들린다.

주혁   (누구? 하는 표정인데)
한 대리   아… 엄마가 반찬 갖다 주러 오셔서. 금방 가실 거예요.
주혁   아… 엄마…? (하다가) 뭐? 엄마? (뭔 소린가 하는데)
모친   (욕실에서 문 열고 나오며) 물 내려가는 게 어째 영 시원치가…
          (하다 주혁 보고) 아유, 누구 손님이 오셨네.
한 대리   아, 예전에 같이 일했던 형요. 내가 몇 번 얘기 했을걸? 차주혁 대
          리님.
모친   아… 그 입사하자마자 결혼했다는…? 재주도 좋아. 그 재주 우리
          재준이 좀 가르쳐주지. 장가를 가야 되는데 여즉 저러고 있으니
          내가 속이 타서. (하는데)
주혁   (멍한 채 한 대리 모친을 본다)

#. 회상 인서트 - 1회 68씬. 조문하던 주혁.
제상에 있던 영정 사진 속의 한 대리 모친 얼굴 C.U 하며

주혁   …!!! (맞다. 영정 사진의 그 얼굴이다. 어떻게 이런 일이? 멘붕이다)

넋이 빠진 채 휘적휘적 걸어가는 주혁.

(주혁) … 말도 안 돼…. 죽어서 장례까지 치른 분이 어떻게… 나 진짜 미쳤나? 스트레스가 너무 심해서 돈 건가? (그러다, …!!!) 그러고 보니 이상한 게 한두 가지가 아냐. 꿈 같지 않았던 그 꿈도, 한 대리 모친 일도, 그리고… (제 손목을 본다)

C.U 되는 손목의 상처!

(주혁) 이 상처도… 도대체 이게 다 무슨…. (곰곰이 다시 되짚어본다)

#. 회상 인서트 - 1회 마지막 씬. 옛날 자취방에서 주은을 보던.
2회 8씬. 우진이 '2018년 8월 29일 수요일이다, 됐니?' 하던.
2회 10씬. 토스트 포차에서 제 손목의 흉터 보며 이상하게 생각했던.
2회 50씬. 한 대리 집에서 한 대리 모친과 마주치던.

(주혁) … 설마… 꿈이 아니었던 거야?

걸음을 멈추는 주혁. 뒤통수를 한 대 맞은 듯 얼떨떨하다.

(주혁) 왜, 대체 왜? 아니, 어떻게?! (그날의 일을 다시 되짚어보는)

#. 회상 인서트 - 1회, 500원 동전 꺼내 톨게이트 동전통에 넣던 장면.
차 안, 계기판 이상해지며 '경로를 이탈하였습니다', 외치던 내비. 차에 점점 더 속력이 붙고, 공포에 비명 지르던 주혁. 차가 섬광과 함께 사라진다.

(주혁) (뭔가 깨달은 듯) 그래, 바로 거기야!!!

52. 도로 위 (밤)

달리는 주혁 차. 차창 안으로 얼핏 보이는 주혁의 얼굴, 사뭇 비장하기까지 하다. 하늘에 떠 있던 한 개의 달, 다시 분할의 조짐이 보이는 듯 흔들리고 (C.G)

53. 주혁 차 안 (밤)

(주혁)   (후우… 후우… 호흡 가다듬고) 그래, 까짓 거 가보자. 그날로 가든, 정신병원을 가든, 둘 중에 하난 가겠지. 가보자고! (액셀 더 밟아 속력 높이는)

비뇨기과 광고 간판을 지나는 주혁. 정면을 뚫어져라 응시하는데 톨게이트가 보이지 않는다.

(주혁)   … 이상하다…. 분명 이쯤인데… 왜 톨게이트가 없지? (하며 차계기판 보는데, 아무 이상 없다. 혼란스러운)

54. 다른 도로 (밤)

톨게이트가 있던 지점을 그냥 휙, 지나가는 주혁의 차.

55. 주혁 차 안 (밤)

뜨악한 표정으로 뒤돌아보는 주혁.

주혁   … 분명 저 광고판 지나서 바로… 대체 어떻게 된 거지…? (의문투성이다. 가다가 끼이익, 다시 유턴해 돌아가는)

56. 도로 (밤)

다시 광고판 지점을 지나는 주혁. 끼익, 불법 유턴을 하고….

57. 주혁 차 안 (밤)

다시 정면을 뚫어져라 응시한 채 운전해 앞으로 가는 주혁.

주혁   … 오케이, 좋아…. 이번에도 안 나타나면… 그냥 내가 미친 걸로 하고 미련 없이 병원 가는 거야…! (다시 속력 높이는)

58. 밤하늘 인서트 (밤)

밤하늘에 홀로 떠 있는 달. 잠시 흔들리는 듯하더니, 이내 확연히 분할되어 두 개의 달이 나란히 떠 있다. 역시 기묘한 분위기…. 순간, 아무것도 없던 도로에 다시 생겨난 무인 톨게이트!

59. 주혁 차 안 (밤)

주혁, 정면 응시하고 나아가는데… 저 멀리 무인 톨게이트가 보인다.

주혁   있다! … 있어, 톨게이트…!!!

서둘러 주머니에서 2006년도 발행 500원짜리 동전을 꺼내는 주혁. 긴장한 표정으로 침 꼴깍 삼키며 동전 보다가, 꽉 움켜쥔다. 톨게이트를 통과하며 동전을 동전통에 던져 넣는다. 짤랑!

60. 과거로 가는 도로, 차 안 (밤)

톨게이트를 통과한 주혁. 이때 내비가 미친 듯이 부르짖기 시작
한다.
'경로를 이탈하였습니다. 경로를 이탈하였습니다.'
순간 계기판들이 요동치며 차에 저절로 속도가 붙는다. 그때와
똑같은 상황이다. 드디어 왔다…! 정면을 똑바로 응시하는 주혁,
운전대를 다시 한 번 꽉 거머쥐고… 점점 높아지는 속도를 온몸
으로 버텨내는….

61. 과거로 가는 도로 (밤)

굉음과 함께 도로를 달려가는 주혁의 차. 점점 속력이 더 붙는다.
5초…, 4초…, 3초…, 2초…, 1초…. 주혁의 차, 공간 속으로 훅
빨려 들어가듯 사라져 버리고…. 아무 일 없었다는 듯 다시 고요
해지는 도로 풍경에서…, 화이트 아웃.
(E) 쾅쾅! 쾅쾅쾅쾅! (문 두드리는 소리)

62. 과거 주혁 자취방 (낮, D-day)

눈 번쩍 뜨는 주혁. 꽃무늬 벽지가 눈에 들어온다. 끔뻑끔뻑, 몇
번이고 벽지를 확인하는 주혁. 몸에 올려져 있던 상식의 다리를
치우고 벌떡 일어나 앉는다.

(주혁)　　(믿기지 않는다는 듯) 왔어…? 나 진짜 또 온 거야?!

주변을 살펴보는 주혁. 낯익은 옷장, 책상, 널브러진 맥주캔, 컵라
면, 옷들…. 그 옛날 추억이 깃든 그 방, 12년 전 주혁의 자취방이
맞다.

(주혁)   왔다…. 진짜 다시 왔다, 옛날 내 자취방…! 꿈이 아니야, 꿈이 아
         니었어. 시간을 거슬러 온 거야, 리얼로…! (감격과 흥분과 짜릿함
         에 가슴이 쿵쾅거리는데)
(주은)   (문을 부술 듯 두드리며) 오빠! 아, 빨랑 열어! 나 팔 빠진다고! 셋
         셀 동안 안 열면 확 문 부숴버린다, 진짜! (마구 두드리는)
(주혁)   (돌아본다. 주은의 목소리도 너무 반갑다)

상기된 표정으로 문을 여는 주혁. 트레이닝복 차림의 주은이 김
치통과 반찬 찬합을 들고 들어온다. 모든 것이 12년 전 그날과,
어제 꿈이라 여겼던 그때와 똑같다.

주은   (방을 둘러보며) 히익! 꼬라지 봐라. 이게 방이야 축사야, 뭐야?
        아으, 냄새!
(주혁)   (주은 보고) 와… 차주은, 너 진짜 가관이었구나. (웃으면)
주은   (쳐다보며) 왜 쪼개? 개교기념일이라 온 거야, 엄마 심부름. 좀 받
        지, 일단?
주혁   어? 어… 받아야지. (반찬통 받아 내려놓으며) 반갑다, 동생아. 진심.
주은   치… 내가 반가운 게 아니라 반찬이 반가운 거겠지. (두리번거리
        며) 간만에 늦잠 좀 자려고 했더니만 오빠 반찬 갖다 주라고, 아
        침부터 어찌나 등짝 스매싱을 날리시는지, 모친께서. 심지어…
주혁   너 고3인데 그치? 기차도 입석 타고 오고. 알고 먹을게, 땡큐.
주은   (본다) 신 내렸냐? 희한하네. (냄새 맡으며) 근데 어떻게 사람 사
        는 집에서 이런 냄새가 나냐? 졸업하면 바로 올라와서 합치든가
        해야지, 아주….
주혁   날마다 개판인 건 아냐. 어제 월드컵 토고전 보느라고.
주은   그러시겠지. 날마다 개판이면 개지 인간이냐?
주혁   (웃어 보이며, 발로 상식을 찬다) 야야, 인나. 깬 거 다 알아, 내 동
        생도.
상식   (벌떡 일어난다. 이불로 웃통 가리고) 안녕하십니까? 동생분 말씀

많이 들었습니다. 주혁이 과 동기이자 빈대, 아니 사실상 동거인 오상식입니다.

주은   (본다) … 옷이나 입으시죠, 눈 더 버리기 전에.

상식   넵. (책상에 올려둔 옷 얼른 주워 입는데)

주혁   (주은이 보기 전에 얼른 옷장 문틈으로 삐져나온 책 귀퉁이를 쑤셔 넣는다)

주은   ? (의심스럽게 보면)

주혁   흐흐… (동생 보고 웃으며) 살 걱정하지 마, 주은아. 빠져. 너, 열라 뛰어서.

63. 과거 주혁 자취집 앞 (낮)

주혁   자취집 대문이 열리고 나오는 주혁.

주혁   (두리번거리며) 그래… 이런 동네였지, 내 자취방이.

주혁, 미소지으며 걸어가다가 옆집 아줌마가 물 밖으로 뿌리려는 순간!

주혁   (얼른) 아줌마, 저 지나갑니다!

아줌마   …! (멈칫하고) 아이고, 큰일 날 뻔했네. 아침부터 큰 봉변 당할 뻔했다아.

주혁   (미소) 그러게요. 아참, 아줌마. 혈압약 드시고 계시죠? 혈압 조심 하세요. 특히 올 연말에. 약 꼭 챙겨 드시고요, 꼭요! (하곤 뛰어가 는)

아줌마   … 내가 혈압 있단 말을 했던가…? (갸웃하는)

64. 버스 정류장 앞 (낮)

백지영 〈사랑 안 해〉 흘러나오고…. 버스에서 내린 주혁, 이전에는 부딪혔던 가판대 다리를 사뿐히 뛰어넘는데…

여고생 1, 2 (가판대 앞에서 기사 보며 '으, 짜증 나' 하며 호들갑떨고 있는)
여고생1　이쁘고 잘생긴 것들끼리 만나서 너무 잘 살잖아, 이쁜 딸까지 낳고.
여고생2　그러게. 하늘이 너무 불공평한 거 아니냐?
주혁　　　(툭 던지는) 둘이 결국 갈라서거든, 10년 뒤에. 그러니까 신경 끄
　　　　　고 공부나 열심히 해. (하곤 경쾌한 발걸음으로 가는)

65. 캠퍼스 (낮)

상기된 표정으로 걸어오고 있는 주혁. 지난번보다는 여유가 생긴
듯, 추억에 젖어 캠퍼스를 둘러본다. 자전거를 타고 지나다니던
교정, 공강 시간에 잠을 청하던 벤치, 농구를 하던 농구대…. 모
든 게 그때 그대로다. 그리고…
예정대로라면 잠시 후, 나의 첫사랑 그녀가 등장한다.

(주혁)　이제 혜원이가 온다…. (눈 감고) 등장 3초 전…, 2초…, 1초….
(혜원)　선배!

주혁 눈 뜨면, 저만치서 손 흔들며 다가오는 혜원이 보인다.

주혁　　(저도 모르게 활짝 웃으며) 혜원아!
혜원　　(다가와) 1교시인가 보다, 늦었네.
주혁　　(여유 있게) 어. 연습실 가는 거지, 넌?
혜원　　응. 어떻게 알았어? 합주 연습이 있어서.
주혁　　어.
(주혁)　(혜원을 본다) 어서 말해, 혜원아. 하나…, 둘…, 셋.
혜원　　저기, 선배.
주혁　　어?

혜원	저녁에 시간 어때? 첼리스트 독주회가 있는데 티켓이 두 장 있어서. (기대하는 표정으로 주혁 보는)
주혁	(망설임 없이) 어, 있지, 시간. 그래, 가자.
혜원	(웃는) 잘됐다. 그럼 8시에 예술의 전당 입구에서 봐. 늦음 안 된다. (가는)
(주혁)	(그런 혜원 보며) 그래, 안 늦을게. 이번엔 진짜 안 늦을게, 혜원아. (아련한 표정으로 걸어가는 혜원을 바라보다 돌아서는)

주혁, 마주오던 오토바이도 능숙하게 피하고 빠른 걸음으로 간다.

66. 아이스크림 가게 (낮)

전 타임 알바생에게 저녁 타임 부탁하는 주혁.

주혁	오늘 저녁만 좀 커버해주라. 대신 다음에 내가 두 탕 뛸걸, 아마 너 대신?
알바생	알았어요. 근데 형, 뭔 일 있어요?
주혁	있지, 그럼. 내 운명이 달린 중요한 일. 수고! (급히 나가는)

67. 과거 주혁 자취방 (낮)

샤워하고 나온 주혁. 로션 바르고, 이 옷 입었다가 저 옷 입었다가 쌩쇼를 하고, 거울 앞에서 머리 스타일 만들며 표정 비장하다.

(주혁)	은행에 합격한 신입에겐 3주의 연수 기간이 주어진다. 그 기간 동안 합격 적합성을 마지막으로 테스트하는 것이다. 결혼에도 연수 기간이 있다면 얼마나 좋을까, 하고 늘 생각했었다. (섬유탈취제 손에 찍어 몸 여기저기 바르며) 드디어⋯ 그 잔인하리만치 길었던 결혼 연수에 종지부를 찍으려 한다⋯. 오늘 나는⋯ 내 운명을

바꾼다! (하곤 비장하게 돌아선다)

버스 기다리는 주혁. 시간 확인하는데…. 이때 주혁 옆으로 다가 서는 교복 차림의 여고생. 우진이다.

주혁 !!! (우진을 알아보고 멈칫한다)

우진 (주혁에게 무관심한 채 이어폰 꽂고 고개 끄덕이며 음악에 심취해 있다)

(주혁) (12년 전 우진을 다시 보니 만감이 교차한다) 서우진… 너도 10년 전엔 이렇게 해맑았었구나…. 그런 니가 난…, 왜 이렇게 낯서냐? (씁쓸하게 바라본다)

우진 (시선을 느끼고 힐끗, 주혁을 본다)

주혁 (얼른 시선 피한다)

이때, 버스가 오고… 우진이 홀랑 먼저 올라탄다.
주혁, 뒤늦게 타려고 다가서는데… 다른 승객들에 치여 맨 뒤로 밀려난다.

69. 버스 안 (낮)

주혁 허둥지둥 버스 올라타면… 우진은 이미 버스 한가운데 의 자 앞에 자리를 잡고 섰다. 우진의 옆쪽으로 12년 전 그 변태남 이 시치미를 떼고 서 있다.

(주혁) 아… 저기 서 있으면 안 되는데…. 바보같이….

안 되겠다. 주혁, 변태남과 우진 사이에 끼어 서려고 얼른 다가가는데 이미 늦었다. 우진에게 다가선 변태남의 손이 슬그머니 우진의 엉덩이를 쓰다듬는다.

우진   !!! (변태남 쎄려본다)

변태남, 시치미 떼고 한 번 더 우진의 엉덩이에 손을 갖다 댄다…. 그 순간! 그 손목을 거칠게 콱 잡는 우진의 손.

우진   (앙칼지게) 아저씨! 지금 뭐 하시는 거예요? 왜 남의 엉덩이를 만져요?!

승객들   ?! (일제히 우진과 변태남을 보는)

주혁   (겪었던 상황이지만 막상 닥치니 또 긴장하고 쳐다본다)

변태남   (시침 떼는) 내가 언제 학생 엉덩이를 만졌다고 그래? 차가 흔들려서 그냥 살짝 닿았나, 어쨌나. 난 알지도 못했구만.

우진   뻥치시네. 이렇게, 이렇게 더듬었잖아요, 아저씨가!

변태남   근데 이게 아니라는데 어디 어른한테 바락바락, 진짜 혼나 볼래? 난 아니라고 했지! 내가 니 엉덩이 만지는 거 본 사람 있어? 있으면 나와 보라고 해!!!

주혁   (걱정스럽게 본다)

우진   ! (순간, 주혁과 눈 마주친다. 너 혹시 안 봤냐는 듯한 표정)

주혁   (당황해서 시선 피한다)

변태남   너야말로 학생 맞아? 이거, 괜히 시비 걸어서 돈 뜯어내는 꽃뱀 아냐?!

(주혁)   (다시 본다. 갈등한다…. 나섰다가는 봉변을 당할 수도 있는데) 아… 안 돼, 차주혁. 참아라, 제발. 니 운명이 달린 일생일대의 중요한 순간이야. 제발…!

우진   제가 꽃뱀이라 해도 아저씨는 표적이 될 수가 없죠. 주제 파악이 그렇게 안 되세요?

변태남   뭐? 이게 진짜! (금방이라도 한 대 칠 기세다)

주혁   (도저히 안 되겠다, 나서려는 순간)

(아줌마)   제가 봤어요!

주혁/승객들 (일제히 소리 난 쪽을 본다. 우진 뒤쪽에 서 있던 40대 아줌마다)

아줌마   봤어요, 제가. 저 아저씨가 저 학생 엉덩이 막 더듬는 거. (변태남
을 노려본다)

70. 버스 정류장 (낮)

버스가 정차해 있고, 그 뒤로 경찰차 두 대 와 있다. 버스 운전사
며 승객 몇 명도 버스에서 내려 서 있고, 주혁도 끝까지 지켜보고
있다.
경찰 한 명이 변태남을 앞차에 태우고, 주혁 대신 나서 준 아줌마
는 우진과 다른 경찰을 따라 뒤차로 간다. 차 타기 직전, 다시 한
번 힐끗 주혁을 보는 우진.

(주혁)   (그런 우진 보며) … 잘 가라, 서우진. 그리고 잘 살아라.

우진과 아줌마 경찰차에 타고, 두 대의 경찰차 출발한다. 주혁을
스쳐 지나가는 경찰차 안의 우진. (slow) 그렇게 경찰차 멀어져
가고…. 승객들과 버스 운전사도 다시 버스에 탄다.

주혁   (시간 본다. 잘못하면 약속 시간에 늦게 생겼다) 아, 씨… 늦었다…!
(택시 잡으려 도로 쪽으로 다가서며 두리번거린다) 마침 한 남자가
(종후 뒷모습) 막 택시를 잡아 세우고 있다.

주혁   (너무 급하다. 달려가서 홀랑 타버리며) 죄송합니다! 제가 지금 제
운명이 달린 중요한 약속이 있어서요. 절대 놓치면 안 되는 약속
이거든요. 정말 죄송합니다!!! (말하곤 차 문을 탁! 닫아버린다)

남자   아, 뭐야! 이봐요!!! (열 받은 듯 택시 창문 탕탕 두드린다)

주혁   (쳐다보지도 않고) 기사님! 예술의 전당요, 빨리요! (외친다)

　　헐레벌떡 뛰어오는 주혁. 어디 갔지? 벌써 갔나? 혜원을 찾아 두
　　리번거린다.
　　톡톡, 그런 주혁의 어깨를 두드리는 손. 돌아보면 혜원이다.

주혁　　혜원아! (감격에 겨운) 아, 미안해⋯. 많이 기다렸지?
혜원　　어, 많이 기다렸어. 나 바람 맞는 줄 알고 완전 쫄았던 거 알지?
주혁　　미안. 오다가 일이 좀 생겨서.
혜원　　됐어, 왔으니까. (미소) 들어가자. (주혁 팔짱 끼고 들어간다)
주혁　　! (가슴이 뛴다. 혜원 보며 들어간다)

　　첼로 독주가 펼쳐지는 공연장. 첼로의 격정적인 선율이 클라이맥
　　스를 향해 치달아가고, 의자 팔걸이에 올린 주혁의 손과 혜원의
　　손이 닿을 듯 말 듯 하다가 딱 붙는다.

주혁　　(첼로 소리도 안 들린다⋯. 맞닿은 팔에 온몸의 세포가 집중되는 것
　　　　같다)
혜원　　(그런 주혁 힐끗 보고 피식 웃는다)
주혁　　(당황, 집중해 듣는 척한다)
혜원　　(주혁 귀에 대고) 연주에 집중해.
주혁　　(고개 크게 끄덕끄덕하고, 집중하려 애쓴다)

　　공원을 산책 중인 주혁과 혜원. 초여름의 밤공기가 상쾌하다.

혜원	음, 좋다. 독주도 듣고, 맛있는 것도 먹고, 선배랑 이렇게 산책도 하고.
주혁	순두부 말고 맛난 거 먹지. 스파게티 같은 거.
혜원	됐어. 친구들이랑 맨날 먹는데, 뭐. 선배는 한식파잖아.
주혁	어떻게 알았어?
혜원	보여, 다. 관심을 가지면.
주혁	(이젠 이 말이 무슨 뜻인지 안다. 혜원을 본다)
혜원	선배. 내가 제일 싫어하는 남자 스타일이 뭔지 알아?
주혁	뭔데?
혜원	돈으로 어필하는 남자. 스포츠카에 비싼 레스토랑에 명품 선물, 뭐 기타 등등. 근데 나한텐 너무 참신하지가 않아. 돈은 우리 아버지도 많이 있거든. 얼마나 보여줄 게 없으면 저럴까 싶기도 하고. 난 마음을 보여주는 남자가 좋아.
주혁	(혜원과 마주 본다)
혜원	그리고, 그게 바로 선배야. (말하고는 주혁 입에 쪽 뽀뽀를 한다)
주혁	(그런 혜원을 지그시 보다가… 천천히 다가가 키스한다)

환한 가로등 불빛 아래 키스를 나누는 주혁과 혜원. 로맨틱한 분위기의 두 사람, 길게 부감으로 보여지며… 화이트 아웃.

74. 혜원의 집 안방 (새벽)

눈 번쩍 뜨는 주혁. 여기가 어디지? 잠시 두리번거린다. 깜깜한 방 안, 침대 위다.
그래, 난 분명 과거로 갔다 왔다. 그리고 그때와 다른 선택을 했다. 그렇다면…! 내 삶은, 결혼은, 인생은… 정말 바뀌어 있을까? 혹시…? 천천히 고개를 돌리는 주혁. 바로 옆에 등을 보이며 자고 있는 여자의 모습이 보인다.

(주혁)　　(여자의 등을 보며) … 혜원인가? … 우진인가? … 혜원이? 우진
　　　　　이? 혜원이…?
　　　　　(M) 영화 〈죠스〉 메인 테마

그 등을 향해 뻗는 주혁의 손이 미세하게 떨리는데, 이때 뒤척이
며 돌아눕는 그녀. 우진이 아닌 혜원이다!
혜원, '으음…' 하며 익숙하다는 듯 주혁의 품을 파고든다.

(주혁)　　(표정 환해지며) 혜원이다! 진짜… 진짜로 와이프가 바뀌었다!!!

불꽃이 마구 터지고 (C.G), (M) 헨델 메시아 중 〈할렐루야〉 울려
퍼진다. 순간, 공간이 흔들리며 방 안의 인테리어가 럭셔리한 가
구와 커튼 등으로 바뀐다. 더불어 탁상형 달력의 날짜가 8월에서
6월로 슥, 바뀌며 1일에 클로즈업된다. (C.G)

75. 한강변 조깅로 (새벽)

에코로 울려퍼지던 〈할렐루야〉가 잦아들고, '탁, 탁, 탁, 탁' 조깅
하는 발소리와 함께 카메라가 한강 조깅로를 부감에서 천천히
줌인 해 들어간다. 운동복 차림에 이어폰 끼고 달리기 하고 있는
우진. 한눈에 봐도 주혁의 와이프였을 때와는 달리 활기차고 에
너지 넘치는 모습이다.
우진의 모습에서 화면 분할, 환희에 찬 주혁의 모습 밀고 들어오
고, 그런 두 사람 모습 동시에 스틸되며…
2화 엔딩.

3화 ☾

☾

그녀와

———

그녀의 트레이드

경찰차 타기 직전, 다시 한 번 힐끗 주혁을 보는 우진.

(주혁)   (그런 우진 보며) … 잘 가라, 서우진. 그리고 잘 살아라.

우진과 아줌마 경찰차에 타고, 두 대의 경찰차 출발한다. 주혁을
스쳐 지나가는 경찰차 안의 우진. (slow) 그렇게 경찰차 멀어져
가고…. 승객들과 버스 운전사도 다시 버스에 탄다.

주혁   (시간 본다. 잘못하면 약속 시간에 늦게 생겼다) 아, 씨… 늦었다…!

(택시 잡으려 도로 쪽으로 다가서며 두리번거린다) 마침 한 남자가
(종후 뒷모습) 막 택시를 잡아 세우고 있다.

주혁   (너무 급하다. 달려가서 홀랑 타버리며) 죄송합니다! 제가 지금 제
운명이 달린 중요한 약속이 있어서요! 절대 놓치면 안 되는 약속
이거든요! 정말 죄송합니다!!! (말하곤 차 문을 탁! 닫아버린다)

2. 전화 연결 - 공원 (밤)

공원을 산책 중인 주혁과 혜원. 여름밤의 내음이 코끝을 간질인다.

혜원 선배. 내가 제일 싫어하는 남자 스타일이 뭔지 알아?

주혁 뭔데?

혜원 돈으로 어필하는 남자. 스포츠카에 비싼 레스토랑에 명품 선물,
      뭐 기타 등등. 근데 나한텐 너무 참신하지가 않아. 돈은 우리 아
      버지도 많이 있거든. 얼마나 보여줄 게 없으면 저럴까 싶기도 하
      고. 난 마음을 보여주는 남자가 좋아.

주혁 (혜원과 마주 본다)

혜원 그리고, 그게 바로 선배야. (말하고는 주혁 입에 쪽, 뽀뽀를 한다)

주혁 (그런 혜원을 지그시 보다가… 천천히 다가가 키스하는)

환한 가로등 불빛 아래 키스를 나누는 주혁과 혜원. 로맨틱한 분
위기의 두 사람 길게 부감으로 보여지며… 화이트 아웃.

3. 전화 연결 - 혜원의 집 안방 (새벽)

눈 번쩍 뜨는 주혁. 여기가 어디지? 잠시 두리번거린다. 깜깜한
방 안, 침대 위다.
그래, 난 분명 과거로 갔다왔다. 그리고 그때와 다른 선택을 했
다. 그렇다면…! 내 삶은, 결혼은, 인생은… 정말 바뀌어 있을까?
혹시…? 천천히 고개를 돌리는 주혁. 바로 옆에 등을 보이며 자
고 있는 여자의 모습이 보인다.

(주혁) (여자의 등을 보며) … 혜원인가? … 우진인가? … 혜원이? 우진
        이? 혜원이…?
        (M) 영화 〈죠스〉 메인 테마

그 등을 향해 뻗는 주혁의 손이 미세하게 떨리는데, 이때 뒤척이
며 다시 돌아눕는 그녀. 우진이 아닌 혜원이다!
혜원, '으음…' 하며 익숙하다는 듯 주혁의 품을 파고든다.

(주혁)   (표정 환해지며) 혜원이다! 진짜… 진짜로 와이프가 바뀌었다!!!

불꽃이 마구 터지고 (C.G)
(M) 헨델 메시아 중 〈할렐루야〉
순간, 공간이 흔들리며 방 안의 인테리어가 럭셔리한 가구와 커
튼 등으로 바뀐다. 더불어 탁상형 달력의 날짜가 8월에서 6월로
슥, 바뀌며 1일에 클로즈업된다. (C.G)

4. 전화 연결 - 한강 조깅로 (새벽)

에코로 울려퍼지던 〈할렐루야〉가 잦아들고, '탁, 탁, 탁, 탁' 조깅
하는 발소리와 함께 카메라가 한강 조깅로를 부감에서 천천히
줌인 해 들어간다. 운동복 차림에 이어폰 끼고 달리기 하고 있는
우진. 한눈에 봐도 주혁의 와이프였을 때와는 달리 활기차고 에
너지 넘치는 모습이다.

5. 혜원의 집 안방 (새벽)

주혁, 흥분 감추지 못하고 어찌할 바를 모르며 혜원 보는데… 이
때 기척을 느꼈는지 자고 있던 혜원이 눈을 게슴츠레 뜨고 주혁
을 본다.

혜원   (잠 묻은 목소리로) 왜 깼어… 화장실 갔다 왔어…?
주혁   (당황) 어? 어어…. (뭐라 말을 잇지 못한다)
혜원   … 자, 얼른은…. 내일 출근해야지…. (말하고는 더 밀착해 주혁 껴

안는다)

주혁   (헉! 밀착감에 경직된다)

그렇게 혜원을 안은 채 떨리고 황홀한 주혁의 모습 부감으로.

6. 다음 날/혜원의 집 외경 (낮)

한눈에 봐도 럭셔리한, 고급 이층집 외경에 타이틀이 뜬다.

제3화 | 그녀와 그녀의 트레이드

7. 혜원의 집 거실 (낮)

휘둥그레진 주혁의 표정에서 줌아웃하면… 고급스러운 가구들
에 같은 집이라고 믿기지 않을 정도로 럭셔리해진 거실에 서 있
는 주혁. 오디오에서는 산뜻한 첼로 소곡이 흘러나오고 있고….
주방 쪽에서는 세련된 차림의 혜원이 분주하게 아침 식사를 준
비하고 있다.

(주혁)   (둘러본다) 바뀌었다. 와이프만 바뀐 게 아냐….

가구도, 소품도, 집 분위기도… 심지어 계절도 바뀌었다. 분명히
8월 말이었는데 지금은 6월, 녹음이 짙어가는 초여름이다. (상기
된 채 훑어본다) 주혁의 시선이 장식장 위 액자들에 멈춘다.
연애 시절, 결혼식 사진, 신혼여행인 듯 커플티 입은 사진 등 주
혁과 혜원의 히스토리가 담겨 있는 사진들. (C.U)
주혁, 신기한 듯 보다가 시선 옮기는데, 중앙 티비장 위에 최신

게임기가 떡하니 세팅되어 있다. 어떻게 이게 거실에? 그것도 이렇게 한가운데!!!

주혁   (침 꼴깍) 저기 혜원아… 이 게임, 이거 여기서 해도 되는 거야, 진짜? (하며 의자에 앉아본다)

혜원   (주혁 쪽 보며) 그럼 거기서 하지 어디서 해. 자기 오늘 이상하다, 꼭 남의 집에 온 사람처럼 두리번두리번. 왜 그래?

주혁   아, 아냐. 그냥… 그냥 너무 좋아서.

혜원   손 씻고 와, 아침 먹어. 자기 아침은 꼭 먹어야 되잖아.

주혁   아침? (상기된 표정) 어어…. (대답하며 화장실이라 생각되는 쪽으로 간다)

혜원   어디 가? 욕실 이쪽이잖아.

주혁   어? 아, 맞다. 내가 잠이 덜 깨서. 이쪽이지, 참. (반대쪽으로 간다)

(컷) 토스트에 베이컨, 스크램블이 담긴 접시와 따뜻한 원두커피가 놓인 아침상. 그 앞에 앉아 있는 주혁과 혜원.

주혁   음…. (커피향 맡는다. 냄새가 죽인다. 행복하다)

혜원   오믈렛 실패해서 스크램블이 돼버렸어.

주혁   괜찮아, 뭐면 어때.

혜원   좀… 짤 거야, 그리고…. 소금이 확 쏟아져서.

주혁   괜찮아. 맛있겠는데, 뭐. (먹는다. 짜지만 짠 줄도 모르겠다) 맛있다, 진짜. 죽인다.

(주혁) (마구 퍼먹으며) 그래, 이건 하늘이 준 선물이야. 니 인생도 한번 행복해봐라, 그럴 권리 있다, 보너스를 주신 거야. 감사합니다, 하느님! 저도 저 푸른 초원 위에 그림 같은 집 짓고 사랑하는 님과 한번 잘살아 보겠습니다! (접시째 들고 쓸어서 먹는다)

혜원   (의자에 걸쳐져 있는 주혁 재킷 주머니에서 플라스틱 사원증을 꺼내 티슈로 닦으며) 오늘도 늦지? 생각보다 너무 빡세, 은행.

(주혁) (사원증 보며) 딴 건 다 바뀌어도 은행원인 건 여전하구만.

혜원 (사원증 다시 넣으며) 제발 야근 없었음 좋겠다, 오늘은. 그치, 여보?

주혁 여보…? (좋다. 얼굴 발그레해지며) 그치… 내가 니 여보지. (가만히 되뇌어본다) 여보. 여보? (기분 업되어 질러보는) 여보!!! (기분째진다)

8. 혜원의 집 현관 앞 (낮)

출근복 차림으로 나오는 주혁. 혜원이 따라 나오며

혜원 뭐야아, 그냥 가면 어떡해?

주혁 어?

혜원 비타민을 까먹었잖아, 자기 종합비타민. (주혁 볼에 쪽, 뽀뽀한다)

(주혁) (좋아 죽는 표정) 그래, 이거야! 이게 바로 내가 원하던 결혼 생활이야! (헤벌쭉해서 보며) 나 다시 들어갈까? 출근하지 마?

혜원 뭐야아, (눈 흘기며) 얼른 안 가면 지각일 텐데. 벌써 좀 늦었어.

주혁 알았어. 나 돈 많이 벌어 올게. (가려는데)

혜원 어, 여보! 이거 갖고 가야지. (차 키를 휙 던진다)

주혁 !! (얼결에 공중에서 키 낚아챈다)

9. 혜원의 집 주차장 (낮)

차 키를 찰찰 흔들며 나오는 주혁. 주차된 차 중 어떤 차인지 알 길이 없다. 빔을 쏘듯이 차들을 향해 키 누르는데… 뽑은 지 얼마 안 된 새 차에 삑! 불이 들어온다.

주혁 (놀라며) 오, 오오, 새 차!!! (눈 동그래지며 다가간다) 이게 뭔 일이야, 이게…. 말도 안 돼…! (흥분 감추지 못한 채 구경하다가 문득 시간을 본다. 벌써 8시! 지각이다! 놀라 서둘러 차에 오른다)

이마에 땀 맺힌 채 서둘러 들어오는 주혁. 그러나 이미 8시 50분
이다. 환도 지각을 했는지 변 팀장 앞에 서서 잡도리당하고 있다.

변 팀장	발령 배치도 안 받은 신입이 빠져 가지고 말이야…. 20분 일찍 와도 예쁘게 봐줄까 말까인데 20분을 늦어? 뭔 배짱이냐, 넌, 회사가 우숩냐?
환	(틱틱) 20분 아니라 18분인데요.
변 팀장	이게 죽을라고, 너 말꼬리 잡아라, 계속. 확, 그냥! (엄포 놓는다)
주혁	(눈치 보며) 저기… 죄송합니다, 팀장님. 늦었습니다. 지각 안 하려고 죽을 각오로 달렸는데… 아… 한남대교에서 하필 삼중 추돌이 나가지고….
변 팀장	(부드럽게) 저런 큰일 날 뻔했네. 어디 다친 데는 없고?
주혁	(의외다. 살짝 당황해) 아, 아뇨…. 제가 받은 게 아니라 제 앞에 앞에서….
변 팀장	됐어, 그럼. 안 다쳤으면. 사고야 불가항력이지 사람이 어쩔 수 있나? (주혁 자세히 보며) 뛰었구나, 아침부터. 뭐하러 그래? (티슈 뽑아 주혁 이마 꾹꾹 눌러 닦아준다)
주혁	(움찔, 당황스럽다)
환	(힐끗) 나도 한남대교 건너왔는데. 사고는커녕 뻥뻥 잘만 뚫리던데….
변 팀장	넌 닥치고 쫌, 환장아. (말하며 환의 바지 주머니에 휴지를 넣어버린다)
지점장	(출근한다) 굿모닝들! 야, 변 팀장. 왜 아침부터 애를 또 잡고 있냐?
변 팀장	잡기는요, 아닙니다. 흠! (자리로 간다)
지점장	아이쿠야…. 어제 과음을 했더니 죽겠네, 아주. 점심은 해장국 때려야지! 들깨는 빼고. 왜? 들깨는 술이 들 깨니까, 캬캬! (웃어

댄다)

종후   (시재 챙겨 오며) 아, 아침부터 유머 포텐 터지십니다, 점장님. (엄
지 척! 한다)

주혁, 이 모든 게 낯설어 갸웃거리며 자리에 앉는데… 종후도 앉
으며 시재 건넨다.

종후   야, 니 시재. (건네며) 좋겠다, 방탄조끼 있는 놈은. 점장 리액션받
이 패스, 변사또 잔소리도 패스, 전생에 나라를 구했나?

주혁   (종후 보며) 뭔 소리야? 뭔 방탄…?

종후   우리 점 VVIP에 빛나는 니 장인, 인마. (주혁 겉옷 끝자락 펄럭 건
드리며) 170수 테일러메이드 슈트를 떡하니 사주신, JK그룹 방
탄조끼.

주혁   !!

11. 은행 탈의실 앞 복도 (낮)

휴대폰으로 JK그룹을 검색하는 주혁, 손이 살짝 떨린다.

#. 휴대폰 인서트-'JK그룹, 무역의 날 천만 불 수출탑 달성!' 'JK그룹 이
병걸 대표, 금탑산업훈장 수훈!' 'JK그룹 이병걸 대표, 대한기업연합회
회장 선임' JK그룹의 규모를 짐작케 하는 기사들이 정렬되어 있다.

주혁   !!! (너무 놀라 벌어진 입을 제 손으로 막는다)

#. 회상 플래시 - 혜원 집의 고급 가구들. 비싼 외제차. 방긋 웃는 혜원

(주혁)   (그제야 모든 것이 이해된다) 오마이갓, 오마이갓!!!

향숙/혜정   (탈의실에서 유니폼 입고 나오는) 나오셨어요?/오셨어요, 대리님?

주혁   (세상을 다 가진 기분이다. 벙글거리며) 어, 어. 굿모닝! (하다가, 잠깐!) 아, 자기들 커피 사러 안 가? (지갑에서 카드 꺼내 내민다) 이걸로 한 잔씩 돌리지 뭐. 내 건 콜드브루 더치로. (의기양양한 표정이다)

12. 은행 오픈 몽타주 (낮)

#. 은행 문 열리고, 고객들 우르르 들어가기 시작한다.
#. 수신계 직원들 '어서 오십시오' 하며 반갑게 고객 응대하고,
#. 세계 시계와 환율변동표 C.U 된다.
#. 지폐 계수기 촤라라락, 하며 지폐 세는 모습. 번호대기표에서 용지 쑥쑥 뽑힌다.
#. 수신계 못지않게 대기 고객이 많은 대출계. 주혁과 종후, 고객 상대하랴 서류 등 공지 전화하랴, 변 팀장에게 결재 넘기랴, 몸이 열 개라도 모자라다.
(E) '딩동' '611번 고객님, 5번 창구에서 도와드리겠습니다'

13. 은행 내 객장 (낮)

어느새 마감 시간 임박. 수신계 고객 두어 명 정도 남아 있다.
주혁, 한 명 남은 고객 상담 중이다.

주혁   등급이나… (목소리 쉰) 죄송합니다. 크흠…! 등급이나 소득에 문제가 없으면 전세 자금 대출 상품은 계약금의 80퍼센트, 최대 1억 8000만 원까지 가능하거든요.
고객   (끄덕) 알겠습니다. 의논 좀 해보고 다시 올게요. (일어난다)
주혁   그러세요. 또 궁금한 거 있으시면 전화 주시고요. 좋은 하루 되십시오. (인사하고 보내는데 휴대폰 문자벨 울린다. 슬쩍 확인한다)

#. 문자 인서트 - '일찍 와 여보~♡ - 혜원'

주혁   (보며 헤벌쭉, 저도 모르게 입꼬리 올라간다)

종후   (책상에 엎어지며) 하아, 월말도 아닌데 대기번호 600번대, 이거
         실화냐…?

주혁   그러게. 대출 실적 1위? 우리 점 왜 이렇게 잘 나가냐? 적응 안
         된다.

종후   저금리 전환 대상자 확대 시행하고는 이 상태잖아. 하루에 상담
         만 몇백 건에, 대출 서류 검토에… 이건 우리 둘이 커버칠 수 있
         는 양이 아니란 말이지.

주혁   와… 진짜 죽으란 얘기네. (고개 절레절레 젓는다)

변 팀장   (다가오며) 야, 윤 대리. 너 아직 기업 심의 안 올렸지? (서류 뭉치
         건네며) 이것들도 같이 올려. 검토해서 빠진 거 있음 연락해서 추
         가 서류 받고.

종후   아, 예예. (이미 쌓인 서류 위에 툭 던져둔다)

변 팀장   그거 다 오늘 마감인 건들이야. 날짜 지나면 난리난다, 제대로
         해. (다시 간다)

종후   그렇게 급하면 지가 하시든지. 내가 퇴사하기 전에 한 번은 깐다,
         변사또 저 냥반. (하며 서류 들춰 본다)

         이때, 향숙이 초콜릿 여러 개 들고 와서 종후와 주혁에게 나눠준다.

향숙   달다구리 한 것 좀 드시면서들 하세요 (하트 모양은 종후에게 준다)

종후   오, 역쉬. 우리 주향숙. 안 그래도 당 땡겼었는데…. (향숙 보며)
         오늘따라 유난히 분위기가 스윗하오, 그댄?

향숙   아우, 대리님, 왜 놀리고 그러세요? (하면서도 좋아 죽는데)

종후   (향숙 보다가) 어, 잠깐. 단추 풀렸다. (향숙 블라우스 소매 단추 직
         접 잠가준다)

향숙   ! (심쿵한 표정) 아… 감사합니다, 대리님. (말하곤 얼굴 빨개진다.

후다닥 돌아서 가다가 종후 책상 위의 서류 더미를 툭 건드린다)

서류 맨 위에 있던 한 장이 팔랑팔랑 파지함 박스 위로 떨어지고…
C.U 하면 '태진물산 대출 신청서'다.

주혁   (서류 떨어진 사실 모른 채 향숙이 간 수신 창구 쪽 본다)
혜정   (종후와 향숙 보며 속상해 죽겠다는 표정이다. 거칠게 벨 누르며 성
       난 음성으로) 342번 고객님! 342번 고객님, 1번 창구로 빨리 오
       시죠! (씩씩거린다)
주혁   객장 분위기 왜 이래? (종후 보며) 너 왜 이렇게 느끼해졌냐, 애가?
종후   (컴퓨터 마우스 클릭하며) 나 원래 느끼했는데. 왜, 문제 있어?
주혁   문제 있지, 인마. 여직원들한테 아리가또가 과하잖아. 그러다 일
       쳐, 인마.
종후   (계속 클릭하며) 아, 무슨 일요. 넘치는 동료애로 립서비스 좀 한
       게 뭐, 법에 저촉되길 하나? 사내 기강을 문란하게 하나? 처녀 총
       각끼리.
주혁   안마, 암만 처녀 총각끼리라도… (하다가, 앗!) 뭐, 초… 총각? 야,
       너 총각이야?
종후   그럼 내가 처녀겠니?
주혁   … 어디… 한두 번 갔다가 온 것도 아니고…?
종후   야, 내 정갈한 싱글 라이프를 멋대로 좀 편집하지 말아줄래?
주혁   !! (그제야 깨닫는다. 얘도 인생이 바뀌었구나) 와… 너… 히야…
       진짜…. (하다가 문득 생각이 난 듯) 야야, 그럼 상식이는? 우리 절
       친 오상식이는?

14. 실내 포차 (밤)

아기띠(돌도 안 된 아기 잠들어 있다) 메고 우동 나르는 상식. 주
혁, 그런 상식을 놀랍다는 표정으로 보고 있고… 종후도 옆에 앉

아 있다.

주혁   … 와…. 진짜 쇼킹이다…. 오상식이 애 아빠라고? 윤종후는 싱글
      이고? 하! 차, 와…!
상식   (주혁 보며) 얘 오늘 왜 이러냐? 상태가 좀 메롱인 것 같다?
종후   몰라. 종일 헛소리야. 혼자 중얼중얼 미친놈처럼. (우동 먹는다)
주혁   그래서, 널 구제한 그 마더 테레사는 누구냐? 와이프 어디 있어?
상식   어디 있긴, 인마. 주방에 있지. (주방 쪽 보며 부른다) 여보, 주혁이
      가 좀 나오래!
주혁   ?? (주방 쪽 본다)

이때, 앞치마 맨 주은이 주방에서 훅 나온다.

주은   아, 왜 불러싸? 조개 해감해야 되는구만. (주혁 보며) 왔냐, 오빠?
주혁   (눈 동그래진다) 야, 니가 왜 거기서…? (하다가, 헉!) 그럼… 너랑
      너랑 둘이…?
상식/주은 …? (뜬금없이 왜 그러냐는 듯 주혁을 본다)
주혁   (말문 막힌 채 잠시 눈 껌뻑거리다가) 야, 이 나쁜 놈아!!! (상식 머
      리 움켜잡는) 언제부터야? 언제부터 흑심 품은 거냐고 내 동생한
      테, 어?!
상식   (머리채 잡힌 채) 야, 야, 왜 이래… 아, 아!!!
주은   아, 왜 이래, 진짜! 남의 서방 죽일 일 있어?! (주혁을 확 밀친다)
주혁   (테이블 쪽으로 자빠져 멍… 한 채 주은 본다)

(컷) 어느새 앉아 있는 세 남자와 주은. 주혁, 여전히 상식을 째려
본다.

주은   오빠 대체 왜 그러는데. 결혼한 지가 언젠데 이제 와서 생트집이
      냐고!

주혁	(주은 한 번 보고, 상식 다시 보며) 아오, 씨. (손 올리면)
상식	(움찔한다) 아, 뭐 어쩌라고! 무르리? 어? 물러?
주혁	무르기만 해. 확 그냥, 친구고 뭐고 갈아 마셔 버릴라니까.
주은	에헤이, 자꾸 손 올리지 마라고. 내 꺼라고오! (주혁 보며 눈 부라린다)
주혁	야… 너도 진짜… 남자 취향 진짜…. 아니, 폐지 일보 직전 연금 상품 같은 애를 뭘 보고 결혼씩이나 했냐? 얘기나 좀 들어보자, 좀.
상식	(히죽) 야, 뭐 그런 딥한 질문을. 보나마나 섹스어필 그런 거겠지.
주은	난, 음…. 밥 때문에.
주혁	밥?
주은	어, 밥. (회상한다) 내가 열댓 살 때부터 다이어트 인생이었잖아. 오빠 결혼식 날도 꾹 참고 안 먹었었거든. 식 끝나고 태국 음식이 너무 땡기는 거라. 근데 상식 오빠도 오빠 수발드느라 굶었다는 거야. 그래서 같이 식당에 갔지.

#. 회상 플래시 - 태국 음식점
마주 앉아 잔뜩 시킨 태국 음식 먹는 주은과 상식. 주은 게걸스럽게 먹는다.

(상식)	그때 메뉴를 한 다섯 개는 시켰지, 우리가?
(주은)	아니, 일곱 개. 마지막에 청경채랑 캐슈넛 볶음 추가했잖아.

다시 현실. 주은 얘기 경청하는 주혁, 종후, 상식.

주은	근데 오빠가 나랑 헤어지고 바로 약국에서 소화제를 사서 때려 먹는 걸 내가 딱, 목격한 거지. 그 모습이 너무 심쿵하더라고.
종후/주혁	소화제 먹는 게…/심쿵했다고…?
주은	으이구, 이 남자들아. 요기서 뽀인트는 그게 아니지.
종후/주혁	??

주은	오상식은 식장에서 배 터지게 먹고 또 먹어준 거야. 나 때문에, 소화제 투혼까지 하면서. 그때 그런 생각이 들더라. 아, 이 남자면 믿을 만하겠구나. 적어도 내가 버리기 전에 날 버리진 않겠구나, 최소한의 의리는 있겠구나.
주혁	(어이없다는 듯 보며) 결혼을 아주 관포지교로 했구나, 연모지정이 아니라. (말하다 종후를 본다) 그럼 넌. 넌 어쩌다가 아직 싱글인 건데?
종후	나? 글쎄… 아직 임자를 못 만나서? 지금 싱글 라이프가 좋아, 난. 자유롭고, 부담 없고, 누구든 만날 수 있고. 너야 첫사랑이랑 결혼한 상위 1프로 남자인 거고. 나도 뭐, 언젠가는 머리를 땅, 하게 만드는 여자 만나서 결혼하지 않겠냐?
주혁	그럼, 결혼 생각한 여자는 없었어? 한 번도?
종후	왜 없었겠냐. 소싯적에는 일찍 결혼하는 게 꿈이었는데. 있었지, 12년 전쯤에.

#. 회상 플래시 - 거리
다급한 표정으로 뛰어오는 10년 전의 종후. 큰길에서 택시 잡는 중이다.

(종후)	그때 3년 사귄 여친이 있었거든. 근데 대판 싸우고 두 달인가, 자존심에 연락을 끊고 버티는데 걔가 유학을 간다는 거야. 얘기 들은 바로 그날. 아차 싶어서 공항으로 쫓아가는데, 웬 미친놈이 내가 잡은 택시를 새치기한 거야.

종후, 택시 타려는데, 그런 종후 밀치고 타는 남자. 바로 주혁이다.

주혁	죄송합니다! 제가 지금 제 운명이 달린 중요한 약속이 있어서요. 절대 놓치면 안 되는 약속이거든요. 정말 죄송합니다!!! (차 문을 탁! 닫아버리면)
(종후)	아, 뭐야! 이봐요!!! (열 받은 듯 택시 창문 탕탕 두드린다)

다시 현실. 종후, 미련 가득한 표정으로

종후   … 다시 택시 잡아타고 갔는데, 간발의 차로 비행기는 (슝, 하는 제스처)

주혁   (자기인 줄 모르고) 야… 그때 그 택시만 탔어도 지금은 결혼해서 쌍둥이 아빠가 돼 있을 수도 있었는데, 그치? 거, 누군지 완전 나쁜 쉐끼네.

상식   그러게, 세상에 참 쓰레기 같은 놈들이 많아.

종후   그때 타이밍을 놓친 거지. 가만 보면 결혼도 결국 타이밍이더라고.

이때, 아기가 깨서 응애!!! 마구 울어댄다.

주은/상식   깼다, 깼다, 깼어!/배고플 때 됐어. 내가 얼른 우유 타 올게. (주은, 일어선다)

(주혁)   !!! (순간 아기 우는 소리에 응애, 하는 딸아이의 울음소리가 오버랩되며, 번뜩! 제 아이들이 머리에 스친다) … 맞다…. 우리… 우리 애들…!!!

주혁, 잠시 멍하게 있다가 미친놈처럼 휴대폰 꺼내 바탕화면 보는데…, 혜원과 주혁의 사진이 떠 있다. 잠시 오버랩되는 아이들 사진. 그러나 아무리 눈 씻고 봐도 현재 바탕화면은 혜원과 주혁의 다정한 사진이다.
충격받은 표정의 주혁, 의자에서 미끄러져 주저앉아 버린다.

15. 거리 (밤)

망연자실한 채 휘적휘적 걷는 주혁, 격한 자책감이 밀려온다.

(주혁)   미처…, 미처 애들까진 생각하지 못했다. 나쁜 놈. 천하의 나쁜
        놈, 이기적인 놈. 지 행복하자고 어떻게… (지나가는 부부와 아기
        를 보고 눈물 그렁그렁해진다) … 미안하다, 애들아…. 아빠를 용
        서해라. 아니, 용서하지 마라. 그냥 내가 천벌 받을게. 진짜 미안
        하다…. (참담한 표정인데)

        갑자기 하늘에서 우지끈, 마른 벼락이 친다. (C.G)

주혁   (기겁) 엄마야! 와, 놀래라…. 진짜 죽을 뻔했네. 아오…. (가슴 부
        여잡는다)

        이때, 주혁 옆을 횡하니 스쳐 가는 여자. 우진이다. (slow)

주혁   !!! (놀라서 얼른 뒤돌아본다)

        삼삼오오 지나가는 사람들. 다시 보면 그 무리 속에 우진은 없다.

(주혁)   … 분명히 우진이 같았는데…. (다시 두리번거리지만 어느 곳에도
        우진은 없다) 서우진 트라우마인가…? (한 번 더 두리번거리고는
        한숨 놓는다) … 그래, 서우진. 어디선가 잘 살고 있겠지. 그러길
        바란다…. (다시 걸음 재촉해 간다)

        주혁이 지나가고 잠시 후. 편의점에서 생수 사가지고 나오며 작
        은 가방에 챙겨 넣는 트레이닝복 차림의 우진. (밝은 표정이다) 귀
        에 이어폰 꽂고 스트레칭하고 뛰기 시작한다.

16. 한강변 조깅로 (밤)

        본격적으로 한강변 달리고 있는 우진. 천천히 뛰다가, 다시 전력

142

질주하다가, 다시 천천히… 반복한다. 멈춰 선 우진. 헉…, 헉…, 가쁜 숨을 몰아쉬며 손을 무릎에 얹고 호흡 조절하다가 이어폰 빼고, 허리춤에서 만보기 빼내 확인한다. 그러고는 가방에서 생수를 꺼내 벌컥벌컥 마시고, 크아… 하는 소리와 함께 손등으로 입을 쓱 닦는다.

이때, 우진의 발 밑으로 데굴데굴 굴러오는 농구공. 우진이 공 집어 들고 두리번거리자,

(남학생)　(멀리서) 여기요, 공 좀 주세요!

우진, 소리나는 쪽 본다. 저 멀리 농구장에서 날아 굴러온 농구공이다. 던지려고 막 폼잡다가, 너무 멀어서 어림도 없을 것 같은 느낌에 멈칫한다.

어쩌지? 잠시 망설이는 우진. 이내 불꽃슛이라도 날리겠다는 듯한 눈빛으로 투포환 던지듯 공을 뒤로 빼 빠른 속도로 두 바퀴 획획 도는데…! 순간 공이 몸 뒤쪽으로 쑥 빠져 떼구르르… 굴러가버린다. 무안한 표정의 우진. 손짓으로 쏘리, 제스처한다.

17. 우진의 집 외경 (밤)

회상에 등장했던 10여 년 전의, 그 우진의 집. 트레이닝복 차림의 우진 뛰어와, 대문 열고 집 안으로 들어간다.

(E) 띡, 띡띡, 띡띡(빠르게 버튼 누르는 소리)

18. 혜원의 집 거실 (밤)

현관 쪽에서 거실로 들어오는 주혁. 혜원의 모습은 보이지 않는다.

주혁　(두리번거리며) 혜원아… 어디 있어…? 나 왔는데…. (하는데)

이때 욕실 쪽에서 쏴아, 물소리가 들린다.

주혁　　(욕실 쪽으로 다가가 똑똑, 노크하며) 혜원아… 혜원아, 여기 있어…?

(혜원)　(물소리 멈추고) 어, 자기 왔어? 다 했어, 나갈게!
주혁　　(다 했다고? 침 꼴깍 삼키고 서 있다)

혜원, 샤워 가운 입고 수건으로 머리 틀어 올리고 나온다. (slow)
민낯에 물기를 머금은 모습이 청초하고 섹시하다.

주혁　　!!! (얼음이 되어 멍하니 혜원을 본다. 어질어질하다)
혜원　　왜 이렇게 늦어? 나 심심해서 죽는 줄 알았어.
주혁　　(넋 나간 듯) 어… 어, 미안….
혜원　　피곤하겠다. 샤워해, 얼른. 자기도.
주혁　　샤, 샤워…? (다시 침 꼴깍 삼킨다)

19. 혜원의 집 안방 (밤)

잠옷 입고 가슴에 두 손 올린 채 얌전히 누워 있는 주혁, 긴장한
표정이다. 화장대 앞 혜원은 아이크림으로 마무리하고 수건 풀어
머리 헤친다.

주혁　　(헉, 하는 표정으로 본다)
혜원　　(거울 보며) 나이 드나, 페이스 오일을 발라도 금세 건조해.
주혁　　(혜원을 곁눈질하며) 아냐…. 이, 이뻐….
혜원　　이뻐? 진짜? (주혁 옆으로 휙 오는)
(주혁)　(헉, 숨 들이마시며) 오마이갓, 오마이갓….
혜원　　(자연스럽게 주혁 머리 만지며) 엄마가 주말에 바비큐 파티 하재.
　　　　정원에 테이블 새로 세팅했다고. 아, 참. 여름 휴가는 사모아 쪽

144

리조트 잡았다고 말했지?

주혁   (긴장한 채) 어? 어어….

혜원   (손 멈추고) 고마워, 여보. 우리 엄마 아빠랑 한 약속 잘 지켜줘서.

주혁   (뭔 소린가 하는) 약속?

혜원   결혼 전에 한 약속. 우리 집 근처에 살고, 주말에 같이 밥 먹고, 휴
       가 같이 가고, 명절에도 우리 집 먼저 들르고. 알아, 나도. 우리 엄
       마 아빠 애착이 유별난 거.

주혁   (그랬었구나…) 그, 그야 뭐…. 자식이 둘도 아니고 외동이니까….

혜원   (미소지으며) 역시 우리 여보는 이해심이 참 깊어. 내가 이래서
       자기를 좋아하게 된 거라니까. (주혁의 볼을 쓰다듬는다)

주혁   !! (또 손 닿자 흠칫, 티나게 긴장해서 얼음 된다)

혜원   (주혁 보며) 자기 오늘 왜 그래? 좀 이상하다?

주혁   어? 내… 내가 뭐?

혜원   왜 이렇게 긴장해, 눈도 못 쳐다보고? 첫날밤 새신랑도 아니고.

주혁   모, 못 쳐다보긴 누가…. (혜원 똑바로 보며) 보는데? 잘만 보는
       데?

혜원   음…. 오늘따라 유난히 귀엽네, 우리 오빠. 자꾸 이러면 내가 덮
       치고 싶어지잖아! (말하며 주혁한테 몸 던져 안고 쓰러진다)

주혁   (헉, 숨도 못 쉬고 혜원과 밀착한 채 눈 질끈 감는다)

20. 혜원의 집 외경 (밤→낮)

불 꺼지는 혜원 집 안방 (diss) 그대로 아침이 밝으며,

(주혁)   (활기찬 목소리) 자기야, 나 갔다 올게. 최대한 일찍 올게!

21. 거리/차 안 (낮)

힘차게 질주해 가는 주혁의 차. 경쾌한 클래식 곡이 차 안에 흐르

고 운전석의 주혁은 기분 최고인 듯 콧노래까지 부르는데… 또
다시 마른벼락이 친다. (C.G) 놀라서 끼익! 브레이크 밟는 주혁.

주혁 　　… 아씨…. 어제부터 마른벼락이… 아우, 놀래라…. (목마른 듯 생
수통을 집어 물 마시려는데 빈 통이다. 아쉬운 표정 짓는데, 우측 전
방에 편의점 간판이 보인다. 길가에 차를 세운다)

22. 편의점 (낮)

음료수와 (통으로 된) 껌 들고 계산대 앞에 서 있는 주혁. 계산하
자 휴대폰 문자벨 울린다. 문자 확인하고 지운 후, 목이 많이 말
랐던지 바로 음료수 뚜껑 열고 벌컥벌컥 마시며 나간다.
(diss) 계산대 앞으로 다가서는 미끈한 다리의 힐. 틸업하면 다름
아닌 우진이다. 여러 개의 에너지바, 초콜릿, 물티슈를 카운터에
올리고 카드 내민다.

사장 　　(카드 계산이 안 되는지) 아… 또 왜 이래, 이게. 하여튼 뻑하면 이
지랄이야, 지랄이. (짜증 내다가 우진 보며) 현금 없어요, 아가씨?
우진 　　아, 있을 거예요. (지갑에서 현금 꺼내 내민다)
사장 　　(현금 계산하며) 이놈의 카드기를 바꾸든지 해야지, 젠장…! (궁
시렁댄다)

이때, 계산대 바로 앞 캔디류 매대에 올려져 있는 주혁의 휴대폰
발견하는 우진. 휴대폰 집어 든다.

우진 　　저기, 사장님….
사장 　　아, 씨! 이건 또 왜 안 닫혀! (현금통을 손으로 쾅, 쾅, 거칠게 친다)
우진 　　(멈칫, 뭔가 미덥지가 않다. 휴대폰 잠시 보다가 제 주머니에 넣는다)

23. 지하철 (낮)

출근길 사람들로 붐비는 지하철 내. 우진도 사람들 사이에 끼어 이어폰으로 음악 들으며 서 있는데, 뒤에서 양복 입은 남자(40대)가 고의적으로 자꾸 몸을 붙이며 치댄다.

우진　　!! (눈치 챘다. 잠시 곁눈질하고는 힐 뒷굽으로 남자의 발등을 훅 찍는다)

추행남　아, 아!!! (아파 죽겠다. 인상 쓴다.)

우진　　(연기하는) 어머! 어머, 죄송해요. 어떡해, 열라 아프겠다. 괜찮으세요? 아우, 사람들이 너무 밀어서⋯ 이놈의 지옥철 진짜 징그러, 진짜. (짜증 나 죽겠다는 듯 사람들 흘겨본다)

추행남　아 씨, 젠장⋯. (아프지만 뭐라 할 수도 없고, 인상만 쓴다)

내릴 역이 된 듯 문 앞쪽으로 가서 서 있던 우진. 문이 열리자 내리는 듯하다가 추행남에게 다가가 귀에다 대고,

우진　　⋯ 그렇게 살지 마세요, 새끼야. (말하고는 바로 내린다)

우진이 내리자마자 문 닫히고, 추행남 카운트 펀치에 얼떨떨한 표정이다.

24. 우진 회사 건물 로비 (낮)

출입문 열고 들어서는 우진. 경비원과 카운터 직원, 앞서 가는 직원들에게 '안녕하십니까?', '안녕하세요!' 하며 밝게 인사를 건넨다. 과하지도 모자라지도 않는, 자신감 넘치는 태도다.

(우진)　현지 고객 니즈 분석표하고 레버리지 비율 리포틉니다.

25. 우진 회사 사무실 (낮)

우진, 부장에게 보고서 건네며 업무 보고한다.

부장   (우진 보며) 어…, 유동성 비율 정리한 건 상무님께 보내놨지?

우진   네. 필리핀 지사 3/4분기 성과 리뷰도 부장님 참조로 보냈습니다. 좀 이따 가서 확인하셨는지 체크하려고요. 맨날 확인도 안 하고 못 받았다고 하셔서.

부장   아이구… 오늘 또 혼나시겠네, 상무님. 살살해드려!

우진, 방긋 웃어 보이고 자리로 온다. 책상 위에 주혁 휴대폰 놓여 있다. 주혁 휴대폰 주머니에 챙겨 넣고, 메일 확인한 뒤 사무실을 나간다.

26. 은행 객장 안 (낮)

옷 주머니 여기저기를 뒤지는 주혁. 휴대폰을 찾고 있다.

종후   (옆에서) 없어? 집에서 안 가져온 거 아니야?

주혁   (뒤지며) 아냐. 아까 편의점에서 계산하고 문자 확인도… (말하다가, 아!)

종후   쯔쯔… 거기다 버리고 왔구만. 칠칠치 못한 놈.

주혁   아 씨… 물 마신다고 잠깐 앞에 놓는다는 게… 거기 고객 리스트랑 다 있는데…!

종후   (제 휴대폰 주며) 얼른 전화해 봐, 인마. 비싼 건데 팔아먹기 전에.

주혁   (받아 들고 얼른 자기 번호 눌러 전화해 본다)

    (E) 신호음 울린다.

(우진)   (전화 받는다) 네, 여보세요? (뭔가 굉장히 숨찬 듯하다)

주혁   …? 아… 여보세요. 누구세요?

(우진)	(헉헉) 아, 네. 제가 편의점에서 휴대폰을 주웠거든요. 혹시…?
주혁	네, 제가 휴대폰 주인인데요.
(우진)	(헉헉) 아, 안 그래도 전화하실 거 같았어요. 편의점 사장님이 홀랑 팔아먹을 것 같아서 제가 가져왔는데…. 혹시 계신 데가 어디세요?
주혁	아, 여긴 가현동인데…. 제가 그쪽으로 갈게요, 점심시간에. 어디세요?
(우진)	(헉헉) 아니에요, 마침 그쪽에 외근이 있어요. 가현역 앞에 세븐이라고 까페 있거든요. 거기서 12시 어떠세요?
주혁	아우, 저야 감사하죠. 알겠습니다, 이따 뵙겠습니다! (전화 끊는다)
종후	(음성이 들린 듯) 여자네. 뭐, 갖다 준대?
주혁	어. 근데 뭐 하는 여잔지… 무지하게 헐떡거리는데?
종후	오…! (판타지를 기대하는 표정이다)

27. 우진 회사 비상계단/복도 (낮)

주혁의 휴대폰 끊으며 다시 계단 오르는 우진. 숨이 찬 듯 헉헉거리며 문 열고 복도 쪽으로 나온다.

우진	(허리에 찬 만보기-2016년 KCU 은행 춘계 체육대회 로고 찍혀 있다. 'KCU 은행' 글자는 벗겨져서 잘 안 보인다-보며) 앗싸, 만 보. 오늘 할당량 다 채웠고! (흐뭇해하며 손에 쥔 주혁 휴대폰, 주머니에 넣으려다가 다시 본다)

#. 화면 인서트 - 바탕화면에 떠 있는 주혁과 혜원의 사진

우진	? (어딘지 모르게 낯이 익은 듯도 하고, 갸웃하며 본다)
동료	(오다가 우진 본다) 또 계단이니? 너도 참 유난하게 건강 챙긴다. 징하다, 아주. (그러다 휴대폰 발견한다) 근데 그건 뭐야? 니 거 아

닌 것 같은데.

우진   어, 세컨폰. 요즘 가정 있는 남자랑 이룰 수 없는 사랑 중이거든.

동료   진짜?

우진   아니, 농담. 주웠어, 아침에. 이따 갖다 주려고.

동료   아이구, 오지랖은. (휴대전화 들여다보며) 야. 근데… 귀엽게 생겼
        다, 남자?

우진   그치? 여기서 딱, 내 스타일을 만난다. 역시 좋은 일은 하고 볼 일
        이야.

동료   근데 그… 옆에 여시는 뭐냐? 여친? 아님 와이프?

우진   야아… 초칠래? 여동생일 수도 있잖아.

동료   글쎄다, 난 억을 줘도 우리 오빠랑 그렇게 밀착해서 사진 안 찍
        거든?

우진   최소 여친이면 게임 끝난 건 아닌데 말야. 머리끄덩이 잡고 한번
        붙어봐? 아, 간만에 아주 세포가 간질간질한 게 피 땡기는데? (장
        난스럽게 웃는다)

(변 팀장) 그게 뭔 소리예요? 신청서가 누락된 것 같다니?

28. 은행 객장 (낮)

변 팀장 (굳은 표정으로 통화 중인) 알았어요. 확인해볼 테니까 일단 끊읍
        시다. 예, 예. (전화 끊고 종후 보며) 야, 윤 대리. 너 어제 내가 맡긴
        심의 올렸어, 안 올렸어?

종후   아, 그거 다 올렸는데요.

변 팀장 올리긴, 씨! 태진 거 승인 안 떨어졌길래 본사 확인하니까 신청
        내역 자체가 없다잖아. 어떻게 된 거야? 올린 거 확실해? 누락된
        거 아냐?

지점장 (듣고, 다가오는) 뭔 소리야? 뭐가 누락됐어?

종후   (확인하며) 신규 대출 네 건, 추가 대출 두 건, 확실히 처리했는데.

변 팀장 뭐, 두 건? 추가 대출 세 건이야, 인마아!

종후   네? (서류 세어본다) 아닌데요. 두 건 맞는데요, 추가 대출.

지점장   야, 서류 분실됐나 보다. 찬찬히 봐봐. 책상 밑이나 이런 데 떨어
         졌나.

주혁   (두리번거리며 같이 찾아봐 준다)

종후   (책상 밑 보며) 없어요. 서류에 발이 달린 것도 아니고, 그게 갈
         데가… (말하며 시선이 텅 빈 폐지함에 멈춘다. 뭔가 감이 온 듯한)
         …!!!

지점장/변 팀장 야, 왜애?/왜왜왜?! (불안한 표정이다)

         (E) 드드드드… (파쇄기에 종이 잘리는 소리)

종후   …! (천천히 파쇄기 쪽으로 고개 돌린다)

지점장/변 팀장 …!!! (종후 시선 따라 같이 고개 돌리는데)

         환이 폐지들을 파쇄기에 넣고 파쇄하고 있다.

종후/지점장/변 팀장 (동시에) 안 돼애!!! (달려가는)

         (컷) 지점장과 변 팀장, 심각한 표정으로 서 있고, 주혁, 종후, 환
         까지 동원되어 바닥에 파쇄된 종이조각들 맞추고 있다.

환   … '태'까진 있는데 '진'이 아무리 찾아도 없는데요, 팀장님?

종후   아… 이렇게 해서 될 일이 아닌 거 같은데요….

변 팀장   (버럭한다) 안 되면, 안 되면? 그 태진물산이 우리 지점 A급 우량
         거래처야! 벌써 다 승인된 줄 알고 있을 텐데, 뭐라고 할래? 사장
         님, 저희가 실수로 사랑하는 고객님의 신청서를 가루로 만들었습
         니다, 그럴래?

지점장   아, 작게 좀 얘기해. 종이 다 날아가잖어!

주혁   (시간을 확인한다. 약속 시간이 임박했다. 조심스럽게 말 꺼낸다) 저
         기, 저….

변 팀장   어, 차 대리. 왜, 무슨 묘수라도 있어?

주혁	… 아뇨…. 제가 휴대폰을 잃어버려서 잠깐 찾으러 나갔다 와야 할 것 같은데….
변 팀장	(실망한 표정)
지점장	갔다 와, 갔다 와. 터진 사고는 사고고 휴대폰은 찾고 봐야지. 갔다 와, 얼른.
주혁	(인사하고 종후 어깨 툭툭 치고 얼른 나간다)

29. 까페/까페 앞 거리 교차 (낮)

#. 까페
문 열고 들어와 두리번거리는 우진, 테이블에 가 앉는다.
#. 거리
손목시계 보며 바쁘게 걸어오는 주혁. 저 앞에 까페가 보인다.
#. 까페
테이블 위에 주혁의 휴대폰 올려놓고 딸기셰이크 마시며 기다리는 우진. 제 휴대폰으로 시간 확인하는데 휴대폰 벨이 울린다.

| 우진 | (전화받는다) 네, 이모님. 네? 아, 알겠어요. 제가 바로 갈게요! (벌떡 일어선다) |

#. 거리
주혁, 바로 까페 앞까지 왔는데… 지나가는 여학생의 백팩이 활짝 열려 내용물이 다 보인다.

주혁	(뒤돌아 쫓아가서) 저기, 학생.
여학생	네?
주혁	거기, 가방이 열렸는데. (말하고는 다가가서 직접 잠가주는데)

그런 주혁 뒤로 급한 듯 까페에서 나와 뛰어가는 우진의 모습 보

인다.

(점원) 혹시, 휴대폰 찾으러 오셨어요?

30. 까페 안 (낮)

두리번거리는 주혁의 얼굴을 확인하며 다가오는 직원.

주혁 (직원 보며) 아, 네….

직원 (휴대폰 내밀며) 이거, 어떤 여자분이 전해달라고…. 급한 일이 생기셨대요.

주혁 아… (휴대폰 받으며) 저기, 혹시 연락처 같은 건…?

직원 아뇨, 그냥 잘 좀 전해달라고만 하고 급하게 나가셨는데….

주혁 아, 네…. 감사합니다. (휴대폰 보며) 누군지 인사도 못하고 참…, 미안하네…. (혼잣말한다)

카메라, 우진이 앉았던 테이블 위의 딸기셰이크 C.U 하는.

31. 은행 외경 (밤)

어둑어둑해진 저녁. 셔터는 내려져 있지만, 환하게 불 켜져 있는 은행 보인다.

(변 팀장) 문 사장님, 일단 화를 좀 가라앉히시고요….

32. 은행 내 객장 (밤)

지점장과 변 팀장, 화난 채 VIP룸에서 나오는 문 사장을 쫓아 나오고, 다른 직원들 역시 퇴근 못하고 눈치 보고 있다.

문 사장	아, 됐어요. 사업하는 놈한테 돈 오가는 날짜가 얼마나 중요한데 말이야…. 확실히 말하는데, 나 주거래 은행 바꿔요. 이따 가람은행 지점장 만나기로 했어요.
변 팀장	에헤이, 문 사장님. 우리가 하루이틀 된 사이도 아니고….
문 사장	그게 뭐가 중요합니까? 신용이 중요하지. (말하다가 진동벨 울리자 휴대폰 받는) 어, 왜. 기업 연합회 조찬? 내일 아침? 아, 알았어…. (전화 통화하며 나간다)
변 팀장	저기, 문 사장님. 문 사장님! (부르다 포기한다. 이미 엎어진 물인 듯하다)
지점장	야, 글렀다…. 저 양반 성깔 알잖아. 한번 아니면 아닌 거.
변 팀장	… 하아…. (긴 한숨 내쉬다 종후를 본다) 야, 윤종후, 너…. 내가 이태진, 얼마나 힘들게 따 온 건인 줄 알아? 내가 주말까지 반납하고 문 사장 따라 진짜, 관악산, 북한산, 도봉산, 인왕산, 청계산… 이 부실한 하체에 산이란 산은 다 기어오르면서, 진짜 정상을 정복한단 마음으로, 아오!!!
종후	(심각) 죄송합니다.
장 팀장	(변 팀장 보며) 포기하고 이번 분기 실적 다시 세팅해야 되는 거 아냐?
변 팀장	이제 와서 50억을 어디서 끌고 오냐고오! 진짜 돌겠네, 진짜.
종후	(표정 굳은 채 고개 떨구고)
주혁	(그런 종후를 걱정스럽게 본다)

33. 해장국집 (밤)

해장국 각각 시켜놓고 손도 안 댄 채 앉아 있는 주혁과 종후.

주혁	하…. (심란한)
종후	후…. (더 심란하다)
주혁	(종후 보며) 왜 한숨은 쉬고 난리…? 뭐, 하늘 무너졌냐?

종후	… 무너진 거지, 이 정도면. 가람 쪽에서 이렇게 빨리 움직일 줄이야….
주혁	워낙 크잖아, 덩이가. 그새 소문 돈 거지. 새삼 무섭다 진짜, 이 바닥이.
종후	(소주잔 비운다) … 아무래도 사직서 써야지 싶다….
주혁	(버럭) 야, 씨… 실수 한 번에 뭔 사직서냐?
종후	(주혁 보며) 그럼 어떡해. 내일이면 바로 본사에서 사태 추궁 들어올 거고, 그럼 누구든 책임을 져야 될 거 아냐. 내가 싼 똥인데 누구한테 뒤집어씌워.
주혁	야, 그래도 인마…. (울컥한다) 우리가 맨날 야근하고, 자격증 시험 때문에 주말 반납하고, 실적 압박에 귀에 불나게 전화 돌리고 뺑이 돌 때… 회사가 뭐 우리한테 상은 줬냐? 상도 못 받았는데 실수 한 번은 쌩깔 수도 있는 거지, 사직서는 무슨 개뿔! 쓰기만 해봐, 그거 너. 평생 병신 취급할 테니까, 내가. (씩씩거리며 말한다)
종후	(그런 주혁이 고맙다. 외려 주혁의 어깨 토닥이는데)
주혁	?! (순간 번뜩 무언가 떠오른다)

#. 회상 플래시 - 32씬. 문 사장 기업연합회 조찬 전화받는 장면.
11씬. 주혁 장인이 대한 기업 연합회 회장 선임됐다는 기사 보는 장면.

| 주혁 | (종후 보며) 종후야, 우리 히든카드 하나 남은 거 같은데…? |

34. JK그룹 본사 앞 (밤)

미끄러져 들어와 건물 앞에 서는 주혁의 차. JK 그룹 본사다. 주혁, 차에서 내려서서 건물을 올려다본다.

| (혜원) | … 어, 자기야. 회사로 전화해봤는데, 아빠 지금 임원회의 중이시 |

라는데?

어마무시한 건물의 위용에 압도당한 듯한 표정의 주혁. 고개 저
으며 정신 차리고, 비장한 표정으로 건물을 향해 들어간다.

35. JK 그룹 본사 로비 (밤)

주혁이 들어서자, 아는 얼굴이란 듯 경비원들이 깍듯이 인사를
한다. 주혁 역시 인사하고 종후와 통화하며 걸어간다.

주혁   어, 종후야. 난 지금 도착.
(종후)   어. 문 사장 방금 들어갔고, 가람 지점장은 아직. 그쪽 상황은?
주혁   임원회의 중이시란다. 어떻게든 빨리 접촉해볼게. (엘리베이터 버
          튼 누른다)

36. JK 그룹 회의실 앞 (밤)

대회의실 앞에 와 있는 주혁. 안에서는 아직 회의 중인 듯하다.
기웃거리고, 문틈으로 엿보고, 어떻게든 빨리 장인을 만나기 위
해 기회를 보는데… 다시 휴대폰 진동벨이 울린다.

주혁   (얼른 받아서 작은 목소리로) 나야. 왜, 지점장 왔어?
(종후)   (다급한 목소리) 어, 방금. 차 번호 3369. 정보에 의하면 맞아.
주혁   어쩌냐? 아직 회의 안 끝났는데…. 아 씨… 뭔 회의를 야밤까지
          하고 난리야….
(종후)   시간 없어, 주혁아. 가람 지점장이랑 문 사장 사인하면 끝이다.
주혁   알았어. 일단, 일단 끊어봐. (전화 끊고) 후… (호흡 가다듬고 회의
          실 문 앞으로 다가서서 소심하게 문을 톡톡, 두드린다. 이걸로는 턱
          도 없다) 후우…! (다시 한 번 크게 심호흡하고는 눈 질끈 감고, 주먹

불끈 쥐고 크게 문 두드리려 손 드는데)

순간, 안쪽에서 비서 두 사람이 나와 문을 활짝 연다. 주혁, 반사적으로 멈칫 물러선다. 회의실에서 나오는 장인과 그 외 임원들. 삼각편대로 열을 지어 걷는다.

주혁   (걸어가는 무리를 보며, 다급하게) 자, 장인 어른!

장인   ? (뒤돌아본다. 주혁 보며) 어, 차 서방. 자네가 여기… 웬일인가?

37. 다음 날/은행 외경 (낮)

(직원들) 와! 우리 해결사님!!! (박수 치고, 휘파람 불어댄다)

38. 은행 내 객장 (낮)

은행으로 막 들어서는 주혁. 지점장과 변 팀장, 직원들 모두 한시름 놓은 표정들이다. 종후 표정도 밝다.

지점장   (환한 표정) 문 사장이랑 통화했어. 오늘 추가 대출 진행하고 이번 일은 덮기로. 이 회장님 청이라 특별히 넘어간다고, 차 대리가 사위인 거 몰랐다고 담에 인사하잔다.

주혁   아, 다행이다. 잘됐네요, 진짜.

장 팀장   자기 진짜 장가 하나는 끝내주게 갔다. 나 JK 인정.

변 팀장   인정이 뭐야. 존경한다, 차 대리. 내가 진짜 이번에 간이 발가락까지 떨어졌다 올라붙었다. 백골이 난망이야, 진짜로.

주혁   아유, 왜 이러세요. 제가 뭐 한 게 있다고. (어깨 점점 더 올라가는)

39. 은행 내 화장실 (낮)

종후 볼일 보는데 주혁이 들어온다. 종후 옆에 나란히 서서 팔꿈

치로 종후 툭 치는 주혁. (다행이지? 하는 듯한 뉘앙스) 종후도 머쓱한 미소를 지으며 주혁을 툭 친다. (그래, 다행이다)
주혁, 장난기 넘치게 한 번 더 세게, 툭 친다.

종후 아, 씨…. 샜잖아! 확 마…!

주혁 … 어어… 이 좌식이. 어디 목숨 구해준 은인한테…!

종후 엄밀히 말하면 니 와이프가 은인이지…. 운 좋은 자식. 아무것도 없는 게 장가는 잘 가가지고…. (말은 그렇게 하지만 고맙다) … 겁나 고맙다, 인마.

주혁 됐다, 인마. (멈춰 서며) 한 번만 더 사직서 어쩌구 꼴깝 떨어봐, 아주. 확 마…!

종후 (피식, 지퍼 올리며) 너나 잘해, 시캬. 잘난 척은.

주혁 (힐끗 보며) 너도… 지금이 더 좋은 거 맞지?

종후 뭐?

주혁 아니다. 볼일 다 봤으면 가라.

종후 빨리 와라. 수신, 대출 월례 회의다! (주혁 뒤에서 무릎으로 주혁 다리 훅 치고 도망간다)

40. 은행 내 회의실 (낮)

회의 중인 수신계, 대출계 직원들. 분위기 좋다.

변 팀장 일단 저는 인원 보충이 시급하다고 봅니다. 이번 일도 결국 대출계 인력이 모자라서 생긴 일이거든요. 터질 일이 터진 거예요. 이 대론 안 됩니다, 점장님.

지점장 음…. 그 문제는 나도 통감하고 본사에 계속 어필하고 있는데 대출 쪽은 이동이 쉽지 않아서 말야…. 오케이. 다시 한 번 강력하게 푸시를 해보자고.

주혁 그럼, 이건 어떨까요?

지점장	어, 말해. 우리 차 해결사! 뭐, 혜안이라도 있나?
주혁	김환이 다음 달에 수습 끝나니까 미리 대출계로 넘어오고, 수신 쪽 충원을 하면….
변 팀장	잠깐잠깐, 차 대리. 아… 난 그건 좀… 굿 아이디어는 아닌 것 같은데.
장 팀장	왜요? 난 아주 굿, 굿. 굿 아이디어 같은데. 제대로 아이디어네, 그거. 대출계 충원은 몰라도 수신계 충원은 바로 될걸요, 아마.
변 팀장	그래도 그건 아니지, 이 사람아. 우리 대출계가 무슨 폭탄 제거반도 아니고.
장 팀장	그럼 우리는요? 우린 무슨 죄로 언제 터질지도 모르는 시한폭탄을 안고 가야 되는데요? (향숙, 혜정 보며) 안 그래, 자기들?
향숙/혜정	(눈치 보며) 아, 그게…/노코멘트 할게요, 저희는….
환	저기요, 여기 저 여기 있는데요. 두 분 지금 제 얘기 하시는 거 맞죠?
종후	(어깨 툭툭) 상처 받지 마라. 원래 신입 땐 다 폭탄 취급받고 그러는 거야.
환	아니, 아무리 그래도….
지점장	그럼 본인 생각은 뭐야? 수습 끝나고 파트 선택 어쩔 거였는데?
환	전… 조금 전까지는 수신, 대출 뭐든 상관없었거든요? 근데 지금 막 결심이 섰어요.
장팀/변팀	(눈 반짝이며) 그래?/어디로?
환	대출계로 가겠습니다.
장팀/향숙/혜정	예쓰!/와!!! (감정 못 감추고 환호하는)
환	윤 대리님 조언이 와 닿았어요, 살짝. 그런 선배 있는 파트가 낫죠.
변 팀장	아…. (낙담하며 종후 원망스러운 듯 쳐다본다)
종후	(어깨 으쓱해 보인다. 어쩌라고요… 하는 듯)
지점장	오케이! 그럼 김환이 대출계로 가고, 수신계 직원을 충원하는 걸로, 됐지?
장 팀장	그럼 점장님, 이왕이면 외환 업무 가능한 경력직 남자로 부탁드

	려도 될까요?
지점장	일단 본사 양 팀장하고 통화해서 인력 상황 체크해볼 테니까 그렇게들 알고. 객장 오픈하자고. 이상 회의 끝!
일동	믿음과! 나눔으로! 새로운 금융! (박수 치고 일어나 나가는)
변 팀장	(장 팀장한테 다가가서) 여기가 무슨 결혼 정보 회사야? 경력직 남자는 무슨.
장 팀장	사심으로 그런 거 아니거든요? 내가 자기 같은 줄 아나. 이렇게 꼬여 있으니까 결혼 3년 만에 이혼을 당하지. 여자가 참 현명해, 가만 보면.
변 팀장	(으르렁) 사생활은 건드리지 맙시다.
장 팀장	(으르렁) 누가 먼저 공격 들어왔는데? (스파크 튄다)

41. 은행 객장 (낮)

대출계 창구. 대기 고객은 없지만 서류 업무가 태산인 분위기다.

종후	아, 충원 좀 빨리 됐으면 좋겠다. 환이라도 없는 거보단 있는 게 나을 거 아냐.
주혁	그렇긴 한데 시간은 좀 걸릴 거다. 앞으로 석 달 간은 상상도 못한 사고를 무지하게 쳐댈걸? (말하며 아는 게 있다는 듯 피식 웃는다)

이때, 주혁 휴대폰 문자벨이 울린다. 휴대폰 확인한다.

#. 문자 인서트 - '결제 780,000원, S백화점 르빠르망'

주혁	뭐가 780,000원씩이나…! (중얼거리는데 연달아 징, 징, 결제 문자 도착한다)

　　퇴근해 들어오는 주혁 맞이하는 혜원. 방금 외출에서 돌아온 차림이다. 소파 위엔 쇼핑백이 여러 개 올려져 있다.

혜원　　웬일로 일찍 왔네. 그럴 줄 알았으면 밖에서 만나 같이 올걸.

주혁　　(쇼핑백 보고) 쇼핑했어?

혜원　　어… 좀 우울해서. 내 관현악과 동기 백정원 알지? 걔 퀸 엘리자베스 콩쿨에서 우승했다더라? 난 심보가 좋은 편은 못 되나 봐. 종일 가라앉더라고, 기분이.

주혁　　(쇼핑백 속 원피스 보고) 근데… 이게 780,000원이야?

혜원　　(반색) 어, 대박이지? 세일 시즌이라나 뭐라나. 여기 거 원래 최소 백은 넘는데.

주혁　　!! (옷 한 벌에 백? 말문이 막힌다)

혜원　　옷 갈아입을게. 과일 좀 냉장고에 넣어줘. (방으로 가며) 아빠한테 고맙다는 전화는 했지?

주혁　　어… 그럼. (대답하며 주방 쪽으로 간다)

　　식탁 위, 백화점에서 사 온 과일이 한가득이다. 주혁, 냉장고 문 열고 과일 넣으려는데, 팩도 안 뜯은 백화점표 전, 잡채 등에 곰팡이가 잔뜩 피어 있다.

주혁　　(인상 찌푸리며) 혜원아, 냉장고에 전이랑 잡채랑 곰팡이 폈는데?

(혜원)　　아으, 징그러! 자기가 좀 갖다 버려줘.

주혁　　… 다 먹지도 못할 걸 뭐하러 사서, 참…. (아깝다. 할 수 없이 챙기는)

　　얼굴 찡그린 채 음식물 버리는 주혁. 순간 기억이 떠오른다.

#. 회상 플래시 - 우악스러운 표정의 우진. 음식물 들고 '미쳤어? 이걸 왜 버려, 아깝게! 며칠 지난 건 괜찮아. 안 죽어' 하고 제 입에 넣고 먹는다.

주혁   (이제 와서 뭔 예전 생각? 애써 떨치려 고개 젓는다) 그래… 단점 없는 인간이 어디 있냐…. 좋은 환경에서 자랐으면 그럴 수도 있지…. (하는데 휴대폰 울린다. 얼른 받는다) 어, 엄마!

(주혁 모) 목소리는 안 까먹었니? 죽었나 살았나 해서 전화해봤다.

주혁   별일 없죠? 아부진요? 약주 많이 하세요, 요새도?

(주혁 모) 그 낙으로 사는 양반인데 뭐. (잠깐 쉬고) 넌 한번 안 내려올래? 아들 얼굴 까먹겠다, 설에도 오지도 않고.

주혁   (그랬구나) 아… 죄송해요, 엄마. 일간 한번 내려갈게요.

(주혁 모) 그래… 저기, 주혁아.

주혁   네?

(주혁 모) … 아니다…. 내가 요새 좀 그렇네. 어디다 아들 뺏긴 것 같고. 들어가라. (툭 끊는다)

주혁   (휴대폰 보며… 뭔가 많이 섭섭하시구나…. 마음이 안 좋다)

44. 실내 포차 앞 (밤)

    슬리퍼 찍찍 끌고 온 주혁. 불 켜진 실내 포차 확인하고 들어간다.

45. 실내 포차 (밤)

    주혁 들어오면, 땀복 차림의 주은이 생수통째 물 마시다가 쳐다본다.

주은   얼레? 웬일이야, 이 시간에?

주혁   운동했냐? 상식이는?

주은   어머님 댁에 애 맡기러. 근데 진짜 웬일이야? 퇴근길은 아닌 것
        같은데.

주혁   그냥…. 쓰레기 버리러 나왔다가. (의자에 앉는다) 엄마랑 통화했
        는데 목소리가 좀 그러시더라? 엄마 혹시 나한테 삐지셨냐?

주은   (앉는다) 글쎄… 삐졌다는 표현은 좀 그렇고…. 서운하시지, 아무
        래도.

주혁   (주은 본다)

주은   솔직히 언니 집안 좋은 건 인정하지만, 간간이 나도 무시당하는
        것 같아서 기분 엿 같을 때 있어. 구정 때만 해도 그렇지, 꼭 해외
        여행을 가야 돼? 일년에 몇 번이나 집에 간다고. 언니, 엄마한테
        안부 전화도 잘 안 하는 거 같더구만.

주혁   (그렇구나…. 뭔가 씁쓸해진다.)

주은   나나 엄마 아빠나, 오빠가 좋다니까 그런가 보다 하지, 솔직히 언
        니한테 별로 정 없어. 이쁘고 돈 있으면 다인가? 여자들이 딱 재
        수 없어 하는 스타일이야. (멈칫, 주혁 보며) 쏘리. 그래도 오빠 와
        이프인데, 마지막 말은 취소.

주혁   (씁쓸하다, 화제 돌리는) 그래서 넌, 상식이랑 행복하냐?

주은   행복? 와… 간만에 신선한데, 질문? 행복이라….

주혁   (주은 본다)

주은   … 뭐, 행복한 셈이지, 비교적. 오상식인 꽤 좋은 남편이고, 무엇
        보다 좋은 아빠거든. 사실 그냥 키워지는 애는 없어. 부모라는 책
        임감에 그걸 허우적대면서 해내는 건데…. 피곤해 죽겠는데 새벽
        에 빽빽 울어댈 때 말이야…. 진짜 꿈쩍도 하기 싫거든. 그럴 때
        오상식이 일어나 애를 달래. 열 번에 일곱 번은 그래. 그럼 내가
        반성을 하지. 아, 다음에는 내가 일어나야지…. 오상식한테 더 잘
        해야지. 그런 남자야, 오상식은. 나를 착하게 만드는 남자. 내가
        원래 좀 나밖에 모르잖아….

주혁   (뭔가 찔린다…. 그리고 보니 난 진짜 무심한 남편이었었구나, 싶다)

출근 차림의 주혁 나오고, 혜원은 빼꼼 현관문 사이로 얼굴 내밀며 말한다.

혜원   잠깐! 자꾸 까먹고 간다, 자기?

주혁   어? 어…. (하며 볼 내민다)

혜원   (뽀뽀 쪽, 하고는) 나 오늘 수업 있는 날인데… 같이 퇴근, 안 되겠지?

주혁   수업? 뭔 수업…?

혜원   학교. 나 수업 나가잖아. 갑자기 왜 모르는 척이야?

주혁   아, 아…. 내가 요새 자꾸 깜빡깜빡해서…. 전화할게. (혜원 눈치 보며) 저기, 근데…. 이번 주말에 대전 내려가면 어때? 엄마 보고 싶어 하시는 거 같던데….

혜원   (썩 내키지 않는) 뭐… 봐서. 근데 대전집 너무 불편해, 좁아서. 욕실도 하나밖에 없고. 그리고 주말에 우리 집에서 밥 먹기로 했잖아, 까먹었어?

주혁   아니, 까먹은 건 아닌데… (휴우…) 알았어, 이따 얘기해. 간다. (나간다)

혜원   (입 삐죽하고는 문 닫는다. 탁!)

안방 문 열려 있고, 밖에서 청소기 돌리는 소리 난다. 혜원, 화장대 앞에 앉아 메이크업 하며 친구와 통화 중이다.

혜원   … 싫어, 내가 거길 왜 가니? 축하해주고 싶음 너나 가든지. 나보다 첼로도 못하던 게 무슨 콩쿨 우승…. 걔 돈 먹인 거 아니라고, 진짜? (도우미 아줌마가 청소기 밀고 들어오려고 하자 쳐다보며) 아줌마, 나 통화하는 거 안 보여? 여기는 이따 해. (말하고는 다시 통화한다) 아니, 우리 아줌마. 친정 일 보시는 분이 일주일에 두 번 오셔. 부럽긴, 무슨. 아, 몰라. 재미없어, 사는 게. (…) 남편? 당연히 나밖에 모르지, 그럼. (…) 착하지. 근데 착하기만 해. 스파크가 없어. 처음에는 그래도 괜찮았는데…. 싫어, 아직 애기는. 몰라, 마음의 준비가 안 됐어. (속눈썹 올리며) 나도 내가 죽고 못 사는 뜨거운 사랑이나 한번 해봤으면 좋겠다. (…) 야, 유부녀가 뭐. 유부녀는 꿈도 못 꾸니? 진짜 화나려고 그래, 진짜….

49. 은행 건물 옥상 (낮)

가스총에 가스 충전하고 있는 주혁과 종후.

종후   (하늘 보며) 소나기 온다더니 멀쩡하네. 괜히 우산 갖고 왔다, 귀찮게.

주혁   시원하게 쫙, 한번 내려주면 좋은데.

종후   (잠시 생각) 주혁아, 난 이번 일 겪고 확고해진 게 하나 있다. 결혼은 미룰 수 있을 만큼 미루는 게 답이구나….

주혁   (종후 보며) 얘기가 왜 거기로 튀냐?

종후   이번에는 니 덕에 어찌 넘겼다만, 은행 일 하면서 이런 일 또 생기지 말라는 법 있냐? 근데 내가 처자식 딸린 몸이었어 봐. 사직서? 그딴 건 꿈도 못 꾸고, 자존심 팔고 쪽 팔아가며 붙어 있어야 할 것 아냐. 난 죽으면 죽었지, 그렇게는 못 살겠거든.

주혁   쯔쯔… 이 철없는 놈…. 얼른 야무진 여자 하나 만나서 정신을 차려야 될 텐데. 이거. (말하며 난간에 다리 올리고 스트레칭하듯 팔 동작한다)

종후   와, 너 유연성 죽인다. 어떻게 그게 되냐?

주혁   아유, 뻣뻣한 놈. (다리 쭉쭉 찢고 마음껏 스트레칭해 보이며) 이게
       안 돼? 이게? 이게, 이게?
종후   와, 거의 아크로바틱. 대박. 어떻게 하는 거야? (따라 해본다)

       주혁, 종후 어깨 꽉꽉 누르고 종후는 으아악! 소리 지르고 쌩쇼
       벌이는 두 사람.

50. 은행 객장 (낮)

       주혁과 종후, 가스총 다 갈고 내려오는데⋯ 객장이 시끌시끌하
       다. 아직 객장 열기 전인데, 무슨 일이지? 하고 본다. 지점장 앞에
       웬 여자 뒷모습이 보인다. 주변으로 변 팀장, 장 팀장, 향숙, 혜정,
       환 등 모여 있다.

종후   뭐야, 왜 떼거지로 몰려 있어? (다가간다)
주혁   누가 온 거 같은데? (뭐지? 해서 따라간다)
지점장 (주혁, 종후 보며) 어, 윤 대리, 차 대리. 이리 와. 내일부터 우리 지
       점으로 출근할 친구인데 미리 인사 왔다네? 여기, 우리 대부계
       윤종후 대리, 차주혁 대리.

       뒷모습 보이고 서 있던 여자, 뒤돌아보는데, (slow) 우진이다.
       (M) 싸이코 OST 중 〈THE MURDER〉 + (E) 천둥소리

주혁   !!! (너무 놀라 눈이 튀어나올 듯 커진다)
우진   (환한 미소로) 안녕하세요. 처음 뵙겠습니다. 서우진입니다.
종후   안녕하세요? (인사한다)
주혁   (멘붕인 채로 뒷걸음질 치다가 스텝이 엉킨다)

       그 바람에 책상 다리에 걸려 넘어지는 주혁. 가스총을 떨어뜨리

는데, 하필 엉덩이로 방아쇠를 누른다. 순간 촤아, 하고 뿜어져 나오는 가스. '아악!' '엄마야!' 비명과 함께, 순식간에 객장이 하얀 연기로 가득 찬다.

(M) 첼로 연주의 빠른 클래식 곡

선율에 맞춰 춤이라도 추듯 출입구 쪽으로 내빼는 사람, 바닥을 기는 사람, 걸려 넘어지는 사람… 아수라장으로 변한 모습, slow로 잡힌다.

51. 대학교 연주실 (낮)

앞 씬 B.G와 동일한 첼로곡 연주 중인 학생. 혜원이 그 옆에서 박자 타다가 창가 쪽으로 가서 무료한 듯 밖을 내다본다.

52. 대학 캠퍼스 (낮)

혜원, 주차장 쪽으로 걸어가는데 빗방울이 떨어지기 시작한다. 서둘러 가방에서 우산을 꺼내 쓰는 혜원. 다시 걸어가는데….
이때, 갑자기 남학생 한 명이 혜원의 우산 속으로 쑥 들어온다.

현수　죄송합니다. 가시는 데까지만 같이 좀 쓸게요.

혜원　! (놀라서 현수를 본다)

현수　오늘 옷이 젖으면 안 되는 날이라… 발표가 있거든요. (웃는데 미소가 싱그럽다)

혜원　(심쿵한다. 애써 담담한 척) 순서가 뒤죽박죽이네요. 양해 먼저 구하고 들어와야 되는 거 아닌가? 문과대 쪽?

현수　아뇨, 경상대. 죄송합니다, 그리고 감사합니다! (말하며 얼른 우산대 위쪽을 잡아, 우산을 쑥 들어 올린다)

혜원　(우산대에서 손 떼며 싫지 않은 표정. 슬쩍 다른 손으로 결혼반지를 뺀다)

현수	(바쁘게 걸으며) 어디까지 가세요?
혜원	주차장.
현수	대학원생이세요?
혜원	아닌데.
현수	그냥 학부?
혜원	아닌 줄 알면서 묻는 거 아냐? 음대 강사예요, 첼로.
현수	아… 진짜 몰랐어요. 완전 어려 보이시는데, 동기라 해도 믿겠는데. (웃는다)
혜원	(또 심쿵. 마음의 동요 들키지 않으려 표정 관리한다)
현수	(건물 보고) 다 왔네요. 감사합니다. 다음에 뵈면 제가 밥 한 끼 살게요, 학식에서. 감사합니다. (건물 쪽으로 뛰어간다)
혜원	… 하아…. (자신도 모르게 한숨이 새어 나온다. 간만의 신선한 설렘이다)

53. 은행 외경 (낮)

어느덧 빗줄기 잦아들고, 지나가는 사람들은 우산 접으며 걸어간다. 환기를 위해 창문을 죄다 활짝 열어둔 은행 건물이 보인다.

54. 은행 객장 (낮)

아직 채 빠지지 않은 가스로 매캐한 객장 안. 직원들, 잔기침을 하며 환기 중이다.

지점장	(손수건으로 코 막고) 아, 가스 냄새. 이거 못해도 3일은 갈 텐데….
변 팀장	(우진 보며) 괜찮아요? 정식 출근도 하기 전에 봉변이네, 아주.
우진	아닙니다…. 환영 이벤트 같고 좋은데요. 눈물 콧물 쏙 빠지… 이크! (기침한다)
향숙/혜정	아… 진짜 인간적으로 너무 맵다./목이 너무 따가워…. (연신 생

수 마신다)

장 팀장   근데 이 가스 지옥을 만든 장본인은 왜 안 보여? 혼자 어디 피신
         한 거 아냐?

종후   그러게요. 어디 갔냐, 얘?

55. 은행 탕비실 (낮)

탕비실로 도망쳐 들어온 주혁. 하얗게 질린 채 멘붕 상태다.

(주혁)   말도 안 돼…. 우진이가 왜… 이게 무슨… (고개 저으며) 아냐, 이
         건 아냐…. 이건 진짜 아냐. 아니라고, 씨!!! (소리 지르며 벽에 머
         리 박는다)

그때, 문 열고 고개 쑥 들이미는 향숙.

향숙   대리… 님…?

주혁   (멈칫, 얼른 바로 서며) 어? 어… 왜…?

향숙   (눈치 보며) 나오시라는데요, 점장님이?

주혁   (횡설수설하며) 그, 저기, 우진…. 아니, 그 새로 온 여자… 여직원
         은, 갔어?

향숙   (왜 저래? 하는 듯한 표정) 아뇨, 아직. 정식으로 인사한대요. 얼른
         나오세요. (간다)

주혁   하아…. (눈 질끈 감는다. 이 모든 상황이 꿈이었으면 싶다)

56. 은행 객장 (낮)

지점장과 우진 앞으로 도열해 서 있는 직원들. 탕비실 쪽에서 주
혁이 여전히 멘붕인 표정으로 쭈뼛거리며 나온다.

지점장	어, 얼른 와. 차 대리.
변 팀장	괜찮아, 일부러 그런 것도 아니고. 실수할 수도 있지, 인간이.
장 팀장	실수 두 번만 했다가는 우리 질식사하겠어. 화생방 훈련도 아니고….
주혁	죄송합니다…. 일주일간 제가 키당 하고, 환기 계속 시키겠습니다…. (말하며 슬쩍 우진 쪽을 보는데)
우진	(주혁과 눈 마주친다)
주혁	(헉, 얼른 눈을 내리깐다. 긴장감에 침 꼴깍 삼키는 소리)
지점장	오케이! 그럼 일주일간 우리 양심까지 훌륭한 차 대리가 키당 하는 걸로 하고… 정식으로 인사하자고. 내일부터 수신계에서 같이 일할 우리 서… 뭐였지?
우진	서, 우진입니다, 지점장님. (씩씩하게 미소 띤 채)
지점장	본사 글로벌 영업부에서 왔고, 영업점 업무는 첨이니까 많이들 도와주고, 어? 우진 씨는 모르는 거 있으면 여기 언니들한테 다 물어보고.
향숙	(발끈) 언니들 아닌 거 같은데요, 점장님. 제가 나이는 더 어린 거 같은데….
지점장	알았어. 눈 쩨지겠다, 주향숙. 그럼 서열 복잡하니까 요렇게 셋은 이름 부르고, (환 가리키며) 여긴 신입이니까 깍듯이 '선배님' 붙이고. 우리 서…
우진	서, 우진이요, 지점장님.
지점장	어, 서우진. 서우진 씨도 인사 한마디 하지.
우진	아, 네. (사람들 보며 씩씩하게) 반갑습니다, 서우진입니다. 아… 제가 성격이 대체로 원만하긴 한데 살짝 욱, 하는 면이 있어서 영업장 일이 괜찮을까 떨리고 걱정도 되고…. 근데 여러분 뵈니까 다들 인상이 좋으셔서, 다소 안심이 됩니다. 역시 인사과장님한테 뒷돈 찔러준 보람이 있네요.
직원들	(뭔 소리야…? 하는 표정)
우진	아, 농담인데… 죄송합니다. 어색해서 또 오버를… 흐흐… 어쨌거

나 끼니만 제때 주시면 난폭해지는 일 잘 없으니까 안심하시고요. 앞으로 잘 부탁드리겠습니다. 뒤로도 잘 봐주시면 더 좋고요.

남직원들　오, 유머러스. 환영합니다! (재미있다는 표정으로 환영의 박수 친다)

여직원들　(뭐지, 이 캐릭터는? 하는 표정으로 새초롬하게 박수 친다)

(주혁)　(멍… 한 채 허공 보며 박수 칠 생각조차 못한다) 쟤가 내가 아는 서우진 맞아? 어떻게 저렇게 밝고 당당하고 말도 잘 하지?!

지점장　자, 그럼 우리도 간단히 소개를 해야지? 난 여기 지점장 차봉희고. (서 있는 차례대로) 자, 이쪽부터… 사수가 되겠지? 수신계 장만옥 팀장.

장 팀장　미리 말하는데, 난 미혼. 결혼 왜 안 하냐 이딴 질문은 눈치껏 삼가쳤음 좋겠어.

우진　아, 네, 명심하겠습니다, 장 팀장님.

지점장　이쪽은 대부계 변성우 팀장.

변 팀장　(살짝 까칠) 반갑고. 난 일 잘하는 직원이 제일 좋으니까, 실수해서 다 같이 별 보면서 집에 가는 일 없었으면 좋겠고.

우진　넵, 저도 칼퇴 좋아합니다. 정신 똑바로 차리겠습니다. 변 팀장님.

지점장　그 옆에 대부계 윤종후 대리(종후, 고개로 인사하고), 수신계 최혜정, 주향숙(인사), 요 뺀질뺀질한 놈은 우리 지점의 문제아, 대부계 신입 김환. (인사)

우진　모범생보단 반항아가 매력 있죠, 잘 부탁드립니다! (웃으며 인사하는)

주혁　! (다음은 내 차례다. 입이 바짝바짝 마른다)

(E) (긴장감으로 요동치는 심장 소리)

지점장　마지막으로 우리 대부계의 허리라고나 할까, 차주혁 대리.

우진　(주혁 보며 인사하려다가 멈칫, 다시 주혁을 본다)

(주혁)　뭐지? 설마 날 기억하는 거야? 그럴 리가 없는데…! (눈빛 흔들린다)

우진　(웃으며) 잘 부탁드립니다, 차주혁 대리님! (고개 숙여 인사한다)

주혁　(시선 마주치지 않은 채 고개만 까딱 한다)

지점장　자, 인사는 미리 했으니까 내일 출근하는 대로 장 팀장한테 업무

분담 받고.

장 팀장   (깐깐하게) 8시 반까지 와요. 노파심에 미리 얘기하는데 향수 너무 뿌리지 말고, 네일도 진한 원색은 안 돼. 고객들이 트집 잡아, 오케이?

우진   네, 알겠습니다. 그럼 내일 정식으로 다시 뵙겠습니다. (인사하고 돌아선다)

직원들   가요. 내일 봐요! (각자 자리로 가는)

변 팀장   첫날부터 꼬장꼬장하긴…. 기다리던 남자 직원이 아니라 서운하신가 봐?

장 팀장   뭐요? 왜 또 시비를 못 걸어 안달이실까? (변 팀장을 쩨려본다)

주혁   (순간 다리에 힘이 풀린 듯 휘청, 하다가 겨우 종후 팔 잡고 선다)

종후   (놀라며) 야야, 너 왜 그래? 괜찮냐?

57. 우진의 집 앞 거리 (낮)

휴대폰으로 통화하며 집 쪽으로 걸어오는 우진. 들고 있는 쇼핑백 C.U하면 각종 비품들 들어 있고, 'KCU 은행 본사 글로벌영업부' 글자 적힌 서류철이 튀어나와 있다.

우진   … 네, 팀장님. 지점 들러서 인사하고 오는 길이에요, 지금.

(인사팀장)   어, 잘했네. 전배 신청한 지 꽤 됐는데 이제야 옮겨줘서 미안. 지점 쪽에서 요청 들어오는 파트랑 잘 안 맞더라고.

우진   아니에요, 신경 써주셔서 감사해요. 왔다 갔다 하기 훨씬 좋아졌어요.

이때, 우진 집에서 다급하게 뛰어나오는 간병인 아줌마.

우진   (아줌마 보고 뭔가 감 잡은 표정) … 네, 팀장님. 제가 또 연락드릴게요, 감사합니다! (급히 전화 끊고 아줌마한테 간다) 왜요, 이모

172

님. 혹시 또 엄마…?

간병인   (절절매며) 아니, 잠깐 화장실 간 사이에… 세상에 그새를 못 참
고….

우진   (익숙한 듯 대처한다) 알겠어요. 전 이쪽으로 가볼 테니까, 이모님
은 저쪽으로 좀. (두리번거리며 뛰어간다)

58. 우진 동네 (낮)

동네 여기저기 찾아 헤매는 우진. 놀이터, 슈퍼 앞 파라솔, 문방
구…. 모친이 즐겨 가는 장소를 샅샅이 뒤지는데 모친의 모습은
보이지 않는다.

우진   (초조한 듯) … 엄마아… 대체 어딜 간 거야…. 또 집 못 찾으면
어쩌려고…. (낭패다…. 이러다 금방 못 찾으면 어쩌지? 얼굴 하얗게
질린 채 찾아 헤맨다)
(우진 모)   아으, 커피가 뭔 사약도 아니고, 왜 이렇게 써어!
우진   !!! (엄마 목소리다. 어디지? 두리번거리는데)
(우진 모)   아, 믹스 없어. 여긴? 커피가 좀 달큰해야 맛이지, 옘병! 에이, 퉤퉤.

미용실이다. 우진, 반사적으로 뛰어가 미용실 문을 확 여는데….
우진 모, 파마 마느라 미용실 의자에 앉아 있다. 반은 말고 반은
푼 상태다.

우진   (반갑기도 하고, 원망스럽기도 한) 엄마!!!
우진 모   (우진 보며) 우진아! (해맑게 웃으며 손 흔든다)

59. 거리 (낮→밤)

막 노을이 지기 시작하는 저녁 무렵. 뽀글머리한 우진 모의 손을,

아이 손 잡듯 꼭 잡고 걸어가는 우진.

우진   미장원 가면 간다고 말을 해야지…. 얼마나 찾았는 줄 알아?

우진 모   네.

우진   이모님이랑 같이 가, 앞으로는. 아니면 나한테 전화를 하든가. 알 았지?

우진 모   네.

우진   (모친 팔에 핸드폰 번호 적힌 인식표 채워주며) 이건 왜 자꾸 풀어? 저번처럼 또 집 못 찾으면 어쩌려고. 다신 풀지 마, 엄마, 어? 또 풀면…!

우진 모   (돌변해서 버럭!) 아, 알았다구, 옘병! 잔소리 좀 그만해. 귀 따가 워 죽겠네, 그냥. 망할 년이 그냥, 파마 좀 했다고 아주 엄마를 개 잡듯이 잡고 지랄이야, 지랄이.

우진   (모친 보며) 아이고. 우리 엄마 화나셨다, 쏴리. 죄송합니다!

우진 모   (씩씩거리며) 내가 내 발로 파마 말러도 못 가니? 나쁜 년. 지는 사방팔방 지 마음대로 칠렐레팔렐레 놀러 다니면서, 나만 심심하 게 집에 감금시키고. 너 그러면 안 돼, 이년아. 천벌 받어! 니 아 빠한테 다 이를 거야!

우진   아, 네! 잔소리가 살짝 과했습니다, 어마마마. 화 푸십쇼! (일부 러) 어? 근데 엄마, 파마가 왜 이렇게 잘됐어? 아가씨라고 해도 믿겠는데? (만지려고 하는데)

우진 모   (그래도 화가 나는지 우진의 손 확 뿌리치고 씩씩거리며 앞서간다)

우진   내가 잘못했다니까. 같이 가자, 헤이! 아가쒸! (달려가 손 잡으면)

우진 모   (뿌리치며) 아, 비켜!!! (씩씩거리며 걸어간다)

우진   아, 왜 앙탈이야아! (모친 허리 끌어안고 장난치며 간다)

60. 혜원의 집 욕실 (밤)

물 찰랑거리는 욕조. 푸하, 하며 주혁의 얼굴이 올라온다.

(주혁) … 운명이란 뭔가? 모든 사물을 지배하는 불가피한 필연의 힘? 누구라도 따를 수밖에 없고 예측하기 어려운 절대적이고 초논리적인 힘? 다 개소리다. 이건 함정이다. 하늘이 날 엿 먹이는 거다. 그게 아니면 어떻게… 이 넓은 대한민국 서울에서 하필이면…! 하아…. (머리 젖히고 천장 본다) 진짜 그 서우진이 맞긴 하냐? 어떻게 그렇게 변했지? 증권사 PB 출신은 또 뭐고? 거기다가….

#. 회상 플래시 - 56씬. 인사하려다 멈칫하고 주혁 보던 우진

(주혁) (고개 다시 획 세우고) 그 눈빛은 또 뭐야? 설마 개도 날…? 아냐. 날 기억할 리가 없잖아, 운명을 비켜 갔는데. 그럼 대체 그 리액션은 뭐지? (심경 복잡하다)

(혜원) (욕실 문 두드리며) 자기야, 뭐 해? 죽은 건 아니지?

주혁 어… 아냐…. 나가. (대답하다가) 저기, 혜원아.

(혜원) 응?

주혁 나… 은행 그만둘까? 장인 어른 회사에 자리 하나 있을까?

(혜원) 자기가 싫다며. 일도 낯설고, 하던 거 해서 자기 힘으로 최소 지점장까지는 해 보이겠다고. 우리 아빠가 그 패기 하나는 마음에 든다 그러셨잖아.

주혁 내가? (울상이 된다. 제 손으로 머리를 눌러 다시 욕조 속으로 푹 가라앉았다가 금방 튀어 올라온다. 물 먹고 켁켁, 헛구역질한다)

61. 혜원의 집 거실 (밤)

혜원 (욕실 문 앞에 서서) 벌써 한 시간이야. 얼른 나와, 알았지? (말하고는 베란다 쪽으로 가 펼쳐놨던 우산을 접으며 멈칫. 낮의 일 떠올리는)

#. 회상 플래시 - 3부 52씬. 혜원 우산으로 들어오던 현수. 환한 미소로

'다음에 뵈면 제가 밥 한 끼 살게요, 학식에서' 하던 모습

혜원   (피식) … 어린 게 보는 눈은 있어서…. (간만에 기분 업되고 좋다. 콧노래 부르며 우산 마저 접는다)

62. 우진의 집 외경 (밤)

늦은 밤, 아직 환하게 불이 켜진 우진의 집 보이며

(우진)   엄마, 다 씻었어?

63. 우진의 집 거실 (밤)

우진, 입으로 과자 봉지 뜯어 접시에 쏟고, 우진 모는 욕실에서 씻고 나와 귀찮다는 듯 손도 안 대고 수건에 발 비벼 닦는다.

우진   (모친 보며) 샤워하지 또 발만 씻었구나.
우진 모   (뚱하다) 했어, 샤워. 어제.
우진   알았어, 알았어. 마음대로 하시고, 우리 소주나 한잔할까?

(컷) 과자 안주 삼아 가운데 놓고 자기 잔에 소주 따르는 우진. 마주 앉은 우진 모 잔에는 우유를 따라준다.

우진   자, 난 소주. 엄마는 막걸리 같은 우유. 짠! (잔 들면)
우진 모   (함께 잔 들어 부딪치고 마신다) 캬!
우진   캬! 좋다. 난 하루 중에 요 시간이 제일 좋더라. 소주 타임.
우진 모   난 소주 싫어, 옘병. 너무 써.
우진   쓴 맛에 먹는 거지, 소주는. 인생이 원래가 쓴 거거든요, 어머니?
우진 모   네.

우진	자, 엄마, 안주. (과자 집어 입에 넣어주면)
우진 모	네. (받아먹는다)
우진	(자기도 하나 먹으며) 엄마, 나 오늘, 내일부터 출근할 영업점에 인사하고 왔다? 사람들이 인상이 다 좋고 친근하더라고. 진짜 다행이지?
우진 모	(영혼 없이) 다행이다. (말하고는 과자 집어 먹는다)
우진	이제 회사랑 가까워져서 여차하면 뛰어올 수도 있어. 아, 나 출퇴근도 자전거로 할 거다? 운동되고 좋겠지, 그치?
우진 모	(역시 영혼 없이) 좋겠다. (또 집어 먹는다)
우진	뭐야, 생각 좀 하고 대답하지? 과자에만 집중하지 말고 좀.
우진 모	(과자 먹던 손 멈추고, 우진 집중해서 본다)
우진	(피식 웃고, 친구한테 말하듯) 엄마, 난 나중에 명 긴 남자 만나 결혼할 거다. 옆에 없는 것만큼 나쁜 건 없는 거 같애.
우진 모	결혼? (표정 진지해진다) 어, 해야지, 결혼.
우진	그리고 음…. 난, 내가 막 까불고 싶게 만드는 남자가 좋다? 그런 남자를 운명처럼 아주 딱, 만나야 될 텐데…. (더 얘기하려는데)
우진 모	하암…. (큰 소리로 하품한다)
우진	아이고야, 입 봐라. 하마도 들어가겠네.
우진 모	아줌마, 나 졸려. 잘래. (자리에 엎드려 눈 감아버린다)
우진	(얼른 일어나서) 어어, 안 돼, 엄마. 나 엄마 무거워, 안 돼! 방에 가서 자. 일어나, 엄마! (모친 일으킨다)

64-1. 우진의 집 안방 (밤)

우진이 깐 요 위에 누워 잠든 우진 모.

| 우진 | (모친 발 주물러주며) … 잘 때 제일 이뻐, 우리 엄만. 내빼지만 않으면 진짜 좋은데…. (가만히 보며) … 나쁜 아빠…. 내 꿈엔 안 나와도 되니까 엄마 꿈에는 좀 나와줘요. 오늘도 엄마, 아빠 만나려 |

고 집 나갔었단 말이야…. (슬픈 미소 짓는다)

64-2. 우진의 집 거실 (밤)

조용히 안방 문 닫고 나오는 우진. 주방으로 가 식탁 위를 치운
다. 잔에 남은 소주 알뜰하게 입 속에 털어넣고, 소주 뚜껑 닫아
냉장고에 넣어놓는데… 냉장고 속, 딸기가 빼곡하게 쌓여 있다.

우진   … 헐… 딸기…. 이걸 언제 다 먹으라고…. 못 말려, 우리 엄마, 진
짜….
(딸기 하나를 쏙 빼서 입에 넣는다. 맛있다. 하나 더 꺼내 먹고 다시
소주 병 꺼내 입도 안 대고 한 모금 털어넣는다) 캬!!! (만족스러운
미소)

65. 우진의 꿈 (몽타주 느낌으로)

뿌옇고 몽환적인 느낌의 화면 – 꿈속이다.
교복 입은 우진과 마주 앉아 공부 봐주는 남자 (등만 보이는).
누군가와 데이트하는 우진, 환하게 웃는 우진 (남자는 역시 등만).
결혼식장, 신랑과 팔짱 끼고 서 있는 우진. 행복한 우진의 미소에
서 화이트 플래시.

66. 우진의 집 안방 (낮)

자다가 일어나는 우진. 잠시 멍한 채 꼼짝 않고 그대로 앉아 있다.

(우진)   … 또 그 꿈…. 대체 뭘까…? 너무 선명해서 꿈 같지가 않은 꿈….
(생각하는데)
우진 모   (이불을 혹 차낸다)

우진   (모친 보고 웃으며 다시 이불 덮어주는데)
우진 모   (다시 흑 차서 이불을 우진 머리에 뒤집어씌운다)

67. 거리 (낮)

백팩 메고, 자전거 타고 열심히 출근하는 우진. 아침 운동 다녀오는 땀복 차림의 주은과 스쳐 지나간다.
(E) 셔터문 올리는 소리

68. 은행 앞 (낮)

키 당번이라 일찍 출근한 주혁. 은행 셔터 올리고 들어간다.

69. 은행 객장 내 (낮)

창문 죄다 열고 환기시키는 주혁. 이어 실내등 켜고, 각종 멀티탭 켜고. 커피머신 예열하고 바쁘다. 한숨 돌린 주혁, 탕비실에서 커피 한 잔 들고 나오는데…. 이때 이른 출근길의 우진이 들어오며 허리춤의 만보계를 체크한다. 777보다.

우진   오, 행운의 트리플 세븐! 시작이 좋아좋아…! (하며 들어서다 주혁을 본다) 좋은 아침입니다. 차… (기억해내려는) 주혁 대리님?
주혁   ! (당황한다. 어색하게) 아… 이, 일찍 나왔네요….
우진   (주혁 심정 알 리 없다. 해맑게 웃으며) 네, 첫 출근이라 간엔 긴장했나 봐요. 깜빡이 켜지는 것마냥 눈이 딱 떠지더라고요. 뭐 도와드릴까요? 청소?
주혁   (우진 못 쳐다보고) 아니…, 청소는 나중에 이모님들이 하시니까….
우진   그럼 창문 닫을게요. 환기된 거 같아요, 얼추. (주혁 옆을 지나쳐

간다)

주혁   ! (움찔, 반사적으로 우진을 피한다)

우진, 끝 쪽부터 창문 닫기 시작하고 주혁은 커피잔 든 손을 살짝 떨며 자리로 가서 앉는다. 행여 우진과 또 눈이라도 마주칠까, 컴퓨터에 얼굴 박고 일하는 척한다. 그러다 또 살짝 우진이 궁금해진 주혁, 조심스럽게 우진 쪽 보는데….
우진이 자리에서 주혁을 향해 가스총을 겨누고 있다.

주혁   으아아!!! (놀란다)

우진   앗, 죄송해요. (가스총 거두며) 영업점 오면 요거 한번 해보고 싶었거든요. 근데 폼이 영 안 나오네. 아무나 안젤리나 졸리 되는 게 아닌가?

주혁   (쟤 대체 뭐지? 겁먹은 표정으로 보는데)

우진   (주혁 보며) 대리님, 저 가스총 쏘는 법… (하다가, 뭔가 생각난 표정!)

주혁   ? (뭐지? 하고 쳐다보면)

우진   … (주혁 뚫어져라 보며) … 저기, 대리님…. 혹시….

주혁   !! (가슴이 쿵쾅쿵쾅댄다. 설마… 설마…)

우진   … 혹시….

주혁   !!! (설마… 진짜 날 알아보는 거야? 그래, 서우진? 잔뜩 쫄아서 우진 바라본다)

           (M) 싸이코 OST 중 〈THE MURDER〉 + (E) 천둥소리

그렇게 대치한 채 서 있는 두 사람 모습에서
3화 엔딩.

Who are you?

1. 전회 연결 상황 - 우진의 꿈 (몽타주 느낌으로)

　뿌옇고 몽환적인 느낌의 화면 - 꿈속이다.
　교복 입은 우진과 마주 앉아 공부 봐주는 남자 (등만 보이는).
　누군가와 데이트하는 우진, 환하게 웃는 우진 (남자는 역시 등만).
　결혼식장, 신랑과 팔짱 끼고 서 있는 우진. 행복한 우진의 미소에
　서 화이트 플래시.

2. 전회 연결 상황 - 거리 (낮)

　백팩 메고, 자전거 타고 열심히 출근하는 우진. 아침 운동 다녀오
　는 땀복 차림의 주은과 스쳐 지나간다.
　(E) 셔터문 올리는 소리

3. 전회 연결 - 은행 객장 (낮)

　창문 죄다 열고 환기시키는 주혁. 이어 실내등 켜고, 각종 멀티탭
　켜고, 커피머신 예열하고 바쁘다. 한숨 돌린 주혁, 탕비실에서 커
　피 한 잔 들고 나오는데…. 이때 이른 출근길의 우진이 들어오며
　허리춤의 만보계를 체크한다. 777보다.

우진   오, 행운의 트리플 세븐! 시작이 좋아좋아…! (하며 들어서다 주혁을 본다) 좋은 아침입니다. 차… (기억해내려는) 주혁 대리님?

주혁   ! (당황한다. 어색하게) 아… 이, 일찍 나왔네요….

우진   (주혁 심정 알 리 없다. 해맑게 웃으며) 네, 첫 출근이라 깐엔 긴장했나 봐요. 깜빡이 켜지는 것마냥 눈이 딱 떠지더라고요. 뭐 도와드릴까요? 청소?

주혁   (우진 못 쳐다보고) 아니… 청소는 나중에 이모님들이 하시니까….

우진   그럼 창문 닫을게요. 환기된 거 같아요, 얼추. (주혁 옆을 지나쳐 간다)

주혁   ! (움찔, 반사적으로 우진을 피한다)

우진, 끝 쪽부터 창문 닫기 시작하고 주혁은 커피잔 든 손을 살짝 떨며 자리로 가서 앉는다. 행여 우진과 또 눈이라도 마주칠까, 컴퓨터에 얼굴 박고 일하는 척한다. 그러다 또 살짝 우진이 궁금해진 주혁, 조심스럽게 우진 쪽 보는데….
우진이 자리에서 주혁을 향해 가스총을 겨누고 있다.

주혁   으아아!!! (놀란다)

우진   앗, 죄송해요. (가스총 거두며) 영업점 오면 요거 한번 해보고 싶었거든요. 근데 폼이 영 안 나오네. 아무나 안젤리나 졸리 되는 게 아닌가?

주혁   (쟤 대체 뭐지? 겁먹은 표정으로 보는데)

우진   (주혁 보며) 대리님, 저 가스총 쏘는 법… (하다가, 뭔가 생각난 표정!)

주혁   ? (뭐지? 하고 쳐다보면)

우진   … (주혁 뚫어져라 보며) … 저기, 대리님… 혹시….

주혁   !! (가슴이 쿵쾅쿵쾅 댄다. 설마… 설마…)

우진   … 혹시….

주혁	!!! (설마… 진짜 날 알아보는 거야? 그래, 서우진?! 잔뜩 쫄아서 우진 바라본다)
	(M) 싸이코 OST 중 〈THE MURDER〉 + (E) 천둥소리
주혁	!!! (너무 쫄려서 숨이 멎을 듯한데)
우진	… 며칠 전에 휴대폰 잃어버리지 않으셨어요?
주혁	(뜻밖의 말에) 그, 그걸… 어떻게…?
우진	맞죠? 와, 어쩐지…! 처음 봤을 때부터 너무 친근하더라. 휴대폰 바탕화면에 사진 봤었거든요. 그거 주운 사람이 바로 접니다, 대리님!
주혁	(믿기지 않는다) 지, 지, 진짜… 요…?
우진	지, 지, 진짜요! 대리님도 안 믿기시죠? 우리가 진짜 인연은 인연인가 봐요.
주혁	(당황해서) … 그러게… 인연은 참 인연인데… 하…. (이마에 식은땀 닦는다)
우진	근데, (손 들며) 이 와중에 질문이 하나 있는데요.
주혁	? (우진 본다)
우진	바탕화면에 있던 여자분요… 여친이에요, 아님 와이프…?
주혁	(찔린다. 눈치 보며) … 와, 와이프….
우진	아… 왕실망이네요. 실은 제가 대리님 사진 보고 살짝 흑심을 좀…. 인상이 제 이상형에 근접하셔서. 오케이, 접수했습니다. 대리님은 유부. (웃는)
주혁	(이 상황이 너무 당황스럽다. 뭐라 해야 할지 모르는데)

이때, 구세주처럼 종후가 출근해 은행으로 들어온다.

종후	하이, 좋은 아침! (우진 보며) 일찍 왔네요.
우진	안녕하세요. 윤… 종후 대리님?
종후	오! 기억력이 상당히 좋은가 봐, 그댄? 아니면 내가 꽤 인상적이었거나?

우진	전자인데 후자인 걸로 할까요? 뭐, 돈 드는 것도 아니고 (씩 웃는다)
주혁	… 후우…. (머리가 지끈거린다. 휴대폰 주워준 사람이 우진이었다
	니…. 진짜 운명의 장난인 건가? 다시 우진 쪽을 힐끗 본다. 앞으로의
	은행 생활이 막막하다)

4. 은행 외경 (낮)

(우진)	(낭랑한 목소리로) 348번 고객님, 3번 창구로 오십시오!

사람들이 은행 들고나는 모습에 타이틀이 뜬다.

제4화 | Who are you?

5. 은행 내 객장 (낮)

미소 띤 얼굴의 우진, 능숙하게 업무 처리 중이다. 남자 고객 다
가선다.

우진	어서 오십시오. 무슨 업무 도와드릴까요?
남고객	(우진 얼굴 힐끗, '오…' 하는 표정) 저 인터넷뱅킹 좀 신청하려고요.
우진	(미소 머금고 싹싹하게) 아, 네. 신분증부터 먼저 주시고요….

그런 우진의 모습에서 줌아웃하면… 탐색하듯 힐끔거리며 우진
을 보는 주혁. 우진이 찰랑거리는 긴 생머리를 귀 뒤로 넘기는 모
습에서

#. 회상 플래시 1 - 주혁 집 안방

출근복 차림의 주혁, 허름한 캐주얼에 머리 질끈 묶는 우진 보며 말한다.

주혁   넌 왜 머리를 맨날 묶고 다니냐? 푼 게 더 좋던데, 난.

우진   (퉁명스럽게) 머리를 안 감았으니까. 좋으면 니가 길러서 풀고 다니든가.

다시 현실. 주혁, 같은 사람이라 인정할 수 없다는 듯 의혹의 눈빛으로 우진을 본다.

남고객   참, 체크카드도 새로 발급받아야 되는데… 바로 재발급되죠?

우진   물론 되죠. 근데 이왕 새로 받는 김에 기존 카드 말고 (팸플릿 보여주며) 이걸로 바꿔보는 건 어떠세요? 2030층에 맞춰서 나온 거라, 고객님껜 이 카드가 더 적합할 것 같은데…. 참고로… (목소리 작게) 저도 나오자마자 이걸로 갈아탔어요.

남고객   (얼굴 살짝 붉히며) 아, 네…. 그럼 그걸로 하죠, 뭐….

우진   넵! 바로 도와드릴게요. (미소짓는다.)

#. 회상 플래시 2 - 주혁 집 거실
우진, 꽃다발 들고 그 앞에 눈치 보며 서 있는 주혁 본다.

우진   3만 원? 이 풀떼기를 3만 원이나 주고 샀다고?

주혁   그래도 결혼기념일이잖아.

우진   그걸 뭐하러 기념해. 차라리 먹을 걸로 바꿔 와, 인간아! (꽃다발 던진다)

#. 회상 플래시 3 - 주혁 집 안방
위층에서 시끄러운 음악 소리 들리고, 우진은 막대걸레 봉으로 천장을 마구 두드린다. 옆에서 주혁이 말리고 있다.

주혁   야야, 하지 마, 좀. 그러다 천장 뚫려!

우진   (격분해서) 아, 놔! 지들도 똑같이 당해봐야 돼. 더 키워봐, 소리 더 키워보라고!!!

다시 현실. 주혁, 공포스러운 기억에 몸서리치며 우진 보는데…. 우진이 대기 고객 없는 것 확인하고 갑자기 일어나 제자리 뛰기를 한다. 지점장, 장 팀장, 변 팀장, 환, 향숙, 혜정 일제히 벙찐 표정으로 우진 본다.

우진   (뛰다 말고 시선 의식한다) 아, 제가 하루에 만 보를 채우기로 저 자신과 약속을 했거든요. 앉아서만 일하니까 이게 안 좋네. (시선 아랑곳없이 옆구리 운동-팔 머리 위로 올려 굽히기-하고 다시 자리에 앉는다)

향숙/혜정 (뭐야… 좀 또라이인가 봐…. 눈빛 주고받는다)

우진   (고객 오자 다시 웃으며) 349번 고객님, 3번 창구로 오십시오. (일 시작한다)

(주혁) (우진 보며) … 아냐… 저건 내 와이프였던 서우진이 아니야…. (의심스러운 듯 본다)

종후   (의자 끌어다가 주혁에게 붙으며) 야, 좀 놀랍지 않냐?

주혁   (시선은 우진에게 머문 채) 뭐가?

종후   사람 하나 새로 왔는데 객장 기류가 묘하게 달라졌잖아. 오늘은 왜 오래 걸리냐고 시비 거는 아재들도 없고. 기다릴 만하다 이거지. 왜? 뉴페이스가 등장했거든.

주혁   야, 무슨. 그렇게까지.

종후   에? 맞다니까. 은근 예민해요, 맨날 오는 고객들은.

주혁   (그런가 하며 다시 본다. 우진 앞 남자 고객들 표정, 한결같이 좋긴 한데)

이때 껄렁한 남고객, 큰 소리로 통화하며 요란하게 객장으로 들어선다.

껄렁남 금방 총알 찾아 간다고, 새꺄! 내 자리 라이터 못 빼게 지키고 있
       어. 거기 잭팟 터진다, 곧. 어! (전화 끊고는) 아, 인간들 드럽게 많
       네…. (투덜거리며 번호표 뽑는다)
혜정   (향숙에게) 저 진상 또 왔어, 어떡해….
향숙   (혜정 보며) 나한테 안 걸렸으면 좋겠다. 제발… 제바알…. (경계
       한다)
우진   (전혀 모르고) 461번 고객님, 3번 창구에서 도와드리겠습니다!

6. 대학 캠퍼스 (낮)

    주차장을 향해 걸어가는 혜원. 경상대 건물 앞을 지나다가 문득
    뭔가 생각난 듯 멈춰 선다.

    #. 회상 플래시 - 3회 52씬. 혜원의 우산 밑에서 건물로 뛰어 들어가던 현수.

    혜원, 혹시 그 남학생을 볼 수 있을까 건물 입구 쪽을 기웃거리는
    데…. 건물에서 진짜 현수가 나온다.

혜원   ! (놀라서 얼른 뒤돌아서려는데)
현수   ! (혜원 보고) 어! (다가온다) 저기… 전에 그 우산, 맞죠?
혜원   (현수 보고, 당황한 기색 감추며) 어, 아… 그…?
현수   네, 그 뒤죽박죽요. 수업 있으셨나 봐요.
혜원   응.
현수   그때 다시 뵈면 밥 산다고 했었는데, 제가. 시간 되세요?
혜원   (내심 설렌다) 어, 뭐… 안 되는 건 아닌데…. (말하며 다시 등 뒤로
       슬쩍 반지를 뺀다)

그때, 건물에서 긴 생머리 여학생이 나와 현수 쪽으로 온다.

여학생	나 생각났어, 뭐 먹을지, 화덕피자 먹자, 우리. (말하며 현수에게 팔짱 낀다)
혜원	? (당황한 표정. 여자 친구가 있었어?)
현수	아, 나 이분한테 밥 사야 되는데, 신세 진 게 있어서. 음대 강사님.
여학생	아, 안녕하세요? (혜원 보고 인사한다. 발랄하고 해맑다)
혜원	아, 아니 괜찮아. 생각해보니까 약속이 있었는데 깜빡했네. 밥은 먹은 걸로 할게, 고마워요. (가려다가 다시 돌아선다. 지갑 꺼내 5만 원짜리 현수에게 주며) 여자 친구 맛있는 피자 사줘요, 동생 같아서. (우아하게 미소 짓고 가는)
현수	(어리둥절, 5만 원 받아 쥐고) 저기요! 강사님!
혜원	(들은 척도 않고 다시 반지 끼며 빠른 걸음으로 도망간다. 쪽팔리다)
여학생	(혜원 뒷모습 보며) 나 알아, 저 여자. JK 외동딸이라며? 취미로 강사 하는 거라던데.
현수	그래? 몰랐어. (대답하고 다시 혜원 쪽 본다. 눈빛에 동요가 이는 듯하다)

7. 은행 객장 (낮)

(E)딩동

(우진)	465번 고객님, 3번 창구로 오십시오!
껄렁남	(우진 창구 앞으로 껄렁거리며 온다)
혜정/향숙	(예쓰! 눈빛 주고받는다)
우진	(미소로) 어서 오십시오, 고객님. 무엇을 도와… (말하는데)
껄렁남	(급하다. 통장과 도장 내밀며) 이거이거, 여기 있는 거 싹 빼줘.
우진	아, 네. 출금요? (통장 확인하고) 김영민 님이 자제분 되시는 거죠? (전산 처리하고) 이쪽에 비밀번호 네 자리 눌러주십시오.
껄렁남	(띠, 띠, 띠, 띠, 누르는)

우진   (화면 보고) 이거 아닌 것 같은데요. 다른 번호 없으세요, 고객님?

껄렁남   (당황하며) 아… 아냐? 그럼 이건가…? (다시 누르는)

우진   (화면 보고) 이것도 아니신데요. 마지막이니까 신중하게 누르셔
      야 될 것 같은데.

껄렁남   아 씨… 뭐지, 그럼? 0829인가? 4351인가…? (중얼거리다가 에
      라, 다시 번호 누르는)

우진   (껄렁남 보며) 죄송합니다, 고객님. 비밀번호 3회 오류라 거래 불
      가능하고요. 신분증, 가족관계증명서 지참하셔야 비밀번호 다시
      설정하실 수 있습니다.

껄렁남   아 씨… 그걸 언제 떼 와? 그냥 한 번만 더 합시다. 0829! 이거
      야, 이거. 확실해.

우진   (미소 지으며) 죄송합니다, 규정상 어쩔 수가 없네요.

껄렁남   거, 되게 말 안 통하네. 아가씨, 나 몰라? 여기 맨날 오잖아. 얼굴
      이 증명서지 뭘 따져! 그냥 하자고, 신분증 있잖아. 아, 열라 짜증
      나게 하네. XX!

우진   (미소 지으며) 네. 신분 확실한데 짜증나시죠, 고객님. 그래도 어
      쩔 수가 없습니다. 죄송합니다.

껄렁남   아, 진짜 엿 같네, 그냥 한 번 더 누르자고. 0829 확실하다니까!

우진   네, 0829 확실한데 엿 같으시죠, 고객님. 그래도 원칙상 안 됩니
      다, 죄송합니다. 468번 고객님, 3번 창구로 오십시오!

껄렁남   아… 이 미친년! 완전 엿먹이네, 이게? 실실 쪼개가면서. 야!!!
      (덤비려는데)

민수   (잡는다) 저기, 여기서 이러시면 안 됩니다. 나가시죠.

껄렁남   너 이름 뭐야, 서우진?! 야, 너 내가 이름 외웠어, 뒈질 줄 알아,
      XX!

우진   (들은 척도 않고 뒤의 고객 보며 미소 짓는다) 무슨 업무 도와드릴
      까요, 고객님?

껄렁남   야, 서우진! 너 XX, 가만히 안 둬! 아, 놔!!! (민수에게 팔 잡혀 나
      가는)

주혁	(우진 보며 저, 저…! 겁도 없이 저거…! 하는 표정이다)
종후	와우…. (뭔가 놀랍다는 듯)

8. 은행 외경 (밤)

어둠이 깔리고, 셔터문 내려진 채 내부에는 환하게 불 켜져 있다.

9. 은행 객장 내 (밤)

마감 업무 중인 직원들, 각자 정신없이 바쁘다.

장 팀장	(시재 체크하며) 우진 씨, 후방 창고 가서 카드 자재랑 입출금 통장 좀 갖다 줄래? 문 열면 오른쪽에 바로 있어. 30개씩만!
우진	네, 팀장님. (창고로 간다)
주혁	(저도 모르게 걸어가는 우진을 눈으로 쫓다가 '정신 차리자' 하는 듯 얼른 시선 돌린다)
지점장	(일어나 박수로 주목시키는) 자자, 오늘도 늦은 시간까지 업무가 예상되는 가운데 내가 커피 한 잔씩 쏜다! 5000원 이하로만 오케이. 주향숙!
향숙	넵, 주문 받겠습니다. (펜, 종이 들고 일어서는)
변/혁/후/환	(바로) 난 '아아'요!/미투./저도요./저돕니다.
향숙	그럼 대부계는 '아아' 통일이고요!
장 팀장	음, 난 모카프라푸치노. 아니다, 초코푸라푸치노. 휘핑 빼고.
혜정	난 바닐라라떼 먹을래.
향숙	그럼 난 그린티라떼. 근데 우진 씨가 없네. 그냥 '아아'로 해야 되나?
주혁	(무심결에) 서우진 커피 안 마셔, 딸기셰이크로 해. (말하다가 아차, 하는 표정)
종후	(주혁 보며) 그걸 니가 어떻게 알아? (하는데)

우진이 카드 자재와 통장 들고 나온다.

향숙   우진 씨, 커피 안 마셔요?

우진   네, 전 별로. 근데 어떻게 아셨어요?

향숙   차 대리님이요. 우진 씨 커피 안 마신다고, 딸기셰이크로 하라시는데?

우진   ? (놀란 듯 주혁을 본다. 어떻게 알았냐는 표정)

주혁   (당황해서 둘러대는) 아… 하루 종일 커피를 한 잔도 안 마시기에. 대충 찍었죠. 뭐, 딸기 싫어하는 사람은 또 없잖아요? 하하….

우진   맞아요, 저 완전 딸기광인데…. 대리님 돗자리 까셔야겠다. (웃으며) 여기요. (장 팀장에게 카드 자재와 통장 내민다)

주혁   (휴우… 큰일 날 뻔했다. 불안한 듯 제 입술을 살짝 깨문다)

(컷) 둘러앉아 커피 타임 중인 직원들. 우진은 딸기셰이크 마신다. 주혁, 딸기 좋아하는 건 여전하구나… 하는 표정으로 우진 힐끔거린다.

지점장   그래서, 우리 서… (겨우 외웠다) 우진 씬 오늘 첫 근무 소감이 어때?

변 팀장   생각보다 만만치 않지? 사람들 상대하는 게.

우진   음… 뭔가 저주파 자극기를 백 개 정도 달고 일하는 기분? 흥미진진하던데요.

장 팀장   글쎄… 더 해보고도 그런 말이 나와야 될 텐데, 자기야. 워낙 진상 고객들이 많아서, 우리 수신 창구는. 아까 자기도 겪었잖아, 그 후레자식같이 생긴….

우진   아… 그 미친놈….

향숙   그 사람, 여기 유명 인사예요. 우리 한 번씩 다 당했어요.

혜정   건달인지 뭔지, 맨날 게임에 도박만 하나 봐. 와이프랑 애가 불쌍해, 진짜.

장 팀장   여기 별의별 인간 다 온다, 자기야? 아마 상상을 초월할걸?

#. 진상 고객 인서트 1
40대 중년 남자 고객 응대 중인 환. 남자 버럭버럭 소리 지른다.

남고객   아무리 명절 전이라 해도, 새꺄, 은행에 신권이 없다는 게 말이
         되냐고 새꺄!
환   (열 받아서) 저 고객님 새끼 아니고요, 자꾸 반말하지 마시죠.
남고객   하면, 하면 어쩔 건데, 이 XXX 새꺄!!!
(장 팀장) 버럭버럭 소리 지르고, 욕으로 화풀이하는 인간.

#. 진상 고객 인서트 2
30대의 깡마른 남자, 경계하는 표정으로 주변 두리번거리며 서
있다.

향숙   비번을 또 바꾸시게요? 어제도 바꾸셨는데.
남자   (작게 속삭인다) 실은요… 제 몸속에 도청 장치가 있거든요. 비번
         을 자주 바꾸지 않으면 놈들이 돈을 다 빼 가요. (팔로 과민하게
         가리며 새 비번 찍는다)
(장 팀장) 불안장애에다 과대망상 사이코패스에….

#. 진상 고객 인서트 3
ATM기 앞 - 경악하는 표정으로 둘러서 있는 직원들.
시선 쫓아가면 바닥에 모자이크 처리된 무언가가 놓여 있다.

변 팀장   아, 이거 뭐야! 어떤 미친놈이 여기다가…!!!
(장 팀장) 가끔 핵폭탄 투척하는 또라이까지.

다시 현실. 우진, 어느새 일어나 팔을 뒤로 하고 스트레칭하며 듣

는다.

우진	와, 대박. 진짜 그런 인간도 있어요? (제자리 뛰기로 넘어간다)
변 팀장	(고개 저으며) 내가 그 폭탄 때문에 며칠 밥도 못 먹었다, 내가.
장 팀장	오죽하면 은행원 3년이면 몸에서 사리가 나온단 말이 다 있겠어.
지점장	우리 민족이 화가 좀 많아, 기본적으로. 침략의 울분이 남아 있어서 잘 욱하고, 정서도 불안하고. 나만 무시하는 거 아닌가, 의심도 많고.
장 팀장	(우진 보며) 근데 자긴 왜 이렇게 산만해? 좀 가만 있음 안 돼? 정신없어 죽겠어!
우진	(멈추며) 아… 업장 일이 처음이라…. 운동량이 너무 없는 거 같아서….
변 팀장	자기 몸 움직이는 걸 뭐라 그래? 남한테 피해 주는 것도 없구만.
지점장	그래그래, 움직여. 스트레칭도 하고. 우리 일이 좀 그래. 많이 움직여야 돼.
환/종후	단체로 체조 같은 거 해도 괜찮겠는데요?/어, 나쁘지 않지. 난 콜. (우진 두둔한다)
주혁	… (이 분위기 뭐지? 하는 표정으로 남자 직원들 표정 살핀다)
향숙/혜정	(우진에게 쏠린 이 관심이 살짝 샘나고 마음에 안 드는 듯)

10. 은행 탈의실 (밤)

장 팀장, 혜정, 향숙, 퇴근하기 위해 사복으로 갈아입는다.

장 팀장	… 애가 좀 특이하지? 뭐랄까, 야무지긴 한데 살짝 뻔이 좀 나간 느낌?
혜정	글쎄, 그것도 그거고…. 살짝 흘리는 경향 있지 않아요, 남자들한테?
향숙	어머, 언니도 느꼈어? 나도, 나도!
혜정	여우 아닌 척하는 여우과 있잖아. 털털한 척 뒤에서 딱, 호박씨

까는 스타일.

장 팀장   그런가? 듣고 보니 좀 그런 것 같기도 하고.

혜정   백퍼라니까요. 막말로 누구는 끼 부릴 줄 몰라서 안 부리나? 괜
         히 사내 연애 같은 걸로 민폐 끼치기 싫으니까 자제하는 거지.

향숙   내 말이. 초장에 확 잡으세요, 팀장님. 얕잡아 보이지 마시고.

장 팀장   (그래야 되나? 하는 표정인데)

이때, 이미 사복 입은 우진이 들어온다. 손 씻은 듯 물기를 옷에
쓱쓱 닦으며 말한다.

우진   화장실이 좀 멀어요. 급할 땐 조금씩 싸서 말려야 되나? (농담하
         는데)

향숙/혜정   (안 웃는다. 장 팀장한테 눈짓하면)

장 팀장   근데 자기야, 객장에서 일할 땐 머리 좀 묶지. 치렁치렁, 멋 내려
         온 것도 아니고….

우진   아, 제가 뒷목에 담배빵이 하나 있거든요. 철 없을 때 한 건데 자
         국이 남아서.

향숙/혜정   ! (놀라는)

장 팀장   (진짜 믿고) 어머어머, 진짜?

우진   아뇨, 농담. 내일부턴 잘 묶겠습니다. 먼저 나가 있을게요. (가방
         들고 나간다)

장 팀장   뭐야, 쟤. 농담 아닌 거 아니야? 진짜 같은데. (겁먹은 듯)

(직원들)   (인사 주고받는다) 수고하셨습니다. 고생했어! 내일 봐요.

11. 은행 앞 (밤)

우르르, 은행에서 나오는 주혁, 종후, 환, 향숙, 혜정, 우진.

혜정   출출한데 다 같이 뭐 좀 먹고 갈까요? 어때요, 차 대리님, (눈 반

196

짝이며) 윤 대리님?

향숙　(종후 보며) 먹고 가요, 대리님. 가다 쓰러지게 생겼어요, 배고파서.

종후　그대들이 원한다면, 서우진 씨 환영회도 할 겸.

주혁　(미쳤냐, 하는 표정) 아, 난 집에 바로 가봐야 될 것 같은데….

우진　저도 오늘은 좀…. 다음에 날 잡아서 제대로 한번 술독에 빠지는
　　　걸로.

종후　오… 술 좀 하나 보네. 오케이! 그럼 다음에 제대로 뭉치는 걸로
　　　하고.

향숙/혜정　(김빠지는 표정. 못마땅한 듯 우진 본다)

종후　참, 집이 어디야, 우진 씨는?

우진　저, 보은동요.

종후　그럼 한남동 쪽이니까 차 대리 차에 묻어 가면 되겠네. 카풀 좋다.

주혁　(당황) 아… 그게… 내가 어디 좀 들렀다 가야 돼서….

종후　집에 바로 가봐야 된다며?

주혁　아… 그러니까… 어디 잠깐 들렀다가 바로 집에 가야 되는 거거
　　　든, 내가.

우진　괜찮아요. 저도 마이 카 있어요. 네발 달린 애는 아니지만. (자전
　　　거 타는 시늉한다)

환　오, 자출족? 그거 내 로망인데. 엄두 안 나서 시도는 못하지만.

주혁　(빨리 뜨고 싶다) 저기, 그럼 나 먼저 갈게. 내일 봐요들! (인사하
　　　고는 얼른 간다)

12. 은행 주차장 (밤)

잰걸음으로 걸어와 급하게 차에 올라타는 주혁. 시동 걸고, 도망
치듯이 주차장을 빠져나간다.

(상식)　와이프님 출타하셨냐? 왜 여기로 퇴근이야?

13. 실내 포차 (밤)

테이블에 앉아 어묵 먹는 주혁. 상식이 그 앞에 앉는다.

주혁   그냥. (깨작깨작 먹다가) 주은이는?

상식   뛰러. 걔야 일생이 다이어트잖냐, 애 낳고 찐 살 석 달 안에 빼시겠단다.

주혁   (끄덕, 하고는 어묵이 먹히지 않는 듯 한숨 쉰다)

상식   먹다 말고 뭔 한숨…? 너 진짜 뭔 일 있냐?

주혁   … 아니, 그게 아니라… 상식아. (무슨 말 하려다) 아, 아니다. 말자.

상식   야, 뭔데? 너랑 나 사이에 못할 말이 뭐가 있냐? 우정 플러스 가족의 연으로 묶인 사이인데. (주혁 보며) 뭐… 혹시 부부 문제냐? 요새 그, 뭐… 잘 안 돼…?

주혁   아씨, 그런 게 아니고 새꺄…. (머뭇대다 말한다) 저기… 넌 만약에 옛날에 헤어진 여자가 니 포차에서 일한다고 딱 왔어. 그럼 어떨 것 같냐?

상식   여전히 예쁘고?

주혁   그게 중요해?

상식   중요하지, 그럼. 누구? 니 얘기야? 제수씨 이전에 사겼던 여자가 은행에 왔어?

주혁   (찔린다. 얼른 둘러댄다) 아니, 나 말고, 하 대리라고… 예전에 같이 일했던 놈.

상식   와, 어떻게 그런 운명의 장난이 다 있냐?

주혁   그러게, 운명의 장난이지. 장난도 아주 심한. (한숨 쉰다)

상식   예쁘면 좀 아쉽긴 한데… 둘 중에 하나는 다른 지점으로 가야 되지 않겠냐?

주혁   그치? 불편해서 같이는 일 못하겠지…?

14. 거리 (밤)

생각이 많은 주혁, 길가 주차해놓은 차를 향해 걸으며

(주혁)   … 그래, 이건 명백한 적과의 동침이야…. 둘 중 하나는 옮기는
게 맞아….

리모컨 키 누르고 차에 올라타는 주혁. 시동 걸고 출발해서 가는
데…. 반대편 방향에서 자전거 타고 오며 주혁과 교차하는 우진.
주혁과 미처 못 보고 지나간다.

15. 우진의 집 근처 골목 (밤)

골목으로 들어온 우진. 콧노래 흥얼거리며 부지런히 페달 밟아
가는데…. 이때 오른쪽에서 검은 물체가 훅, 튀어나온다.
'어어!' 하며 놀란 우진, 자전거 핸들을 홱 틀어 옆으로 쓰러진다.
역시 놀라 바닥으로 널브러지는 누군가. 다름 아닌 땀복 차림의
주은이다.

주은   (엉덩이 문지르며) … 아, 아파…. 아… 요강 깨질 뻔했네….
우진   (자전거에서 내려 급히 다가온다) 괜찮아요? 다치셨어요?
주은   (팔 까졌다) … 살짝 까지긴 했는데…. 많이 다친 거 같진 않네요,
워낙 쿠션이 좋아서.
우진   죄송해요. 제가 앞을 잘 봤어야 되는데.
주은   아니올시다. 갑자기 튀어 나간 내가 잘못했지. 순간 방심했어요.
우진   아니에요. 내가 기분에 취해서 속도를 못 줄였어요. 무조건 내 잘
못이에요.
주은   아니라고요. 밤에 검은 옷 입고 튀어나온 내 탓이오, 무조건.
우진   (주은 보며) 오케이. 양보할게요, 그럼. 그쪽 탓인 걸로.

주은   에?

우진   (웃으며) 대신 약국이랑 음료수는 제가 쏠게요. 콜?

16. 우진의 집 근처 편의점 앞 (밤)

자전거 세워놓고, 야외 테이블에 나란히 앉은 우진과 주은. 우진
이 주은의 팔에 연고와 밴드를 붙여준다.

우진   … 적절한 치료 했습니다, 저. 나중에 딴말하시면 안 돼요.

주은   아… 딴말…. 하나만 하면 안 되나? 내가 조기 사거리에서 실내
       포차 해서 먹고 살거든요, 남편이랑. 우리 가게 좀 많이 애용하시
       라고.

우진   아, 그건 오케이요. 내가 또 애주가라 종종 혼술도 하거든요.

주은   앗싸, 단골 하나 확보했고! (음료수 마시고) 크, 땀 좀 흘렸더니만
       몸이 쫙쫙 빨아들이는구만.

우진   다이어트할 때도 이런 건 마셔주는 게 좋다던데?

주은   맞아요. 수분 보충이 원활히 돼야 공복감도 줄고, 신진대사도 활
       발해지고.

우진   오, 그쪽으론 박사시구나. 그럼 마셔야지. (하며 마시는)

주은   근 15년 차 다이어터의 짬밥이랄까. 근데 그쪽은요? 복장으로 봐
       서는 퇴근길?

우진   네, 예리하십니다.

주은   (빤히 보며) 근데 이쪽에서 궁금한 게 한 가지 있는데… 혹시 우
       리 언제 만난 적 있어요? 왜 이렇게 낯설지가 않지?

우진   (주은 보며) 글쎄요… 나도 좀 그런 것 같기도 하고.

주은   혹시… 88?

우진   맞아요. 88, 용띠.

주은   역시. 대전 별유치원, 서동초, 장원중, 서일여고. 이중에 겹치는
       거 있어요?

우진	아닌데. 난 이 동네에서 쭉 살았는데, 완전 토박이.
주은	그래요? 그럼 아니라 치고. 그게 뭣이 중합니까, 현재가 중하지. (손 내민다) 친구 먹읍시다. 단골 만들려고 수 쓰는 거 아니니까 오해는 말고.
우진	(손 잡는다) 오케이, 그럼 바로 말 깐다.
주은	아… 은근 터프하시네, 이 냥반. 그것도 마음에 들어. 그래, 까자. (잡은 손 흔드는)
우진	(주은이 마음에 드는 듯 같이 터프하게 손 흔들며 미소 짓는다)

17. 우진의 집 앞 거리 (밤)

모친이 좋아하는 아이스크림을 사 들고 자전거 타고 오는 우진.
집 앞에서 멈춰서 자전거에서 막 내리는데…. 이때, 집에서 우진
모가 슬리퍼 신은 채 살금살금 뒷걸음질쳐 나오고 있다.

우진	(모친 발견하고) 엄마!
우진 모	? (놀라서 우진 보더니 냅다 뛰어 도망가기 시작한다)
우진	(또다…. 놀라지도 않고 자전거 내팽개친 다음, 모친을 쫓아 뛰기 시작한다)

엄청난 속도로 내빼는 우진 모, 그러다 한쪽 슬리퍼 벗겨지고 맨
발로 뛴다. 그 뒤를 우진도 뒤처지지 않고 야무지게 쫓아간다. 서
서히 두 사람의 간격이 좁혀지고, 이제 닿을 듯 말 듯 한 거리다.

우진	(모친 와락 껴안으며) 잡았다, 우리 엄마! (환하게 웃는다)
	(E) 띠, 띠, 띠…(현관 버튼키 누르는 소리)

주혁, 현관문 열고 들어서면… 소파 위에 또 쇼핑백들이 줄 서듯
여러 개 있고…. 혜원은 뭔가 감추고 주혁에게 다가선다.

혜원   잠깐! 잠깐잠깐, 눈 감아. 얼른!

주혁   왜, 왜?

혜원   눈 감아! 아, 빨리! (투정 부리듯 재촉하는)

주혁   (일단 감고 보는) 왜, 뭔데?

혜원   (주혁 바로 앞에 다가서 넥타이 풀고, 새 넥타이 매주는) 와… 역시,
         자긴 밝은 색이 너무 잘 어울려. 태가 확 산다. (다 매주고) 됐어,
         눈 떠.

주혁   (눈 뜨고 앞을 본다. 코앞에 혜원이 뿌듯한 표정으로 생글거리고 있다)

혜원   어때, 딱 자기 거다 싶어서 샀는데…. 마음에 들어?

주혁   어, 마음에 들어. 이쁘다…. 고마워, 혜원아.

혜원   나밖에 없지? 아우, 잘생겼다, 내 남편! (넥타이 당겨 뽀뽀 쪽, 하는)

주혁   (그런 혜원 보며) 혜원아… 넌 나랑 결혼해서 좋지?

혜원   그럼 좋지, 이렇게 말 잘 듣는 신랑이랑 사는데. (주혁 엉덩이 툭
         치는)

주혁   (그런 혜원 안으며) 그래… 행복하자. 우리 행복해야 돼. 꼭. (다짐
         하듯 말한다)

19. 우진의 꿈 (몽타주 느낌으로)

뿌옇고 몽환적인 느낌의 화면 - 꿈속이다.
교복 입은 우진과 앉아 공부 봐주는 남자 (등만 보이는).
누군가와 데이트하는 우진, 환하게 웃는 우진 (남자는 역시 등만).
결혼식장, 신랑과 팔짱 끼고 서 있는 우진. 행복한 우진의 미소.
울어대는 갓난아기의 울음소리, 초조하게 분유 타는 우진. 자다

가 아기 울음소리에 깨어나는 우진. 아기띠 맨 채 꾸벅꾸벅 조는 우진.

화가 잔뜩 난 우진, 누군가를 향해 꽃게를 힘껏 집어던지는 데서 화이트 플래시!

(우진)   이모님, 저 다녀올게요. 엄마, 갔다올게!

20. 거리 (낮)

다음 날. 힘찬 페달질로 아침을 여는 우진. 두 번째 출근이지만 영업장 일이 즐겁다. 오늘은 또 어떤 하루가 기다리고 있을까···. 콧노래를 부르며 부지런히 페달 밟아 가는

21. 은행 객장 (낮)

주혁 뺀 직원들 각자 자리에서 객장 업무 준비하는, 분주한 아침 분위기.

22. 은행 화장실 (낮)

주혁   (통화중인) 네. 인사팀이죠? 아, 양 팀장님, 저 가현지점 차주혁 대립니다. 딴 게 아니고··· 혹시 다른 지점에 대리급 티오가 있나 해서요, 이동신청 좀 하려고··· (실망스러운) 아, 없어요? 아, 아뇨. 문제가 있는 게 아니고···그럼 혹시 (주변 다시 확인하고, 은밀하게) 수신계 티오는 있나요? 아뇨, 주임급요···.

23. 은행 객장 (낮)

주혁, 객장으로 들어와 우진 쪽으로 슬쩍 다가가

주혁   저기, 서우진 씨, 잠깐 나 좀 도와줄래? 탕비실에 박스가 쌓여서
         영 걸리적거리네. 분리수거 좀 해야겠어….

우진   아. 네, 대리님. (자리에서 일어서는데)

향숙/혜정 아. 그거 한꺼번에 하려고 놔둔 건데…/저희가 할게요, 대리님.
         (일어서면)

주혁   (얼른) 아냐, 아냐아냐, 있어. 내가 하고 싶어서. (우진 보며) 서우
         진 씨? (가는)

우진   (얼른 따라가는)

24. 은행 탕비실 (낮)

         주혁, 박스 납작하게 펴고, 우진, 건네받아 차곡차곡 쌓는

주혁   (흘깃 보며, 말 붙이는) 흠… 서우진 씨, 일은 어때? 할 만해요?

우진   (해맑게) 아, 네, 열심히 따라가 보려고요. 재밌습니다.

주혁   그래, 근데 우진 씨가 지점 운이 좋은 편은 못 되나 봐. 여기가 몸
         이 엄청 힘든 데거든. 주변에 가게도 많고 회사도 많고, 이용객이
         워낙 많은 지점이라….

우진   아, 빡센 거 좋아합니다, 전. 일이 많아야 또 빨리 배우죠, 흐흐….

주혁   (안 먹히네…) 그런데다… 아… 이런 얘길 해야 되나, 말아야 되
         나… 장 팀장님이 말야…

우진   …? (눈 초롱초롱해서 듣는)

주혁   … 감정조절장애가 좀 있어서…. (은밀) 거 왜 있잖아, 일종의 소
         시오패스…?

우진   에, 진짜요? 좀 까칠해 보이긴 해도 쿨하고 좋으시던데….

주혁   그러다가도 갑자기 감정이 널을 뛰어요…. 수신계가 왜 팀원 이
         동이 많겠어, 이유가 있는 거지…. (너한테만 말해준다는 듯) 우진
         씨 전에 있던 친구는 대상포진 걸려서, 나갈 때 34킬로 찍었잖
         아. 요샌 살 좀 쪘나…? 성격 좋았는데, 그 친구….

우진   (긴가민가하는 표정)

주혁   (먹히고 있나? 힐끗 본다) 우진 씨가 내 폰도 찾아주고, 내가 고마
        운 마음이 있어서⋯. 우연히 들었는데, 마포점에 수신 티오 생겼
        다 그러더라고. 마포점이면 우리 은행 주력 점이잖아. 온 지 이틀
        밖에 안 됐고, 더 있으면 타이밍 더 애매하니까 이참에 이동하면
        어때? 핑곗거리야 만들면 되는 거고, 안 그래? (하는데)

우진   아니에요, 어딜 가나 힘든 상사는 있는 거고⋯. 전 여기 좋아요.
        어쨌든 생각해주셔서 감사합니다. 이건 은행 뒤쪽에 갖다 놓으면
        되죠? (박스 들고 나가는)

주혁   (이런 결론 택도 없구나⋯) 하아⋯ (그럼 어떤 방법을⋯?)

25. 은행 객장 (낮)

        우진, 복사기 앞에서 복사하고 자리로 가는데⋯ 주혁, 복사기 쪽
        으로 다가가 복사한 용지 들어서 보곤 옳다구나 하는 표정.

주혁   (다가서며) 서우진 씨, 나 좀.

우진   (자리 앉으려다가) 아, 네, 대리님. (주혁한테 오는)

주혁   (컬러 프린트 용지 들이밀며) 이거 칼라복사⋯ 방금 서우진 씨가
        뽑은 거죠? 이걸 왜 칼라복사를 해, 이걸? 칼라가 잉크값이 얼마
        나 더 비싼데. 지금 종이랑 토너값 아끼려고 보고서도 이메일로
        대체하고 있는데, 자기 돈 아니라고 이렇게 막 써도 돼요? 은행
        돈은 돈 아냐? 은행에 돈 쌓여 있으니까 돈이 우스워요?!

우진   아, 죄송합니다. 잘못 눌러서⋯. 얼른 멈춤 해서 고거 한 장이긴
        한데⋯

주혁   한 장이면 뭐, 한 장은 괜찮나? 한 장이 두 장 되고 두 장이 네 장
        되고, 그러다 자원 고갈되고 한국 경제 무너지면, 서우진 씨가 책
        임질 건가? 딴 직원들이 밤낮 경비 절감하면 뭐하나, 이런 무개
        념한 사람이 도루묵 만들어버리는데!

종후   ! (저놈이 미쳤나, 왜 저래? 쳐다보고)

지점장 ! (아무 생각 없이 컬러복사 눌렀다가, 눈치 보며 얼른 복사 용지 감추는)

우진   죄송합니다, 대리님, 주의하겠습니다. 복사는 꼬옥, 흑백으로….

주혁   하나를 보면 열을 안다고 말야…. 기본이 돼 있어야지, 사람이. (자리로 가는)

우진   (머쓱한 표정 짓고, 자리로 가는)

(종후) 얀마, 너 왜 그래? 미쳤냐? 뭐 잘못 먹었어?

26. 은행 옥상 (낮)

주혁과 종후, 잠깐 휴식 타임이다. 주혁 스트레칭하고 있는

주혁   아, 뭐어…

종후   서우진, 인마! 왜 별것도 아닌 걸 갖고 트집을 잡고, 며느리 잡는 시어머니처럼 그러냐고. 니가 언제부터 그렇게 은행 경비 절감에 애를 썼다고.

주혁   아, 뭐, 내가 틀린 말 했냐? 애가 조심성이 너무 없잖아, 긴장도 안 하고.

종후   하… 차… 너 진짜 이상하다. 서우진한테 뭔 감정 있냐?

주혁   아, 감정은 무슨. 난 할 말 했고, 걘 들을 말 들었고. (계속 스트레칭)

종후   아니, 왜 갑자기 꼰대가 돼가지고… 애 일 잘하고 매력만 있더구만.

주혁   (멈추고) 야, 매력은 개뿔…. 니가 걔를 아냐? 알아? 꼴랑 이틀 보고 뭘 안다고…. 야 내가 미리 경고하는데, 너 속단하지 마. 열 길 물속은 알아도 한 길 사람 속은 모르는 거거든. 쟤 사이콜 수도 있어, 아니면 지킬 앤 하이드, 이중인격.

종후   얼씨구. 이거 왜 이래 이거, 욕구불만이야, 텃세야, 뭐야. (하는데)

(우진) 흠, 흠! 윤 대리님.

주혁/종후 !!! (보면 바로 뒤에 우진이 서 있다. 놀라는)

우진 (포커페이스다. 미소로) 장 팀장님이 창고 키 좀 받아 오라고 하셔서.

종후 아… (주머니에서 키 꺼내 주며) 미안. 괜히 옥상 나들이시켰네.

우진 괜찮아요. 땡땡이 치고 좋죠. 그럼 (손으로 제스처) 털다 오십쇼. (가는)

종후/주혁 (표정, 들었으면 어떡하나)/(뭐, 어쩌라고… 그러나 내심 들었나? 싶은)

27. 은행 객장 (낮)

주혁, 종후와 눈치 보며 다시 들어오는데… 우진이 지점장 앞에 혼나듯 서 있다. 장 팀장도 옆에서 짜증난 듯 서 있고, 다른 직원들은 술렁술렁.

주혁 ? (왜 그러지? 하는 표정인데)

지점장 어떡할 거야, 이거. (종이 보여주며) 봐봐, 이게 다 그 민원이야. (읽는) 가현동 지점 서우진 사원, 불친절하고 무성의한 응대도 모자라 오픈된 장소에서 고객의 비밀번호를 함부로 발설해 정보를 유출시켰으며…

우진 유출한 적 없는데요. 본인이 크게 얘기한 걸 제가 받았을 뿐인데….

지점장 어쨌거나 발설한 거잖아, 우진 씨도. 이러면 빠져나갈 수가 없어요. 얘 지금 작정하고 본사 게시판, 금감원, 죄 도배하는 거 아냐. 이걸 무슨 수로 당하냐고.

우진 죄송합니다. 제가 좀 경솔했던 거 같습니다.

장 팀장 알아, 우리도. 우진 씨 잘못 없는 거. 근데 어제도 얘기했잖아, 여기 별의별 인간 다 있다고. 감정적으로 대하면 우리만 손해야. 억울한 일 당한다고.

우진 네…. (인정하고 입 꾹 다물고 있으면)

주혁 (앉으며, 말리는 시누이마냥) 쯔쯔… 결국 사고를 치셨네, 사고를 치셨어….

종후   (앉으며, 너 왜 그래 하는 표정)

주혁   (무시하고) 이래서 경험이 중요하다니까. 우리 점이 좀 거친 고객
        이 많아? 승질대로 하면 다 폭발했지, 벌써. 프로들이니까 다 참
        고 도 닦는 거지.

종후   (입 좀 다물어라, 주혁 쿡 찌르는)

주혁   (마무리) 자신 없으면 빨리 딴 영업장 가든지, 본사 도로 가는 게
        낫지 않나…?

변/향숙/혜정/환   !!! (동시에 주혁 본다. 저 사람이 왜 저러지? 하는 표정인데)

장 팀장   일단 제가 가서 사과를 해볼게요. 정 안 되면 달래서 데려오든지.

우진   (표정을 알 수 없다. 입 꾹 다물고 있는)

주혁   (크흠… 비정하지만 일단 어떻게든 우진을 여기서 내보내야 하므로…)

28. 은행 외경 (낮)

업장 영업은 끝난 시간, 셔터 내려져 있는

29. 은행 지점장실 겸 VIP 룸 (낮)

다리 꼬고 앉은 껄렁남. 테이블 위의 이것저것 괜히 만지작거리
고 마주 앉은 지점장과 장 팀장, 눈치 보며

지점장   (사은품들 내밀며) 일단 요건 저희 은행 사은품입니다.

장 팀장   VVIP분들께만 드리는 건데 저희가 특별히….

껄렁남   하… 누굴 그지로 아나…. (하면서도 툭툭, 건드려본다. 일단 받겠
        다는)

이때, 똑똑 소리와 함께 우진 들어오는데, 주눅 들지 않은 강단
있는 표정이다.

지점장   어, 서우진 씨! 들어와, 들어와.

우진   (조용히 껄렁남 앞으로 가 두 손 모으고 선다)

껄렁남   (우진 째리듯 보면)

우진   (기계적인 말투로) 고객님, 마음 상하시게 해서 죄송합니다. 앞으론 이런 일 없도록 각별히 주의하겠습니다. 죄송합니다. (인사하는)

지점장   (거드는) 아이, 인사도 참… 이쁘게 한다. 그래, 잘못한 걸 사과할 줄 아는 자세. 그게 진정한 금융인의 자세고 또….

껄렁남   장난해? 마음이 하나도 안 담겼잖아, 말이랑 얼굴이랑!

장 팀장   (보며) 아… 아닌데. 충분히 진심인 거 같은데, 내가 보기엔…

껄렁남   (테이블 쾅! 치며) 아, 진짜! 지금 뭐 하자는 거야아!

우진   (목소리에 더 힘주고) 진심으로 사과드립니다, 죄송합니다! 어떻게 해야 고객님 마음이 풀리실까요? 무릎이라도 꿇을까요?

지점장/장 팀장   !!! (놀라서 보는)

껄렁남   (비실 웃으며) 꿇으라면? 진짜 꿇을라구?

우진   꿇어야죠, 꿇으라면.

껄렁남   고거 참…. (재밌다는 듯 보며) 애사심이 보통이 아니네. 그래서, 무릎 꿇으면, 넌 회사 위해 무릎까지 꿇은 장한 년 되고, 나만 개 진상에 미친놈 되고? 내가 또 그 꼴은 못 보지. 90도로 폴더 사과 해. 잘못했습니다! 크게 삼창 하면서.

우진   (이 상황이 더 자존심 상한다)

껄렁남   안 해? 본사 게시판이랑 금감원 게시판에 도배 좀 더 해봐?

우진   (상체 90도로 꺾어 숙인다) 잘못했습니다… (다시 폈다 숙이며) 잘못했습니다… (다시 폈다 숙인 채) 잘못했습니다!!!

30. 은행 VIP룸 앞 (낮)

    룸 문 앞에 모여 귀 기울이고 있던 향숙, 혜정, 환.
    저렇게까지…! 기함한 표정으로 서로 보는

(환)   (화난) 말도 안 돼! 서우진 씨가 왜 저런 개진상 놈한테 허릴 숙
        여야 되는데요?

31. 은행 객장 (낮)

        자리에 여유롭게 앉아서, 혹은 서서 얘기 중인 종후, 환, 향숙, 혜
        정, 주혁.

환   (격분해서) 우리가 뭐 호구입니까? 은행원이 지들 북이냐고요?!
종후   야야, 니가 왜 흥분해서 난리야. 목소리 낮춰.
환   열 받아서 그래요. 이래도 우리 탓, 저래도 우리 탓, 은행원도 사
        람이고 서울 시민이고 대한민국 국민인데, 왜 인권이 없냐구요,
        우리한텐!
향숙   우진 씨가 운이 좀 없었어. 하필이면 저 개진상한테….
혜정   그러게. 신고식치곤 쫌 쎄다….
종후   어쨌거나 지금 제일 비참한 건 서우진이지. 그딴 쫄 같은 놈한테
        머리나 숙이고 말야…. 영업점 온 거 후회하고 도로 간다 그럴 수
        도 있을걸?
주혁   (얼굴에 화색이 돈다. 제발 그랬으면… 희망찬 표정)
종후   내가 꿈꾸던 행원은 이런 게 아니었는데…. 에효, 목이 탄다, 목
        이 타. (탕비실로)

32. 은행 탕비실 (낮)

        문 열고 들어오던 종후, 멈칫한다. 한쪽 의자에 등 돌리고 앉아
        어깨 들썩이는 우진. 누가 봐도 우는 모습이다. 종후, 순간 마음
        이 짠해지며, 우진에게 다가간다.

종후   (머뭇… 잠시 망설이다가) … 저기… 서우진 씨….

우진   (부르는 소리에 뒤돌아보는데, 샌드위치를 막 깨물던 찰나다) 아,
        네… 윤 대리님. (입 닦으며) 제가 난리통에 아직 점심을 못 먹어
        서… 뭐 시키실 일 있으세요? 저 5분이면 다 먹는데, 끊기가 좀
        그래서… (너무 멀쩡한)
종후   … (어이가 없어 말이 안 나오는)

33. 은행 객장 (낮)

주혁 앉아 있는데, 종후 와 앉으며 피식피식 웃는다.

주혁   ? (왜 그러냐는 듯 보면)
종후   야, 서우진 지금 뭐 하는지 아냐?
주혁   뭐… 하는데?
종후   탕비실에서 샌드위치 드신다. 난리통에 식사를 못 하셨다고, 먹다
        가 끊기가 뭐하다나 뭐라나. 진짜 물건 아니냐? 와… 멘탈 갑. 진
        짜 골때린다, 하….
주혁   !!! (아… 우진이를 딴데로 보내는 건 쉽지 않겠구나…. 기가 막힌)
종후   아… 진짜 골때리는 여자야. 아주 재밌어. (키득거리는데)

이때, 탕비실에서 샌드위치 다 먹고 나오는 우진. 지점장 눈치 보
며 다시 반성 모드로 두 손 모으고 고개 떨구고 자리로 간다.

종후   (보며, 재밌어 죽는 표정이면)
주혁   (조용히 책상에 엎드린다. 더 이상 방법이 없다, 포기다)

34. 저녁 인서트 (밤)

퇴근길 저녁 풍경 - 막히기 시작하는 차들, 바쁘게 오가는 사람
들….

35. 은행 객장 (밤)

각자 자리에서 업무 정리하는 직원들. 우진도 서류 정리하고 있다.

변 팀장   시재도 대충 맞고, 오늘은 일찍 가자구들.
장 팀장   그러자. 오늘 하루 너무 길었다. 다들 수고들 했어.
일동   수고하셨습니다./고생하셨습니다.
우진/주혁   (가방 챙기고)/(체념한 듯 우진 쪽 쳐다보지도 않고 일어나는)

36. 은행 밖 일각 (밤)

주혁, 건물 뒤쪽 주차장 쪽으로 걸어가는데…

(우진)   차 대리님!
주혁   ? (돌아보면)
우진   같이 가요. (따라붙으며) 자전거를 주차장에 매놔서.
주혁   아…(불편하다. 빠른 걸음으로 가는데)
우진   (얼른 붙으며) … 오늘 저 반성 많이 했어요. 성격 좀 고쳐야 될까
         봐요, 진짜. (하곤) 근데 금감원까지 민원 넣는 고객이 꽤 있어요?
         전 본사 게시판만 봐서….
주혁   … 뭐… 경우에 따라….
우진   대리님도 경험 있으세요? 대출 쪽은 클레임 걸 일이 상대적으로
         없을 거 같은데….
주혁   … 것도 뭐… 경우에 따라….
우진   그럴 땐 어떻게 대처하세요, 대리님은? 노하우 같은 거….
주혁   (짜증) 아니, 뭐가 그렇게 궁금한 게 많아요? 그냥 좀 조용히 가
         면 안 되나? 내가 지금 머리가 복잡해서, 아주 쥐어 터질 거 같은
         데, 지금. (하는데)
우진   (멈추고, 훅 들어온다) 대리님, 제가 마음에 안 드세요?

주혁	뭐? (당황하는)
우진	아까 옥상에서, 저 씹으시는 거 들었어요. 제가 영업장이 첨이고 성격도 좀 또라이스럽고, 모자란 게 많은 거 인정합니다. 근데 최대한 열심히 쫓아가 볼게요, 민폐 안 되게. 그러니까 대리님도 좀 예쁘게 봐주세요.
주혁	… (말문이 막힌다)
우진	마음에 안 들면 바로 옥상 호출하시고요. 저, 직설적인 거 좋아합니다. 잘 좀 부탁드려요, 대리님. 그럼 낼 뵙겠습니다! (가려다) 저기, 전 대리님 첫인상 진짜 좋았어요. 친근하고 왠지 알던 분 같고. 이건 아부 아니고 진심이에요. (가는)
주혁	(뒤통수 한 대 맞은 듯 띵… 멍하니 서 있는)

37. 주혁 차 안 (밤)

(우진)	… 전 대리님 첫인상 진짜 좋았어요. 친근하고 왠지 알던 분 같고.
주혁	(우진의 그 말에 뭔가 마음이 싱숭생숭하다. 신호 걸린 채 대기 중인데)

이때, 인도 쪽으로 우진이 열심히 페달 밟아 가는 모습이 보인다.

| 주혁 | ! (우진 보며) 참… 미세먼지 마시고 좋댄다…. (하다 불현듯 궁금해진다) … 보은동이면… 아직 그 집에 사는 건가…? |

신호 들어오고, 다시 출발하는 주혁. 속도를 늦춰, 우진의 자전거 속도에 슬쩍 맞추기 시작한다. 그렇게 우진을 간간이 힐끔거리며, 자전거와 나란히 가는 주혁.

38. 거리 (밤)

초록이 짙은 밤 – 그 밤공기를 가르며 가는 우진의 자전거…
1, 2미터 떨어진 거리에서 나란히 가고 있는 주혁의 차…. 그런
두 사람의 모습이 부감으로 빠지며….

39. 우진 동네 편의점 앞 (밤)

제법 힘에 부치는지 끙차, 힘주어 페달 밟아 오는 우진. 편의점
앞에서 멈춘다. 심호흡…. 이내 전열 가다듬고 다시 골목 쪽으로
가고…. 잠시 후, 주혁의 차가 와 선다.

주혁   (차창 내리고, 가는 우진 모습 보며) … 맞나 보네…. 이 골목 오랜
만이다…. (뭔가 감회가 새로운 듯한 표정인데… 이때 휴대폰 벨 울
린다. 정신 차리고 전화받는) 어, 엄마, 웬일이세요? 에? 지금 어딘
데…?

40. 카페 (밤)

주혁 모, 주혁 부 앉아 있고 주혁이 주스 두 잔 가져와 놓으며 앉
는다.

주혁   (주스 밀며) 드세요. 올라오실 거면 진작 말씀을 하시지.
주혁 부   식만 보고 바로 갈라 그랬지. 평일이라 하객 없다고 하도 부탁을
해서. 가게 문 죽어도 안 닫겠다는 걸, 니 엄마 고집 이겼다, 내가.
주혁 모   하루 장사 공치면 뭐가 남아, 김밥 팔아서. 월세 내기도 빠듯한데.
주혁   전화하시지, 그럼 차로 모시러 갔을 텐데.
주혁 모   됐어, 바쁜데, 뭐. 핑계 김에 얼굴 보니까 좋네, 그래도. 좀 축났다,
얼굴이.

주혁	아냐, 엄마. 관리하는 거야. 우린 또 고객 상대하니까 신경 써야
	지. (하곤) 저희 집에서 하루 주무실 거죠? 여기까지 오셨는데.
주혁 모	아냐, 바로 내려가야지, 무슨.
주혁 부	왜, 못 이기는 척하고 가지. 며느리한테 밥상 받는 게 소원이라
	매! 오는 내내 으찌나 투덜대는지… 귀에 딱지 앉겄어. 이참에 밥
	상 한번 받고 가!
주혁 모	(당황) 이이가, 내가 언제….
주혁	(엄마 마음이 그랬구나…) 가요, 엄마! 밥상 받게 해드릴게, 내가.

41. 혜원의 집 주차장/주혁 차 안 (밤)

주차장으로 들어가는 주혁 차. 주혁, 계속 통화 시도하는데 안 받는다.

(주혁)	(끊으며…) … 왜 안 받지? 피부샵 갔나?
주혁 부/모	아이고, 아들 집이라고 결혼하고 딱 두 번째 와보네./(옆구리 쿡
	찌르는)
주혁	(파킹하고) 앞으로 자주 모실게요. 내리세요.

42. 혜원의 집 거실 (밤)

거실 불이 탁! 켜지고 들어오는 주혁 부, 모, 주혁.

주혁	(역시 혜원이 집에 없는 듯하다, 괜히) 아, 맞다…. 오늘 혜원이 수
	업 있는 날이다. 아마 곧 올 거예요. 뭐, 음료수라도 한 잔씩 드릴
	까요?
주혁 모	아니, 아까 마셨는데, 뭐. (바로 주방으로 가 기웃, 냉장고도 열어보는)
주혁 부	(두리번) 뭐가 많이 바뀌었다, 가구도 좀 바뀐 거 같고….
주혁	아… 그런가? 앉으세요…. 아, 여기 한번 앉아 보세요, 아부지. 무

지 편해요. 이쪽에 발 올리시고.

주혁 부   그래? (앉으면)

주혁   편하시죠? 야… 울 아부지 그러고 계시니까 꼭 어디 회장님 같으
시네. (웃는데)

이때, 띠띠띠 현관 버튼 소리와 함께 문 열리며 혜원이 들어온다.

혜원   (들어오며) 어, 자기 일찍 왔네. 나 네일 좀 갔다가… (!! 놀라는)

주혁 부/모   며늘아, 오랜만이다./왔니?

혜원   (당황) 어, 어머니. 아버님… 오셨어요?

주혁   (얼른) 서울에 결혼식 오셨다가, 집에 오신 지도 오래된 거 같고
해서.

혜원   (썩 반갑지는 않은) 아… 그러셨구나….

주혁 모   내가 대충 저녁이나 할까 해서 봤는데…. 냉장고 청소 좀 해야겠
더라. 식재료는 백화점에서 사다 먹니? 꽤 비쌀 텐데… 요 앞에
마트도 하나 있더구먼.

혜원   그게… 품질 차이가 너무 나서요, 어머니. 백화점에서 한번 사 먹
어보면 마트에선 못 사 먹어요, 어머니.

주혁 모   흠… 그리고 친정 쪽 아주머니가 한 주에 두 번 오신다던데… 그
럴 필요 없지 않니? 두 식구 살림에 뭐 할 거 있다고, 니들 형편에
돈도 아깝고.

혜원   (해맑) 아, 그건 걱정 마세요, 어머니. 돈 안 들어요, 엄마가 내세요.

주혁 모   (그런 뜻이 아닌데… 유구무언이다…. 표정 안 좋은)

혜원   (보며) 저 옷 갈아입고 나올게요, 어머니. 근처에 요리 잘하는 중
국집 있어요, 시키면 바로 올 거예요. (들어가다) 참, 숙소는 호텔
괜찮으시죠? 스위트룸으로 할게요, 베드는 킹으로 하고. (하곤 들
어가는)

주혁 모/부   …. (말문 막힌다. 시선 주고받는)

주혁   (당황해) 저기 엄마, 잠깐만 계세요. (얼른 안방으로 들어가는)

주혁 들어오면, 혜원 침대맡에 앉아 전화 걸고 있다.

혜원　… 네, 로얄 호텔이죠? 지금 스위트룸 예약 될까요? 베드는 킹으로…

주혁　(휴대폰 뺏어 끊으며) 지금 뭐 하는 거야?

혜원　그러는 자긴 뭐 하는 거야? 전화 도중에 예의 없게.

주혁　예의? 하아… 지금 예의 없는 게 누군데. 너한텐 시부모님이야.

혜원　그래, 어려운 분들이시지. 그런 분들이 연락도 없이 이렇게 갑자기 쳐들어오는 거, 그거야말로 진짜 매너 없는 거 아냐? 아무리 부모 자식 간이라도?

주혁　내가 오시자고 했어. 엄마 아부지 오고 싶어 하시는 것 같아서.

혜원　그럼 나는, 내 입장은. 당장 저녁도 막막하고, 6시면 아침 드시는 분들이잖아. 어머님 아버님… 나더러 어쩌라고, 아줌마도 없이.

주혁　(이번만큼은 물러서지 않는) 진수성찬 원하시는 거 아냐, 그냥 간단히….

혜원　그래도 싫어. 부담스러워. 내 집에 남이 묵는 것도 싫고.

주혁　뭐? 남? (빡치는)

혜원　(아차 해서) 호캉스란 말도 있잖아. 이번 참에 두 분 호텔 묵어보시는 것도….

주혁　진짜 위해서 그러는 거 아니잖아, 너 편하자는 거지! (하는데)

쾅! 밖에서 현관문 닫는 소리가 들린다. 주혁, 놀라 달려 나가는

가방 붙잡고 실랑이 중인 주혁과 주혁 모. 주혁 부는 뻘쭘하게 서 있는다.

주혁	엄마아! 이러고 가시면 어떡해, 잘 데도 없으시잖아….
주혁 모	잘 데가 왜 없어, 주은이네도 있고. 뭐하면 선자 이모네서 자도 되고.
주혁 부	그래, 우리가 생각이 짧았다. 언제부터 시부모 대접을 받았다고, 속없이 따라와서 미안하다. 너나 잘 먹고 잘살아. (계단으로 내려가는)
주혁 모	(가방 휙 낚아채고 내려간다. 표정 서글픈)
주혁	아, 엄마, 아부지!!! (속상한 표정으로 따라 내려가는)

45. 혜원의 집 거실 (밤)

화난 표정의 주혁 들어오자, 혜원도 마음은 쓰여 나와 있는

혜원	(보며) 진짜 가신 거야?
주혁	(화난) 어, 가셨어. 이제 속이 시원하니?
혜원	너무 그러지 마, 나도 마음 안 좋아. 그러게 왜 갑자기 오셔서 날 나쁜 며느리로 만드시는 거야. 내일쯤 내가 전화드리고 용돈 보내드릴게, 100만 원쯤.
주혁	용돈이 문제가 아니잖아. 지금 우리 부모님 문전박대당한 거야.
혜원	(!) 문전박대… 어떻게 말을 그렇게 해? 난 뭐 감정 없는 줄 알아? 살아온 환경 다 무시하고 어머니식으로 나 껴맞추려고 하시는 거, 자기도 봤잖아.
주혁	틀린 말씀 아냐, 엄마 얘기한 거.
혜원	뭐, 형편? 우리 형편이 아니라 자기 형편 말씀하시는 거겠지. 내가 살아온 환경에선 이걸 낭비라고 안 해, 품위유지비라고 하지. 이렇게 30년을 살았는데 나한테 갑자기 어쩌라고?
주혁	(보며) … 나도 30년 넘게 우리 엄마 아빠 환경에서 살았어. …난 쉽겠니? 너 내가 주말에 대전 가자니까 대놓고 떨떠름해했지. 난 평일이고 주말이고 니네 부모님 부르면 냉큼 가야 되고, 우리 엄

마 아빠 하룻밤 아들 집에서 주무시지도 못해?

혜원   그건 자기가, 결혼 전에 약속했잖아, 울 엄마 아빠랑! 정 그게 싫
으면 아빠한테 받는 지원, 차고 집이고 다 토해내. 그럼 떳떳해.
(가방 들고 나가는)

주혁   야, 이 시간에 어딜 가는데? 야, 이혜원! (하는데 문 쾅! 닫혀버린
다. 화낼 사람이 누군데…. 황망한 표정에서)

(E) 끼익!(차 급발진하는 소리)

46. 혜원 차 안 (밤)

거칠게 운전하는 혜원. 얼굴에 짜증이 잔뜩 묻어 있다.

혜원   … 어떻게… 어떻게 소리를 지를 수가 있어…? 나한테…? (생각
할수록 화나는 듯 클랙슨 빵! 누르고, 액셀 밟아 스피드 더 올리는)

47. 혜원의 집 거실 (밤)

주혁   (소파에서 통화하는) … 어, 주은아. 니가 잘 좀 달래드리고…. 오
빠가 면목이 없다…. 그래, 나중에 통화하자. (끊고 후… 긴 한숨
내쉰다)

(diss) 의자에 앉아 게임하며 시간 죽이는 주혁, 시계를 본다. 12
시가 넘었다.

주혁   … 얘가 진짜… 12시가 넘었는데…. 대체 어디서 뭘 하는 거야…?
(슬쩍 걱정되는데 징, 휴대폰 문자벨이 울린다. 열어서 확인하면)

#. 결제 문자 인서트 - 그랜드리버 호텔 스위트룸. 658,000원 일시불

주혁   !!! (생각지도 못한 문자에 허걱 하는) 와…, 결국 니가 갔어? 하룻밤
       가출 스케일도 진짜 어마무시하구나…. 그래, 니 마음대로 하세요.

       휴대폰 휙 던져놓고는 분노의 격투 게임을 하는 주혁. 손이 부러
       져라 컨트롤러 움직이는데, 바로 KO패를 당해버린다. 아… 이것
       마저 내 뜻대로 안 되는구나…. 컨트롤러 던지고 벌렁 눕는 주
       혁. 이래저래, 여러모로 심란한 밤이다. 뭔가 울컥한 표정…

48. 다음 날/거리 (낮)

       출근길 걸음 재촉하는 사람들, 분주한 아침의 모습.

49. 은행 앞 토스트 포차 (낮)

       부스스한 몰골의 주혁, 종후와 나란히 서서 토스트 먹고 있는

종후   모닝토스트 오랜만이다, 우리? 왜, 제수씨랑 싸웠냐, 어제?
주혁   (먹기만)
종후   싸웠네, 이거, 싸웠어. 처가 덕에 비비고 사는 놈이 참 간도 크다?
주혁   닥치고 먹기나 해라…. (하며 두유 마시는데)

       이때, 거리 저쪽으로 자전거 타고 출근 중인 우진이 지나간다.

종후   (보고) 어, 저기 서우진 아냐? 우진 씨!
주혁   풉! (마시던 두유 뿜고, 부르지 마라 말하려는데)
종후   (반박자 빠른) 우진 씨! (손까지 흔든다)
우진   아! (보고, 자전거에서 내려 포차로 온다) 와… 냄새 죽인다. 아침
       이신가 봐요.
종후   먹었어요, 아침? 토스트 하나 하지.

우진   먹긴 했는데 또 땡긴다. 그럼… 토스트 한 개만 할까요? (둘 사이
         에 낀다)

주혁   흠. (불편하지만 티도 못 내고 먹는)

종후   이모, 여기 토스트 하나 더요. 양배추 많이 넣어서 스페셜로.

(컷) 토스트를 쥐고 맛있게 먹는 우진. 종후와 자연스럽게 토크한다.

우진   음, 너무 맛있어. 불가마에서 줄넘기 한 천 개 한 것 같은?

종후   에?

우진   (웃으며) 숨 막히게 맛있다고요.

종후   아… (웃으며) 특이해, 아무튼. (하곤 먹으며 질문하는) 참, 우진
         씨, 우리 본사 오기 전에는 금융 쪽에 있었다던데, 맞아요?

주혁   (우진의 과거 얘기에 귀 쫑긋)

우진   네, 제가 경영학 전공이거든요. 졸업한 선배들 얘기 들어보니까
         금융회사 연봉이 제일 쎄다고 하더라고요. 그래서 엄청 열심히
         공부했죠.

종후   아… 우진 씨 경영학과 나왔구나. 그럼 07학번?

우진   아뇨, 09학번. 2년 꿇었어요. 고3 때 갑자기 아빠가 돌아가셔서
         가세가 완전 기울었거든요. 2년을 발에 땀나게 알바만 했어요.
         그걸로 등록금 해결하고.

주혁   (아… 그랬구나)

종후   아… 그럼 우진 씨가 장녀…?

우진   아뇨, 외동. 엄마랑 둘이에요. 너무 단출하죠? 그래서 전 결혼도
         빨리 하고 싶었어요. 내가 기댈 수 있는 듬직한 남자 만나면 언제
         라도.

주혁   ! (찔린다. 나는 그런 남자가 되어주지 못했다)

우진   그래서 최대한 애도 많이 낳고 북적북적하게 살면, 그게 엄마한
         테도 좋을 거 같고. 아, 저희 엄마가 건강이 좀 안 좋으시거든요.

주혁   ! (걱정되는 마음에 반사적으로) 어디가? 어떻게 안 좋으신데, 어

머님이?

우진/종후   ? (뜻밖의 질문에 의외란 듯 보면)

주혁   (아차… 눈치 보며) …요?

우진   (보며) 그냥 좀 아프세요, 심각한 건 아니고…. 나름 행복하세요, 지금은.

주혁   (아… 괜히 뻘쭘해서 두유 벌컥벌컥 마신다. 아프시다니, 그래도 마음이 쓰이는)

50. 호텔 룸 (낮)

한강이 훤히 내다보이는 스위트룸에서 룸서비스 먹고 있는 혜원. 먹는 둥 마는 둥 휴대폰만 죽어라 노려보는데 벨이 울린다. '그럼 그렇지' 씨익 웃으며 휴대폰 집어 드는데 발신자가 '1588-****'이다. 짜증스럽게 오프 버튼을 누르고 다시 휴대폰 본다.

혜원   … 와이프가 외박을 했는데 어떻게 전화 한 통을 안 해…?
완전 쎄게 나온다, 너? (하더니 화가 나 못 참겠다는 듯 단축번호 꾹 누른다)

51. 은행 객장 (낮)

ATM기 뒤편에서 기기에 현금 넣는 주혁, 잠시 멈추고 딴생각 하는

(우진)   … 저희 엄마가 건강이 좀 안 좋으셔서.

(주혁)   장모님이 어디가… 얼마나 안 좋으신 거지? (마음에 걸리는데… 이때 휴대폰 벨 울린다. 발신자 보니 '혜원'이다. 잠시 보다가 받는다) 어, 나야….

(혜원)   자기, 너무하는 거 아냐? 어떻게 내가 먼저 전활 하게 해?

주혁	아직 호텔이야?
(혜원)	궁금하긴 하니? 자존심 상해, 진짜. 나 전화 끊을 테니까 바로 다시 해 자기야. 1분 넘어가면 전화 안 받을 거야. 알았어? (하곤 전화 툭 끊어버리는)
주혁	후… (휴대폰 보다가, 어쩔 수 없이 다시 전화하는)
(혜원)	(받는다, 한풀 꺾인 목소리) 어….
주혁	됐어, 이제? … 언제까지 거기 있을 건데, 집에 안 가?
(혜원)	몰라, 자기 하는 거 봐서. 들어가라고 사정하면 성의를 봐서 들어가고.
주혁	(어쩔 수 없이) 들어가, 집에. 미안하다, 내가 잘못했다.
(혜원)	치… 자꾸 안 하던 짓 해라, 그러다 나한테 짤린다? (기분 풀린) 호텔 온 김에 스파랑 마사지 좀 하고 들어갈 거야, 이따 집에서 봐.
주혁	어, 알았어. 끊어. (전화 끊고 저도 모르게 한숨 내쉬는)
(우진)	여기 20만 원, 달러 환전되셨습니다.

52. 은행 객장 (낮)

지점장은 자리 비운 채, 한창 고객 업무 중인 객장. 이때 문 열리고, 문제의 껄렁남이 들어온다. 비틀거리는 품새가 어디서 낮술까지 한잔 걸친 듯하다.

혜정	(보고) 어머… 또 왔어, 그 진상….
향숙	뭐야… 중심도 못 잡는 게, 낮술 마신 거 같은데?
주혁/종후	! (역시 남자를 본다. 또 왔어? 하는 표정)
우진	감사합니다, 안녕히 가십시오…. (하다 !! 남자를 보고 멈칫하는)
껄렁남	(비틀대며 우진 쪽으로 걸어가면)
직원들	(일제히 주시하는)
껄렁남	(우진 앞에 가 테이블에 팔 얹고는, 풀린 눈으로) 뭘 꼬라봐, 이 씨, 고객 왔는데, 안녕하세요! 인사부터 해야지.

우진   (미소로) 네, 어서 오십시오, 고객님. 무슨 업무 도와드릴까요?

껄렁남 아니, 그냥 지나가다가~ 지점장이 안 뵈네? 어디 갔나?

우진   외근 있어서 나가셨습니다. 용무 있으시면 어디신지 전화드려 볼까요?

껄렁남 됐어… 내가 말야, 오늘 간만에 한 건 터뜨려서 기분 좋아 한잔했그든? 근데 말야 술 마셔서 그런가 목이 타 죽겠네… 가 물이나 좀 떠와봐. 시원한 걸로.

직원들 (헐… 분위기 심상찮다…. 숨죽이고 주시하는데)

우진   (기분 나쁜 기색 전혀 없이, 미소로) 네, 찬물요, 잠시만요. (얼른 정수기로 가 물 떠다 주며) 여기 있습니다, 고객님.

껄렁남 (받으며) 오… 혼쭐이 나서 그런가 기합이 바짝 들었네? 그래, 진작 이랬어야지! 이제야 좀 마음에 드네. 에라, XX. 기분이다. (돈 꺼내주는) 야, 용돈.

우진   아… 아닙니다. 괜찮습니다, 고객님.

껄렁남 내가 오늘 돈 따서 기분이 좋아. 그래서 주는 거야, 받어.

우진   정말 괜찮습니다, 고객님.

껄렁남 이럴 땐 감사합니다, 오빠, 하고 받는 거야, XX. 어? (돈 들이미는)

우진   (표정. 일부러 중지손가락으로 돈 밀어내며) 아뇨, 진짜 괜찮습니다, 고객님.

껄렁남 뭐야, 너 지금 나한테 욕했냐? 욕했지, 어? 이게 진짜, XX…. (우진 손 잡으면)

우진   왜 이러세요! (앙칼지게 뿌리치는)

주혁   !! (분위기가 심상찮다. 청원경찰 민수 찾는데 화장실 갔는지 없다)

껄렁남 이 씨… 이게 어디서… 야! 너 지금 내 손 쳤냐? 니가 아직 정신을 못 차렸구나, 어? 정신 함 차리게 해줘? 해주까? (테이블 위로 올라가려고 하는)

향숙/혜정 (놀라) 꺄아악! (소리 지르며 자리에서 일어나는)

주혁   (안 되겠다…. 말리려고 자리에서 일어나는데)

종후   (한발 빠르게 가 껄렁남 잡으며) 저기 고객님, 지금 많이 취하신 것 같은데, 일단 나가시죠. 나가서 저랑 얘기…

껄렁남   (흥분한) XX! 넌 또 뭐야!! (확 밀치는)

종후   (밀려 바닥에 넘어지며 화분과 함께 나동그라지는)

혜정/향숙 어머!/윤 대리니임!!!

껄렁남   너 뭔데 껴들어? 한번 죽어볼래?! (넘어진 종후에게 달려들려는데)

순간, 남자의 팔을 잡아 비트는 손. 줌아웃하면 바로 우진이다.

껄렁남, 아아! 인상 쓰며 아파하는데, 전광석화와 같은 속도로 남자의 팔을 잡은 채 업어치기로 넘겨버리는 우진!!! 컷.

#. 놀라 입 벌어진 채 우진 보는 향숙, 혜정, 환, 장 팀장, 변 팀장…. 컷.

#. 넘어진 채 놀라 쳐다보는 종후. 컷.

#. 눈 동그래진 채 그 자리에 얼어붙어 버린 주혁. 컷.

53. 고깃집 외경 (밤)

야외석까지 꽉 찬 고깃집. 퇴근 후 한잔으로 하루의 회포를 풀고 있는 직장인들로 시끌벅적하다.

(변 팀장) 와, 지점장님. 진짜 좋은 구경 놓치셨습니다…!

54. 고깃집 안 (밤)

업된 분위기로 회식 중인 지점장과 수신계, 대출계 직원들.

변 팀장   아까 진짜 제대로 한판승이었거든요. 나중에 CCTV라도 꼭 보셔야 됩니다. 올림픽 통틀어서, 그렇게 깔끔하게 들어간 기술은 아

	주 오랜만이었다니까요.
환	저도 인정요. 4.6초 만에 상황 종료. (목 긋는 시늉하면)
우진	죄송해요, 점장님. 오자마자 자꾸 사고만 쳐서… 본사에서 또 문제 삼으면 제가 책임지고 경위서 쓰겠습니다.
지점장	아, 아냐. 이번 건 잘했어. 아무리 고객 사랑이 먼저래도 술 처먹고 폭행 쓰는 고객까지 사랑할 수 있나. 윤 대릴 먼저 밀쳤다며. 그럼 정당방위지.
종후	아, 내가 업어쳤어야 됐는데… 모양 빠지게 자빠져가지고 참….
장 팀장	근데 우진 씨 무슨 운동했어? 날렵하기가 아주 이소룡 저리 가라던데?
우진	아… 실은 제가 입사 전에 국정원 경호팀에서 잠깐 근무한 적이 있거든요.
주혁	(뭔 소리야? 놀라서 보는)
종후	(능숙하게 받아쳐 주는) 아아! 어쩐지 낯익더라…. 혹시 남북정상회담 때 판문점에서 선글라스 끼고, 왜 오른쪽에서 다섯 번째 서 있던 사람.
우진	맞아요! 와… 어떻게 그걸 기억하세요? 진짜 예리하시다, 진짜.
일동	(뭔가 이상한데 하는 표정으로 보다가)
환	(깨닫고) 아, 진짜 뭐야, 나 진짠 줄 알았잖아요!
변 팀장	그치, 뻥이지? 와… 진짜 깜빡 속았다, 깜빡. 아니, 둘이 뭐야, 부부 사기단이야?
장 팀장	그러게, 세상에 죽이 착착 맞네 아주. 언제 그렇게 합을 맞췄대?
종후/우진	(상 위로 손 올리고)/(하이파이브하는)
지점장	(박수 치며) 아, 재밌어. 둘이 아주 잘 어울려. 난 이 커플 미리 찬성이야!
환	아, 저도요, 동의보감! (박수 친다)
향숙/혜정	(기분 안 좋다. 동시에 술을 원샷하는)
장 팀장	에이, 점장님, 너무 가셨다. 동료는 그냥 동료죠, 사내 연애가 어디 쉽나요?

226

변 팀장	그럼요, 그럼요, 10년을 봐도 요만큼도 사심 안 생기는 사람이 얼마나 많은데….
장 팀장	내 말이 그 말이야, 사심? 하! 개나 줘버려라, 사심. (술 마시는데)
종후	(주혁 옆에 앉아, 잔 든 채 우진 보며 혼잣말하듯이) 10년을 봐도 안 생기는 사심도 있고, 이틀만 보고 생기는 사심도 있고.
주혁	뭐?
종후	아니, 그냥 혼잣말. (하곤 시선 우진을 향한 채 마시는)
주혁	(힐끔, 그런 종후가 왠지 신경 쓰이는)

55. 고깃집 복도 (밤)

종후, 화장실에서 나오는데… 우진도 화장실 가는 길인 듯 만난다.

우진	대리님, 많이 드셨어요?
종후	어. 그댄…. 겁나 열심히 먹던데, 많이 먹었어요?
우진	네, 소가 뒷골까지 찼나 봐요. 목구멍에서 막 음메 소리 날 거 같애요.
종후	(품!) 아… 진짜 독특해, 서우진 씨. 생긴 거랑 참 달라.
우진	그쵸. 제가 표현은 살짝 저렴한데 생긴 건 좀 부티 나게 생겼죠.
종후	(넙죽 받아주는) 그니까. 난 우진 씨 첨 봤을때 재벌 3세 막내딸? 아우, 막 그런 귀티가 막, 아우라가 막….
우진	오케이, 요기까지요. 진짜 잘 받아주시네요, 감사하게. 흐흐….
종후	유머코드가 맞는 거지, 나랑. (웃는)
우진	그러게요, 다행이에요, 통하는 분이 계셔서. 아직 좀 낯설거든요, 실은.
종후	적응 잘하고 있는 거 같은데, 뭐. (하다) 근데 진짜 뭐, 운동하는 거 아니에요? 엎어치기 그게 쉬운 기술이 아닌데….
우진	아뇨, 저 운동치예요. 집에 여자만 있어서 시간 날 때마다 인터넷 호신술 동영상 보거든요…. 와… 근데 그게 실전에서 될 줄 몰랐

	어요, 왕신기해요. 저도.
종후	(재밌다) 하… 그거 나도 좀 배워야겠네, 담에 안 자빠질려면.
우진	글쎄요… 본다고 다 저처럼 실전에서 쓸 수 있을지…. (하며 농담
	주고받는데)

화장실 가려고 나오던 주혁, 그런 두 사람을 본다. '이 묘한 기분
은 뭐지? 질투는 아닌데…' 복잡한 표정으로 다시 돌아서는

(E) 현관문 열리는 소리

56. 혜원의 집 거실 (밤)

한가득 꽃을 사 들고 들어오는 혜원. 그새 기분이 풀린 듯하다.

(컷) 경쾌한 클래식 곡 틀어놓고 화병 세 개 세워두고 꽃가위로
꽃줄기 자르며 예쁘게 모양내어 꽂는

혜원	… 아… 왜 또 길이가 안 맞아…? (하고 짜증난다는 듯 휙 던져버
	린다)

다시 새 꽃 한 송이 집어 꽃가위로 싹둑 자르는 혜원. 옆 신문지
위엔 망쳐서 버려진 꽃송이들이 한 무더기다. C.U 되며

(직원들) 오오! 조금만 더, 조금만 더!!!

57. 가라오케 (밤)

어느새 회식 2차 장소인 가라오케 룸 안. 임원급 대 평직원 의리
주 게임 중이다. 완전 업된 분위기. 지점장, 변 팀장, 장 팀장 대
종후, 환, 우진 순으로 서 있고, 지점장과 종후, 양주 담긴 대접 들

고 열심히 마시고 있는

향숙	윤 대리님, 쫌만, 쫌만 더!
혜정	우리가 이기면 진짜 약속 지키셔야 돼요. 세 분이 다음 달 키당이 에요!
변 팀장	아, 알았다고, 속고만 살았나. (하는데 지점장이 대접 넘긴다, 받아 마시는)
환	(역시 종후에게 대접 받아 마시는데 사레들려 입 떼고 만다) 켁켁….
지점장	(보고) 어어, 입 뗐으면 끝이야! 아웃아웃! 넘겨, 넘겨!
종후	아… 환장아. 사렌 왜 걸리냐, 거기서. 우진 씨, 안 되겠어. 포기포 기. (하는데)
우진	(환 손에서 사발 빼앗아 꿀꺽꿀꺽 마시기 시작한다)
주혁	! (저걸 다 마시겠다고? 보는)
향숙/혜정/환	오케이, 잘한다!/까악!/쫌만 더더, 더더더!
장 팀장	(그사이 변 팀장한테 받아서 마시기 시작하는)
우진	(간발의 차이로 장 팀장보다 먼저 마시고 대접 홱 뒤집어 털어 보이는)
종/향/혜/환	와!!! (환호하고)
지점장.변팀	아…(아쉬워한다)
주혁	(환하게 웃고 서 있는 우진을 낯설게 보는)

#. 회상 플래시 - 옛날 주혁의 집, 주방 식탁. 빈 소주병 두 개 놓여져 있
고 봉두난발로 술주정하는 우진 모습 타이트하게

우진	(주정, 혀 꼬여서) … 왜 나만… 왜 나만 이렇게 후지게 살아, 나 만 왜! 나 혼자 결혼했니? 혼자 애 낳았어? 넌 뭐 하는 새긴데, 왜 나만 발 동동, 쌩지랄을 하고 살아야 되는데? 물러내, 내 인생 물 러내! 다 물러, 이 그지발싸개 같은 새끼야, XX!!! (짐승처럼 손톱 세우고 카메라 향해 덤빈다)

다시 현실. 고개 저으며 보면

종/항/혜/환 (신난 채) 서우진! 서우진! 서우진!!! (연호하고)
우진 (선거 당선 세레머니 하듯 손 맞잡아 올려 답하며 환하게 웃는)
(주혁) (같은 여자 맞아? 낯설다는 듯 우진 보며… 앞에 놓여 있는 캔맥주를
홀짝 마신다. 시선 계속 우진에게 머문 채 한참 본다) 그래, 하긴….
까먹고 있었는데, 옛날 우리 처음 만났을 때… 우진이는 참 잘 웃
는 아이였다. 아버지를 떠나보내고 힘든 와중에도 씩씩함을 잃지
않는, 반짝반짝 빛나는 그런 아이…. 내 와이프가 되기 전까진….

58. 회상 - 대학교 도서관 (낮)

주혁 옆에 앉아 공부하는 사복 차림의 우진. 주혁 툭툭 치곤

우진 (작은 소리로) 쌤, 이거 답… 0 맞아요? 풀었는데 맞는지 모르겠어.
주혁 (풀어 본다, 작게) 오… 정답. 수학 좀 늘었다?
우진 (작게) 앗싸! 역시, 난 숫자 중에 0이 젤 좋더라. 제일 순정적이야.
주혁 (작게) 뭔 소리야?
우진 (대답 않고) 나가요, 쌤. 너무 열심히 풀었더니 배고파요. 뭐 좀 먹
고 해요.
주혁 야, 무슨… 밥 먹은 지 2시간밖에 안 지났거든?
우진 한창때라 소화가 잘돼서 그렇거든요. 밥 좀 먹자, 좀. 밥! 밥! 밥!!!
주혁 (주변 사람들 눈치 보며 못 말린다는 표정)

59. 회상 - 대학교 캠퍼스 (낮)

건물 계단 앞(또는 잔디? 또는 그들만의 어떤 장소)에 앉아 사 온
김밥 무릎에 올려놓고 음료수와 함께 먹고 있는 우진과 주혁.

우진	음! 김밥은 역시, 위대한 음식이에요. 어떻게 야채를 끌어모아 밥을 쌌는데 이렇게 맛있을 수가 있지? 우리 엄마도 김밥 참 좋아하는데.
주혁	(보며) 좀… 어떠셔, 어머닌? 아직 힘들어하셔?
우진	(끄덕) 엄마한텐 아빠밖에 없었으니까. (음료수 마시곤) 0이 왜 좋냐면요, 쌤. 0은 곱셈에선 뭐가 붙든 다 0으로 만드는 절대 권력이잖아요. 근데 덧셈에선 아무 힘도 없잖아요. 0이 더하기를 사랑해서 그런 거거든요. 그래서 다른 부호 앞에선 엄청 강하지만 더하기 앞에선 한없이 약해지는 거죠. 난 그런 순정이 좋아요. 하나밖에 모르는 사랑, 우리 엄마처럼. (애써 덤덤하게 김밥 집어 먹는)
주혁	(감동이지만 티 안 내려) … 잘도 갖다 붙여, 하여튼.
우진	참, 엄마가 쌤한테 너무 고맙대요. 과외비도 못 주는데 공부 봐준다고.
주혁	방학이니까, 취업 공부하면서 의리로 좀 봐주는 건데, 뭐.
우진	의리로? (주혁한테 얼굴 훅 들이밀며) 진짜 그것뿐이에요? 의리?
주혁	(우진 얼굴 밀며) 그럼 뭐가 더 있냐, 인마.
우진	사랑이 있죠. 좀 있으면 성인도 되는데, 난 별로인가, 쌤 여친으로?
주혁	어, 별로야.
우진	어디가 별로인데요?
주혁	내 취향 아니야. 들어가자, 얼른! 공부해야지. (일어나 가는)
우진	(삐죽) 취향도 없으면서. 나 아직 덜 먹었거든요. (김밥 꾸역꾸역 먹는)

60. 회상 - 캠퍼스 일각 (낮)

주혁, 가다가 뒤돌아본다. 우진이 저 멀리서 어슬렁거리며 걸어오고 있다.

주혁	빨리 좀 와라, 들어가 공부해야지!
우진	(괜히 딴청, 나뭇잎도 만졌다, 날벌레도 쫓았다 꾸물거리면)
주혁	서우진, 우진아!
우진	('우진아' 소리에 이쪽 보더니 뛰어온다. 생글생글 웃으며) 다시 우 진아, 해보세요, 쌤.
주혁	왜 또.
우진	난 쌤이 우진아, 그럼 이상하게 행복하더라. 섹시해, 쌤 목소리.
주혁	야, 언젠 (거칠게 머리 쓰다듬으며) 요래, 요래 하는 게 행복하다 며, 어?
우진	그러게. 난 쌤의 머리 비듬부터 발꼬락 때까지 좋은 건가 봐. 그 니까 웬만하면 여친 좀 시켜주지. 응? 응, 응? (엉겨붙으면)
주혁	… 아… 넌 진짜…. (못 말리겠다는 듯 고개 저으며 앞장서 가는)
우진	(쫓아가며) 아, 좀 고만 튕기고! 그러니까 더 매력 터지잖아. 쌤, 같이 가요!!!

61. 가라오케 (밤)

다들 업된 채로 '3차 가요, 3차!' 하며 우르르 몰려 나가는데…
취한 주혁, 테이블에 엎어져 잠들어 있다. 가방 챙겨 나가던 우
진, 주혁 보더니 얼른 다가가 깨운다.

우진	차 대리님, 일어나세요, 차 대리님!!!
주혁	(게슴츠레하게 눈 뜨고 우진 보는)
우진	술 많이 드셨나 봐. 다들 나갔어요, 빨리 일어나세요.
주혁	(우진 가만히 보며) … 대체… 누구야… 너…?
우진	네? (어리둥절해서 보면)
주혁	… (보는)
우진	… (어리둥절한 채 보는)
주혁	(얼른) 아냐. 아냐, 아니다, 내가 너무 취했나 봐. 취했어. (일어나

는데 비틀)

우진 어. (팔 잡으면)

주혁 (팔 뿌리치며) 됐어요. 괜찮으니까… 먼저 나가요. 나 물 좀 마실게.

우진 (보다가) 네…. 그럼 빨리 나오세요, 대리님. (먼저 나가는)

주혁 후!!! (얼굴 쓸어내리곤 생수 벌컥벌컥 마시는)

62. 가라오케 건물 앞 (밤)

다른 직원들 이미 나와서 저만치 길가에 서 있고, 우진 막 건물에
서 나오고, 주혁 그 뒤로 따라 나오는데… 이때, 굉음을 내는 오
토바이. 우진 쪽을 향해 달려오고 있는

주혁 !!! (보고 놀라 반사적으로) 우진아! (하며 우진 팔 잡아 확 끄는)
    (slow)

우진 !!! (놀라 눈 동그래진 채 주혁 품에 안기는)(slow)

오토바이 아슬아슬하게 두 사람을 비켜 지나가고

우진 !!! (아직도 눈 동그란 채 주혁을 보는)

주혁 (얼른 우진 떼어놓고 오토바이 쪽 보며) 아… 뭐 저런 미친놈이 다
    있어.

종후 (얼른 다가온다) 괜찮냐? 우진 씨, 괜찮아요?

우진 … 아… 네….

주혁 아… 새끼, 이런 골목에서 저렇게 속력을 내면 어쩌자는 거야….
    놀래라, 씨.

종후 사람이 조심해야지, 뭐 별수 있냐? 안 다쳤지? (주혁 살피는)

우진 (멍한 채 주혁을 다시 힐끔 본다. 좀 전의 그 느낌이 너무 강렬했다)

택시 와 서고, 우진이 내린다.

우진   감사합니다, 기사님. 안전운전하세요!

택시 문 닫고, 편의점 쪽으로 걸어가는 우진. 다시 좀 전의 일이 떠오른다.

#. 회상 플래시 - 전 씬. '우진아!' 하며 팔 잡아당기던 주혁

우진   (순간, 그 기분은 뭐였을까? 갸웃하며 편의점으로 들어가는)

아이스크림 먹고 있는 우진 모. 우진, 그 옆에서 화장솜으로 메이크업 지우며 모친을 본다.

우진   엄마 좋아하는 바닐라 없어서 호두로 샀는데. 그래도 맛있지?
우진 모   옘병, 하나두 맛없어. (하며 맛있게 먹는다)
우진   알았으니까 천천히 드셔. (웃으며 보다가) 근데 엄마. 나 오늘 되게 희한한 일 있었다? 우리 지점에 차 대리님이라고 있거든. 그 대리님이 우진아, 하고 날 불렀는데… 그 순간 이유도 없이 눈물이 핑 돌았어…. 왜 그랬을까…?
우진 모   (부지런히 먹기만 한다)
우진   누가 날 우진아, 하고 부른 게 너무 오랜만이었나? 아빠 생각이 났나? … 그냥 이상하게 슬프고, 가슴이 찡하고 그랬어, 기분이. 희한하지?
우진 모   (영혼 없이) 어, 희한해. (아이스크림만 열심히 먹는다)

우진   맞아, 희한해…. 그런 기분… 참 오랜만이었어, 엄마…. (혼잣말
           하는데)

우진 모 (다 먹은 아이스크림통 내려놓으며) 아, 맛없어. 도저히 못 먹겠다.
           (해맑게 우진 보며) 다른 슈퍼 가서 바닐라 아이스크림 좀 사다
           주시면 안 돼요, 아줌마?

65. 실외 포차 (밤)

지점장, 변 팀장, 장 팀장, 주혁, 종후, 환 3차 중인…. 환은 취했다.

지점장 우리 때만 해도 은행원이 진짜 꿀직업이었거든. 사람들이 엄청
          선호했어요. 은행권에 있다 그러면 막 부러워하고, 마누라들도
          큰소리 뻥뻥 치고.

변 팀장 그쵸, 저희 때만 해도 나쁘지 않았었으니까.

지점장 근데 이 사회가 너무 빨리 변하는 거라. 그 흐름을 쫓아갈 수가
          없어요. 아니, 휴대폰에 손가락 까딱까딱 몇 번 하면 입금, 출금,
          대출까지 되는 이런 시대가 오리라고 누가 상상이나 했냐고. 호
          시절 다 간 거지, 우리도. 안 그래?

변/장/종후 그쵸./맞아요, 좀 씁쓸해요./맞습니다.(대꾸하는데)

주혁   (딴생각에 빠진. 술잔만 만지작거리는)

지점장 고객 상대해야지, 영업 뛰어야지, 이젠 길에서 홍보 전단까지 돌
          려야 되니….

환   (잔 탁 놓으며) 에이, 진짜…. 듣기 싫어요, 점장님, 일 얘기! 그냥
          기분 좋게 술만 좀 마심 안 됩니까? 아니, 무슨 회식 자리에서까
          지 주구장창 일 얘길….

변/장 팀장 (환 입 막으며) 야, 인마…!/환이 씨 많이 취했네, 어? (말리는)

환   (옆 테이블에서 딩동, 호출벨 울리자) 어? 244번 고객님, 1번 창구
          에서 도와드리겠습니다아!!! (인사하다가 테이블에 이마 박는다)

종후   (쯔쯔) 또 일 친다, 저거…. 웬일로 오늘은 그냥 넘어가나 했다.

주혁   저기 저는… 먼저 좀 들어가 보겠습니다. (일어선다)

66. 주혁 차 안 (밤)

대리 기사 운전하고… 뒷좌석 등받이에 기대앉은 주혁. 생각에
빠져 있다.

(주혁)   그래, 우리에게도 그런 시절이 있었다. 우진이 때문에 비루한 세
상이 빛나 보이고, 우진이를 웃게 만들기 위해 기운 내 또 하루를
살아가던 시절….

#. 회상 플래시 - 10년 전, 연인 된 후 데이트 몽타주들.
도서관에서 공부하는 주혁과 우진. 우진, 연신 주혁 툭 치며 모른 척, 장
난친다. 팔짱 끼고 길거리 포차에서 어묵 먹는 주혁과 우진, 마냥 행복해
보인다. 주혁, 우진을 집 앞까지 바래다 주고는 헤어지기 싫어 되돌아 걷
는… 긴 골목길….

다시 주혁 차 안. 마침 우진의 집 근처를 지나고 있다. 편의점이
보이자 주혁, 창 밖 보며 '그래! 바로 여기다' 하는 표정. 몇백 번
도 더 오갔던 골목, 우진의 동네다. 이때, 휴대폰 문자벨이 울린
다. 들여다보면 혜원이다.

#. 문자 인서트 - '아직 안 끝났어? -혜원'

주혁   (문자 보다가, 휴대폰 내려놓고) 기사님, 여기 좀 세워주세요.

67. 우진의 집 근처 편의점 앞 (밤)

차에서 내리는 주혁, 기억을 더듬어 우진의 집 방향으로 걸어가

본다.

68. 우진의 집 앞 (밤)

우진의 집 앞으로 천천히 걸어오는 주혁. 멈춰서 우진의 집을 올려다본다. 옛 기억에 감회가 새롭다.

주혁   … 많이 낡았구나… 이 집도…. (한 번 더 보고는, 여긴 뭐하러 왔나 돌아서는데)

우진   (바닐라 아이스크림을 사 오는 길. 주혁을 보고 멈칫한다) !!!

주혁   !!! (우진 보고 당황하는)

우진   (다가서며) 차… 대리님? (주혁 확인하고는 맞구나, 하며 놀란다) 차 대리님! 여기서 뭐 하세요? 저희 집은 어떻게 아시고….

주혁   (당황해 얼굴까지 벌개지며 둘러대는) 아… 그게… 여기가 서우진 씨 집이었구나. 난 그냥 친구 집이 근처라 왔다가 길이 헷갈려가지고… 아 참… 어떻게 이런 우연이…. 거 참 신기하네, 하하…!

우진   (보는)

주혁   저기, 그럼 늦었는데 들어가요. 그놈 집이 그럼… 어느 쪽인가…? (돌아서는데)

우진   대리님!! (주혁 부르는)

주혁   (멈칫, 뒤돌아본다)

우진   … (쳐다보기만)

주혁   … (쳐다보기만)

이때, 주혁의 휴대폰 벨이 울린다. 보나마나 혜원이다.

주혁   (휴대폰 받을 생각도 않고 우진 바라보기만)

우진   (주혁 보다가) 대리님, 이런 말 이상하게 들릴지 모르겠는데요….

주혁   … (긴장한 표정이다)

우진   … 대리님, 혹시… 저… 아세요…?
주혁   !!! (놀란 듯 눈 동그래지며 우진을 보는)
우진   (역시 혼란스러운 표정으로 주혁을 보는데)

이때, 집에서 살금살금 나오던 우진 모. 멈칫, 하더니 주혁을 본다.

우진 모   (반색하는) 차 서방!!!
주혁   !!! (안 그래도 놀란 눈이 우진 모를 보고 더 동그래지는)
우진   ? (그런 모친과 주혁을 번갈아 보며 놀라는)

그렇게 묘한 긴장감으로 마주 서 있는 세 사람의 모습에서…
4화 엔딩.

5화

🌙

☾

처음

———

그 느낌처럼

(주혁)　　기사님, 여기 좀 세워주세요.

　　　　차에서 내리는 주혁, 기억을 더듬어 우진의 집 방향으로 걸어가 본다.

2. 전화 연결 - 우진의 집 앞 (밤)

　　　　우진의 집 앞으로 천천히 걸어오는 주혁. 멈춰서 우진의 집을 올려다본다. 옛 기억에 감회가 새롭다.

주혁　　… 많이 낡았구나…, 이 집도…. (한 번 더 보고는, 여긴 뭐하러 왔나 돌아서는데)

우진　　(바닐라 아이스크림을 사 오는 길. 주혁을 보고 멈칫한다) !!!

주혁　　!!! (우진 보고 당황하는)

우진　　(다가서며) 차… 대리님? (주혁 확인하고는 맞구나, 하며 놀란다) 차 대리님! 여기서 뭐 하세요? 저희 집은 어떻게 아시고….

주혁　　(당황해 얼굴까지 벌개지며 둘러대는) 아… 그게… 여기가 서우진 씨 집이었구나. 난 그냥 친구 집이 근처라 왔다가 길이 헷갈려가

	지고… 아 참… 어떻게 이런 우연이…. 거 참 신기하네, 하하…!
우진	(보는)
주혁	저기, 그럼 늦었는데 들어가요. 그놈 집이 그럼… 어느 쪽인가…?
	(돌아서는데)
우진	대리님!! (주혁 부르는)
주혁	(멈칫, 뒤돌아본다)
우진	… (쳐다보기만)
주혁	… (쳐다보기만)

이때, 주혁의 휴대폰 벨이 울린다. 보나마나 혜원이다.

주혁	(휴대폰 받을 생각도 않고 우진 바라보기만)
우진	(주혁 보다가) 대리님, 이런 말 이상하게 들릴지 모르겠는데요….
주혁	… (긴장한 표정이다)
우진	… 대리님, 혹시… 저… 아세요…?
주혁	!!! (놀란 듯 눈 동그래지며 우진을 보는)
우진	(역시 혼란스러운 표정으로 주혁을 보는데)

이때, 집에서 살금살금 나오던 우진 모. 멈칫, 하더니 주혁을 본다.

우진 모	(반색하는) 차 서방!!!
주혁	!!! (안 그래도 놀란 눈이 우진 모를 보고 더 동그래지는)
우진	? (그런 모친과 주혁을 번갈아 보며 놀라는)
(주혁)	!!! (너무 놀라 얼음 된 채로 보며) … 자… 장모님…
우진 모	(다가와 주혁 손 덥석 잡으며) 왜 이렇게 오랜만에 왔어, 차 서방!
(주혁)	(우진 모 보며 당황) 어… 어떻게 날….
우진	(당황하며) 엄마, 차 서방이라니… 우리 지점 대리님이셔.
우진 모	아, 시끄러! 니가 자꾸 짜증 내싸니까 차 서방이 우리 집에도 잘 안 오고…. 너 그럼 못써, 기지배야! (상냥) 들어가자, 차 서방.

응? 얼른! (손잡고 들어가는)

주혁   아니… 저, 저기…. (어리둥절한 채 우진 모 손에 끌려 들어가는)

우진   (놀라) 엄마, 엄마아! (당황해 쫓아 들어간다)

3. 우진의 집 거실 (밤)

우진 모   (주혁 끌고 들어오며) 들어와, 차 서방. 어여.

얼결에 끌려 들어온 주혁, 순간 멈칫하며 집을 스캔하듯이 둘러
본다.

#. 회상 플래시 - 10여 년 전 같은 장소.
교복 입은 우진의 옆에 선 주혁이 우진 모에게 인사한다.

주혁   안녕하세요, 어머니. 차주혁입니다. 올해 연희대 복학했습니다.

다시 현재. 복잡한 표정으로 우진의 집을 보며

(주혁)   … 좀 낡긴 했지만… 예전 그대로다…!

우진 모   (업된, 주혁 잡은 채) 안 그래도 내가 꿈에 차 서방이 자꾸 보여
서… 차 서방 좋아하는 갓김치를 아주 어마무시하게 담가놨잖어.
잘했지?

주혁   !!! (우진 모를 본다. 그나저나 어떻게 날 알아보시지?)

우진 모   조금만 기다려, 차 서방. 내 갓김치 갖고 나올게. 이게 익어야 더
맛있는데, 아직 좀 알싸하려나 어쩌려나. (말하며 뒷베란다 쪽으로
간다)

주혁   (어리둥절한 채 보는데)

우진   (쩔쩔매는) 죄송해요, 대리님. 전에 말씀드렸죠, 엄마가 좀 아프시
다고.

주혁	(맞다, 그랬었다) 아… 그, 그럼 혹시….
우진	알츠하이머세요…. 치매.
주혁	!!! (충격받은 듯 표정 굳는)
우진	정신이 좀 왔다 갔다 하시는데… 제가 결혼한 걸로 착각하시나 봐요. 그래도 이런 상황은 처음이라 저도 좀… 너무 황당하시죠? 엄마 나오기 전에 얼른 나가세요, 얼른…. (하며 앞장서 나간다)
주혁	(따라 나가며 베란다 쪽 본다. 아직 충격이 가시지 않은 표정이다)

4. 우진의 집 앞 (밤)

우진을 뒤따라 나오던 주혁, 우진의 팔을 잡는다.

우진	? (돌아보면)
주혁	(충격이 가시지 않은) 저기 어머니… 언제부터예요?
우진	네? (주혁이 너무 세게 잡아 팔을 내려다본다)
주혁	(얼른 팔 놓으며) 아… 증상이 언제부터….
우진	(담담) 1년 좀 더 됐어요. 처음엔 그냥 깜빡깜빡 정도였는데, 점점 심해지더라고요. 갑자기 길을 잃고, 과거랑 현재를 착각하고, 돌아가신 아빠가 살아 있다고 믿고 행동하고…. 가끔은 저더러 아줌마라고도 해요.
주혁	(외려 심각한)
우진	자꾸 집을 뛰쳐나가서 걱정이긴 한데, 그래도 엄만 귀여운 치매인 편이라 큰 불편은 없어요. 가끔 너무 엉뚱한 말을 해서 사람 기함하게 하는 거 빼고는.
주혁	(뭔가에 뒤통수를 가격당한 듯 머리가 띵, 하다)
우진	(그런 주혁 보며) 근데 이 와중에, 저도 궁금한 게 하나 있는데…. (빤히 보며) 정말 우연이에요? 우리 집 앞에 계셨던 거?
주혁	(당황) 그, 그럼…. 내가 우진 씨 집을 어떻게 알아, 무슨 점쟁이도 아니고…. (둘러대면서도 눈을 마주치지 못하고 쩔쩔매는데)

244

이때, 우진 모가 김치통을 들고 나온다.

우진 모   차 서방!

우진   어, 엄마, 또 왜 나와!

우진 모   아니, 차 서방이 이걸 놓고 가가지고…. (김치통 들어 보이는)

주혁   아…! (얼른 김치통 받는)

우진 모   (애정 어린 눈빛으로) 바쁘지? 그래도 끼니는 거르지 말어. 입맛
            없더라도 물 꾹꾹 말아서 이거라도 해서 한술 뜨고 나가고. 응?

주혁   … 네…. (그 우진 모의 눈빛에 마음이 흔들린다)

우진 모   오랜만에 한번 안아보자, 우리 사위. (와락 안고) 너무 말랐어….
            (토닥이면)

주혁   …! (뭔가 가슴이 쿵, 먹먹해지는)

우진   (당황, 떼어내며) 엄마, 왜 이래. 대리님 곤란하게. (주혁 눈치 보는)

주혁   (짠하고, 미안하고, 마음이 복잡하다)

5. 거리 (밤)

갓김치통 들고 차를 향해 걸어가며 생각에 잠긴 주혁.

(주혁)   … 장모님은 진짜 나를 기억하는 걸까? 아니면 그냥 치매 때문
            에…? 그나저나 장모님은 어쩌다 그런 몹쓸 병에…. (하다가 멈칫
            한다)

(우진)   1년 좀 더 됐어요. 처음엔 그냥 깜빡깜빡 정도였는데, 점점 심해
            지더라고요.

주혁   !!! (뭔가 짚이는 데가 있다는 듯한 표정이다)

#. 회상 플래시 - 1년 전 주혁의 집 거실.
허둥지둥 다시 양복 재킷을 입는 주혁, 휴대폰 통화 중이다.

주혁　　　… 아뇨, 점장님. 집 앞입니다, 아직. 아, 그럼요. 점장님이 우울하
　　　　시다는데 달려가야죠. 동생이. 쫌만 기다리십시오. 네! (끊고 나가
　　　　려는데)

우진　　　(갓난아이 안고 방에서 나온다) 또 어딜 가?

주혁　　　어, 점장님 호출. 나 갔다 올게. (현관 쪽으로 나가는데)

우진　　　(표정 어두운) 저기! 나 의논할 거 있는데, 당신이랑. 엄마 때문
　　　　에….

주혁　　　뭐, 급한 일이야? 나중에 하지, 나 빨리 가야 되는데… 뭔데? (재
　　　　촉하듯 보면)

우진　　　… 아니, 좀 걱정돼서… 엄마가 낮에 길을 못 찾겠다고 전화가 와
　　　　서….

주혁　　　(마음 급하다) 장모님 원래 길눈 어두우시잖아. 잠깐 헷갈리셨나
　　　　보지. 나도 그럴 때 있거든. 야, 나 빨리 가야 돼, 갔다 올게! (횡
　　　　하니 나가고, 쾅 닫히는 문!)

다시 현실. 주혁, 표정 굳는다.

주혁　　　그럼 그때부터….

아무래도 맞는 듯하다. 그런 줄도 모르고 가벼이 지나쳤다. 혼자서
얼마나 속을 끓였을까? 미안하고… 후회되고… 쓰린 표정이다.

(혜원)　　왜 전화를 안 받아? 아무리 회식이라도 그렇지…?!

6. 혜원의 집 거실 (밤)

갓김치통 들고 들어오는 주혁에게 뾰로통해 투정하는 잠옷 바람
의 혜원.

혜원	오늘은 목숨 걸고 받았어야 되는 거 아냐, 내 전화? (눈 흘기며 협박하듯이) 자꾸 이런 식으로 하면 나 또 집 나간다, 나가?
주혁	아냐, 나가면 안 되지…. 미안해. 벨소리를 못 들었어. (눈치 보며 김치통 놓는)
혜원	(보며) 뭐야, 그건? 아으, 냄새….
주혁	어? 어…, 갓김치.
혜원	갓김치? 그게 어디서 났는데?
주혁	아… (둘러대는) 우리 직원들 잘 가는 감자탕집 이모님이… 내가 갓김치 너무 맛있다 그랬더니 단골이라고 이렇게… 싸주시네….
혜원	그딴 걸 뭐하러 얻어 와? 백화점에서 그때그때 사 먹으면 되지.
주혁	이게 또, 그 맛이랑은 달라서. (하곤 눈치 보며 냉장고에 김치통을 넣는다)
혜원	(팔짱 끼고 주혁 앞에 다가서며) 그래서, 더 할 말은 없고, 나한테?
주혁	(보며) 미안해, 화내서…. 다신 안 그럴게.
혜원	진짜 다신 그러지 마라. 한 번만 더 그랬다가는 이혼이야.
주혁	(고개 끄덕끄덕하면)
혜원	(용서해준단 듯이 제 볼을 톡톡 친다…. 이제 다 풀렸다는 신호다)
주혁	(혜원 볼에 쪽, 뽀뽀한다. 그러나 마음은 싱숭생숭하다)
(우진)	자, 이제 침소에 좀 드실까요, 오마니?

7. 우진의 집 안방 (밤)

안방에 이부자리를 까는 우진. 우진 모 그 옆에서 하암, 하품하는

우진	(요 깔며) 졸려 죽겠지, 아주? 눈이 끔뻑끔뻑하는데 왜 버티셔, 그러게.
우진 모	(졸린 눈으로) 나 안 졸려어! 너 집에 가, 차 서방 기다려.
우진	아, 엄마, 진짜…. 그분 우리 지점 대리님이라고. 차 서방 아니고.
우진 모	(발끈) 차 서방이야! 대리님 아냐!

우진	(어이없어 웃는) 아, 돌겠네. 아니, 차씨인 건 또 어떻게 때려 맞춰서… 진짜 신통방통하다, 신통방통해. 돗자리 까셔야겠다, 우리 엄마!
우진 모	(투덜) 차 서방이니까 차씨지. 옘병. 바보 멍충이 코딱지.
우진	(그런 모친 보며) 엄마. 차 대리님이 좋아?
우진 모	(툭) 좋지, 그럼. 세상에서 제일 좋지. 우리 차 서방이.
우진	오케이, 이제 엄마 남자 스타일도 알았고. 내가 차 대리님 엇비슷한 아저씨 하나 알아볼 테니까 일단 주무셔. 안 그럼, 망태아저씨 쫓아온다!
우진 모	(겁먹은 표정으로 얼른 요에 눕는다)
우진	(웃으며, 얇은 홑이불 덮어준다)
우진 모	(누운 채 우진 보며) 졸려… '아이쁘라' 불러줘….
우진	(토닥토닥 재우며 랩 흥얼흥얼, 일종의 자장가다) … 모두 날 보면… 아이쁘라 아이아이 아이쁘라 아이쁘라 아이쁘라… 모두 날 보면… 아이아이 아이쁘라….
우진 모	(눈 가물가물) … 차 서방한테 잘해, 이것아… 니 아빠 그렇게 가고… 그래도 우리 의지 되어준 사람은 차 서방밖에 없잖아…. 돈 안 받고 니 공부도 봐주고… 집에 와서 등도 갈아주고… 샤워기도… 고쳐… 주고…. (이내 잠든… 쌕쌕 숨소리)
우진	(보는) … 소설도 잘 써, 우리 엄마. 누가 들으면 진짜인 줄 알겠다…. (토닥이며)

8. 다음 날/거리 인서트 (낮)

분주한 아침. 출근길 서두르는 사람들 뒤로, 건물 옥외 전광판에 뉴스 화면이 보인다. '어제 오후 3시경 경기도 수원시 한 은행 영업점에서 보이스피싱범이 현금을 탈취해 달아난 사건이 발생했습니다. 범인은 금감원 직원을 사칭, 계좌가 대포통장으로 이용되고 있으니 현금을 안전한 곳으로 옮겨야 한다고 속여 은행까

지 동행, 현금을 탈취한 후 출동한 경찰을 피해 도주했습니다…'
그런 아침의 풍경 위로 타이틀이 뜬다.

제5화 | 처음 그 느낌처럼

(향숙)　　325번 고객님, 2번 창구에서 도와드리겠습니다.

9. 은행 객장 (낮)

(주혁, 종후 빼고) 직원들, 각자 자리에서 업무 준비하는데 출입문
열리자 캡모자 눌러쓰고, 복면한 강도 두 명이 뛰어 들어온다.

강도1　　(총 겨누며) 스톱! 다들 움직이지 마!

직원들　　아악! 엄마! (소리 지르고, 주저앉고 난리)

강도2　　(역시 총 겨눈 채) 움직이지 마, 움직이지 마! 허튼짓 하면 바로 쏜
　　　　다!

직원들　　!!! ('쏜다'는 말에 얼음 되는)

강도1　　지금부터 찍소리 하지 말고 내가 시키는 대로만 한다, 알았어?
　　　　(하는 동안)

강도2　　(두리번거리곤 능숙하게 수건 던져 CCTV를 가린다)

우진　　　(긴장한 듯 침 꼴깍 삼키며 주시하는데)

강도1　　싹 다 일어나 창구 밖으로 나와. 너만 빼고. (하곤 환에게 가방을
　　　　휙 던지는)

환 움찔하고… 변 팀장, 장 팀장, 향숙, 혜정, 우진 창구 밖으로 나
온다.

변 팀장   (나오며) 저기, 원하는 거 다 드릴 테니까 제발 사람만 안 다치게….

강도1   찍소리 말랬지, 새꺄! (변 팀장 멱살 잡으며) 내 말이 말 같지 않아?

변 팀장   (켁켁, 목 졸려 얼굴 벌개지는)

강도1   (멱살 잡은 채, 환 보며) 넌 뭐 해? 거기 돈 안 담아, 빨리?

환   (가방에 현금 다발 넣으며) 저기… 여긴 현금도 얼마 없고 금고에 다 있는데….

변 팀장   (멱살 잡힌 채 저 미친놈…! 하는 표정)

강도2   (여직원들에 총 겨누며) 금고 담당 누구야, 나와…. 누구야?

우진   (손 번쩍 들며) 저기….

강도2   뭐야, 너야?

우진   아뇨…. 저 진짜 너무 급해서 그러는데… 화장실 좀 갔다 오면 안 될까요?

강도2   지금 장난해? 안 돼, 참아.

우진   아까부터 참아서… 제가 스트레스성 방광염이라 제 의지로 조절이 잘 안 되거든요. (몸 배배 꼬며) 아… 진짜 한계인데… 잽싸게 갔다 올 수 있는데….

강도1   이게 씨…. 상황 파악이 안 돼? 여자라고 봐줄 줄 알아? 확 그냥! (위협하는데)

환   (이 틈을 이용해 비상 버튼을 쓱, 누르는)

(E) 징, 지잉 (비상 버튼 소리)

10. 경찰 출동 몽타주 (낮)

(E) 비상벨 계속 울리며

\#. 경찰서 앞 – 기동복을 입은 특공대 요원들이 나와 버스에 탑승하고

\#. 경찰서 정문 – 요란한 사이렌과 함께 나오는 경찰차와 경찰 버스

#. 거리 - 도로를 내달리는 경찰차와 경찰 버스

11. 은행 앞 (낮)

사이렌 소리와 함께 도착한 경찰차와 경찰 버스. 경찰 특공대 요원들, 일사불란하게 버스에서 내리고, 특공대장의 지휘 아래 1조는 정문 향하며 총을 겨누고 도열했다. 2조는 신중하게 침투 시도한다. 경찰차에서는 사복 차림의 형사들이 무전기 들고 내리며 은행으로 향한다.

12. 은행 객장 (낮)

강도 1, 환 헤드락 건 채 '죽을래?!' 소리 지르는데, 이때, 특공대 뛰어 들어와 총 겨누고 형사들도 들어온다.

특공대장 멈춰! 총 내려놓고 손 들어!

강도1,2 (멈칫해서 보는)

특공대장 (강도1에게 총 겨눈 채 다가서며) 총 내려놓고 손 들라고! 얼른!

강도1,2 (멈칫) 아 씨… 쌍…! (별수 없이 자리에서 물러서며 손 든다)

형사들 (특공대장과 특공대 엄호 받으며 강도들에게 다가가 수갑 채우려는데)

(지점장) 컷! 컷컷!!! (박수 치며 나오는)

컷 소리에 맞춰 다시 수갑을 푸는 형사들. 강도 1, 2가 모자와 복면을 벗는데…, 다름 아닌 종후와 주혁이다.

지점장 수고하셨습니다. 정확히 5분 10초 만에 출동하셨네요, 오늘은.

형사 고생들 하셨습니다! (하곤 무전기에 대고) 상황 종료. 상황 종료. KCU 은행 가현 지점 창구 사고 모의 훈련, 상황 종료됐습니다.

13. 은행 입구 (낮)

입구에 세워져 있는 푯말 C.U 하면,
'금일 9시~10시, 창구 사고 모의훈련 관계로 10시 이후 개점합니다. 양해 부탁드립니다' -KCU 은행 가현점 지점장 & 가현 경찰서장

14. 은행 객장 (낮)

직원들 모여 있고, 땀범벅의 주혁과 종후 수건으로 땀 닦는다.

장 팀장   아, 아침부터 무슨 모의 훈련이야. 어제 마신 술도 안 깼구만, 진짜.
향숙/혜정 그러게 말이에요./훈련인데도 할 때마다 쫄려, 난.
환   난 은근 재밌던데.
우진   근데 전 훈련을 이렇게 리얼하게 할 줄 몰랐어요. 완전 몰입되던데요.
장 팀장   그러게. 자긴 심하게 몰입한 거 같더라. (하는데)

이때, 지점장과 변 팀장 평가지 들고 온다.

지점장   다들 수고했어. 오늘 모의 훈련은 정기 훈련하고는 별개로, 요즘 사건도 많고 해서 본사 특별 공지로 시행한 거니까 이해하고. 특히 강도 두 사람, 열연이었어.
주혁/종후 아, 과찬이십니다./그죠, 괜찮았죠? 아, 난 체질인가 봐, 연기가.
변 팀장   체질이 아니라 리얼이었던 거 아냐? 멱살 잡은 손에 아주 힘이 뭐…. 완전 감정 실렸던데? 그래도 새낀 좀 너무하지 않았냐, 상사한테…?
종후   에이, 팀장님 왜 그러세요. 너무 열연하다 보니까… 제가 애정하는 거 아시면서.

252

지점장	아, 암튼 애들 썼고, 간단히 훈련 평가는 해야겠지? 일단 서우진이.
우진	넵.
지점장	오늘 훈련에서 서우진 씨 역할이 뭐였더라?
우진	신고 및 관찰조로 알고 있는데요.
지점장	그렇지, 신고 및 관찰조. 근데 관찰은커녕 겁 없이 나서서 총 든 강도를 자극했단 말이지. 진짜 승질 더러운 강도였어 봐, 몸에 빵꾸가 났을 수도 있겠지?
우진	아… 제 딴엔 비상벨 누를 수 있게 시선을 끌어줘야 될 거 같아서 그랬는데… 경거망동이었네요. 시정하겠습니다!
지점장	다음, 김환.
환	저는 나름 시간도 끌고 벨도 누르고 잘한 거 같은데.
변 팀장	객장에 있는 돈도 모자라서 금고까지 털어 가란 게 시간 끈 거야? 벨도 그래, 범인 둘이었지. 다른 놈이 니가 움직이는 거 봤으면 어떻게 했겠어? 욱해서 총 난사할 수도 있었겠지? 그럼 상황 끝이야, 인마!
우진	(손 들고) 저기, 질문 있는데요…. 그럼 무조건 강도가 나간 후에 벨을 누르란 건데, 안전도 중요하지만 그런 소극적인 대처 때문에 도둑노무 쉐끼들이 은행을 엿으로 보고 털러 오는 거 아닌가요?
향숙/혜정	(어머…)/(잰 뭐야… 하는 표정)
지점장	물론 나도 그런 쉐끼들한테 은행 돈 바치기 싫지. 그래도 실제 상황에서 제일 중요한 건 첫째도 안전! 둘째도 셋째도 안전! 어? 이번에 수원 사건 봐, 보이스피싱범들도 언제 강도로 돌변할지 모르는 거거든.
장 팀장/변 팀장	그러게요, 무서워 죽겠어, 진짜./난 니가 더 무서운데…./(찌릿)
지점장	(종이 돌리며) 자, 이건 이번에 업데이트된 보이스피싱 예방 지침인데, 사기 수법이 날로 지능화되고 있다고 하니까 대처법 숙지들 하고, 어르신뿐 아니라 젊은 고객들한테도 기관을 사칭한 자금 이체나 현금 전달 등의 요구는 100퍼센트 보이스피싱이라고 잘 설명해주세요. 자, 그럼 이상!

직원들	믿음과! 나눔으로! 새로운 금융!!! (박수 치며 흩어지는)
주혁	(흩어져 자리로 가며 우진을 본다. 역시 도발적인 건 여전하구나)

직원들, 각자 자리로 가 앉으며

향숙	아으, 어제 너무 펐나 봐. 숙취 때문에 훈련을 어떻게 했는지도 모르겠어.
혜정	그러게. 힘들긴 하다. 근데 진짜 강도 들면, 훈련한 대로 이렇게 할 수 있을까?
향숙	아, 왜 그래… 무섭게.
혜정	그치, 생각만 해도 간 떨리지? 난 죽을지도 몰라, 그 상황이면.
종후	걱정 마, 그대들. 내가 은행 근무 7년 차인데 날치기 잡범도 본 적이 없다.
장 팀장	5년 보태서, 미투.
변 팀장	거기에 3개월 더 보태서, 미쓰리.
장 팀장	3개월을 왜 보태? 나랑 입사 동기 아니에요, 변 팀장님?
변 팀장	장 팀장 휴직했었잖아, 탈장 수술하고. 아마도 만성 변비가 원인이었지?
장 팀장	별걸 다 기억해. 그러는 당신 장은 괜찮으신가? 과민성이신 걸로 아는데.
변 팀장	여전하지, 뭐. 그래도 변비보단 장트라볼타가 낫지. 우리 둘이 성이 바뀌었어야 되는데 말야. (장 팀장 가리키며) 변 팀장? 장 팀장. 그치? (티격태격한다)
우진	(뭔가를 품속에 감추고 탕비실 쪽으로 가며 주혁을 툭툭 친다)
주혁	? (우진 보면)
우진	(탕비실로 따라오라는 눈짓)
주혁	? (무슨 일이지? 싶은)

우진 들어오고 주혁 따라 들어오자, 우진 얼른 문을 닫는다.

주혁   ! (어리둥절해서 우진 보면)

우진   (주머니에서 짜 먹는 숙취 해소제 두 개를 꺼낸다. 하나는 찢어서 주혁에게 주며) 드세요, 숙취 해소제예요…. 제가 웬만하면 먹는 건 누구 잘 안 주는데, 대리님한텐 특별히 드리는 거예요. 어제 저희 엄마 때문에 당황하셨을 텐데, 잘 받아주시고 너무 감사해서.

주혁   (들고 보기만)

우진   (자기 것 찢어 쭉쭉 빨아 먹다가) 드세요, 누구 오기 전에. (주혁이 것 입에 물려주는)

주혁   (우진 보며 소심하게 짜서 먹는다)

우진   쭉, 쭉쭉. (하더니 답답하다는 듯 주혁이 것 잡고 쭉쭉 짜준다)

주혁   (먹으며 기분 묘해진다) 내가, 내가 먹을게. (잡고 쭉쭉 짜 먹는다)

우진   (그런 주혁 마음 모르고 해맑게 웃는)

주혁   (얼추 다 먹고) … 저기, 어머니 말인데… 병원은 다니고 계시지? 약은….

우진   드시죠, 당연히. 덕분에 진행은 더뎌요.

주혁   아… 저기 혹시 병원 옮길 생각이면, 말해요. 내 친구 친구의 형수가 그쪽으로 유능한 의사라는 거 같던데… 내가 소개해줄게요.

우진   아… 친구 친구의 형수. 알겠습니다, 필요하면 말씀드릴게요. (웃는다)

이때, 문 열고 종후가 들어온다. 두 사람 화들짝 놀라며 숙취 해소제 감춘다.

종후   뭐 해 둘이, 여기서?

주혁   (당황해) 아냐. 하… 하긴 뭘 해.

우진　(연기) 정말 죄송합니다, 대리님, 주의하겠습니다! (울듯한 표정으로 나간다)

종후　야, 뭘 얼마나 잘못했기에… 새끼, 이상하게 서우진한테 박해. 나쁜 놈.

주혁　(어이없는)

16. 프라이빗 헬스클럽 (낮)

100퍼센트 회원제로 운영되는 고급 헬스클럽. 가벼운 트레이닝 복 차림의 혜원, 웨이트 중인데 현수 지나가다가 알아본다.

현수　! (멈추고) 어, 강사님…?

혜원　(소리 나는 쪽을 보면, 현수가 트레이닝복 차림으로 서 있다) 어….

현수　(반갑다는 듯) 이 클럽 다니세요? 와… 대박.

혜원　… 어…. 너도 여기 다니니…?

현수　네. 여기가 학교랑 집이랑 딱 중간이라…. 강사님요? 다닌 지 오래되셨어요? 근데 왜 한 번도 못 봤지?

혜원　아, 난 3개월 정도. 딴 데서 하다가.

현수　아… 첨엔 아닌 줄 알았어요. 그렇게 입으시니까 완전 다른 느낌이라.

혜원　(차림이 의식되는, 표정 관리하며) 그래… 그럼 운동해. (다시 운동 시작하는)

현수　(기구 쪽으로 가서 운동하기 시작하는)

혜원　(운동하면서도 현수 의식된다. 거울로 현수 힐끔거리는데)

현수　(혜원 쪽 본다)

혜원　(아닌 척 얼른 다시 운동에 집중하는데)

현수　(다가오는) 생각보다 욕심 있으시네. (친절하게 추 하나 빼주며) 자기 무게에 딱 맞게 해야 돼요. 안 그럼 근육에 무리 와요.

혜원　아, 땡큐. (다시 운동하는데)

현수   (팔 잡으며) 팔이 흔들리면 안 돼요. (자세 교정해주는) 가슴 내밀
        고, 어깨는 펴고. 내릴 때도 긴장 유지하면서… 천천히… 이래야
        팔뚝 라인이 매끈해져요.

혜원   (살짝 설레지만, 여유 있는 척) 운동 많이 했나 봐. 잘 아네.

현수   기본만요. (혜원 손 보며) 악기 다루는 손이라 다르긴 하네요. 하
        얗고… 참 이뻐요.

혜원   (얼른 손 내리며) 가서 운동해. 난 그만 할래. (일어난다)

현수   나도 그만 할래요. 그럼. 밥 먹어요.

혜원   너랑? 내가 왜?

현수   지난번에 산댔잖아요. 근데 용돈까지 주시고. 가요, 저 빚지는 거
        싫어요.

혜원   (가야 되나 말아야 되나 하다가, 못 이기는 척 따라간다)

17. 헬스클럽 건물 지상 주차장 (낮)

혜원과 나오는 현수. 리모컨 키 꺼내며,

현수   제 차로 가요. (키 누르는, 컨버터블 외제차에 불이 들어온다)

혜원   (보며) 니 차야?

현수   완전히는 아니고 반 정도? 아직 아빠 명의거든요. 무사히 졸업해
        야 준대요. 자수성가한 스타일이라 무지하게 짜세요. (조수석 문
        열어주는)

혜원   근데 여긴 여자 친구만 태워야 되는 거 아냐? 나 괜히 오해받기
        싫은데.

현수   괜찮아요, 헤어졌어요.

혜원   ! ('진짜냐'는 듯한 표정)

현수   길게 만날 애는 아니었어요. 집착이 너무 심해서.

혜원   니들 땐 그럴 수 있어. 그게 사랑인 줄 알지. (괜히 기분 좋아져서
        타는)

각자 자리에서 마무리 작업 중인 직원들. 지점장, 자리에서 일어
나며 말한다.

지점장   나 먼저 갈게. 대오물산 대출 건 때문에 미팅이 있어서.
직원들   네, 들어가십시오. 점장님./가세요./너무 과음하지 마시고요.
지점장   난들 하고 싶어서 하냐, 과음을. 대오 그 대표 놈은 골프도 안 쳐
         요, 그냥 술이야, 주구장창. 때가 어느 땐데 말이야…. (지나가며
         주혁에게 슬쩍) 대오 건 성사되면 내 차 대리한테 넘길게. 저번 태
         진 건 보답 차원에서. (눈 찡긋하고 가는)
주혁   (좋아라 인사하는) 들어가십시오, 점장님!
변 팀장   야, 우리도 오늘은 일찍 피니시하자. 아침부터 쌩쇼를 했더니 아
         주 피곤타.
장 팀장   그러자고. 간만에 시재도 딱 맞고, 퇴근합시다. (가방 챙기는)
직원들   (간만의 이른 퇴근에 신난, 다들 가방 챙긴다)

우진, 옷 갈아입으러 탈의실 쪽으로 가는데 명찰이 떨어진다.

종후   어, 서우진 씨. 뭐 떨어졌다. (명찰 주워서 준다)
우진   (받으며) 아, 감사합니다. 핀이 고장났나 보네. 고쳐야겠다. (주머
         니에 넣는)
종후   감사하면 저녁이나 좀 사든가. 배고파 죽기 직전인데.
우진   아…, 오늘도 시간이 좀. 다음엔 진짜 꼭 사겠습니다, 꼬옥! (말하
         고 간다)
주혁   (그런 우진 보며 장모님 때문이겠구나… 하는 표정. 가방 들고) 야,
         나도 먼저 간다. 내일 보자, 수고! (나가는)
종후   와이프 엄청 보고 싶구나. 가라! (하곤 머쓱하게 기지개 켜는)
환   (다가와) 밥 친구 없으시면 같이 먹어드릴까요? 저 오늘 약속 없

는데.

종후   됐다, 자식아. (환 보며) 니 눈엔 내가 밥 친구 구하는 걸로 보이냐?

환   그럼 뭔데요?

종후   작업. (하고는 씩, 웃는다)

19. 주혁 차 안 (밤)

주혁, 운전해서 가는데 백미러로 뒤에서 자전거 타고 오는 우진
이 보인다.

(주혁)   !!! (거울로 우진 보며) 모의 훈련도 하고 오늘 피곤할 텐데…. 자
        전거 놔두고 그냥 택시 타고 가지, 힘들게… 체력도 약한 게….
        (다시 힐끗 보며) 슬쩍 태워 가, 그냥? 상사가 직원 차 좀 태워준
        다는데 뭐, 방향도 같고. (하다) 아닌가? 좀 그런가? 그냥 가? (갈
        등하다가) 아 씨… 그냥 가, 가! (액셀 밟는데)

이때, 자전거 타고 오던 우진이 돌에 걸려 넘어진다. 주혁, 그 모
습 보고 바로 끽!!! 급 브레이크 밟는다.

20. 거리 (밤)

우진, 일어나 자전거 일으켜 세우고는 구멍 난 스타킹 사이로 피
나는 무릎을 본다.

우진   아… 진짜 별 보였어. 아, 아파라아…. (옷 터는데)

주혁의 차가 후진해서 우진 옆으로 와서 선다.

주혁   (차창 열고) 우진… (우진아… 하려다가) 서우진 씨. 괜찮아요?

우진	어, 대리님. (그 와중에 장난) 아… 안 괜찮아요. 발목이 부러진 거 같애요.
주혁	지, 진짜? (황급히 차에서 내리는데)
우진	아니, 뻥인데. (히죽 웃으며) 좀 까졌어요, 그냥.
주혁	(내리다가 너도 참… 하는 표정)

21. 주혁 차 안 (밤)

접힌 채 뒷좌석에 실린 자전거에서 줌아웃하면, 보조석에 우진 앉아 있고, 주혁은 우진 의식하며 운전해 가고 있다.

주혁	(피 난 우진 무릎을 슬쩍 보는)
우진	(호기심 어린 표정으로 탐색하듯 보며) 스타킹은 사망했지만, 덕분에 대리님 차도 얻어 타고 최악은 아니네요. 오…. (신기한 듯 터치스크린 만져보는)
주혁	… 거기…. 박스 열면 밴드 있어요. 붙여요… 무릎.
우진	아, 넵. (콘솔 박스를 뒤진다)
주혁	아니, 거기 말고… (하다가 답답한지 손 뻗어 대신 찾아주는)
우진	(밀착된 채) 와우… 이거 영화 같은 데서는 막 썸타고 그런 장면인데… 이걸 제가 대리님하고 하다니, 진짜 영양가 없네요. 총각 째고 쌨는데.
주혁	(그 말에 무안한, 얼른 밴드 꺼내 건넨다)
우진	감사합니다. (밴드 받는다)
주혁	(괜히 뻘쭘하다, 라디오 튼다. 음악 흘러나오고)
우진	(밴드 붙이며) 근데 오늘 했던 그 모의 훈련요, 매번 경찰들까지 출동해요?
주혁	아니, 오늘처럼 관할 서랑 협조해서 하는 경우도 있고, 우리끼리 조촐하게 하기도 하고. 뭐 범죄에 연루된 계좌 대응 같은 거.
우진	근데 영업점에는 강도 오면 주려고 놔두는 비상금 같은 게 있다

면서요?

주혁 꼭 강도에 대비한 건 아니지만 비상시에 쓸 여유 자금을 두긴 하지, 비용 처리할 수 있는. 돈보단 사람 생명이 우선이니까.

우진 그걸 약점으로 이용하는 거잖아요, 강도 새끼들이. 나쁜 노무 시끼들.

주혁 말이 나와서 얘긴데, 그 발끈하는 성격 좀… (하다가) … 은행은 현금이 있는 데니까 행여라도 비상시에는 무조건 가만있어요. 오버할 생각하지 말고.

우진 아니, 오버는 안 할 건데, 우리한테도 가스총이 있잖아요. 그건 무기가 안 돼요?

주혁 (어이없다는 듯) 걔들은 진짜 총 있거든요?

우진 그럼, 수상한 사람 발견하면요? 그냥 모른 척해요? 현금을 막 쓸어 가도?

주혁 그거야… (뭐라 말 못하면)

우진 직원들끼리 사인을 만들어놔야 되는 거 아닌가? 눈을 막 깜빡깜빡한다든지.

주혁 (신났구나…. 어이없다) 영화를 너무 봤네. 조용히 좀 갈까, 서우진 씨?

우진 (내가 너무 떠들었나, 제 손을 집게 삼아 자기 입술을 집는)

22. 혜원의 집 앞 (밤)

현수 차에서 내리는 혜원. 현수가 따라내리며

현수 오늘은 내가 진짜 사려고 했는데. 너무해요, 강사님.

혜원 됐어, 학생한텐 안 얻어먹어.

현수 너무 애 취급 하지 말아요. 그래 봤자 열 살 차이도 안 나요.

혜원 열 살이 작니? 마음에 안 들면 레슨비라 생각하고. 아까 운동 가르쳐줬잖아.

현수	그럼, 맨날 가르쳐줘도 돼요?
혜원	뭐?
현수	제가 트레이너 할게요. 가끔 밥 사세요. (하곤 혜원 손에 든 휴대폰 뺏는다)
혜원	(보며) 뭐 하는 거야?
현수	(자기 번호 입력하는) 트레이너 번호는 알아야죠. (통화 버튼 누르고, 현수 휴대폰에 벨 울린다) 오케이, 저장할게요. (혜원 보며) 누나라고 해도 되죠?
혜원	(어이없다는 듯한 표정)
현수	(휴대폰 주며) 클럽에서 봬요, 연락할게요. 문자 씹기 없기! (차에 오르는)
혜원	하…. (계속 어이없다는 듯 새침한 표정으로 보는데)

현수 차 출발한다. 창문 열어 손 흔들어주고는 멀어져간다. 혜원, 현수 차 멀어지자 표정 풀어진다. 휴대폰에 저장된 현수 번호 보고 '아, 이놈의 인기' 자뻑 어린 표정으로 다른 차창에 비친 자기 얼굴 확인하고 들어간다.

23. 우진의 집 근처 편의점 앞 (밤)

주혁 차 서 있고, 주혁이 뒷좌석에서 자전거를 내려준다.

주혁	(자전거 세워주며) 집 앞까지 가도 되는데….
우진	(편의점 보며) 조기서 아이스크림 사 가야 되거든요, 엄마가 좋아하셔서. 덕분에 편하게 왔어요. 대리님. 감사합니다!
주혁	감사는 뭐, 가는 길인데. 그럼… 가요. (어색하게 차에 타고 출발하는)
우진	(그런 주혁 보며 해맑게 손 흔든다)

주혁 차 멀어져가고, 우진 자전거 끌고 가려는데

(주은)   어이, 서우진 씨?

우진   (보면 트레이닝복에 후드 뒤집어쓴 주은이 뛰어온다) 주은아!

주은   (다가와서, 제자리뛰기 하며) 지금 퇴근하는 거야? (멀어져가는 주혁 차 보며) 저 차에서 내리는 거 같던데. 누구? 혹시 썸남?

우진   그랬으면 얼마나 좋겠냐만, 우리 회사 대리님. 방향이 같아서.

주은   또 모르지. 대리님이 서방님 될지. 남녀 사이는 모르는 건데.

우진   그렇긴 한데, 사모님이랑 머리끄덩이 잡고 붙어서 이길 자신이 없네?

주은   아… 유부…? 너도 참. 주변이 쓰잘떼기 없다. (걸어가며) 내가 쓸데 있는 남자 하나 소개시켜줘? 울 오빠 친구인데, 생긴 건 좀 뺀질뺀질해도 은근 진국이거든.

우진   그래? 생긴 건 뺀질뺀질, 고 지점이 딱 마음에 드네. (웃으며 가는데)

(주은)   에이고, 우리 오빠가 우진이 같은 애랑 결혼을 했어야 되는데….

24. 실내 포차 (밤)

들어와 생수통째 물 마시는 주은. 아기띠 한 상식이 테이블 치우며

상식   … 누구…?

주은   전에 말했잖아, 친구 먹기로 한 애. 오다 또 만났는데 애가 밝아, 야무지고. 심성도 고운 것 같고. 그런 애랑 결혼했어야 우리 엄마 아빠한테도 잘할 텐데.

상식   야, 그건 모르는 거지. 결혼은 현실인데, 애 낳고 지지고 볶고 살아봐라. 그 좋던 성격 날카로워지고 얘가 옛날에 걔가 맞나, 괴물 되는 거 시간 문제지.

주은   (보며) 뭐야, 그거 내 얘기야?

상식   (흠칫) 야 무슨, 니 최대 장점이 한결같다는 건데. 한결같이 거칠고, 한결같이 솔직하고, 심지어 그렇게 맨날 뛰는데 몸무게도 어

쩜 그리 한결같은지.

주은	팩폭 죽인다? 말 다했어?
상식	발끈하긴, 또. 요럴 때 미치게 섹시하더라, 넌. (장난, 엉덩이로 치며) 어떻게, 오늘 준희 동생이나 만들까, 우리? 응? 응, 응?
주은	인간아, 애 안고 그런 농담 하고 싶니?
상식	(아기 귀 막으며) 어, 하고 싶어, 겁나 하고 싶어, 나. (애교 부리는)
주은	(무시하고) 여튼, 오빠 결혼 잘못했어. 돈에 팔려 갔어, 완전.
상식	야, 뭘 또 그렇게까지… 그래도 제수씨가 주혁이한텐 잘하잖아, 살랑살랑.
(주혁)	이거밖에 없어? 아… 오늘은 나 이거… 좀 별론데….

25. 주혁 집 거실 (밤)

식탁 위에 올려져 있는 스테이크 접시 보는 주혁. 옆에는 방금 뜯어 옮겨놓은 듯, 백화점 스티커 붙은 팩이 있다.

혜원	(머리 올려 묶으며) 안 먹고 올 줄 몰랐지. 엄마한테 전화해서 아줌마 좀 얼른 보내달랠까? 기다릴래?
주혁	아냐, 됐어…. 그냥 먹을게. (내키지 않지만 배고프다. 앉아서 썰기 시작)
혜원	하필 왜 아줌마도 없는 날… 그 은행이랑 안 맞아, 진짜. (옆에 앉는)
주혁	(그런 혜원 보며) 밥은, 넌 먹었어?
혜원	어… 학교에서 교수님이랑. 자기 일찍 끝날 줄 알았으면 밖에서 만날걸.
주혁	그러게… 그 생각을 못했네. 레슨은 안 힘들어?
혜원	어, 뭐…. 잠깐잠깐씩 하는 거니까. 재미있어. 할 만해.
주혁	다행이네…. (스테이크 먹기 시작하는)
혜원	근데 자기 오늘 이상하다. 살짝 센치한 것도 같고. (하는데 문자

메시지 진동, 들여다보면)

#. 문자 인서트 - 브이 하고 환하게 웃는 연하남 사진과 함께
'어깨 괜찮아요? 근육통 온 거 아니죠? ^^ - 현수'

혜원   ! (당황스런 표정, 얼른 내려놓고 주혁 눈치 보는)
주혁   아냐, 그냥. (스테이크 썹는데 뻑뻑하고 느끼하고… 영 잘 안 넘어가
      는)
혜원   (연이어 징, 징, 문자가 온다. 상기된 표정) … 나 잠깐, 손 좀 씻고
      올게. (눈치 보며 얼른 안방으로 들어가는)
주혁   (떨떠름하게 스테이크 먹다가) !!! (뭔가 생각난 듯 벌떡 일어나 냉
      장고로 간다. 갓김치통을 꺼내 한 뭉치 집어서 접시에 놓는다)

스테이크 위에 갓김치를 올려 먹는 주혁. 먹을 만하다…. 아니,
맛있다. '음, 역시.' 고개 끄덕이며 갓김치 한 줄을 더 먹는 주혁.
장모님의 갓김치는 역시 최고다. 행복한 표정으로 게걸스럽게 먹
기 시작한다.

26. 다음 날/주혁 아파트 외경(낮)

27. 아파트 복도 (낮)

출근 복장, 외출 복장으로 같이 현관문 열고 나오는 주혁과 혜원.

혜원   자기야, 나 학교까지 태워줘.
주혁   어? 니 차는?
혜원   헬스장에. 몸살기도 있고 어제 운전하기 싫어서 놓고 왔어. (화제
      돌리려 주혁 팔짱끼며) 간만에 같이 출근하고 좋다. 가자, 늦겠어.

28. 주혁 차 (낮)

클래식 음악 틀고, 나란히 앉아 가고 있는 주혁과 혜원.

주혁   몸은 괜찮아? 병원 안 가봐도 돼?

혜원   그 정도는 아니고. 핑계 김에 자기 차 얻어 타고 좋은데, 난?

주혁   피곤하면 말해. 언제든 기사 해줄게.

혜원   당연히 그래야지. 자긴 영원한 나의 기사인 거 몰라? (하다가 차 바닥에서 이름표를 본다. 주우며) 뭐야, 이게… 서우진…?

주혁   ! (본다, 살짝 당황) 아… 우리 점 직원. 잠깐 태웠거든, 어제. 방향이 같아서.

혜원   너무 아무한테나 기사 해주는 거 아냐? 난 나만의 기사님이 좋은데.

주혁   아니, 그냥, 어쩌다 한 번. (하곤 긴장한 듯 침 꼴깍 삼킨다)

혜원   그래? (하고는 대시보드 위에 올려놓는다. 징, 휴대폰 문자 메시지 진동이 또 울린다)

#. 휴대폰 인서트 - 웃는 셀카와 함께 '굿모닝, 잘 잤어요? - 현수'

혜원   (확인하고 주혁 신경 쓰여 얼른 휴대폰 넣는다)

주혁   (우진 이름표 힐끗, 신경 쓰인다. 괜히) 아… 날이 벌써 막 덥다…? (딴전 피우는)

혜원   (역시 오버하는) 그러게, 후끈하네…. 볼륨 올릴까? (더 올리는)

29. 은행 객장 (낮)

향숙, 혜정 내린 커피 마시고 있는데 종후 출근한다.

종후   와, 커피 마시는 투샷이 거의 뭐. 그대로 광고 찍어도 되겠는데?

혜정   (좋아 죽는, 티 안 내며) 저희 좀 비싸거든요, 싸구려 모델 아니거든요.

향숙 대리님, 커피 달란 말씀 같은데. 드려요?

종후 역쉬! 그대 센스는… (박수 치고) 근데 우리 서우진 씨는?

혜정 탕비실요. 자긴 허브차 마시겠다고. 이 여름에 허브차는 웬, 참….

종후 아… (하곤) 커피 내가 따라 마실게, 커피 타임 계속해요, 그대들
     은. (하곤 탕비실 쪽으로 가려다가 향숙한테) 저기… 나 오늘 좀 잘
     생겼나?

향숙 네? (볼 발그레해지며) 아 뭐… 늘 핸섬하시죠, 대리님은.

종후 아는데 확인해봤어. 땡큐! (탕비실로 가는)

혜정 뭐야, 뭐야, 이 분위기? 방금 그거 작업 멘트 아냐? 대리님이 혹
     시 너…?

향숙 (좋으면서) 아우, 언닌, 뭔 소리야? 마음에 있으면 대놓고 나한테
     그랬겠어? 아무래도 언니 겨냥한 거 같은데, 내 생각엔.

혜원 (역시 좋으면서) 야, 무슨, 오버하지 마. 내 생각엔 너라니까.

향숙 아냐, 언니야. 확실해. 백퍼. (쌍으로 헛물 켜는데)

주혁 (출근한다) 좋은 아침! 일찍들 왔네. 커피 마시는 투샷이 아주….

향숙/혜정 광고 찍어도 되겠다고요?/그거 벌써 윤 대리님이 쳤는데, 절친은
          절친인가 봐….

30. 은행 탕비실 (낮)

우진, 머그컵에 허브차 우려놓고 제자리걸음 뛰는데… 종후 들어
온다.

종후 (몰랐다는 듯) 어, 우진 씨 여기 있었네?

우진 (멈추고) 아, 오셨어요? 뭐 필요한 거 있으세요? 커피 드려요?

종후 아냐, 내가 할게. 하던 거 계속해. (컵에 커피머신의 커피 따르는)

우진 짜투리 시간에도 뛰어야 목표가 채워져서. (다시 제자리 뛰기 하는)

종후 (우진 보며) 근데 우진 씨는 왜 커피 안 해요? 카페인에 약한가?

우진	카페인도 카페인인데 결정적으로 커피 맛을 잘 모르겠어요. 쓰기만 하고 사약 같기도 하고. (뛰던 거 멈추고) 하긴 쓴 건 소주가 더 쓴데, 그건 왜 그렇게 달게 느껴지는지. 아… 말하니까 또 확 땡기네, 아침부터.
종후	(피식, 우진을 뚫어져라 본다)
우진	왜요?
종후	아니, 눈코입 다 붙어 있나 보는 거지. 외계에서 왔나 해서.
우진	(웃으며) 저도 가끔 제가 의심스러워요.
종후	그럼 커핀 써서 싫고, 졸릴 땐 어떻게 하나, 커피도 안 마시고?
우진	일어나 뛰죠. 지금처럼. (다다다, 제자리 뛰기 해 보이는)
종후	아… (끄덕하곤) 시간 날 땐 주로 인터넷 동영상 보시고? 호신술 같은?
우진	요샌 또 병맛 애니메이션에 살짝 빠져 있습니다만, 흐흐….
종후	그렇구나, 병맛 좋아하는구나. (알았다는) 오케이, 계속 파이팅. (나간다)
우진	(몇 번 더 뛰다가 만보기 확인한다) 아싸, 4000보 돌파!

31. 은행 객장 (낮)

우진, 허브차 들고 앉는데 책상 위에 이름표가 놓여 있다.

우진	어, 내 이름표! 잃어버린 줄 알았는데. (들고 본다. 핀도 멀쩡하다) 어… 핀도 고쳐놨네. 누구지? (향숙 보며) 이거 누가 갖다 놨어요?
향숙	글쎄요….
우진	와, 진짜 신기하다. 다시 신청해야 되나 했는데. (신기해하며 명찰 다는)
주혁	(자리에서 그런 우진 곁눈질하며, 흐뭇한 표정이다)

지점장 출근한다.

지점장	아, 덥다, 더워. 날이 벌써 이렇게 쩌서 어떡하나?
직원들	안녕하세요?/점장님 나오셨습니까?
지점장	응. 땀으로 소금 내도 되겠어. 아, 혹시 소금의 유통기한이 며칠인 줄 아나?
직원들	(또 시작이다… 하는 표정인데)
우진	(손 들며) 정답! 천 일이요. 천일염이니까 천 일.
지점장	딩동댕! 와, 서우진 씨, 어떻게 알았어? 이거 웬만한 고수 아니면 절대로 알 수 없는 개그인데, 보통이 아니야, 어?
우진	저희 엄마가 요런 아재 개그를 또 좋아하셔서서…. 아직 부족합니다.
지점장	아냐, 아냐. 싹수 보여. 조금만 더 해봐. 하면 늘어, 이건. (말하고 기분 좋게 자리로 가며) 아, 차 대리. 조금 이따 대오물산 좀 갔다 와야겠어. 계약 오케이 났습니다!
주혁	아, 진짜요?
지점장	마침 대오물산 사장이 동향이더라고. 우리 조상님한테 감사해야지, 뭐. 서류 빠짐없이 잘 챙겨 가고, 설명 꼼꼼하게 잘하고.
주혁	넵, 알겠습니다. (서류 챙기는)

32. 은행 앞 (낮)

주혁 서류 챙겨서 나오는데, 헬멧 쓴 남자가 은행 앞에서 기웃거리고 있다. 주혁과 눈 마주치자 멈칫하곤 돌아서서 딴청하는 헬멧남. 주혁, '뭐지?' 하는 표정으로 보다가 이내 무시하고 주차장 쪽으로 간다.

33. 대오물산 회의실 (낮)

주혁, 대오물산 부장 일행과 앉아 계약 체결하고 있다.

주혁	여기랑 여기, 체크되어 있는 데 사인해주시면 되고요.

부장　　　　네. (사인하는)

주혁　　　　전달받으셨겠지만, 공장 신축에 따른 시설 대금 대출은 기표 후
　　　　　　에 저희가 시공사로 바로 입금해드립니다. 본점 부서랑 협의해서
　　　　　　최저로 승인되게 노력할 테니까, 직원들 월급 통장, 법인 인터넷
　　　　　　뱅킹, 예금 등의 부수 거래는 저희한테 돌릴 수 있도록 신경 좀
　　　　　　써주시면 정말 감사하겠습니다.

부장　　　　여부가 있겠습니까. 걱정 마십시오.

사원1　　　(휴대폰 보며) 어, 보이스피싱범 몽타주 떴네. 은행도 참, 사건 사
　　　　　　고가 은근 많더라고요. 힘드시겠어요, 아주.

부장　　　　아… 그 수원…. 현장에서 튀었단 놈?

사원1　　　네. 근데 몽타주라 해도 뭐… 헬멧 쓰고 있어서 알아보지도 못하
　　　　　　겠는데요?

주혁　　　　헬멧요? (사원1 휴대폰 본다)

#. 화면 인서트 - 오토바이로 도주하는 헬멧남 CCTV 화면 캡처한 사진.

사원1　　　총도 소지했네, 이놈. 아, 요새 보이스피싱범들, 수법도 그렇고 너
　　　　　　무 무서워.

주혁　　　　!!! (뭔가 불길한 생각이 스친다)

#. 회상 플래시 - 33씬. 헬멧 쓴 헬멧남 은행 앞 기웃거리던

(주혁)　　　… 설마…. 헬멧 썼다고 다 범인이냐? 아닐 거야….
　　　　　　(부정하는데, 그래도 찜찜하다. 만일에… 혹시라도… 그게 범인이라
　　　　　　면…?)

#. 회상 플래시 - 9씬. 우진 화장실 간다며 나서서 오버하던
　　　　　　22씬. 우진, 그럼 모른 척 하냐며 '우리에게는 가스총이 있잖아요' 하던

주혁   (급 불안해지는, 부장 보며) 저기, 부장님. 사인 좀 빨리 부탁드리겠습니다. 제가 바로 또 업무가 있어서…. (서류 마구 넘기며) 빨리, 빨리빨리.

34. 주혁 차/은행 교차 (낮, 긴박하게)

#. 거리 – 신호 무시하며 어마어마한 속력으로 달리는 주혁 차.
#. 은행 – 대기의자에 앉아 있는 헬멧남. 분위기 심상치 않은.
#. 차 안 – 불안한 마음에 차선 마구 넘나들며 거칠게 운전하는 주혁.
#. 은행 – 주머니에 손 넣고 뭔가 만지작거리는 헬멧남. 대기 번호 불리자 일어난다.
#. 은행 앞 – 차 끽, 선다. 주혁, 차에서 내려 은행으로 뛰어 들어간다.

35. 은행 객장 (낮)

주혁 뛰어 들어오면… 헬멧남, 막 우진의 앞쪽으로 다가서고 있다. 주혁, 헬멧남이 주머니에 손을 꽂은 채 뭔가를 움켜쥐고 있는 모습을 본다. '총이다!' 직감한 주혁. 그대로 그 남자에게 몸을 날려 같이 바닥으로 뒹구는!
사람들 '꺄악!!!' 소리 지르고, 주혁은 남자 주머니에서 총부터 낚아채는데….
주혁이 손에 쥔 물건은 총이 아닌 구취 제거용 스프레이다…!

36. 은행 VIP룸 겸 지점장실 (낮)

헬멧 벗은 남자, 스프레이 들고 울상인 채 앉아 있다. 그 앞에 면목 없는 표정의 주혁과 지점장이 쩔쩔매며 앉아 있다.

남자	… 아니, 은행 근처 온 김에 입금을 할까, 끝나고 할까 갈등하다
	가 들어왔는데… 제가 입냄새가 좀 납니다, 위가 안 좋아서요. 그
	래서 여직원분한테 실례될까 봐, 구취 제거 스프레이라도 뿌리려
	고… (들고) 이게 총입니까? 총이에요?
지점장	죄송합니다, 고객님. 최근에 보이스피싱 강도 사건도 있고 해
	서…. 저희가 좀 예민합니다. 죄송합니다, 너그럽게 이해를 좀 해
	주십시오.
주혁	죄송합니다. 정말 죄송합니다.
지점장	(사은품 내밀며) 죄송한 마음에 갈음이 안 되겠지만, 어떻게 사은
	품이라도 좀.
남자	아… 진짜. 뭔 봉변이냐고, 이게. (하며 사은품 슬쩍 받는다)
주혁	(정말 면목이 없다. 뻘쭘한 표정)
(우진)	446번 고객님, 3번 창구에서 도와드리겠습니다.

37. 은행 객장 (낮)

창구 쪽으로 다가서는 아줌마. 몇 걸음 뒤쪽으로 헬멧 손에 든 보이스피싱범이 슬쩍 붙는다.

우진	어서 오세요, 고객님. 어떤 업무 도와드릴까요?
아줌마	(불안, 다급) 나 적금 좀 해약해줘요, 최대한 빨리… (신분증 내미는)
우진	아, 해약요? (뭔가 살짝 이상하다. 일단) 네, 알겠습니다. (컴퓨터에
	고객 정보 입력 후 확인하곤) 고객님, 해피정년희망적금 말씀하시
	는 거죠? 이 상품 다다음 달이 만기인데, 지금 해약하시면 손해
	가 꽤 크실 텐데요.
아줌마	상관없어요. 돈으로 다 빼줘요, 전부.
우진	전액 현금으로요? 계좌이체가 아니라요? (역시 이상하다. 떠보는)
	그럼 어떻게, 수표도 섞어서 드릴까요?
아줌마	수표…? (잘 모르겠다는 듯 보이스피싱범 힐끗 보면)

피싱범	(아줌마 옆으로 바짝 다가서며) 아니, 현금으로 다 줘요.
우진	(수상하다. 보며) 아, 근데 두 분은 관계가 어떻게…? 아드님?
피싱범	아, 네. 아들, 아들. 빨리 좀 해줘, 아가씨. (재촉하는)
우진	(역시 수상하다. 피싱범 주머니를 보는데 불룩하다…! 범죄 직감하며) 아, 네…. 일단 여기 해약 동의서, 체크된 거 쓰시고요. 밑에 사인해 주시고요….

이때, 주혁이 VIP룸 쪽에서 나와 제자리에 앉으며 무심코 우진 쪽 보는데

우진	(주혁 보며 눈을 깜빡깜빡, 사인을 준다)
주혁	? (뭐지 싶은)
우진	(간절한 눈빛으로 계속 깜빡깜빡)
주혁	?! (뭔가 스쳐 지나가는)

#. 회상 플래시 - 22씬 . '직원들끼리 사인을 만들어놔야 되는 거 아닌가? 눈을 막 깜빡깜빡한다든지' 하던 우진.

주혁	!!! (눈 동그래지며 남자를 본다. 남자가 손에 들고 있는 헬멧, 그놈이다!)

해약 동의서 처리하는 우진. 시간 끌기 위해 말 시킨다.

우진	… 근데 아드님이 어머니랑 별로 안 닮으셨다. 친탁하셨나 봐요.
아줌마	네?(당황하면)
피싱범	(위협적으로) 거 참, 말 많으시네. 빨리 처리나 해주시죠?
우진	아 네, 죄송합니다. 제가 호기심이 좀 많아서…. 죄송합니다. 바로 처리해드리겠습니다. (시재통에서 돈 꺼내 세는데, 최대한 시간 끌며 천천히 센다)

피싱범	(창구 테이블에 손가락 탁탁 치며, 우진 주시하고 있는)
우진	(한 번 더 세게, 변명하듯) 아… 가끔 신권이 두 장 붙어나갈 때가 있거든요. 시재 안 맞으면 제가 채워넣어야 해서… 다 됐습니다. (하곤 현금을 봉투에 담다가) 너무 작은가? 더 큰 게… (하며 또 시간 끈다)
피싱범	아, 됐어요! 그냥 줘요! (우진 손에서 돈봉투 빼앗는 순간!)
(주혁)	저기요, 고객님.
피싱범	(뒤돌아본다)
주혁	(순간 가스총을 난사한다)
피싱범	아악!!! (돈봉투 떨어뜨리고, 손으로 얼굴 가리며 비틀비틀 쓰러지는)
아줌마/고객들	(놀라) 꺄악!
향숙/혜정	엄마아!!! (놀라 비명 지르며 물러서고)
주혁	(남자에게 달려들며) 보이스피싱범이에요! 민수 씨! (부르는)
민수	(달려와 주혁 도와 쓰러진 헬멧남 손 묶어 제압하고)
주혁	(남자 주머니 뒤져 총부터 꺼내 압수하는)
우진	(뛰어와 떨어진 돈봉투 얼른 줍고 제압당한 범인을 발로 확 찬다)
	(E) 경찰차 사이렌 소리

38. 은행 앞 (낮)

경찰차 와 있고 형사 두 명, 수갑 찬 헬멧남 데리고 나와 경찰차에 태운다.

(경찰서장) 아, 진짜 감사합니다. 이렇게 직접 범인도 때려잡아 주시고…!

39. 경찰서장실 (낮)

경찰서장에게 인사받는 우진과 주혁. 주혁은 얼굴에 밴드 붙였다.

서장	이거 두 분께 어떻게 감사를 드려야 될지…. 덕분에 중요한 인출책이 검거됐어요
주혁	아, 그 남자가 주범이 아니고 인출책이었어요?
서장	네, 피해자한텐 통장이 대포로 이용되고 있으니까 일단 현금을 빼라, 이 수법인데…. 본거지는 필리핀이더라고요. 해외 공조 수사 때 데리고 가면 도움도 되고.
우진	와, 무슨 영화 같다. 스파이처럼 막 잠입시키고 그런 거예요?
서장	거기까진 수사 기밀이고… 덕분에 저희만 성과 챙기게 생겼네요.
주혁	아닙니다, 저희한테도 책임이 있는 사안이니까요. 저희도 신종 사례 적용해서 주기적으로 교육도 받고, 달에 한 번씩은 보이스 피싱 예방교육도 나가거든요.
서장	네. 든든합니다, 저희가. 이번 분기 용감한 시민상 아주 유력하십니다.
주혁	아, 상은 무슨….
우진	와, 시민상 완전 받아 보고 싶었는데… 근데 혹시 부상은 없나요?
주혁	부상 있으면 저도 받을게요. (진지하게 농담 받는)

40. 경찰서 앞 (낮)

경찰서에서 나오는 주혁과 우진. 주혁은 휴대폰으로 통화하며 나온다.

주혁	… 네, 점장님. 진술하고 서장님 뵙고, 지금 서에서 나오는 중이에요…. 아 네, 그럴까요? 네, 알겠습니다. 네…. (끊고 우진 보며) 바로 퇴근하라시네, 점장님이. 완전 업되셨는데, 지금? 벌써 기사도 났다고….
우진	어, 진짜요? (휴대폰 검색해보는) 와, 진짜 났어, 대박. (손 올리면)
주혁	(얼결에 하이파이브하는)
우진	(보며) 어떻게 이렇게 빨리 나냐, 진짜 신기하다….

주혁	(그런 우진이 새삼 귀엽다. 보다가 얼른 표정 관리하고) 뿌듯하고 끝날 일이 아닌 거 같은데. 왜 이렇게 겁이 없어, 우진 씨는.
우진	네?
주혁	그렇게 티나게 시간 끌다가 자식이 총이라도 들이대면 어쩔 뻔했어?
우진	그게 그 아줌마 전재산 같던데 그럼 어떡해요. 어렵게 한푼 두푼 모은 걸, 그 나쁜 새끼가 눈앞에서 들고 튀게 생겼는데 어떻게 보고만 있어요.
주혁	하여튼 그런 순간엔 참 당차…. 예나 지금이나.
우진	에?
주혁	아, 아냐…. 가자고. (주차장 쪽으로 가는)
우진	(붙어서 가며) 대리님, 배 안 고프세요? 제가 특별히 밥 살게요, 오늘.
주혁	밥? (차 키 꺼내는)
우진	제 생명의 은인이나 다름없으시니까. 저기 차 타고 쫌만 가면, 제 단골집 있거든요. 진짜 죽이는 데예요. 대리님, 즉떡 좋아하세요?
주혁	즉떡? (보는)

41. 허름한 분식집 골목 (낮)

생긴 지 최소 20년은 된 듯한, 허름한 즉석떡볶이집이 보인다.

42. 분식집 (낮)

한눈에 봐도 오래된, 네다섯 평 남짓의 분식집.
우진과 마주 앉아 있는 주혁. 추억에 잠긴 듯한 시선으로 내부를 둘러보고 있다.

(주혁)	여기도 진짜 하나도 안 변했구나….
우진	(수저를 주혁과 제 앞에 놓으며) 살짝 허름하죠? 보기엔 이래도 이

주혁   집 즉떡이 진짜 죽여요. 제가 여기 17년 단골이거든요. (웃는)
       (그런 우진을 보며)

       #. 회상 플래시 - 10여 년 전. 교복 차림의 우진과 주혁 앉아 있다.

우진   빨리 시켜요, 쌤, 나 배고파. 여기 즉떡 완전 대박 죽여요.
주혁   알았다, 먹자. 이모님, 여기 즉석 2인분요!
우진   이모님, 돈까스 추가요! (주혁 보며) 오늘은 제가 쏠 거예요, 그니
       까 내 마음대로. 다 먹고 디저트로 딸기빙수도 먹어야지. 여기 진
       짜는 그거예요.
주혁   어련하겠니, 니 마음대로 하세요.
우진   아, 맞다, 흔적을 남겨야지. 우리 쌤이랑 같이 온 역사적인 날인
       데. (가방에서 펜 꺼내 벽을 낙서장 삼아 글씨를 쓴다. '서우진 차주
       혁 왔다 가다…')

       다시 현실. 벽면에는 아무 흔적이 없다. 아니, 주혁이 지웠다…
       주혁, 빈 벽면 보며 씁쓸해하는데, 어느새 즉석떡볶이와 돈까스
       가 나왔다.

우진   맛있겠다. 돈까스부터 얼른 드세요, 대리님. 떡볶인 더 끓어야 돼요.
주혁   아… 어….
우진   (포크 들고 한 번에 찍으며) 이 집 돈까스는 이렇게 한 번에 찍어
       서, (베어 먹는) 이렇게 먹는 게 훨 맛있어요. 음… 마치 나레이션
       깔린 〈인간극장〉 엔딩 스틸의 맛? 그만큼 감동적이에요. 해보세
       요. 대리님.

       #. 회상 플래시 - 10여 년 전. 우진, 포크로 돈까스 한 번에 찍으며

우진   돈까스는 이렇게 찍어서, 이렇게 먹는 게 더 맛있어요. 엄마 손

잡고 영화관에서 봤던 〈라이언 킹〉 엔딩의 맛? 그만큼 감동적이
에요, 쌤.

다시 현실. 과거의 추억에 주혁, 자꾸만 마음이 간질간질 묘해진다.

주혁	(포크로 돈까스 한 번에 찍어 베어 먹곤) 진짜… 맛있네요….
우진	근데 대리님, 말 놓으시면 안 돼요? 향숙 씨, 혜정 씨한텐 막 놓으시던데….
주혁	아니 뭐, 안 될 건 지. 그럼 놓을까?
우진	놓으세요, 확 놓으세요. 막 좀 다뤄주세요 저, 그래야 편해지죠.
주혁	그러자, 그럼. 말 놓자.
우진	봐요, 바로 친해진 거 같지. 오늘 제가 쏘니까 마음껏, 더 시키세요, 대리님.
주혁	그럴까? 그럼… (보며) 이모님! 저희 딸기빙수 하나 추가요!
우진	(눈 반짝) 대… 박! 대리님 여기 피날레가 딸기인 거 어떻게 아셨어요? 진짜 대리님 신기 있나 봐. 완전 대박. (아이처럼 신기해하는)

43. 거리 (낮)

주혁, 우진, 분식집에서 나오는데 비가 막 내리기 시작한다.

우진	어, 비다! 비 오는데요, 대리님?
주혁	아… 차를 그냥 앞에다 대충 대놓을걸…. 어쩌지?
우진	그러게요. 맞아도 될 비는 아닌 거 같은데…. (두리번거리는데)

식당 입구 쪽에 있는 빈 화분(직사각형으로 길고 군데군데 깨진)이
눈에 띈다.

| 우진 | (주혁 보며) 버리는 거겠죠? |

주혁   (보며) 그런 거 같은데?

(컷) 주혁과 우진, 빈 화분의 끝을 한 쪽씩 잡아 뒤집어쓰고 간다.

(주인) 아니, 여기 있던 화분이 어디 갔어?
주혁/우진 !!! (놀라 눈 마주치고, 약속이나 한 듯이 뛰기 시작한다)

화분을 들고 죽어라 뛰는 주혁과 우진. 이 상황을 즐기는 듯 만면에 미소를 띤 채 '꺄아악' 소리 지르며 뛴다. (slow)

44. 버스 정류장 (낮)

버스 정류장 비 가림막 안으로 뛰어 들어오는 주혁과 우진.

우진   하악… 하악…. (가쁜 숨을 몰아쉬면서도, 이 상황이 재밌어 죽겠다는 듯 환하게 웃는다)
주혁   !!! (우진을 보면 머리끝이 빗물에 젖어 반짝반짝 빛난다. 그런 우진을 보며 심쿵하는 표정)

45. 회상 - 캠퍼스 도서관 (낮)

책 펴놓은 채 손에 턱 괴고 졸고 있는 주혁. 그런 주혁 뺨에 차가운 음료수 갖다 대는 손. 우진이다.

주혁   (놀라 깨는) 아! 아….
우진   쌤, 도서관에 자러 왔어요? 공부해야지, 공부.
주혁   뭐야, 넌 언제 왔어?
우진   지금요. 근데 가야 돼요.
주혁   왜.

우진	친구 생일인데 자그마치 뷔페에서 쏜대요. 안 갈 수가 없어, 내가.
주혁	참⋯ 너 고3 맞냐? 근데 왜 왔어, 여긴?
우진	쌤 얼굴 보고 가려고. 잠 깨고 열심히 해요 쌤. 퐈이링! 나 간다! (가는)
주혁	(그런 우진 보다가) 후우⋯. (심호흡과 함께 기지개 켜고는 다시 공부 시작하는)

(diss) 얼마나 지났을까. 집중이 잘 안 되는지 '오늘은 그만해야 겠다' 하며 가방을 싸는 주혁.

46. 회상 – 도서관 앞 (낮)

주혁, 가방 메고 나오는데 비가 내린다.

주혁	(보며) 아⋯, 오늘 비 온단 말 없었는데⋯. (난감한)

잠시 망설이다가 '에라' 하며 대충 가방으로 머리 가리고 뛰어가는 주혁. 그런 주혁 앞으로 우진이 우산을 손에 들고 뛰어온다.

주혁	(보고 놀란다) 우진아!
우진	쌤!
주혁	뭐야, 친구 생일 간다며, 왜 다시 왔어?
우진	가다 보니까 막 비가 와서⋯ 쌤 우산 안 가져왔잖아요. 편의점에서 샀어요. (하며 우산 펴서 씌워주는)
주혁	인마, 그럼 우산을 쓰고 오지, 왜 홀딱 맞고 와?
우진	(!) 아, 맞다! 내가 왜 그 생각을 못했지? 와⋯ 나 진짜 돌인가 봐. 웬일이니? 어머어머. (하며 깔깔 웃는)

젖은 머리끝에 맺힌 빗물이 반짝반짝, 우진의 얼굴도 반짝반짝

빛이 난다. 그런 우진을 보는 주혁, 뭔가 심쿵한 표정이다.

주혁   (우진 머리 털어주며) … 감기 들면 어쩌려고…. 빽하면 열 나는
           놈이….

우진   쌤이 책임져야죠, 그럼. 쌤 때문에 걸린 거니까. (하며 웃는다)

47. 거리 (낮)

활짝 웃는 우진을 보며 주혁, 새삼 다시 심쿵한 표정이다.

(주혁)   … 그래, 어쩌면 그때였을지도 모르겠다. 너한테 처음으로 마음
           이 설렌 게.

우진   (너무 빤히 보자) … 왜요, 대리님?

주혁   아니… 아냐, 아무것도: (시선 피하는)

48. 주혁 차 안 (낮)

차에 탄 주혁과 우진. 수건으로 각자 머리 닦는다. 어느새 비는
그쳤다.

우진   … 소나기였나 봐요. 좀 기다릴걸. (하며 콜록, 콜록… 잔기침하는)

주혁   (수건으로 머리 닦다가 에어컨 나오는 쪽을 본다. 아차… 하는 표정에)

(우진)   나 에어컨 알러지 있나 봐요. 에어컨 바람만 쐬면 기침 나고, 또
           열 나고.

주혁   (얼른 에어컨 off시키며 괜히) 비를 맞았더니 좀, 추운 것도 같고.

우진   실은 저도 에이컨 알러지 있거든요. (잘됐다는 표정으로 다시 닦는
           데, 휴대폰 벨 울린다. 받는) 네, 이모님, 저 지금 퇴근… 엄마가요?
           (표정 굳는다)

택시 뒷좌석에 탄 채 버티고 있는 우진 모. 택시 기사 열 받은 표정으로 보고 있고, 간병인은 난감한 듯 서 있다.

간병인   그러지 말고 내려요, 예? 밤늦게 어딜 가신다고 이래….
우진 모   (고집스럽게 버티고 앉아 있는데)

끼익, 소리와 함께 주혁의 차가 도착하고 우진이 급히 내린다.

우진   (뛰어와) 엄마! (보고) 내리자, 얼른. 응? 이거 타고 어디 가려고?
우진 모   (고집스런 표정으로) 니 아빠랑 만나기로 했다고.
우진   (표정) 알았어, 알았으니까 일단 내려. 내가 데려다 줄게. 내리자, 엄마, 어?
우진 모   (미동도 않고 버티다가, 갑자기 표정 환해진다) 차 서방!!!
우진   (보면, 어느새 주혁이 우진 뒤에 와서 서 있다)

(컷) 주혁 손을 잡고, 얌전히 택시에서 내리는 우진 모.

우진   (기가 차다는 듯 모친 보다, 택시 기사에게 만 원 주는) 죄송해요, 기사님. 여기….
기사   (돈 받고, 문 닫자 바로 떠나는)
간병인   (우진에게) 점심도 안 드시고 종일 창밖만 내다보더니 잠깐 화장실 간 사이에 나가셨더라고. 아우, 얼마나 놀랐는지 내가…. 택시 떠나기 전에 겨우 잡았잖아….
우진 모   (주혁 손 잡은 채) 차 서방, 저녁 안 먹었지? 가자, 내 얼른 차려줄게….
우진   (당황) 아냐, 엄마. 대리님 저녁 드셨….
주혁   (말 막으며) 네, 주세요. 저 완전 배고파요… 장모님….

우진   (어쩔 줄 모르겠다는 표정으로 주혁 보는)

50. 우진의 집 주방 (밤)

얼결에 식탁 앞에 앉아 저녁 먹는 주혁과 우진, 우진 모. 기본 밑
반찬에, 갓김치에, 자반고등어구이 있는 집밥이다.

우진   (주혁 눈치 보고, 자반 한 점 떼어내 모친에게 주며) 얼른 먹고 약
         먹자, 엄마. 왜 밥도 안 먹고 버텨? 얼른, 응?
우진 모   으응…. (숟가락 빼며 싫다는 듯 고개 흔드는)
우진   왜, 엄마 고등어 좋아하잖아. 먹자아.
우진 모   (생글거리며 주혁을 본다. 니가 발라달라는)
주혁   … 아…. (알아채고 고등어 발라 우진 모 숟가락에 얹으면)
우진 모   (넙죽 받아먹는. 맛있다는 표정)
우진   (기막혀하며) 하… 진짜… 우리 엄마가 언제부터 이렇게 남자를
         밝혔을까?
우진 모   남자 아니야. 차 서방. (하며 또 밥 퍼서 숟가락 내민다)
주혁   (또? 얼른 발라서 다시 올려주면)
우진 모   (맛있게 먹으며) 차 서방도 얼른 먹어. 자, 이거 취나물 해서. (밥
         그릇에 얹어준다)
주혁   네…. 감사합니다… 장모님. (나물과 함께 밥 푸는)
우진   (주혁 보며, 안 드셔도 된다는 듯 도리질한다)
주혁   (괜찮다는 듯 고개 젓고, 맛있게 먹는다. 거짓말이 아니라 진짜 맛있
         다)
우진   (그런 주혁 보며 너무 고맙고 또 미안한)

51. 우진의 집 앞 (밤)

차 앞에 서 있는 주혁과 우진. 우진은 미안해서 쩔쩔맨다.

우진	배 터지시는 거 아니에요, 대리님? 괜히 저희 엄마 때문에… .
주혁	아냐, 간만에 맛있게 먹었어, 집밥. 어머니 손맛이 워낙 좋으셔서….
우진	엄마가 왜 대리님한테 자꾸 집착하는지 모르겠어요, 진짜 당황스럽게.
주혁	… (자신도 이 미스터리를 알 길이 없다. 장모님은 어떻게 날 기억하는 걸까?)
우진	어쨌든 황당하실 텐데 거듭, 거듭 감사합니다. 진짜.
주혁	자꾸 그러지 마. 내가 더 미안해진다고, 그럼.
우진	에?
주혁	아니, 알았으니까 그만하라고…. 그나저나, 힘들어서 어떡해? 어머니 때문에.
우진	아니에요, 하나도 안 힘들어요. (담담) 얼핏 보면 제가 엄마 케어하는 것처럼 보이지만, 실은 엄마가 제 의료진이에요.
주혁	? (뭔 소린가 해서 보는)
우진	라디오에서 들었는데 정신과 선생님 말이, 평소에 가족이나 친구가 그 사람의 의료진 역할을 하는 거라고 하더라고요. 그날그날 힘든 얘기 들어주고, 같이 욕해주고, 위로해주고…. 가까이에 그런 존재가 없을 때 자기 같은 의사를 찾아오는 거래요. (웃으며) 엄마 없었으면 저 아마, 병원비 꽤나 나왔을걸요?
주혁	(씁쓸하게 본다. 나는 너한테 좋은 의료진이 못 됐던 거지…?)
우진	가세요, 대리님. 제가 오늘 너무 시간 뺏었어요. 사모님한테 혼나겠다.

52. 주혁 차 안 (밤)

주혁이 차 뺄 수 있게 수신호하며 뒤에서 봐주는 우진. 주혁 차
빼서 출발하고 뒤에서 해맑게 웃으며 손 흔드는 우진이 보인다.
주혁, 그런 우진을 애틋한 표정으로 보며

(주혁)　　우진인 여전히 웃고 있다. 이 길을 싫어했던 건 기억하는지…. 일
　　　　　방통행이란 말이 마음에 안 든다고, 왜 한 방향인 거냐고, 길도
　　　　　사람도 오고 가는 게 좋다고, 우린 절대 일방통행하지 말자며 지
　　　　　금처럼 환하게 웃었었다….

　　　　　큰길로 나오는 주혁의 차, 신호에 걸려 횡단보도 앞에 선다.

(주혁)　　… 결혼하고… 부부가 되어 지지고 볶고 살며… 그 약속을 잊은
　　　　　건 나일까? 너일까? … 아니면 우리일까…? (씁쓸한 표정에서)

　　　　　다시 출발해 가는 주혁의 차. 길게 부감으로…

53. 우진의 꿈 몽타주 (낮)

　　　　　늘 꾸는 꿈 – 뿌옇고 몽환적인 느낌의 화면이다.
　　　　　교복 입은 우진과 앉아서 공부 봐주는 남자 (등만 보이는).
　　　　　누군가와 데이트하는 우진, 환하게 웃는 우진 (남자는 역시 등만).
　　　　　결혼식장, 신랑과 팔짱 끼고 서 있는 우진. 행복한 우진의 미소.
　　　　　고개를 돌리는 신랑의 옆모습이 보일락 말락 하며….

(남자)　　우진아, 빨리 가자, 우진아. 우진아…!

54. 다음 날/우진의 집 안방 (낮)

　　　　　꿈에서 깬 우진, 일어난다. 옆엔 우진 모가 엎드린 채 가늘게 코
　　　　　를 골며 자고 있다.

(우진)　　… 뭔가 익숙한 목소린데…. (그러나 누군지 확, 떠오르지는 않는
　　　　　다. 낮게 한숨 내뱉는)

평온한 얼굴로 자고 있는 모친을 보는 우진. 다시 다정한 미소를 지으며 얇은 이불을 배 위에 덮어주고는 벌떡 일어난다. 바로 아침 스트레칭을 하는 우진. 기운차게 제자리 뛰기도 한다.

55. 은행 앞 (낮)

은행을 들고 나는 고객들 보이고…

56. 은행 객장 (낮)

피크타임 지나고 한산해진 객장. 직원들 겨우 한숨 돌리는 중이다.

향숙	(어깨 두드리며) 아우, 오늘 유난히 업장 고객이 많은 거 같애. 힘들어.
혜정	그러게. 난 화장실 참느라고 혼났다니까, 아까.
장 팀장	이게 다 어제 그 스펙타클했던 보이스피싱 사건의 여파인 거 같은데? 잠깐 검색어 1위 찍었던 거 알지? KCU 가현 지점.
변 팀장	하긴, 연락 두절됐던 초등학교 동창 놈한테까지 전화 왔더라. 범인 때려잡은 게 혹시 너 아니냐고. 기사에 차 모 대리라고 떡하니 나왔더구먼, 어벙한 놈.
환	어쨌든 두 분 덕분에 우리 점 완전 유명세 탔어요.
종후	그러게, 이렇게 환상의 콤비 자리를 내줘야 되나, 내가?
우진/주혁	난 고정인 거죠? (웃으며 주혁 보고)/(같이 웃어 주는, 많이 편해진 듯)
장 팀장	자, 됐고. 우린 또 오늘의 일을 해야 되니까. 우진 씨, 창고에서 서류 파일 좀.
우진	네. (일어나 창고 쪽으로 가는)
종후	(가는 우진 보고 슬쩍 자리에서 일어나는)

57. 은행 복도 (낮)

우진, 창고 쪽으로 가는데 종후 따라온다.

종후   같이 가. 나도 뭐 가지러 갈 게 있어서. (걸으며 초콜릿 건네는) 먹을래?

우진   오…. 네, 먹을래요. (받아먹으며) 대리님도 군것질 좋아하나 보다.

종후   내가 산 거 아냐. 아까 여자 고객님이 주고 가시더라고. 내가 한 인기 하잖아.

우진   아, 예예.

종후   우진 씨 끼니 중시하는 건 알고, 군것질도 좋아해? 주로 단거?

우진   음…. 초콜릿은 좋은데 사탕은 별로?

종후   역쉬, 입맛이 확고하네. 오케이, 그럼… 짜장, 짬뽕?

우진   짬뽕.

종후   피자, 치킨?

우진   치킨.

종후   김밥, 초밥?

우진   김밥! 무조건 김밥! (재미있다. 신나서 대답하는데)

종후   (훅 들어오는) 수트 입은 남자, 니트 입은 남자?

우진   네?

종후   선호하는 남자 스타일. 클래식이냐, 캐주얼이냐.

우진   음… 이건 좀 딥한데…. 캐주얼한 쪽이 더 끌리긴 하던데, 난.

종후   (끄덕이며) 캐주얼…. 오케이, 참고할게! (돌아서 가는)

우진   (?) 대리님! 뭐 가지러 가신다면서요.

종후   아니, 생각해보니까 필요 없겠어. 수고! (씨익, 미소 짓고 간다)

우진   (뭐야? 갸웃, 하고 창고 쪽으로 가는)

58. 은행 외경 (밤)

어둑어둑해진 저녁 시간. 은행 셔터문 내려져 있고…

59. 은행 객장 (밤)

각자 업무 마무리 중인 직원들. 수신팀은 시재 맞추고, 대출팀은
본사 올릴 서류 정리하느라 바쁘다. 그 와중에 주혁, 사내 메신저
뚫어져라 보며 우진에게 '오늘은 내가 저녁 살까…?' 썼다가 지
우고, '저녁 어때?' 썼다가 다시 지우는데….

장 팀장   아, 맞다. 카드 단기 연체 고객 문자 발송을 깜빡했네. 어쩌지? 나
           오늘 중요한 약속 있는데.

향숙   (마지못해) 아… 저희가 남아서 할게요. 가세요.

혜정   (어쩔 수 없이) 네…. 그러세요, 팀장님.

장 팀장   그럴까, 그럼? 오케이, 오늘은 자기들이 수고 좀 해줘. 오랜만에
           대학 동창들 모임이라서. 나 먼저 갈게, 그럼. (가방 챙겨 드는)

변 팀장   뭐야, 쫄따구들 냅두고 혼자 튀는 거야?

장 팀장   튀긴 누가 튀어요? 말을 해도 꼭.

변 팀장   아님 말고, 발끈하기는. (주혁, 종후, 환 보며) 대출 서류들 다 올렸
           지? 우린 에브리바디 다 같이 퇴근하자고! (나서는)

주/종/환   넵! 수고하셨습니다./먼저 가세요! (퇴근 준비하는)

장 팀장   셋이 나눠서 얼른 하고 가, 내일 봐! (가방 메고 나가는)

향/혜/우   가세요, 팀장님…. (인사하는데)

향숙   (장 팀장 가는 거 보고) 동창은 지난달에도 만나지 않으셨어? 뭘
           오랜만이래.

혜정   그러게. 어쩌냐? 나 오늘 일찍 끝날 줄 알고 미용실 예약해놨는
           데….

향숙   난 피부과. 적어도 7시까진 가서 접수해야 되는데…. (하며 슬쩍

우진 보는)

우진   (보고) 그럼 먼저들 가요. 내가 남아서 문자 발송하고 갈게. 대신!
       다음 주 점심 번호는 무조건 나 1번 줘야 돼요. 어떻게, 콜?

향숙   (반색) 아우, 그럼요. 그 정도야 뭐.

혜정   그럼 진짜, 우리 가요. (일어서는데 뭔가 미안하다) 대신 담주에 우
       리가 밥 살게. 여자들끼리 함 뭉쳐요. (작게) 장 팀장님 빼고.

우진   좋죠. 이왕이면 (잔 꺾는 모션) 곁들여서? (하고는 웃는)

혜정   (우진 옷에 붙은 머리카락을 떼어준다. 뭔가 호의적으로 변한 분위
       기)

주혁   (그런 세 사람 보며, 그 많은 걸 언제 하려고…. 걱정스러운 표정이다)

60. 주혁 차 안 (밤)

주혁, 퇴근길 운전해 가며 혼자 중얼거린다.

주혁   … 문자 건수 꽤 될 텐데. 언제 다하고 가려고…. 여튼 오지랖
       은…. (하는데 휴대폰 벨 울린다. 발신자 '아버지'다. 블루투스로 받
       는다) 네, 아버지….

61. 주혁 본가 김밥집 (밤)

10평 남짓한 아담한 김밥 전문점이다. 주혁 모 김밥 말고 있고 주
혁 부 테이블 닦으며 주혁과 통화하는 중이다.

주혁 부   … 어, 그래! 아들, 은행이냐?

(주혁)   아뇨, 퇴근 중이에요.

주혁 부   어, 그래도 일찍이네, 오늘은. 아니, 용돈 들어왔기에 잘 받았다
        고…. 너무 많은 거 아니냐, 매달? 받아 쓰는 우리야 좋긴 하지만
        서도 니가 좀….

(주혁) 아니에요, 마음이야 더 드리고 싶죠. 엄마는요?

주혁 부 어, 잠깐만. (주혁 모 보며) 어이, 주혁이랑 통화 좀 해봐. (다가오
는데)

주혁 모 아, 됐어…. 김밥 마는 거 안 보여…? (안 받겠다는 뜻이다)

주혁 부 … 김밥을 뭔 입으로 마나…. (다시 통화) 야, 니 엄마 김밥 마느라
바쁘다. 원래 자식보다 김밥이 더 중한 사람이잖아. 그래, 끊자.
운전 조심하구. 오냐…. (끊고는 주혁 모 보며 혀를 찬다) … 사람
이 꽁해 가지고… 그런 집인 줄 모르고 장가 보냈어? 괜히 애 신
경 쓰이게… 주는 용돈은 넙죽넙죽 잘만 받아먹으면서….

주혁 모 아, 그럼 그것도 안 받아먹어? 자식 뺏기고?

62. 주혁 차 안 (밤)

주혁 (전화 끊고 씁쓸한 표정으로) … 엄마 김밥 먹고 싶다…. 우진이도
엄마 김밥 참 좋아했는데…. 배고픈 것도 잘 못 참는 게…. (마음
쓰이는)

신호 대기로 잠시 정차하는데, 거리에 김밥집 간판이 보인다.

63. 은행 입구 (밤)

김밥 사 들고 은행으로 향하는 주혁, 왠지 긴장되고 설렌다.

주혁 (김밥 들고 시뮬레이션해 보는) … 아… 김밥 사러 갔다가 주문이
하나 잘못 들어가서…. 우진 씨 저녁 못 먹었을 것 같아서. (갸웃
하고 다시) … 저기… 친구가 근처에서 김밥집을 하나 냈거든. 싸
주길래… 지나가다 생각나서…. (왠지 어색하다. 혼잣말하는) 그냥
주자, 그냥. (후…! 심호흡하고 출입구 손잡이 잡는)

64. 은행 객장 (밤)

주혁, 들어오는데 객장이 텅 비어 있다. 불이 켜진 걸로 봐서는 아직 퇴근한 것 같지는 않은데…. 어디 간 거지? 두리번거리는데… 탕비실 쪽에서 말소리가 들려온다.

주혁   …?

65. 은행 탕비실 앞 (밤)

주혁, 탕비실 앞으로 다가서다가 종후 말소리에 멈칫한다.

(종후)   웰빙김밥이래요, 이게. 요거, 연어 아보카도도 좀 먹어봐요.

탕비실 문 열린 틈으로 보이는 종후와 우진. 테이블에 여러 종류의 김밥 올려져 있고, 먹으며 대화 중이다. 종후는 반팔 니트 입은 캐주얼한 차림이다.

우진   아… 너무 맛있어서 자꾸 혀를 씹네. 아픈데 너무 맛있다…. 근데 진짜 저 때문에 일부러 사 오신 거예요?
종후   거 참, 사람 말 못 믿네. 그럼 간만에 칼퇴근인데 뭐하러 택시 타고 날아서 김밥까지 사 들고 여길 왔을까? 심심해서?
우진   흐흐… 너무 감사해서 그러죠. 대리님 매너 좋은 건 알았지만 이건 상상도 못했거든요. 안 그래도 배고파서 빡 돌기 직전이었는데. (맛있게 먹는)
종후   매너 아닌데 이거, 관심인데.
우진   (먹다가) 에?
종후   내 스타일 보고 느낀 거 없어요? 나 옷도 갈아입었는데.
우진   아…. (그러고 보니까 그렇다. 어리둥절해서 종후 보면)

주혁	!!! (심상치 않은 분위기 예감한다. 긴장해서 보는)
종후	(우진 보며) 서우진한테 관심 있다고. 나 한번 만나볼 생각 없나?

놀라 얼음 되는 우진. 그런 우진을 진지하게 바라보는 종후. 입구에서 들어오지도 나가지도 못하고 충격받은 채 서 있는 주혁. 세 사람 모습에서….

5화 엔딩.

6
화 ☽

☾

잘
못
된

———

만
남

1. 전화 연결 – 은행 객장 (밤)

주혁, 들어오는데 객장이 텅 비어 있다. 불이 켜진 걸로 봐서는
아직 퇴근한 것 같지는 않은데⋯. 어디 간 거지? 두리번거리는
데⋯ 탕비실 쪽에서 말소리가 들려온다.

주혁   ⋯?

2. 전화 연결 – 은행 탕비실 앞 (밤)

주혁, 탕비실 앞으로 다가서다가 종후 말소리에 멈칫한다.

(종후)   웰빙김밥이래요, 이게. 요거, 연어 아보카도도 좀 먹어봐요.

탕비실 문 열린 틈으로 보이는 종후와 우진. 테이블에 여러 종류
의 김밥 올려져 있고, 먹으며 대화 중이다. 종후는 반팔 니트 입
은 캐주얼한 차림이다.

우진   아⋯ 너무 맛있어서 자꾸 혀를 씹네. 아픈데 너무 맛있다⋯. 근데
        진짜 저 때문에 일부러 사 오신 거예요?

종후	거 참, 사람 말 못 믿네. 그럼 간만에 칼퇴근인데 뭐하러 택시 타고 날아서 김밥까지 사 들고 여길 왔을까? 심심해서?
우진	<u>호호</u>… 너무 감사해서 그러죠. 대리님 매너 좋은 건 알았지만 이건 상상도 못했거든요. 안 그래도 배고파서 빡 돌기 직전이었는데. (맛있게 먹는)
종후	매너 아닌데 이거, 관심인데.
우진	(먹다가) 에?
종후	내 스타일 보고 느낀 거 없어요? 나 옷도 갈아입었는데.
우진	아…. (그러고 보니까 그렇다. 어리둥절해서 종후 보면)
주혁	!!! (심상치 않은 분위기 예감한다. 긴장해서 보는)
종후	(우진 보며) 서우진한테 관심 있다고. 나 한번 만나볼 생각 없나?

놀란 우진! 더 놀란 주혁! 우진 잠시 멍한 듯하다가 이내 어색한 분위기 수습한다.

우진	와… 하하…! 놀래라. 생각도 못했는데… 와… 간만에 좀 설렌다, 진짜….
종후	(보며) 그래서… 좀 설레기만 하고 끝…?
우진	… 아니죠, 그건… 아닌데….
종후	(보는)
우진	지금 대답해야 돼요? 아직 대리님을 잘 몰라서… 뭐, 연쇄 살인마일 수도 있고….
종후	(푸하하하! 웃음 터뜨린다) 아, 미치겠다. 서우진, 진짜. (우진 보며) 나 겁 많아서 개미 한 마리 못 죽이니까, 그건 걱정 말고. 오케이. 시간 갖고 생각해봐요. 대신, 나도 칼 뽑은 거니까 오래는 못 기다립니다.
우진	아… 네…. 흠! 갑자기 막 체할 거 같고, 김밥이… 흐음! (어색해하는데)
주혁	(순간 휘청, 앞으로 몸 기울며 급히 문 잡는 바람에 삐걱 소리를 내고

만다)

우진/종후　(주혁 보고) 차 대리님…!/(놀라서) 야… 너 웬일이냐? 퇴근한 거
아냐?

주혁　(당황. 김밥 휴지통에 슬쩍 넣으며) … 두고 간 게 있어서… 식사
중이었나 봐? 하하….

(상식)　오, 윤종후한테 또 여자 생겼어? 누군데?

3. 실내 포차 (밤)

생맥주와 사이다 놓고 앉아 있는 종후와 주혁. 상식이 강냉이 놓
고 앉으며

상식　이쁘냐? 이뻐?

종후　이쁘지, 그럼. 안 이쁘겠냐, 내 눈에 지금?

상식　어머, 얘 제대로 꽂혔네. 근데 왜 내 가슴이 벌렁거리냐 주책맞
게. 으….

주혁　난 반대, 반대야!

종후/상식　뭐…?/니가 뭔데…?

주혁　야, 넌 그 여자 본 지 얼마나 됐다고. 너 지금 걔에 대해서 대충
안다고 생각하지? 아냐, 인마. 너 몰라. 아무것도 몰라, 너!

종후　(어이없다) 그럼, 너는 알고?

주혁　(찔끔) 아니… 나도 모르지, 모르는데… 그래도 걘 아니야, 종후
야. 너 주임 때도 사내 연애했다가 피 봤잖아. 근데 또 한다고?
야, 그땐 어리기나 했지. 사귀다가 또 헤어지기라도 해봐. 그 데
미지 다 어떻게 할 건데!

상식　뭐야, 니네 점 직원이었어? 오, 로맨틱….

종후　(상식 무시하고) 야, 안 헤어지면 되지! 이번엔 삘이 다르거든.

주혁　다르긴 개뿔…. (종후 잡고) 종후야, 인마! 내가 진짜 너 걱정돼서
이러는 거야. 너 연애가 고프면 차라리 다른 여자 만나. 내가 와

297

이프 친구 소개시켜줄게. 세상에 이쁜 여자 널렸다?

종후　　근데 서우진은 하나지.

주혁　　한참 후배도 가능해. 후배로 알아볼게, 내가.

종후　　나이 차이 너무 많으니까 대화가 안 되더라.

주혁　　야! (말문 막힌다) 아, 몰라. 어쨌든 난 반대야! 무조건 반대! 반대,
　　　　반대.

종후　　야, 그러지 말고 좀 도와줘라. 사내 연애는 주변의 협조가 얼마나
　　　　중요한데.

상식　　그래, 인마. 넌 웰케 부정적인데? 부정 타게. (종후 보며) 종후야,
　　　　난 썸수, 쌍족 다 들고 찬성. 대신 연애만 해, 결혼은 천천히 하고.
　　　　결혼이란 게 말야, 하는 순간 소꿉놀이가 전쟁놀이 되는 거거든.
　　　　그리고 우리 남잔 그 전쟁에서 평생 승리할 수가 없어요. 그러니
　　　　까 넌 최대한 오래 즐기다 넘어오라고, 전우야.

주혁　　아니, 연애도 안 돼! 결혼, 연애 다 안 돼! 난 이 연애 반대야, 무
　　　　조건 반대!!!

(주은)　야… 동네 친구 생기니까 좋다? 오다 가다 캔맥도 하고.

4. 우진의 집 근처 편의점 앞 (밤)

파라솔에서 캔맥주 마시는 우진과 주은. 주은은 트레이닝복 차림
이다.

우진　　그러게. 오늘은 우연히 안 만나나, 기대하고 걸어오는데 니가 딱!

주은　　운명인 거지, 이 정도면. 아, 나한테 너무 빠지면 부담스러운데….

우진　　벌써 늦었어. 내가 좀 사람한테 집착하는 스타일이거든, 미저
　　　　리…! (농담하곤 맥주 마신다) 사실… (가볍게 툭) 나 오늘 남자한
　　　　테 고백받았다?

주은　　오, 진짜? 언 놈인데?

우진　　회사 대리님. 생각도 못했는데 훅 들어오더라고, 완전 깜놀.

주은　와, 난 그딴 거 느껴본 지 백만 년은 된 거 같은데…. 그래서… 넌 어떤데, 그가?

우진　음… 좋아. 안 지는 얼마 안 됐지만 재미있고, 나랑 죽도 착착 잘 맞고, 여직원들한테 인기도 꽤 있는 거 같애. 페로몬들을 그냥 막…!

주은　그 남자한테만 쏘는구나. 오… 매력 있나 보네. 바로 커플 나오겠는데?

우진　근데….

주은　쯧… 야, 벌써 불길하다. 근데 뭐…?

우진　뭔가 쿵, 하는 게 없다 그래야 되나…? 왜 있잖아. 운명적으로 확 달아오르는.

주은　운명? 어머, 얘 왜 이러니. 이 나이에 뭔 운명 타령이야. 아주머니… 운명 그딴 건 영화에나 나오는 거죠. 그러다 세월만 좀먹는 수가 있어요, 아세요?

우진　그런가? 내가 너무 소녀 감성인가? 하긴, 이 나이에 남자한테 쿵, 하는 게 쉽진 않겠지. 마음이 백이 아니어도, 한 80만 돼도 사귀고 그런 거겠지?

주은　그럼. 야, 너무 욕심부리지 마. 운명이란 게 말야… 처음부터 훅 오는 게 아닐 수도 있다, 너? 내가 고딩 때부터 우리 남편을 봤잖니. 진짜 존재감이라곤 1도 없었는데 한 4, 5년쨴가, 어떤 타이밍에 눈에 확 들어오더라고. 이상하지….

우진　(끄덕) 그러기도 하는구나.

주은　그러기도 하더라니까. 남녀 사이 일은, 아무도 모르는 거야.

우진　오케이! 그럼 철벽 싹 걷어내고, 일단 오픈마인드로 받아주겠어! (두 팔 쫙 펴며) 드루와, 드루와! 지원자 있음 다 드루와!

주은　야, 너무 열었다…. 인간적으로 쫌만 닫자.

우진　아, 그래? 너무 혜펐나? (두 팔을 살짝 오므리곤 장난스레 웃는)

(혜원)　어, 자기 왔어?

5. 혜원의 집 거실 (밤)

요가 매트 위에서 필라테스 중인 혜원. 들어오는 주혁 보며

혜원   저녁은?
주혁   어, 먹었어. 너는…?
혜원   당분간 저녁 사절. 살이 좀 붙은 것 같아서.
주혁   살이 어디 있다구, 뼈밖에 안 남았구만…. (주방으로 가 물 마신다.
      목이 탄다)
혜원   아냐, 나 빼야 돼. 모델들이 왜 기아 난민처럼 깡말랐는데. 말라
      야 옷핏이 살아서 그래. (하며 동작하는데 징… 문자 진동 울린다.
      얼른 휴대폰 확인하는데)

      #. 문자 인서트 - '매일 당첨 고객님 50% 할인. 스타대리운전'

혜원   (스팸 문자다. 실망한 표정으로) … 아, 뭐야….
주혁   (물 마시다 말고) 뭐?
혜원   (시치미) 어? 뭐가?
주혁   방금 뭐라 그러지 않았어, 나한테?
혜원   아니, 아무 말 안 했는데? 나 씻을게. (가려다, 다시 와 휴대폰 챙겨
      들고 가는데)
주혁   미친놈… 왜 하필 서우진이냐고. 뭐가 이렇게 꼬이냐, 진짜….
혜원   (방 욕실로 가다가 다시 나와) 뭐라고…?
주혁   (깜짝) 어? 어, 뭐가?
혜원   나한테 뭐라 그런 거 아니야?
주혁   아니, 아무 말 안 했는데. 아… 나도 씻어야겠다. (눈치 보며 얼른
      바깥 쪽 욕실로)

(우진)   엄마, 갔다 올게! 이모님, 부탁드려요.

집에서 자전거 끌고 나온 우진. 백팩 메고 자전거에 올라탄다. 출
발해 가는 우진 뒷모습 부감으로 타이틀이 뜬다.

제6화 | 잘못된 만남

7. 거리 (낮)

우진, 부지런히 페달 밟아 가는데…. 이때 전방에서 갑자기 튀어
나오는 초등학생. (가방 멘, 초 1~2학년 여자아이)
놀라 끽! 급정거하는 우진. 아이도 깜짝 놀라 뒷걸음질친다.

우진   (자전거 세우고 아이한테 가) 괜찮아? 다친 데 없니?
아이   … (놀랐다, 울먹울먹하는)
우진   아우, 놀랐구나. 미안. 언니가 조심했어야 되는데…. (보면 바닥에
먹던 초코바 떨어져 있다. 주워서) 에헤이, 안 되겠다. 언니가 새로
사줄게. 미안…. (다독이는)

8. 은행 객장 (낮)

우진 제외한 직원, 출근해 왔다 갔다 하고, 자리에서 뭔가 준비하
고 있다. 금고에서 시재 가지고 나와 자리 앉는 종후, 우진의 빈
자리 보고 갸웃한다. 시계를 보면 8시 35분이다.

종후	(자리에 앉는 주혁에게) 야, 서우진 왜 안 오지? 빼박 지각인데 이거….
주혁	내가 아니? 니 앞가림이나 잘해, 인마.
종후	인정머리 없는 놈. 아… 장 팀장한테 걸리면 아침부터 기분 잡칠 텐데…. (걱정되는)
주혁	(말은 그렇게 했지만 신경 쓰인다. 역시 힐끗 빈자리 보는)

9. 은행 건물 뒤 주차장 (낮)

우진 부랴부랴 자전거 세워놓고, '아 씨… 늦었다…' 하며 뛰어가려는데 휴대폰 문자 알림 울린다. 잰걸음으로 걸어가며 확인한다.

#. 휴대폰 인서트 - '우진 씨. ATM 쪽에 가방 숨기고 빈 종이컵 하나 챙겨서 들어와요. 세팅 끝내놨음 - 윤종후 대리'

우진	? (뭔 소린가 보다가 아…! 얼굴에 미소 번지는)

10. 은행 객장 (낮)

각자 자리에 앉아 업무 준비 중이고, 우진 컵 하나 들고 자연스럽게 들어온다. 우진 자리, 가디건 의자에 걸쳐져 있고 시재도 챙겨져 있다. 우진, 종후와 사인 주고받고 자연스럽게 자리에 앉으려는데….

장 팀장	(보고 의아하단 듯) 우진 씨, 언제 왔어…?
우진	네? 아… 좀 아까… 한 20분 전쯤…?
장 팀장	그래? 이상하네…. 좀 아까 봤을 때만 해도 안 온 거 같았는데…. (수상하게 보면)
우진	(거짓말에 능숙하지 않다. 장 팀장 눈 못 쳐다보고 피하는데)
종후	(훅 끼어든다) 우진 씨, 아까 부탁한 장수진 고객 수익률, 확인했

어요?

우진   (얼른) 아, 그거요. 찾아뒀어요. 지금 바로 뽑아드릴게요. (부산 떨면)

장 팀장 (내가 잘못 짚었나? 갸웃하고는 자리로 가 앉는다)

우진   (자리에서 종후 보며 고마워요! 눈빛 보내고)

종후   (이쯤이야 뭐, 하는 애정 담긴 눈빛)

주혁   (그런 두 사람 보며, 이러다 진짜 잘되면 어쩌지? 속 끓는 표정)

11. 은행 앞 (낮)

출근길의 지점장, 본사 이사와 휴대폰으로 통화하며 온다.

지점장   … 야, 먼저 임원 됐다고 튕기냐? 시간 좀 내. 술 살게. 동기 얼굴
        까먹겠다….

(이사)   야, 넌 아직 술 마시고 다니냐? 참 체력도 좋다. 그러니까 지점장
        평가에서 밑에 직원한테 회식 강요한다는 말이 나오지.

지점장   (표정 군는다) 그게 뭔 소리야? 회식을 강요하다니, 누가? 내가?

(이사)   그래, 인마. 내가 슬쩍 봤는데 잦은 회식 강요가 업무의 연장처럼
        느껴진다, 시정됐으면 좋겠다, 그렇게 써 있더만. 적당히 좀 해라,
        적당히.

지점장   아니, 내가 무슨, 얼마나 회식을 강요했다고 참…. (마음 상한)

12. 은행 객장 (낮)

오픈 직전. 준비 한창인데 굳은 얼굴의 지점장 들어온다.

일동   오셨어요?/지점장님, 오셨습니까?

지점장   (빠직) 밖에 붙은 현수막, 저거 위치 선정 누가 했어?

변 팀장 아, 제가 했는데요. 점장님. 왜….

지점장   보이는 데다 붙여야 될 거 아냐, 보이는 데다. 눈이 뺐나? 왜, 아

	예 천장에다 갖다 붙이시지…. (하다 환 본다) 김환, 넌 양말이 또 그게 뭐야? 허옇게 발목을 다 내놓고, 패션쇼 하러 왔냐? 휴가 왔어? 여기가 발리야?
환	저 이거 여러 번 신고 왔는데….
지점장	시끄러! 내가 니 친구냐, 말대꾸 좀 하지 마! 그리고 수신계. 거기 앞에 좀 치우고 그래, 고객 상대하는데 지저분하게 말야. (화분 보며) 화분은 죽이는 거야, 살리는 거야? 게을러빠져 가지구, 에이…! (지점장실로 들어가는… 문 쾅!)
장 팀장	왜 저래, 지점장님? 완전 저기압인데, 오늘.
혜정	저기압 정도가 아닌데요, 태풍주의보인데, 완전. 사모님하고 싸우셨나?
향숙	일방적으로 혼나지, 싸우진 않으시잖아요. 뭔가 느낌이 싸한데, 난.
변 팀장	그러게. 우리한테 삐진 분위긴데 이건, 뭐지? 아… 뭘까? (갸웃하는데)

우진, 슬쩍 일어나 복사하고 있는 종후한테 다가선다.

우진	대리님, 아깐 감사했어요. 페달 백키로로 밟았는데도 늦어서 죽었구나 했는데….
종후	아, 뭘 그 정도야, 우리 사이에. 그나저나 이따 끝나고…. (말하는데)
주혁	(훅 끼어든다) 저기, 나 복사 좀 급해서! (복사하는)
우진/종후	아, 네…. (피해준다)/(타이밍 놓쳤다. 이 자식이…! 주혁 노려보는)

13. 은행 외경 (낮)

고객들, 은행으로 끊임없이 드나드는….

유난히 수신 쪽 고객이 바글바글한 객장. 수신 직원들 정신없고…
반면 대부 쪽은 상담 고객 없이 각자 서류 업무만 하고 있다.

종후   (딩동) 347번 고객님! 이쪽에서 도와드리겠습니다. 이쪽으로 오
          세요.

장 팀장   (바쁜 와중에 감동이란 듯 보며) 윤 대리, 땡큐!

종후   (우진 의식해) 아유, 식구끼리 뭘. (고객 오자) 어떤 거 도와드릴까
          요?

주혁   (수 쓰고 있네, 하는 표정으로 종후 보는)

종후   (표정 의식하고) 왜애, 뭐어! 확, 그냥. (감정 상한 티 내고는, 다시
          친절톤으로 고객에게) 이체하시는 거죠? 신분증 좀 보여주시겠습
          니까? (업무 보는데)

장 팀장   (대기 고객들 보며) 야, 안 되겠다. 이거 빠지기 기다렸다가는 끝
          이 없겠어. 내가 창구 볼 테니까 우진 씨부터 얼른 밥 먹고 와.

우진   아, 감사합니다. 실은 아사하기 직전이었거든요. 발에 모터 달고
          최대한 빨리 먹고 올게요, 팀장님. (지갑 챙겨 일어나는)

변 팀장   (자리에서) 우리도 차 대리부터 얼른 먹고 오지, 우진 씨랑 같이.

주혁   아, 그럴까요? (일어나는데)

종후   (급한) 이체 완료됐습니다 안녕히 가십시오! (하고는 벌떡 일어난
          다) 저요! 제가 먼저 먹고 올게요, 팀장님. 배가 너무 고파서!

주혁   ! (종후 째려보는)

변 팀장   그래, 그럼 윤 대리부터 갔다 오고. 환이랑 차 대리랑 그다음에
          가고.

종후   넵, 그럼 다녀오겠습니다! (우진 쫓아 나가는)

주혁   (저렇게 놔둘 순 없다, 망설이다가) 저기 팀장님, 상담 고객도 없
          는데 저도 먹고 오면 안 될까요? 아침 건너뛰었더니 허기가 져
          서….

우진, 배고픔에 경보하듯 걷고 종후는 부지런히 따라간다.

종후   배 많이 고파요? 조금만 천천히 가지.

우진   (속도 늦추며) 아, 죄송해요. 제가 마음이 급해서.

종후   유난히 배고픈 거 못 참아, 우진 씨는, 체구도 작은 사람이.

우진   당 떨어지면 다리가 후들거리거든요.

종후   운동치에 은근 약골에, 또 뭐 있어요? 내가 알아야 될 게.

우진   알면 다칠 텐데. 저 실은 (은밀하게) 유명한 재벌가 혼외 자식이에요.

종후   아, 진짜…? 엄마는 과거 충무로를 휩쓸던 유명한 여배우고?

우진   안 속네. 레퍼토리 공부 좀 더 해야겠다.

종후   차라리 작가가 되지 그랬어요? 막장 이런 거 되게 잘 썼을 거 같
         은데. (웃는데)

(주혁)   야, 종후야! 윤 대리!

우진/종후 (돌아본다) 어, 차 대리님…!/?!(저 자식은 또 왜…. 짜증 나는 표정
         인데)

주혁   (뛰어와) … 변 팀장이… (헉헉) 나도… (헉헉) 같이 먹고… 오래
         서…. (헉헉거리며 보는)

우진 맞은편에 나란히 앉은 종후(안쪽), 주혁(바깥쪽). 설렁탕 세
그릇 테이블에 서빙되고, 종후는 주혁이 계속 못마땅하다.

우진   우와, 이열치열, 잘 먹겠습니다! (밥 한 공기 텀벙 다 마는)

종후   조심해요, 뚝배기 뜨거워요. (뚝배기 우진에게서 좀 더 떨어지게 당
         겨주고 가위로 김치 잘라주는)

주혁   (국물 한 숟가락 먹고 김치 집으려는데)

종후	(김치 접시 휙, 옆으로 빼 우진 쪽으로 더 밀어준다)
주혁	! (보면)
종후	(눈으로, 어딜 먹어? 하는 표정)
주혁	흐, 흠! (포기하고 다시 국물 떠 먹는데)
우진	와… 이 집 김치 은근 맵네. 헤…. (물병 드는데 물이 얼마 없다)
종후	내가 갖고 올게, 물. (물병 들고 일어나서 비켜달라는 듯 주혁 보는데)
주혁	(못 들은 척 고개 박고 설렁탕만 먹는다)
우진	제가 갈게요, 주세요. (물병 빼앗아 들고 냉장고 쪽으로 가는)
종후	… 야, 너 인마, 진짜…!
주혁	(말 자르며) 이모님, 여기 김치 하나만 더 주세요!
종후	(물병 들고 오는 우진 보며 더 이상 말 못하고, 부글부글 열 받는)

17. 편의점 (낮)

우진 밖에 서 있고…, 종후, 주혁의 손목 잡아 끌고 들어오며

종후	기다려, 우진 씨! 얼른 아이스크림 사서 나갈게. (문 닫는다)
주혁	(밖으로 내빼려 하지만)
종후	(손목 꽉 잡고 아이스크림 코너로 끌고 들어가 냉동고 문 밀어 올리며) 너 뭐야, 대체 이렇게까지 하는 이유가 뭐냐고, 자식아!
주혁	(딴청) 아, 내가 뭘… 어쨌다고….
종후	확! (주혁의 손을 냉동고에 쑤셔 넣으며) 손을 여기다 매장시켜버릴라! (하다 바깥의 우진에게 미소 지어 보이는) 웃어, 인마. 웃어, 웃어!
주혁	(어쩔 수 없이 가식 미소 지으며 우진 쪽 한 번 보는)
우진	(편의점 밖에서 '얼른, 시간 없어요' 하는 듯 휴대폰 들어 보인다)
종후	(오케이 사인 주고) 확 얼려버리기 전에 말 안 해, 얼른?
주혁	(더 피할 수는 없다) 내가 얘기했잖아, 서우진은 아니라고.

종후　왜 아니냐고. 확실한 이유 하나만 대. 그럼 내가 다시 생각해볼
　　　테니까.

주혁　(댈 게 없다, 억지로 짜내는) 사내 연애….

종후　그건 내가 감수한댔지. 또.

주혁　밥도 생각보다 많이 먹고. 데이트 비용 장난 아니겠더구먼.

종후　장난해? 확… 또!

주혁　… 또…. (편의점 밖 우진 본다. 속으로 '내 전 와이프였다, 이놈아.
　　　됐냐…?')

종후　없지? 그래, 뭐가 있겠냐. 너 이러는 거 진짜 집착이야. 내가 니
　　　친구고 동기지 니 아들이냐? 뭔 결혼 반대하는 부모도 아니고.
　　　너 과해 진짜, 인마!

알바　저기요, 냉동고 문 그렇게 열고 계시면 안 되거든요?

종후　아, 죄송합니다. (아이스크림 아무거나 세 개 꺼내고) 한 번만 더
　　　훼방 놔봐, 너. 친구 이상의 감정 있는 걸로 간주한다. (하고 가려
　　　다) 혹시나 해서 미리 말하는데, 너 내 취향 아니다. (하고는 계산
　　　대로 가는)

주혁　미, 미… 미친놈…. (어이없는 표정)

18. 은행 객장 (낮)

그 시간, 고객 얼추 빠지고 겨우 한숨 돌린 객장.

장 팀장　아… 진짜 혼을 쏙 뺐네, 그냥. 아니, 왜 고객은 한꺼번에 밀려와?
　　　　약속했나, 여기서들 만나기로?

혜정　원래 그렇잖아요. 바쁠 때 확 몰리고, 한가할 때 파리 날리고.

향숙　징크스 같애, 무슨. 으… 피곤해. (책상 위에 엎드리는데)

지점장　(지점장실에서 나오는)

향숙　(얼른 일어나고)

변 팀장　어, 지점장님, 식사하시게요? 저랑 같이 하시죠. 뭐 드실래요? (일

어나는데)

지점장   아냐, 됐어. 식사 시간은 근무 외 시간인데, 그 시간까지 내가 불편하게 하면 쓰나. 괜히 나랑 밥 먹다 체하지 말고 각개전투하자고.

변 팀장   아유, 지점장님, 뭔 그런 말씀을. (당황하는데)

지점장   (무시하고 바닥 얼룩 발로 비비며) 이거 봐, 이거! 바닥에 뭐가 있어도 닦는 놈이 하나 없어, 어떻게…. 에이 씨! (하고는 밖으로 나가버리는)

일동   (조용…. 지점장 나갈 때까지 눈치 보다가)

변 팀장   (문 닫히자마자) 확실해. 삐졌어. 뭔지는 모르지만 삐졌어, 우리한테.

장 팀장   아… 뭐지? 그럴 만한 일이 없는데, 진짜. 어제 내기 당구 이겼어요, 혹시?

변 팀장   미쳤어? 내가 주말에 당구 연습을 왜 하는데! 자연스럽게 지려고 하는구먼.

장 팀장   그럼 뭐냐고, 대체. 자기들 설마… 지난 주에 써낸 지점장 평가… 다 좋은 말만 썼지? 부정적인 거 쓴 사람 없지? 그래, 바보가 아닌 이상 어떻게….

환   난 불만 썼는데. 회식이 잦아서 업무의 연장 같다고.

일동   (잠시 침묵 흐르다 동시에) 야! 이런 미친!!!

19. 프라이빗 헬스클럽 (낮)

혜원, 러닝머신 하며 통화 중이다.

혜원   어, 엄마, 왜? 아니, 나 피트니스. 살이 좀 붙은 거 같아서. (하면서 시선은 계속 입구를 향한다. 내심 현수 기다리는) … 골프? 그럼, 그이한테 말해놨지. 알았어, 주말에 봐요. 어…. (끊는데)

이때, 입구 쪽에서 현수가 들어온다.

혜원	(아닌 척 시선 거두고 걷는다)
현수	(웃으며 다가오는) 혹시 나 기다렸어요? 문 쪽 보고 있던데.
혜원	아니, 아닌데. 그냥 걸었는데. (집중하는 척하면)
현수	에이, 실망. 난 또 기다린 줄 알고. (바로 옆 러닝머신에 올라 걷기 시작하는)
혜원	(의식된다. 잔머리 귀 뒤로 넘기는)
현수	(그런 혜원 힐끗 보고는 뛰기 시작한다)
혜원	(젊음이 다르긴 다르다 싶다. 뭔가 힘이 느껴지는)
현수	속도 올리고 뛰어봐요, 5분만. 그리고 10분 또 걷고. 뛰고 걷고.
혜원	아…. (속도 올린다. 현수 따라 뛰는)
현수	(나란히 뛰며 손 뻗어 속도 살짝 조절해주고는… 미소 짓는다)

20. 헬스클럽 건물 지상 주차장 (낮)

혜원 나오는데, 현수 뒤쫓아 뛰어온다.

현수	같이 가요, 누나! 치사하게 진짜 혼자 가기 있어요?
혜원	(튕기듯) 내가 왜 너랑 같이 가야 되는데?
현수	배고파서요. 밥 사줘요, 오늘도 완전 열심히 가르쳤잖아요.
혜원	진짜 웃긴다, 너. 귀여워서 봐줬더니 뭐나 되는 것처럼…. 너무 까부는 거 아냐?
현수	(진지) 그럼… 뭐 되게 해주면 안 돼요?
혜원	뭐?
현수	좋아요, 누나가. 나도 이런 내가 당황스러울 만큼.
혜원	(얼굴 화끈) 어머, 얘 뭐라는 거야? 너 이거 패기 아니고 객기거든. 막 나가는 거라고. 하… 그래, 니 나이 때 연상에 대한 환상 같은 거 있지. 그래도 안 되는 건 안 되는 거지. 난 강사고 넌 학생이야. 난 남편도….
현수	알아요, 남편도 있겠죠. 전에 반지 봤어요.

혜원	(당황하지만 금세 정신 차린 듯) 알면 됐어. 괜히 시간 낭비하지 말고 니 또래 만나. (가려는데)
현수	그게…! 마음이 마음대로 돼요, 누나는?
혜원	(보면)
현수	제대로 된 사랑, 안 해봤구나…. (표정) 알았어요. 최선을 다해 마음 접어볼게요. 참아볼게요. 그래도 안 되면…. 그땐 모르겠어요, 나도. (화난 듯 가는)
혜원	(현수의 열정 어린 멘트에 압도된 듯 보는데)
현수	(다시 온다. 눈에 담으려는 듯 혜원 얼굴 바짝 보곤) … 이제 진짜 됐어요. 운전 조심해서 해요. (슬픈 미소 머금은 채 차 쪽으로 가는)
혜원	(침 꼴깍 삼키며 본다. 나한테 이렇게 빠진 남자가 있다니…)

현수 차 안. 운전해 가며 백미러로 제 차 타는 혜원을 보는 현수. 의미심장하게 썩소를 짓는다.

21. 명품관 주차장 (낮)

발레파킹 구역에 주차 후, 여유롭게 차에서 내리는 현수. 파킹맨 동료1, 현수 보고 잽싸게 달려온다.

동료1	야, 씨! 너 제정신이야, 새끼야? 팀장이 차 찾아서 둘러대느라고 얼마나 똥을 쌌는지 알아? 아무리 장기 주차라고 해도 어떻게 반나절을… 아우, 이 또라이….
현수	쏘리. 그래서 뭐라 그랬어?
동료1	뭐가 새서 급하게 정비 갔다 그랬지, 새꺄.
현수	오, 순발력! (알바생 툭 치는)
동료1	조심해, 새끼야, 꼬리 길면 밟혀. 재벌 2세 흉내는…? 남의 차로 지랄! (하다 헬스클럽 가방 보고) 아쭈, 그건 또 뭐냐? 가지가지 한다, 진짜.

현수	아, 시끄러. 기회비용 모르지, 넌? 하이 리스크, 하이 리턴.
동료1	뭐래. 가짜 대학생도 모자라서 이제 뭐, 헬스클럽 사장 흉내라도 내게? 아, 그냥 클럽 같은 데 가서 꼬셔. 여자 때문에 힘들게 쌩지 랄하지 말고.
현수	클럽 가면, 뭐. 나 같은 여자애들밖에 더 있냐? 진짜배기들은 숨 어 있다고. 부모 돈으로 호의호식하면서 곱게 자란 애들. 그리 고… 이번엔 왕거니거든. 제대로 투자하고 제대로 밀당해서 확 넘어오게 만들 거야.
동료1	야, 뭐 부잣집 여대생 하나 물었냐?
현수	여대생 아닌데. 여강사인데. (하고는 휴대폰에서 'JK그룹' 검색한 다. 기사 눈으로 쭉 훑으며 '제대로 걸렸어!' 하는 흐뭇한 표정)

22. 은행 외경 (낮)

객장 영업 끝난 - 은행 셔터문 내려져 있다.

23. 은행 복도 (낮)

변 팀장, 장 팀장, 향숙, 혜정 서 있고… 환이 화장실 쪽에서 뛰어 온다.

환	(작게) 오세요, 오세요….
지점장	(화장실에서 막 나오는데)
변 팀장	얀마, 니가 제정신이야? 아무리 개념이 없기로서니 어떻게 지점 장님 평가에, 그딴 걸 써, 인마! 은혜를 원수로 갚아도 유분수지 말이야!!!
지점장	! (멈칫하더니 숨어서 듣는다. 내 얘기구나…)
장 팀장	변 팀장 진정해, 지금 너무 흥분했어. (하고는) 김환, 너 진짜 실망 이다. 좀 간족거려도 사리분별은 하는 줄 알았더니, 어떻게 사람

마음을 그렇게 모르니? 지점장님은 뭐 회식이 좋아서 하시겠니? 다 우리 생각해서 회 한 점, 고기 한 근이라도 더 먹여보려고, 우리 일이 체력 소모도 심하고 힘드니까….

향숙   맞아요. 집에 들어가기 싫거나 그래서 그러시는 게 아니잖아.

혜정   그럼. 진짜 다른 지점 얘기 들어도 그렇고, 우리 지점장님 같은 분 없어. 능력 있으시지, 합리적이시지, 마음 넓으시지…. 아, 나 살짝 뭉클해지려고 그래…. (하고는 환이 보며 '너도 빨리 해' 하는 표정)

환   (이렇게까지 해야 되나 싶지만, 지은 죄가 있으므로 어쩔 수 없이) 잘못… 했어요. 그때 살짝 제가 돌았었나 봐요…. 야근에 너무 치여서.

변 팀장   (지점장 인식하며) 환이야, 난 주말마다 교회 가서 기도를 한다? 우리 지점장님이랑 오래 일하게 해주세요. 제발 저한테 그 행운만큼은 뺏지 말아주세요….

장 팀장   (얼른 받는) 그치, 행운이지. 난 우리 점 너무 좋아. 나중에 지점장님 여기서 퇴직한다 생각하면 벌써…. (울컥한 척) 어머, 나 왜 이러니. 주책이다….

(지점장)   (다시 기분 좋은, 쩌렁쩌렁) 자자, 먹으면서 들어, 먹으면서…!

24. 은행 객장 (밤)

각자 자리에서 피자 먹으며 마무리 중인 직원들. 향숙 바닥 닦는다.

지점장   오늘 유난히 고객이 많아서 고생 많았고들…. (하다 향숙 보며) 어, 주향숙이 뭐 해, 지금? 피자 먹고 하라니까.

향숙   아, 바닥에 얼룩 닦으려고….

지점장   에이, 나중에 해라, 나중에. 냠냠 피자 먹고 허리도 좀 피자.

일동   (웃는) 어머! 피자 먹고 피자, 님 웃겨! (하며 풀린 거 맞지? 다행이다… 시선 주고받는)

지점장   우리 서우진 씨, 주말에 신입 CS연수 있는 거 알지?

우진   네, 메일 확인했습니다. 양양연수원.

지점장   오케이, 한 번은 거쳐야 하는 거니까 귀찮더라도 잘 받고 오고, 이번에 리더십 교육도 있는데 말야. CS 보내는 걸로 퉁치려고 했더니 본사에서 무조건 한 명 보내라네? 미안하지만 아무래도 우리 차 대리가 좀 가줘야 될 거 같은데.

주혁   아, 제가요?

지점장   대리급 이상에서 가야 되는 거라, 같은 양양연수원이니까 심심하진 않을 거야. 우리 서우진 씨 잘 좀 지도 편달 해주고, 어?

주혁   네, 알겠습니다. 가야죠, 그럼. (하고는 내심 기대감으로 우진 슬쩍 보는데)

종후   (주혁 쪽으로 바퀴 굴려 의자 확 붙이며) 야, 드디어 기회가 왔다.

주혁   ? (무슨 기회? 하듯 보면)

종후   니 우정을 증명할 마지막 기회. (하고는 지점장 보며) 점장님! 아무래도 리더십 교육, 제가 가야 될 거 같은데요? 차 대리가 주말에 중요한 선약이 있다고….

주혁   (당황) 아, 아니 그게…. (아니라고 하려는데)

종후   (주혁 목젖 탁, 치고) 야, 점장님이 그 정도 편의도 안 봐주시겠냐? 너나 나나 대리인데 누구든 가면 되지. 그죠, 점장님? 제가 가도 되죠?

지점장   어, 그럼그럼. 뭔 상관이야. 자리만 채우면 되지. 그래, 윤 대리가 가.

종후   넵! 그럼 잘 다녀오겠습니다! (신난)

주혁   하아…. (빼도 박도 못하는 상황. 한숨 쉬는)

25. 은행 뒤 주차장 (밤)

    주차장으로 같이 걸어오는 종후와 우진.

우진	이것도 작전 아니죠? 진짜 순수하게 차 대리님 대신 해주시는 건데, 내가 자뻑이 너무 심한 거죠, 그쵸?
종후	민망해서 더는 안 되겠네. 작전 인정. 싹 다 인정. (웃으면)
우진	(같이 웃고) 됐어요. 이제 혼자 갈 테니까, 대리님 가세요.
종후	나도 여기 파킹해놨는데, 내 자가용. (우진 자전거 옆 자전거 가리킨다)
우진	대리님 거예요?
종후	오늘부터 나도 자출족 대열에 껴보려고. 요새 운동량도 너무 없고, 방향 같으니까 누구랑 퇴근길 동무도 하고. (우진 보면서) 싫은 건 아니죠?
우진	안 심심하고 좋긴 한데, 보기보다 만만치 않을 텐데. 안 하다 하면.
종후	에이, 사람을 뭘로 보고…. 나 취미가 등산이에요. 허벅지 때문에 바지도 한 치수 크게 입는구만. 우진 씨야말로 따라오기 힘들면 말해, 내가 속도 맞춰줄 테니까.

26. 우진의 집 골목 (밤)

편의점 근처 골목에 먼저 도착해 서는 우진의 자전거. 종후, 가까스로 쫓아와 서는데…. 기진맥진한다.

우진	(사뿐히 내리며) 저쪽이에요, 저희 집은. 여기서 찢어지면 될 것 같은데….
종후	(헉헉) 그래도 밤길인데…. (헉헉) 집 앞까지 가지….
우진	됐어요, 전 눈 감고도 가요. 근데 집까지 가실 수 있겠어요? 힘들어 보이는데.
종후	그럼요. (헉헉…) 이 정도야…. (헉헉… 편의점 보며) 뭐 마실래요? 내가 사 올…. (하며 자전거에서 내리다가 휘청하는)
우진	계세요. 제가 사 올게요. (자전거 세우고 들어가려는데 편의점에서

315

상식이 계란을 사 들고 나온다.)

상식   (종후 보고) 어, 윤 대리야!

종후   어? 어, 오 사장. (보며) 뭐 사러 왔어?

상식   어, 계란이 똑 떨어졌는데 마트까지 가기 싫어서…. 울 와이프한
        테는 비밀. (자전거 보고) 근데 웬 자전거냐? 너 자전거 도가니 나
        간다고 안 탄다며.

종후   얀마! 자전거는 보이고 사람은 안 보이냐, 넌? (눈 찡긋한다)

상식   (우진 보며) 아, 그럼 혹여 이분이…?

우진   아, 안녕하세요? 대리님이랑 같은 점에 근무하는 서우진입니다.

상식   아아… 그 하나뿐인 우진 씨.

우진   네?

상식   아닙니다, 많이 반갑습니다. 저 오상식입니다. (바지에 손바닥을
        쓱쓱 닦고 내민다)

우진   (똑같이 손바닥 옷에 쓱쓱 닦고 악수하는)

상식   진짜 뵙고 싶었거든요. 철없이 이 여자 저 여자 방황하던 우리 종
        후를 빡시게 해주셔서 친구로서 얼마나 감사한지, 참.

종후   상식아… 유머가 좀 오컬트하다? 분위기 파악 좀 하지.

상식   유머 아니잖아, 진실이잖아…. 어쨌거나 저쨌거나 이렇게 스치고
        말 사이는 아닌 듯한데, 제가 요 근처에서 조그맣게 먹는 장사를
        하고 있거든요. 시간 괜찮으시면 닭발에 쐬주 한잔 대접하고 싶
        은데, 어떻게… 가능하실지…?

우진   아, 내일 연수라 아침 일찍 출발해야 해서….

상식   아아… 연수…. 망할 놈의 연수…. (실망하는데)

우진   근데 또 고럴 때 마시는 술이 장난 아니게 달죠? 콜! (웃는다)

27. 실내 포차 (밤)

큰 반찬통에서 반찬 집어 먹는 주혁. 주은이 반찬을 작은 통에 덜
고 있다.

주혁	(간만에 엄마 반찬 먹으니 맛있다. 계속 집어 먹으며) … 뭘 이렇게 많이 보냈어, 엄만. 손 큰 건 하여튼. 군부대 하나 먹이고도 남겠다. (또 집어 먹으면)
주은	(반찬 담다가) 아, 안 짜? 안 먹는다더니… 밥 줄게, 먹고 가, 그냥.
주혁	한 그릇만 줘보든지, 그럼. (자리에 앉으며) 상식이는 어디 갔다고?
주은	계란 사러. 좀 기다려, 밥 줄게. (하는데)

이때 문 열리고, 상식이 종후와 우진을 데리고 들어온다.

상식	들어오세요, 들어오세요. 가게가 아담하죠?
우진/주은	아뇨, 이쁜데… (눈 마주치고) … 주은아…/(보고) 우진아…!
종후/상식	알아요, 둘이?/어떻게…?
주혁	!!! (동시에 벌떡 일어난다. 두 사람이 어떻게 알지? 눈 휘둥그레지고
우진	!!! (주혁 보고는 '차 대리님이 왜 여기에…?' 주은과 주혁을 번갈아 본다)

28. 실내 포차 외경 (밤)

(상식)	와, 어떻게 이런 일이 있냐? 이래서 나쁜 짓 하고 살면 안 돼, 그치?

29. 실내 포차 (밤)

주혁, 종후, 우진, 상식, 주은 둘러앉아 술자리하는… 주혁만 사이다.

상식	세상이 은근 좁다니까. 어떻게 이 넓은 서울 아래, 이 넓은 보은 동에서, 어? 얘랑 얘가 남매인데, 얘랑 얘는 친구고, 얘는 얘… 아니, 이분이랑 친구를 먹고. 얘는 이분한테 얘를 소개시켜주려고

317

했고, 근데 얘는 이미 이분한테 꽂혀서 들이대고 있고…. 참… 이럴 수가 있냐고, 이게. 누가 들으면 짰다고 그러지.

우진   그러니까요. 저도 아까 주은이랑 차 대리님 보는데, 와… 안나푸르나 봉우리만 한 소름이 그냥 정수리에 딱! 진짜 놀랐어요, 진짜.

주은   야, 난 오죽했겠니. 이러려고 너 처음 봤을 때 남 같지가 않았었나…?

종후   놀랍긴 하다, 진짜. 우리가 인연은 인연인가 보네.

주혁   (멍… 혼자 중얼거리듯) … 인연은 인연이지…. 보통 인연이 아니지….

주은   어쨌거나 반갑고, 아무쪼록 두 분 잘되길 바라고, 그런 의미에서. (잔 든다)

일동   반갑습니다! 잘 해봅시다! (잔 부딪히고, 마신다)

주혁   (혼자 사이다 마신다. 사이다도 술처럼 쓰다)

우진   근데 닭발, 이거 제대로다. 나 손 씻고 본격적으로 먹을까봐. (일어서면)

주은   이리 와. 내가 데려다 줄게. (일어난다. 같이 화장실 쪽으로 가는)

상식   (가는 우진 보며) 야… 독특하다이? 뭔가 야물딱지면서도 살짝 엉뚱하면서도 쿨워터 향이 막 나는 것이. 매력 있다, 야. 종후가 왜 빠졌는지 알겠어.

주혁   (종후 보며) 넌 연수 간다는 놈이 짐 안 싸니? 집에 안 가?

상식   그 망할 놈의 연수는 종후도 가나?

종후   어. 얘가 양보해줘서 난 리더십, 서우진은 CS.

상식   뭐야, 그럼 1박 2일…? 얀마! 됐어, 인마! 너 성공이야! 딱 보니까 우진 씨도 너 좋아해. 너 보는 눈이 주은이가 나한테 넘어오기 직전에 그, 욕정의 어? 가서 확 밀어붙여, 종후야. 나랑 주은이도 그 시기에 남이섬 1박 2일 가서 딱….

주혁   ! (냅다 상식의 뒤통수를 갈긴다)

상식   아!!! (아파하면)

종후	(쯧…) 어째 맞을 거 같더라. 넌 가끔 얘가 주은이 오빠인 걸 망각하더라. 참 상식이 없어요, 얘가. (주혁 보며) 이해하고 주혁아, 밀어주는 김에 하나만 더 부탁하자.
주혁	(짜증 난다) 또 뭐, 뭐, 뭐!
종후	짜증 내지 말고…. 나 내일 차 좀 빌려줘라, 서우진이랑 타고 가게.
상식	오… 윤종후, 각오가 남다른 거 같은데? 뭐, 이참에 진도라도 빼고 오려고?
주혁	(발끈해) 야, 진도는 무슨, 아직 사귀지도 않는데.
상식	얘 자세가 그렇잖아. 뭔가 결정적인, 응? 확 마, 응? 옴므빠딸로 마.
종후	(어이없어 웃으며) 그래, 인마. 이참에 진도 확 빼고 오려고 그런다, 됐냐?
주혁	(그런 종후 보며 불안한 표정에)
	(E) 휙! (헛스윙하는 소리)

30. 다음 날/서울 인근 골프장 (낮)

대차게 헛스윙한 주혁. 골프복 차림의 혜원 부, 혜원 모, 혜원 옆에 서 있다.

혜원 부	겨우 좀 느는가 싶더니 왜 이래, 갑자기 이 친구?
주혁	아… 오늘 컨디션이 좀. 피곤해서 그런가, 왜 이러지 이게? (스윙해보는)
혜원 모	오랜만에 치면 그럴 수도 있지, 일 안 하고 맨날 골프만 치는 당신이랑 같애?
혜원 부	누가 일 안 하고 골프만 쳐. 일도 하고 골프도 치는구면.
혜원 모	아유, 픽이나. 골프라면 그냥 자다가도 벌떡, 무슨 프로 입단할 것도 아니고. 안 그런가, 차 서방?
주혁	(혼자 딴생각에 골몰해 있는)
(종후)	그래 인마, 이참에 진도 확 빼고 오려고 그런다, 됐냐?

319

혜원	(주혁 툭 치며) 뭐 해, 자기야? 엄마 말씀하시잖아.
주혁	네? 아…. (장모 보며 당황해) 죄송합니다…. 지점에 복잡한 일이 좀 있어서.
혜원 부	괜찮아. 남자는 일에 정신 뺏길 줄도 알고 그래야 성공해, 마음에 들어.
혜원 모	이이는 별게 다 마음에 들어, 누가 사위바보 아니랄까봐.
혜원 부	그럼! 내가 그동안 두 여왕님들 사이에서 얼마나 외로웠는데. 유일한 남자 동지가 생겼는데 안 이쁘고 배겨? 이번 여름휴가 땐 아예 따로 다니자고!
주혁	아… 네…. (가식 웃음 지어 보이고는 또 딴생각. '설마… 아닐 거야. 종후가 그렇게 앞뒤 안 가리고, 막돼먹은 놈은 아냐…. 아닐 거야…' 생각하면서도 불안하다)

31. 고속도로 (낮)

신나게 고속도로를 가르며 달리는 주혁의 차.

32. 주혁 차 안 (낮)

종후. 업된 표정으로 운전 중이고, 우진은 보조석에 앉아 있다.

우진	그냥 버스 타고 가면 되는데, 차 대리님한테 좀 죄송한 거 아니에요?
종후	에이, 괜찮아요. 개랑 나 사이엔 그런 거 없어요.
우진	부러워요, 두 분. 사회 나와 만난 친구가 그렇게 각별하기 쉽지 않은데.
종후	그러게, 나도 신기해요. 아마 남녀로 만났으면 백퍼 눈 맞고 결혼까지 갔을걸?
우진	상상만 해도 웃겨요. 차 대리님이 여자 쪽일 것 같애.

종후	으으, 상상했어. (하곤) 아침 안 먹었죠? 쇼핑백 좀 봐요, 뒤에.
우진	(뒷좌석에서 쇼핑백 가져와 들여다보면, 샌드위치 도시락이다)
종후	내가 서우진 먹이려고 이거, 꼭두새벽부터 일어나서 직접…
우진	야미샌드위치 거네요.
종후	(만들었다고 뻥치려다가) … 사 왔잖아요, 하하…. 근데 어떻게 알았지?
우진	포장지에 써 있는데요? 야. 미.
종후	아… 그걸 몰랐네. 쇼핑백까지는 잘 바꿔치기했는데…. 그래도 보통은 정성을 봐서 모른 척해주던데… 서우진은 짤 없구나, 아주.
우진	그런 거예요? 아… 연애 많이 해보셨나 보다, 대리님.
종후	(아차) 누가요? 제가요? 에이, 보기만 그렇지, 나 경험 없어요, 별로.
우진	어, 아닌 것 같은데. 이 도시락 보니까 사이즈 딱 나오는데요, 뭐.
종후	아닙니다, 선입견이라니까요. 제가 다른 건 몰라도 여자 문제 하나는 깔끔한 남자거든요. 안 믿기죠? 안 믿기긴 하지, 이렇게 멀쩡한 외모에….
우진	아 예, 그럼 뭐… 아닌 걸로.
종후	아닌 걸로가 아니라 아니라니까. 아닙니다, 서우진 씨. (강조한다)

33. 연수원 주차장 (낮)

주혁 차 주차되어 있고, 종후와 우진 차에서 가방 내리는데….

(여1)	윤종후 대리님?
종후	!!! (돌아보고)

여1, 싸늘한 표정으로 서 있다. 뒤쪽으로는 막 도착한 본사 버스 보인다.

| 종후 | (당황하며) 아… 희연 씨. 오랜만이네, 교육 왔나 봐…? |

여1   네. 대리님은 참… (우진 한 번 보고) 여전하시네요. (고개 까딱하
        고 가는)

종후   (당황해) 아… 내가 예전이나 지금이나, 외모에 변화가 좀 없긴
        하지. 하하…. (우진 보며) 마포점 있을 때 같이 근무하던 친구인
        데 좀 까칠해요, 성격이.

우진   (대충 알겠다, 아무렇지도 않은) 아, 네.

종후   가죠, 얼른. 방 배치부터 받아야지. (가방 들고 가려는데)

여2   (지나가다 종후 본다) 윤 대리님!

종후   (또 당황) 어어… 조 대리. 오랜만이다. 어떻게, 여기서 보네?

여2   그러게요. 버스에서 보고 긴가민가했어요. (하고는 우진을 스캔하
        며 훑는다)

우진   (뭔가 탐색당하는 느낌이다. 어색한)

여2   그럼, 좋은 시간 보내세요. (하고 가려다) 참, 요새는 전화 잘 받으
        시나 모르겠네. 여자 돌게 하는 재주 있거든요, 이분. (말하고 휙
        가 버리는)

종후/우진 (얼굴에 빗금 확)/(오… 무섭다, 하는 표정)

34. 연수원 건물 앞 (낮)

우진, 가방 들고 가는데… 종후 쫓아가며 연신 변명한다.

종후   … 진짜 잠깐 만났거든요. 입사 2년 차인가, 스트레스도 많고 너
        무 힘들어서….

우진   누구, 첫 번째 분? 두 번째 분?

종후   두 번째요. 첫 번째 만난 친구는 아니에요, 일방적으로 나 좋아한
        거지.

우진   아, 짝사랑. (끄덕끄덕)

종후   (계속 변명) 근데 그 친구가 너무 다혈질이라, 화나면 전화로 자
        꾸 육두문자를 써서서… 내가 거친 여자는 감당이 잘 안 되거든

요. 좀 곱게 자라서… 질투가 무섭더라고요. 다른 여직원하고는 말 한마디를 못하게 하니까….

우진　(피식, 웃는다)

종후　(보며) 왜 웃어요?

우진　귀여우셔서요. 보기보다 귀엽네, 대리님. 뭘 그렇게 열심히 변명을 해요? 다 지난 일인데. 그 나이에 연애사 하나 없는 게 더 굴욕 아닌가?

종후　아니, 뭐, 그렇게 생각해주면 난 더할 나위 없이 고맙고. (뻘쭘하다)

우진　(종후 옆쪽 보며) 어, 아까 그 여자분!

종후　!!! (놀라서 보면)

우진　뻥인데. 잘못을 하긴 하셨나 봐, 진짜 놀라시네.

종후　(또 뻘쭘해서) 잠깐… 여기가 본관인가? 이쪽인가…? (빠르게 앞서 걸어간다)

우진　(보고 씽긋 웃는다. 이 남자, 생각보다 진짜 귀엽다…)

35. 호텔 외경 (낮)

36. 호텔 레스토랑 룸 (낮)

식사 중인 혜원 부, 혜원 모, 혜원, 주혁. 스테이크 썰고 있다.

혜원 부　풍경이 재미없어, 우리나라는. 맨 산 깎아서 골프장을 만드니…. 처남이랑 통화했는데, 하와이에서 골프 치는데 바다 전경이 기가 막히더래. 골프장 살까, 하던데.

혜원　어머, 또? 삼촌 작년엔 요트 투어 사업한다고 몇십억 날리지 않았어요?

혜원 모　걔는 가만있는 게 도와주는 건데, 참…. 혹시 당신? 안 돼. 골프장 사기만 해.

혜원 부	처남한테 같이 알아보라고 말해놨는데, 벌써?
혜원 모	못살아, 이제 골프 친다고 하와이까지 들락날락하려고?
혜원 부	그래서 말인데, 이번 휴가 사모아 말고 하와이 어때? 당신이랑 혜원이는 풀빌라에서 마사지받고 쇼핑하고, 나는 우리 차 서방이랑 바다 보면서 골프 치고, 자넨 어떤가?
주혁	(대화에 집중하지 못하고 또 딴생각 중인)
(종후)	그래, 인마. 이참에 진도 확 빼고 오려고 그런다, 됐냐?
주혁	(고개 절레절레, 왜 자꾸 이 생각이…. 떨쳐버리려 애쓰는데)
혜원	자기야, 대화에 집중 좀 해. 왜 그래, 오늘?
주혁	(당황) 어? 어. 미안…, 무슨…?
혜원 부	왜, 지점에 무슨 문제 있나? 요새는 금융권도 경쟁이 치열해서 힘든가 보던데.
주혁	아, 네… 좀….
혜원 부	도움 필요하면 언제든지 말해. 힘 닿는 건 서포트할 테니까.
주혁	아 네. 감사합니다, 장인 어른. (하고는) 저 잠깐, 화장실 좀…. (일어서는)

37. 호텔 복도 (낮)

손에 물기 털며 화장실에서 나오는 주혁. '후우… 그만 생각하자 그만…' 고개 흔들고 다시 레스토랑 쪽으로 걸어간다. 이때 땡! 소리와 함께 엘리베이터 문이 열리고, 열렬히 키스 중인 남녀 보인다. 주혁 놀라 멈칫하고 보는데, 키스에 열중하는 남녀가 순간 우진과 종후로 겹쳐 보인다.

주혁	!!! (놀라서 보면)

남녀, 다시 원래의 그 사람들로 보인다. 엘리베이터 문 닫히고

주혁 (순간 휘청, 벽 짚는다) 왜 이러냐… 정신 차려라, 차주혁…. (다시 똑바로 선다. 제 뺨 세게 두 번 치고, 고개 흔들며 들어간다)

38. 연수원 외경 (낮)

(교육자) 다양한 금융 서비스 및 복지 사업을 활성화시켜…

39. 연수원 내 강당 (낮)

교육 중…. 연설 중인 교육 담당자 뒤로 'KCU의 중심은 언제나 사람입니다' PT 화면 띄워져 있다.

교육자 그 이익을 지역사회와 고객에게 환원할 수 있도록 하는 것이 우리 KCU의 경영 철학이자 목표입니다…. 서민 금융의 희망으로서, 고객과 함께 상생하며 커가는 KCU가 되기 위해선 우리 KCU의 얼굴인 여러분의 역할이 가장 중요할 것입니다. 능력의 차이는 5배, 의지와 열정의 차이는 100배라는 말이 있죠.

열심히 끄덕대는 우진. 자세히 보면… 끄덕끄덕 졸고 있다. 결국 뒤로 휘까닥, 고개 넘어가면 뒷자리 여자 소스라치게 놀란다. 자기도 놀라 깬 우진, 돌아서 '미안요…' 눈인사하고는 제 뺨 때리며 집중하려 애쓴다.

40. 연수원 앞 (낮)

교육 끝난 듯 쏟아져 나오는 교육생들. 우진도 나오며 긴장이 풀린 듯, 하품하며 기지개 켜는데 휴대폰 울린다.

우진 네, 이모. 저예요. 통화 괜찮아요. 엄마 잘… (하다가 듣는다. 표정

굳으며) 그래요? 밥은요? (작은 한숨) 알았어요, 엄마 좀 바꿔주세요…. (구석으로 가는)

다른 강당 쪽에서 오던 종후. 우진 보고 다가가는데

우진   엄마… 왜 또 그래. 밥도 안 먹고 자꾸 심통만 내면 어떻게 해. 밥을 먹어야 약을 먹지….

종후   ! (멈칫한다. 통화 내용이 왠지 모른 척해야 할 듯하다. 큰 화분 뒤쪽으로 간다)

우진   여기 엄청 먼 데야, 엄마 못 와…. 공부 잘하고 내일 갈게, 엄마 좋아하는 아이스크림 사서. 에이, 엄마 자꾸 그러면 딸내미 속상해. 엄마 착하지? 밥 먹어야 돼, 어? (듣고) 알았어, 내일 눈 뜨자마자 달려갈게. 이모님 좀 다시 바꿔줘….

종후   (엄마가 아프다더니… 그냥 병이 아니구나 싶은)

우진   네, 이모님. 밥 꼭 먹고 약 드시게 하시고요…. 밤에 못 나가게 문단속 잘 해주세요. 네, 부탁드려요. 자꾸 떼쓰면 또 전화하시고요… 네…. (끊는다. 전화 끊고도 마음이 안 좋은지 작게 한숨 내쉬며 창밖을 내다보는)

종후   (우진에게 시간을 좀 더 줘야 할 것 같다. 그 자리에서 그냥 기다린다)

우진   …

종후   …

우진   (마음이 좀 편해진 듯 돌아서서 시간 확인하는데)

종후   (이제 왔다는 듯 다가서며) 아, 미안, 우진 씨. 화장실 좀 갔다 오느라고. 많이 기다렸어요? 교육은 어땠어요?

우진   (밝게) 몰라요, 반은 졸아서. 난 진짜 공부 체질은 아닌가 봐요.

종후   난 공부 체질인데도 졸리더라고요. 오케이. 잠 깨러 갑시다. 서우진, 먹으면 깨잖아.

우진   어디? 밖으로 나가게요?

종후	요 앞에요. 검색해보니까 맛집 쫙 뜨던데? 백숙 어때요?
우진	없어서 못 먹죠. 벌써 맛있겠다, 갑시다! (앞서가는)
종후	(다시 밝아져서 다행이다. 밝은 모습 뒤에 그런 사정이 있었구나… 생각하며 따라간다)

41. 혜원 차 안 (낮)

집으로 가는 길. 혜원이 운전하고 주혁은 보조석에 타고 있다. 주혁 초조한 듯 손톱을 물어뜯으며 다리 덜덜 떤다. 혜원도 뭔가 다른 데 신경이 가 있는 듯, 핸들을 톡톡 두드리다가 주혁을 힐끔 보고는

혜원	아우, 너무 많이 먹었나 봐. 나 클럽 가서 운동 좀 하고 가야겠다.
주혁	어? 어… 지금?
혜원	어. 바로바로 태워야지, 안 그럼 군살 돼.
주혁	알았어. 그럼 아무데나 내려줘…. 내가 알아서 갈게.

42. 거리 (낮)

길가에 서는 혜원 차. 주혁이 내리며 '운전 조심하고' 하고는 문 닫는다. 혜원 차 떠나가고, 주혁 계속 불안하고 초조하다. 이대로 그냥 집으로 가기는 싫다….

43. 프라이빗 헬스클럽 (낮)

몸풀기 스트레칭 중인 혜원. 혹시나 해서 눈으로 현수 찾는데 없다. 휴대폰 힐끗 보지만 문자조차 없다.

혜원	… 애한테 너무… 상처를 줬나…? 아, 몰라몰라. (휴대폰 휙 던져

두고 다시 스트레칭하는데)

이때 징, 울리는 문자 메시지 진동. 혜원 얼른 휴대폰 확인하면

\#. 휴대폰 인서트 - 070 - **** - ****

혜원   (스팸 문자다. 실망한) 아 씨, 뭐야아…. (휴대폰을 신경질적으로 내
려놓으며 다시 입구 쪽 힐끗거린다.)
(E) 딸랑딸랑 (종소리)

44. 실내포차 (낮)

상식, 파 썰고 있는데 주혁 들어온다.

상식   아직 영업시간 아닌디… (하다 주혁 보고) 웬일이야? 장인 장모랑
골프 간다며.
주혁   밥 좀 줘라. 먹고 머리 터질 만큼 매운 걸로.

(컷) 상식과 마주 앉은 주혁. 쓰읍, 거리며 불곱창을 먹고 있다.

상식   골프 수발만 들고 밥도 못 얻어먹었냐?
주혁   아니. 스테이크 먹었더니 느끼해서. (스읍) 주은이는?
상식   준희 맡기러. (다 안다는 듯) 뭐 또 스트레스 받았지, 너. 내가 딱
보면 안다. 너 그럴 때 매운 거 찾잖아. 그래서 내가 청양고추 곱
빼기로 넣었어.
주혁   어쩐지… (쓰읍) 미치게 고맙다…. (물 벌컥벌컥 마시는)
상식   천만에. (휴대폰 보며) 그나저나 우리 종후는 좋은 시간 보내고
있나? 얼마나 좋으면 문자 보낸 지 2시간 넘었는데 답장도 없네.
그러고 보면 사람 감정이란 게 참 신기한 거야, 이게. 천국을 갔

다가 지옥에 떨어졌다가, 뚝배기마냥 확 달궈졌다가 냉국마냥 확 식기도 하고. 진짜 웃기지 않냐?

주혁 (자조적으로) … 웃기지…. 많이 웃기지…. (또 먹는)

상식 맞다, 전에 말한 하 대리? 옛날 여친 다시 만났다는, 그 친구는 어떻게 됐대?

주혁 몰라…. 여자한테 다른 남자 생겼다나 뭐라나….

상식 오, 그새? 여자가 매력이 있나 보네. 그래서 하 대리는 괜찮대?

주혁 괜찮겠어? 속에서 천불 나지. 말릴 수도 없고 안 말릴 수도 없고.

상식 왜 말려, 지가 뭐라고. 그 친구가 미련이 있구먼, 아직! 그러니까 질투를 하지.

주혁 (발끈) 야, 질투는 무슨! 그냥 그 여자 본색을 아니까, 동료가 상처 받을까 봐 걱정도 되고. 야, 아무래도 찝찝하지, 관계가 꼬이는 건데….

상식 아니, 꼬일 게 뭐냐고. 끝난 사이라며. 쿨하게 갈 길 가면 되지.

주혁 아, 시끄러! 좀 닥쳐, 먹게. (곱창 마구 집어 먹는)

상식 새끼, 점점 짜증이 늘어…. 부잣집 사위면 다인가…. (하고는 휴대폰 본다) 오케이, 넌 처먹어라. 난 종후한테 전화나 한번 해봐야지…. (전화 건다. 기다리는데 안 받는다) … 뭐야, 전화도 안 받네, 이놈. 뭐 얼마나 대단한 작업을 걸고 계시기에 속세와 연락까지 끊으시고, 아주!

주혁 아, 교육받으러 갔는데 교육 중이겠지.

상식 계속 교육만 있진 않을 거 아냐. 그 와중에 사랑이 꽃피고 그런 데가 연수원이라고 입사 때 니가 얘기했어, 안 했어. 200명 중에 7쌍이 나왔다며, 커플이.

주혁 … 그, 그렇긴 한데….

상식 막간에 낮술 한잔 하고, 요거요거 지금 만리장성 쌓고 있는 거 아냐? 아웅…! (몸을 배배 꼬며 어쩔 줄 몰라한다)

주혁 !!! (안 그래도 불안해 죽겠는데…. 동공 커지며)

#. 상상 인서트 - 연수원 룸

엘리베이터 씬의 연장인 듯 문 확 열린다. 격렬하게 뒤엉켜 키스
하며 들어오는 우진과 종후. 종후 입술 언저리에 이미 립스틱 자
국이 마구 번져 있고, 가쁜 숨을 몰아쉬며 종후가 우진을 벽에 확
밀친다.

우진   (뇌쇄적으로 보며) 우리 지금 이래도 돼?
종후   (시계 보며) 왜, 교육 늦을까 봐? 걱정 마, 나 금방 끝내.
우진   (종후 가슴팍 쓸어내리며) 난, 금방 끝내는 거 싫은데….
종후   (눈 빛내며, 우진 번쩍 들고 침대로 가 같이 쓰러지는 데에서)

주혁, 벌떡 일어난다. 다급하게 밖으로 뛰어나간다.

상식   왜왜, 신호 왔어? 주혁아, 가는 거 아니지?

45. 실내 포차 근처 거리 (낮)

다급하게 거리로 뛰쳐나온 주혁, 서둘러 택시 잡는다. 택시 한 대
가 주혁 앞에 서고

주혁   (타며) 기사님, 양양요. 양양 기업연수원!

46. 연수원 외경 (밤)

막 어둠이 깃드는 연수원 근처. 사람들이 삼삼오오 산책한다.

47. 연수원 산책로 (밤)

산책로를 걷는 종후와 우진.

종후	음, 피톤치드. 이래서 사람들이 피톤치드, 피톤치드 하는구나. 좋네.
우진	그러게요. 머리가 정화되는 거 같고, 좋네요.
종후	우진 씨는 외동이랬죠? 난 막내예요. 형님 하나에 누나 둘. 나이 차이도 좀 나고.
우진	와, 엄청 사랑받으면서 자랐겠네.
종후	애 취급 당했죠 사춘기 때까지. 사랑이 너무 과해서 이래라저래라, 이러지 마라 저러지 마라, 내 인생에 간섭하는 사람이 부모님까지 기본 다섯인데, 어떻게든 빨리 이 집을 탈출해야겠다 싶더라고요. 그래서 무조건 대학은 서울로 고!
우진	(끄덕끄덕) 그런 티가 나요 대리님은. 다복한 집에서 자랐겠다, 싶은.
종후	칭찬으로 받아야지. (미소 짓는)
우진	(미소 지으며) 가족이란 게요, 미우나 고우나 결국은 내 편 들어주는 사람인 거잖아요. 그런 면에서, 형제 많은 친구들이 참 부러웠어요, 어릴 때부터.
종후	(끄덕끄덕)
우진	저는, (…) 전에 엄마가 좀 아프시댔잖아요. 실은 치매세요.
종후	아… (지금 알았다는 듯) 그럼 지금 어머니는…?
우진	간병하시는 이모님요. 그분도 혼자셔서 이럴 땐 편의를 봐주세요.
종후	그렇구나. 난 뭐, 치매에 대해선 잘 모르지만, 어찌 보면 제일 자연스러운 병 같아요. 기계도 오래 쓰면 삐걱거리는 것처럼, 인간은 누구나 늙으니까.
우진	저도 그렇게 받아들이려고 해요. 때가 좀 일찍 오긴 했지만.
종후	서우진은 참 씩씩해. 그래서 좋아.
우진	대리님은 생각보다 자상하고. 그런 소리, 잘 못 들어봤죠?
종후	자상해? 내가? 어, 그건 주로 주혁이가 듣는 말인데.
우진	대리님도 자상해요. 차 대리님만큼은 아니지만.
종후	에이, 띄워준 김에 더 띄워주지. 서우진은 너무 솔직한 게 탈이야.

우진	(보며) 인정! (웃는)
	(E) 끼익!

48. 연수원 산책길 일각 (밤)

(택시에서 내린) 주혁, 휴대폰 들고 종후에게 전화 걸며 종후와 우진을 찾는다. 이때, 으슥한 일각에서 키스 중인 남녀가 눈에 들어온다.

주혁	!!! (설마…! 하는 표정으로 천천히 다가선다…. 안 돼… 이건 아니야…. 안 돼, 우진아…! 울상 지으며 휴대폰으로 플래시 확 비춘다)
커플	악!/뭐야, 씨! (인상 쓰며 주혁을 본다)
주혁	(아니구나…) 아, 죄송합니다. 마저 하세요, 죄송합니다…. (고개 조아리는데)
(우진)	차… 대리님…?
주혁	(돌아보면)

산책 끝내고 오는 길인 종후와 우진, 설마하는 표정으로 주혁 보고 있다.

우진	어머, 맞네! 차 대리님, 여기 웬일이세요?
종후	? (니가 여길 왜…? 믿을 수 없다는 표정이다)
주혁	(당황, 면목 없는 표정)
(종후)	그 말을 지금 나한테 믿으라고?

49. 연수원 로비 (밤)

주혁과 종후, 얘기 나누고 있다. 종후 눈에 의심과 불만의 감정이 가득하다.

주혁   …. (종후 눈 못 쳐다본다)

종후   그러니까 니 말은, 내일 새벽에 장인 모시고 골프를 가야 되는데 차가 갑자기 정비 들어가서… 니 차로 모셔야 돼서…. 차 가지러 왔다는 거 아냐, 여기 양양까지.

주혁   (자기가 생각해도 말이 안 된다. 눈치 보며) 어….

종후   그게 말이 되냐, 자식아? JK 창업주가 차 한 대를 공수 못해서 니 차로 가야 돼, 골프를? 와이프 거는, 고귀하신 와이프 차는 어쩌고? 뭐 강냉이 바꿔 먹었냐?

주혁   아… 그게 하필 와이프 차도 문제가 생겨서…. 그리고 차가 없어서가 아니라 장인이 사준 차인데 친구 빌려줬다고 하기가 좀 거시기해서… (인정에 호소하는) 내가 말이 재벌 사위지 처가 눈치를 엄청 보잖냐…. (눈치 보며 시무룩한 표정 지어 보인다)

종후   (그럴 수는 있겠다 싶어 마음 약해진다) 그럼… 진짜라고…?

주혁   진짜지, 그럼! 아니면 뭐하러 여기까지 와. 이 밤에, 택시 잡아타고.

종후   (아직은 의혹의) 옷은 뭔데? 새벽에 갈 거 미리 세팅해 입은 거야?

주혁   어? (아차, 골프복이지?) 어… 처가에서 바로 갈까 해서….

종후   (진짜인가 보네…) 아… 겨우 속 트고, 깊은 대화 좀 들어갈 참이었는데….

주혁   (눈치 보며) 그랬어…?

종후   그래, 인마! 너 때문에 분위기 다 깨졌다, 인마.

주혁   (내심 다행이다) 나 그냥 자고 내일 새벽에 갈까? 여기까지 왔더니 너무 피곤해서.

종후   됐어, 인마. 숙소 싱글베드거든. 뭐 하나 때려먹고 올라가, 그냥.

주혁   엑스트라 베드 신청하지, 뭐. 내가 바닥에서 자도 되고.

종후   아 좀! 삐대지 말고 가라, 제발! 나 연애 좀 하자, 좀. (하는데)

우진   (다가온다) 저기, 차 대리님. 위에 펍 하나 있는 거 같은데, 뭐라도 좀 드실래요?

종후　　　아, 애 지금 바로 가야 된…

주혁　　　아, 그럴까, 그럼? 안 그래도 좀 출출했는데…. (일단 시간 벌었다…)

50. 연수원 내 펍 (밤)

주혁, 배부르지만 눈치 보며 꾸역꾸역 찹스테이크 먹고 있고, 종후와 우진은 샐러드에 와인 마시고 있다.

우진　　　너무 죄송해요, 대리님. 괜히 저희 때문에 양양까지….

주혁　　　아냐…, 내가 미안하지. 꼴랑 차 한 대 가지고 쳤다 뺐다….

종후　　　그러게. 꼴랑 차 한 대 가지고 유세는 유세다, 그지? 대 JK 사위님께서?

주혁　　　(다시 얼굴 처박고 먹는… 꾸엑… 스테이크라면 진짜 질린다, 오늘…)

종후　　　아, 이 자식은 없다치고, 우리끼리 한잔해요. 자! (잔 들면)

우진　　　(잔 들어 부딪히고 마시는)

(주혁)　　(그런 우진 힐끗 보며) 아… 우진이 얘 와인은 약한데….

종후　　　(우진 잔에 또 따라주는)

우진　　　(보며) 천천히 마실게요. 제가 와인은 좀 약해서….

종후　　　에이, 양주를 사발로 드시던 분이 뭘…. 몇 잔만 해요, 그냥. (또 짠, 하는)

우진　　　(어쩔 수 없이 마시면)

(주혁)　　(종후 째려보며) 이 자식 이거…, 와인 먹여놓고 또 뭔 수작을 하려고….

종후　　　(주혁 보며) 로맨틱 코미디 영화 보면 썸타던 남녀가 이런 데 와서 잘되기도 하고 그러던데, 참… (니 탓이라는 듯 주혁 본다)

주혁　　　(또 눈 깐다)

우진　　　(미소) 그래서 전 로코 별로예요. 너무 현실에는 없는 판타지라.

종후	그럼 우진 씨는 뭐 좋아하는데. 액션? 코미디?
(주혁)	(힐끗 보며) 물으나마나지. 우진이는 멜로광이다, 인마.
우진	전 코미디요. 아무 생각 없이 웃으면서 볼 수 있는 게 좋아요.
주혁	!!! (본다. 아닌데…. 우진이 멜로 좋아했는데…)
종후	오, 의외네. 여자들은 다 로코 아니면 멜로 쪽인 줄 알았는데.
우진	여자들도 취향은 타죠. 전 보통 땐 코미디나 휴먼 쪽 즐겨 보고, 너무 울고 싶은데 핑곗거리 없을 때, 그럴 때 멜로 봐요. 눈물 줄 줄 흘리면서.
종후	왜요? 울고 싶으면 그냥 울면 되잖아.
우진	그냥… 내가 나약한 걸 티 내는 게 싫어서?
종후	그래서 멜로 영화를 핑계로 실컷 운다고? 참 특이해, 서우진은.
우진	자존심이 쎈 거죠, 은근. (하고는 얼른 화제 돌리는) 근데 이 와인 되게 달달하네요. 맛있다. (와인 마시는)
주혁	!!! (그런 거였어? 우진아, 그런 거였니? 우진 보며 멍한 표정)

51. 펍 화장실 (밤)

화장실로 들어온 주혁. 세면대에 물 틀어놓고 충격받은 표정으로 생각에 빠진다.

52. 회상 – 주혁의 집 거실 (밤)

우진, 소파에 앉아 티비로 멜로 영화 보고 있다. 방금 들어온 듯 한 주혁, 넥타이 풀며….

주혁	(자기도 밖에서 힘들게 술시중하고 왔다. 눈치 없이) 미안. 장인어 른 기일이라고 가봐야 된다 그랬는데… 우리 지점장이 고삐 한 번 풀리면 망나니잖아. 맨정신에 상대하느라고 지쳤다, 진짜. 결 국 뻗어서 우리 신입한테 업혀 갔잖아.

우진   ….

주혁   제사는 잘 모셨어?

우진   (쳐다보지도 않고) 어….

주혁   고생했네. (하다 식탁 위 김치통 보고) 어, 갓김치 가져왔네. 장모
        님이 보내셨구나. 내일 먹어야겠다.

우진   ….

주혁   (리모컨 집으며) 참, 오늘 레알 경기 있는데. (채널 돌리려면)

우진   (리모컨 뺏는) 놔둬! 나 영화 볼 거야….

주혁   아, 한 번만! 레알 오늘 중요한 경기란 말이야.

우진   (티비에만 시선 고정한 채) … 싫다고…. 영화 볼 거라고….

        #. 티비 인서트 -〈이프 온리〉류의 슬픈 멜로 영화의 장면

주혁   야, 이건 아무 때나 다운받아 봐도 되잖아. 경기는 실시간으로 봐
        야 맛이란 말야. 좀 보자, 좀. (리모컨 뺏는데)

우진   (히스테릭) 싫다고! 싫어! 이거 볼 거라고, 나!!! (거칠게 리모컨 다
        시 뺏는)

주혁   아, 깜짝이야…. 신경질은 왜…. 지가 언제부터 그렇게 멜로를 좋
        아했다고, 씨… (하고는 저도 짜증 난 듯. 반항하듯 옷방으로 들어가
        며 문 쾅! 닫는다)

우진   …. (고집스럽게 영화만 뚫어져라 보는)

53. 회상 - 주혁의 집 옷방 (밤)

        주혁, 꿩 대신 닭이다…. 게임기 켜놓고 게임 중인데… 밖에서 흐
        느끼는 우진의 목소리가 들린다. 컨트롤러 품에 안은 채 문 열고
        거실 쪽 내다보는 주혁. 우진이 각티슈 앞에 두고 영화 보며 흐느
        끼는 모습 보인다.

| 주혁 | … 통곡을 하는구먼, 아주…. 여자들은 하여튼…. (꼴 보기 싫다는 듯 문 확 닫는다) |

54. 펍 화장실 (밤)

주혁, 세면대 물 잠그고 거울 보는

(우진)	보통 땐 코미디나 휴먼 쪽 즐겨 보고, 너무 울고 싶은데 핑곗거리 없을 때, 그럴 때 멜로 봐요. 눈물 줄줄 흘리면서.
(우진)	다른 날은 몰라도 오늘은 좀 와줘…. 아빠 기일이잖아….
주혁	….

너무 늦게 알게 된 진실에 망연자실한 주혁. 내가 너무 몰랐구나…. 몰려드는 자책과 회한에 입을 앙다문다.

55. 펍 (밤)

주혁, 참담한 표정으로 들어오는데…. 종후가 통화하며 나간다.

종후	… 아, 엄마, 요새 누가 선을…. (주혁에게 통화 좀 하고 올게, 제스처하곤 나가는) 아니, 그게 아니고요…. 저 좋아하는 여자 있다니까요. 진짜지, 그럼….
주혁	(테이블로 가다가 멈칫한다) !!!
우진	(테이블 위에 팔 올리고 턱 괸 채 졸고 있다. 취기가 오른 듯)
주혁	… (다가가 그런 우진을 가만히 본다)
우진	… (눈 감은 채 꾸벅꾸벅)
(주혁)	(미안하고, 애처롭고… 북받치는 표정으로) … 그때 너는 울고 싶었구나…. 그때 너는 위로받고 싶었구나…. 그때 너는…, 사무치게 외로웠구나….

#. 회상 플래시-1회 54씬. 선생님이 쓰담쓰담 해주면 좋다고 하던 발랄한 우진.

데이트하며 환하게 웃던 20대의 우진.

결혼 후 우는 아기 안고 '미안, 미안미안…' 어쩔 줄 몰라하는 우진.

주혁에게 악쓰는 우진.

(주혁)   … 일에 쫓기고 부대끼며, 난 내가 제일 힘들다 생각했다. 내 코가 석 자라고, 그러니 니 몫은 니가 감당하라고, 알아도 모르는 척 너를 외면했다. 니가 괴물이 된 게 아니라 내가 널 괴물로 만든 거였어…. 미안하다, 우진아…. 정말 미안해….

우진에게 천천히 다가서는 주혁. 애처로운 눈빛으로 보며 우진의 머리를 가만히 쓰담쓰담 하는데,

우진   !!! (눈을 뜬다)

주혁   !!! (놀라서 손도 거두지 못하고, 얼음 되는)

우진   !!! (역시 놀란 듯 주혁을 가만히 보는데)

      (E) 쿵쾅, 쿵쾅, 쿵쾅… (심장 박동 소리)

주혁   (그제야 정신이 돌아온 듯, 화들짝 손을 뗀다)

우진   (아무 말도 못하고 눈만 끔뻑끔뻑)

주혁   (횡설수설) … 아… 머리에 뭐가 묻은 거 같아서… 떼어주려다가… 와인이 좀 과했나 보네, 우진 씨. 얼른 들어가 쉬어야 될 거 같은데….

우진   … 아… 네, 좀…. (당황하는)

주혁   … 나도 빨리 가야 될 거 같은데… 종후 이 자식 왜 안 들어와, 이거…. (딴청한다)

우진   … (침 꼴깍, 뛰는 가슴을 진정시키려고 애쓴다)

종후, 계속 통화 중인데 주혁 나온다.

종후   … 알았어요, 엄마. 집에 한번 갈게요. 네…. (하다 주혁 보면)

주혁   (나 먼저 갈게, 하는 제스처)

종후   (입 모양으로만 '간다고?')

주혁   (손 들어 보이고는 도망가듯 황급히 가는)

종후   야, 잠깐만…! (하다 다시 통화) 아뇨, 엄마. 친구가 간다 그래서….
         아, 집에 갈게요. 다음 주쯤에. 진짜 간다니까요. 엄만 속고만 살았
         나…. (하는데)

우진   (가방 들고 레스토랑에서 나온다. 아직 얼굴에 홍조가 가시지 않은)

종후   (보고) 네, 엄마, 제가 전화 드릴게요. 네… 네에…. (얼른 끊고) 아,
         미안. 통화가 너무 길었죠. 차 대리는 그새 가버렸네, 도깨비 같
         은 놈, 참….

우진   계산은 제가 했어요. 가요.

종후   아, 내가 사려고 했는데… 그럼 어디 까페 같은 데 가서 차 한 잔
         만 더….

우진   아뇨, 졸려서… 그냥 좀 쉬고 싶은데.

종후   그래요? (아쉽다) 우진 씨 와인이 약하긴 한가보네. 아직 얼굴이
         빨개요.

우진   아… (자기 볼을 만진다. 조금 전의 여운 가시지 않은 듯, 감정의 동
         요를 무시하려 노력한다)

도망치듯 속력을 내 운전해 가는 주혁. 자책이 밀려온다.

(주혁)   … 차주혁…, 너 지금 뭐 하냐? 미친놈처럼 여기까지 쫓아 내려

와서… 이제 남편도 아니잖아, 그냥 남인 주제에… 뻔뻔한 놈, 제대로 미친놈!!!

순간 신호등에 빨간불 들어오며 끼익, 급브레이크 밟는 주혁. 사람들 횡단보도 건너가고… 주혁, 놀란 가슴을 쓸어내린다. 하마터면 큰일 날 뻔했다. 눈 감았다 뜨며

(주혁)   … 이럴 거면 애초에 그런 선택을 말았어야지…. 뭔 심보야. 남의 떡이 커 보이냐? 놓친 물고기가 아까워? 그래서, 물리기라도 하겠다고? … 미친놈, 나쁜 놈, 나쁜 놈. 에라, 이 비열한 놈…!!! (울 듯한 표정으로 액셀 더 꾹 밟는다)

더 속력 내어 달려가는 주혁의 차

58. 거리/주혁 차 안 (밤)

어느덧 서울 도심의 도로 위를 달리고 있는 주혁의 차. 다시 신호에 걸려 멈춰서고 씁쓸한 기분으로 무심코 창밖을 보는데… 이때, 차창 밖으로 보이는 횡단보도를 건너는 남자. 1화의 지하철 남이다.

#. 회상 플래시 - 1회 65씬. 시공간에 균열이 생기면 과거로 갈 수 있다고 하던 장면

주혁   !!!

끼익!!! 급하게 갓길에 차를 대고 내리는 주혁. 뛰어가며 두리번거리는데, 지하철역 계단으로 내려가는 지하철남의 뒷모습이 보인다. 온 힘을 다해 달려간다.

59. 지하철역 내 (밤)

주혁, 죽어라 쫓아가는데… 사람들 사이 얼핏얼핏 보이다 자꾸 사라지는 지하철남. 행여라도 놓칠까, 눈을 떼지 않고 정면만 보며 뛰어가는데…. 지하철남 모퉁이를 돌며 사라진다.

주혁　　… 저, 저기 아저씨. (쫓아가며) 아저씨… 아저씨…!!! (모퉁이 도는데)

지하철남의 모습은 없다. 헉헉거리는 주혁. 이리저리, 지하철남의 모습을 찾아 뛰어다녀 보지만 지하철남은 온데간데없이 사라져버렸다. 그 남자는 어쩌면 뭔가 알고 있을지도 모르는데…. 허탈하고, 속상하고, 숨도 차고… 헉… 헉….
망연자실한 채 바닥에 털썩 주저앉아 버리는 주혁. 이게 지금 뭐 하는 짓인가? 그 남자를 만난들 뭘 어쩌겠다고…? 자기 자신이 죽도록 싫다…. 이때 역내로 들어오는 지하철. 주저앉은 주혁의 모습을 가리며 지나간다.

60. 연수원 내 숙소 (밤)

씻고 나온 우진, 드라이어로 머리 말리다가 멈칫하며 생각에 빠진다.

#. 회상 플래시 - 55씬. 주혁이 우진 머리 쓰담쓰담 해주던 장면.
생각을 떨쳐버리려는 듯 고개 절레절레 흔들고는 다시 드라이하는 우진. 드라이어 내려놓고 스킨 얼굴에 바르다가 또 멈칫.

#. 회상 플래시 - 55씬. 눈 뜬 우진과 주혁, 눈 마주친 채 침묵 흐르던 장면.
우진, 좀 전의 일이 자꾸만 생각나서 스스로도 당황스럽다.

우진	(가슴에 손 대며) … 미쳤나 봐…. 왜 엉뚱한 데서 벌렁거려, 벌렁 거리길…. 연애를 너무 오래 쉬었나…? 후우…. (정신 차리자, 고개 흔드는)

61. 다음 날/은행 주차장 (낮)

자전거 타고 오는 우진. 내려서 거치대에 자전거를 세우는데, 이때 주혁의 차가 들어와 주차한다. 주혁 내리면

우진	(깍듯하게) 안녕하세요, 대리님?
주혁	(보고) 아, 서우진 씨… 일찍 왔네. 연수는… 잘 마무리하고?
우진	네.
주혁	(눈치 보며) 올라올 때 불편했겠다. 괜히 나 때문에….
우진	저기… 제가 편의점에서 살 게 있어서…. 먼저 좀 갈게요. (인사하고 간다)
주혁	(뻘쭘하고, 뭔가 느낌이 싸하다. 기분 탓인가…)

62. 은행 객장 (낮)

업무 준비 중인 객장. 우진, 복사기 앞에서 서류 복사하는데 삐삐삐, 경고음이 울린다. 화장실에서 오던 주혁, 복사기 쪽으로 와서

주혁	왜…? 뭐가 잘 안 돼?
우진	아 네, 용지가 어디 걸린 거 같은데…. (살펴보는)
주혁	비켜 봐, 내가 봐줄게. (하는데)
우진	아니에요, 제가 해볼게요. 대리님 일 보세요. (계속 살펴보는)
주혁	(우진이 정색하자 무안하다, 뻘쭘하게 자리로 오는데)
종후	(우진 쪽으로 가는) 왜, 안 돼요? 이거 요새 자주 이러데. A/S 한번 받아야 되는 거 아냐? 비켜봐요, 내가 좀 볼게.

우진	(비켜서며) 가운데 걸린 용지는 제가 빼냈거든요. 근데 계속 이러네.
종후	그래요? 그럼 다른 데 또 걸렸나? (여기저기 열어보는)
주혁	(그런 두 사람을 본다. 종후한테는 도움을 받는구나…. 왠지 씁쓸한데)
종후	오케이! (종이 조각 빼며) 요게 범인이었네. 다시 해봐요, 이제 될 거야.
우진	아, 역시! 감사합니다.
종후	유어웰컴입니다! (하곤 자리로 와 앉는다)
주혁	(얼른 일하는 척하면)
종후	(주혁 쪽으로 의자 붙이며) 야… 서우진 말야…. 교육 이후로 나한테 뭔가 마음을 확 연 거 같지 않나? 대하는 게 확실히 달라졌지? 그치?
주혁	… 글쎄… 모르겠는데. (하며 컴퓨터 보는 척한다)

주혁, 말은 그렇게 했지만 종후 말이 맞는 듯하다. 신경 쓰이는
듯 우진 보는데… 우진, 시선 한 번 안 준 채 자기 자리로 간다.
이때, 슬쩍 일어나 탕비실로 가는 향숙 모습 보이고,

63. 은행 탕비실 (낮)

| 환 | (친구와 휴대폰 통화하는) … 그럼 자식아. 내가 너랑 같냐? 끊임없이 도전 중이지, 난. 중국어 학원에 송혜교 닮은 애 하나 있거든. 진짜라니까, 자식아. (하는데) |

이때 향숙 들어온다. 종이컵 찾는데 다 썼는지 없다.

| 향숙 | 환 씨, 종이컵 박스 좀… (하다 통화하는 거 보고, '됐다, 내가 할게'하는 듯 제스처한다. 박스 올려놓은 선반을 올려다보며 팔을 뻗어 박 |

스를 내려보려는데 닿을 듯 말 듯…. 까치발 들고 손 뻗어 안간힘 쓰는데… 그 바람에 블라우스가 올라가 등 뒤 허리 라인의 헤나가 드러난다. 섹시한 레터링 문양이다)

환   !!! (보고, 눈 동그래지는)

향숙   (겨우 손 닿았다. 박스 내리면)

환   (얼른 시선 거둔다) … 어, 그래, 이번 달 안에 한번 봐야지…. 시간 낼게, 인마….

향숙   (종이컵 두어 줄 꺼내고, 하나 꺼내 물 마시는)

환   (다시 시선 향숙 허리 쪽에) … 어, 그래, 내가 전화할게. 어…. (전화 끊는)

향숙   (환 보며) 환 씨. 이거, 박스 좀 다시 올려줘요. (하며 나간다)

환   (나가는 향숙에 눈 못 떼며) … 와, 씨…! 열라 섹시. (반한 표정이다)

64. 혜원 차 안 (낮)

혜원, 운전하며 블루투스로 통화 중이다.

혜원   (심드렁한) 어, 엄마. 나 지금 운전 중인데… 왜?

(혜원 모) 오늘 혜진 이모 딸 갤러리 개관식이잖아. 같이 가자고.

혜원   됐어, 작품 보는 눈도 없이 순 돈으로 바른 거 아냐. 나중에…. 지금 별로야. 명품관 가려고. 신상 나왔대서. 나중에 다시 전화할게, 어…. (주차장으로 들어가는)

65. 백화점 명품관 주차장 (낮)

혜원의 차 미끄러져 들어오고 유니폼 입은 발레파킹 팀장이 다가온다.

팀장   어서 오십시오. 발레파킹 해드리겠습니다.

혜원   (차에서 내리다가, 드라이빙 슈즈 신고 있는 걸 깨닫고) 아, 잠깐만
        요. (다시 운전석에 앉아 구두로 갈아 신는다)

        이때, 저쪽에서 유니폼 입은 현수가 주차하고 막 차에서 내린다.

팀장   (현수 보고) 얀마! 거기 말고 C구역에 대라고!
현수   알겠습니다, 죄송합니다! (하고는 작게) … 미친 싸가지…. (다시 차
        에 타는)
혜원   (구두 신다가, 현수 목소리에 고개 들고 두리번거린다)
현수   (운전하며 혜원 지나쳐 다른 구역으로 가는)
혜원   (못 봤다. 갸웃하곤 다시 구두 신는다)

66. 은행 객장 (낮)

        서류 검토 중인 주혁, 휴대폰 진동 울리자 확인하고 받는다.

주혁   어, 혜원아….
(혜원)   바빠? 오늘도 늦게 끝날 거 같아?
주혁   글쎄, 아무래도 그럴 거 같은데. 왜?
(혜원)   그냥… 쇼핑 왔는데 일찍 끝나면 같이 들어갈까 해서. 저녁도 먹
        고.
주혁   어… 해봐야 알 거 같긴 한데…. 전화할게, 내가. 어…. (끊는데)
변 팀장   (다가오며) 저번에 우광실업 대출 건 윤 대리가 했었나?
종후   네, 왜요?
변 팀장   설비 늘린다고 추가 대출 물어보는데, 가서 공장이나 한번 보고
        올래?
종후   오늘요?
변 팀장   어, 갔다가 바로 퇴근해. (종후 어깨 두드리고 가면)
종후   (우진 보며) 아… 같이 퇴근하려고 했는데…. 도움이 안 돼, 도움

이. (주혁 보면)

주혁 아, 뭐! 나도 오늘 야근각이거든. 서류 올릴 거 태산이야, 인마.

종후 이제 바라지도 않거든, 너한텐. 훼방꾼. (하고는 웃옷 챙겨 들고 나
      간다)

67. 은행 외경 (밤)

셔터문 내려져 있고, 내부엔 아직 불빛 환한

68. 은행 객장 (밤)

주혁, 서류 넘기며 컴퓨터 작업 중인데 향숙과 혜정, '대리님, 저
희 먼저 가볼게요', '수고하세요' 하며 일어난다.

환   (따라 벌떡 일어나며) 대리님! 저도 들어가 보겠습니다.

주혁 (고개 숙인 채) 어. 들어가, 수고했… (보는데 이미 나가고 없다) …
      다, 자식아… 참…. (다시 서류 업무에 집중하는데)

우진 (창고 쪽에서 나온다)

주혁 (우진 보고) 어? 아직 안 갔네, 우진 씨?

우진 네…. 정리할 게 좀 있어서… 이제 가려고요.

주혁 … 그래, 수고했어. 조심히 가.

우진 네. (옷과 가방 챙겨 나가다가 멈칫 서고, 결심 굳힌 듯 뒤돌아 주혁
      을 본다. 자리로 다가가며) 저기, 대리님.

주혁 ? (돌아보는)

우진 … 저기…. (똑바로 보며) 제 머리 좀 한 번만 쓰다듬어주시겠어
      요?

주혁 어? (무슨 말인가 해서 본다)

혜원, 차에서 내려 은행 문 쪽으로 걸어가는데… 환 나온다.

환   (혜원 보고) 어, 차 대리님 사모님이시죠? 대리님 만나러 오셨어요?
혜원   아, 네, 안녕하세요?
환   대리님 안에 계신데… 제가 문 열어드릴까요?

우진, 당황한 듯 서 있는 주혁의 눈을 똑바로 보며

우진   … 제가 확인할 게 하나 있어서요. 정말 죄송합니다…. (하고는 다
        가선다)
주혁   ? (놀라 얼음이 되는데)
우진   (그런 주혁 뚫어져라 보며 한 발 더 다가선다)
주혁   (아무 말도 못하고 보기만)
우진   (주혁의 손목을 잡아 올려 천천히 제 머리를 쓰다듬게 한다)
주혁   !!! (얼음 된 채 우진이 하는 대로 가만히 있는데)
(혜원)   여보!

주혁, 우진 돌아보면… 입구에 혜원이 놀란 듯 눈 동그랗게 뜨고
서 있다. 놀란 주혁, 놀란 우진, 의혹의 표정으로 보는 혜원… 세
사람 모습에서…
6화 엔딩.

7화 ☾

☾

기억이란

———

사랑보다

우진, 당황한 듯 서 있는 주혁의 눈을 똑바로 보며

우진 … 제가 확인할 게 하나 있어서요. 정말 죄송합니다…. (하고는 다
    가선다)

주혁 ? (놀라 얼음이 되는데)

우진 (그런 주혁 뚫어져라 보며 한 발 더 다가선다)

주혁 (아무 말도 못하고 보기만)

우진 (주혁의 손목을 잡아 올려 천천히 제 머리를 쓰다듬게 한다)

주혁 !!! (얼음 된 채 우진이 하는 대로 가만히 있는데)

(혜원) 여보!

주혁, 우진 돌아보면… 입구에 혜원이 놀란 듯 눈 동그랗게 뜨고
서 있다. 놀란 주혁, 놀란 우진, 의혹의 표정으로 보는 혜원… 잠
시 침묵과 함께 세 명의 시선이 엉키고

주혁 (당황, 수습하려 애쓰는) 아… 이 친구 머리에 뭐가 좀 묻어가지
    고…. (우진 머리에서 뭔가 떼어주는 시늉하며) 근데, 웬일이야? 은
    행까지.

혜원	같이 밥 먹고 들어가겠잖아. 기다려도 전화가 없길래…. (하며 우진 보는)
주혁	(표정 보고, 서둘러 소개하는) 아, 새로 온 수신계 직원. 본사에서….
우진	안녕하세요, 서우진입니다. (인사하면)
혜원	서… 우진…?

#. 회상 플래시 - 5회 28씬. 혜원이 차 바닥에서 우진의 이름표 줍던 장면

혜원	!!! (더 의혹의 눈초리로 보는데)
주혁	(당황해 횡설수설) 요것만 마무리하고 내가 전화하려고 했는데….(우진 보며) 아, 우진 씨는 빨리 가야 된다 그러지 않았나? 퇴근해, 내가 정리하고 갈게.
우진	아, 네, 그럼… 계시다 가세요. (혜원한테 인사하고 나가는데)
혜원	(나가는 우진의 뒤통수를 쩨려보는)
우진	(뒤통수가 따갑다. 의식하며 도망치듯 나가는)
혜원	(우진 안 보이자, 그제야 주혁 보며) 서우진이면… 전에 그 이름표 주인 맞지? 자기 차에서… 그 서우진이 여자였어…?
주혁	(당황) 어… 남잔 줄 알았어?
혜원	어, 당연히 남잔 줄 알았는데, 난. 여직원이었구나.
주혁	(당황 감추며) 하긴, 이름이 좀 중성적이지. 너처럼 누가 들어도 여자다, 싶은 이름이 안 헷갈리고 좋은데. 혜원이, 혜원아, 이혜원! 하하…. (너스레 떨면)
혜원	(말이 많다, 수상하다는 듯 주혁 보는)
주혁	(혜원 시선 의식하고, 얼른 컴퓨터 보며) 잠깐, 요걸 마무리해야 얼른 가는데… 아, 쉐끼들 메일 확인을 왜 이렇게 안 해, 보낸 지가 언젠데. 빠져가지고 말이야….
혜원	(뾰로통한 채 그런 주혁 또 힐끗 보는)

2. 은행 주차장 (밤)

얼굴 벌게진 채 도망치듯 주차장으로 나오는 우진. 서둘러 자전거 자물쇠 풀고 킥 스탠드 발로 차 올리는데 헛발질을 한다. 다시 집중해서 킥 스탠드 올리고 자전거 타고 출발하는 우진. 왜 이렇게 가슴이 뛰는지… 왜 이렇게 당황하는지… 왜 나쁜 짓하다 들킨 사람 같은 기분이 드는지… 이 상황이 당황스럽기만 하다.

(주은) 어, 왔어? 진짜 너무 자주 오는 거 아냐, 요새?

3. 실내 포차 (밤)

소주 홀짝이는 우진/주은 그 앞에 앉아 있고, 상식이 알탕을 테이블에 놔준다.

상식   제 주종목이 요 알탕이거든요. 소주 안주에 아주 더할 나위 없습니다.

우진   와, 진짜 냄새 황홀한데요? 같이 좀 드세요.

상식   아, 네, 그럼 그래 볼까요? (앉으려는데)

주은   (밀치며) 여보야, 꼬치 꺼놓는다며? (하고는 좀 비켜줘라 눈짓하는)

상식   아, 그치. 꼬치. 그럼 얘기 나누십쇼. (아쉬운 표정으로 주방으로 들어가는)

주은   (우진 보며) 뭔데, 고민이.

우진   고민? 그런 거 없는데. (소주 또 한 잔 마신다)

주은   그런 거 없는 애가, 퇴근하자마자 여기 와서 쐬주를 찾냐? 아, 뭔데, 토킹해봐 봐. 기승전결 살려가지고.

우진   기승전결 없어. 요약하자면… 종로에서 고백받고 한강에서 쿵했다… 뭐, 그런…?

주은	고백은 종후 오빠한테 받았는데 심쿵은 다른 사람한테 했다, 그 얘기야?
우진	와… 역시 콩떡같이 말해도 찰떡같이 알아듣네, 우리 주은인.
주은	심쿵 기다리는 서우진한테 그거 엄청난 일 아니야?
우진	아냐. 내가 그동안 너무 굶어서 (가슴 톡톡 치며) 얘가 잠깐 헷갈렸나 봐. 오랜만에 남자한테 고백받고 설레서 갈팡질팡, 얘가 정신을 못 차리는 거지.
주은	밑도 끝도 없이 쿵, 하진 않을 텐데… 누군데 그래? 또 은행 사람?
우진	아, 거기까지. 알면 다치십니다…. (씁쓸하게 웃는)
주은	난 심장이 갈팡질팡해본 지가 언제인지 기억도 안 나네. 요대로 평생 살아야 하나…? 슬프다…. (소주 따르는)
우진	치… 남편 엄청 좋아하면서. 눈에서 아주 하트 뿅뿅이던데?
주은	그래? 티 나? 아… 안 되는데…. 그 인간 자만하면.
우진	억울할 거 없어. 니네 그 인간도 좋아 죽더라. 둘이 천생연분이야.
주은	알아, 나도. (웃는다. 우진 보며) 야, 뭘 걱정이야. 시간 많은데? 그냥 좀 내비둬 봐, 니 심장을. 갈팡질팡하다 또 중심 잡겠지. 아님 또 말고.
우진	그치? 아니면 다 때려치우면 되지?
주은	되지. 누가 뭐래? 뭐, 수학 공식 푸냐? 사랑에 정답이 어디 있냐?
우진	그치, 사랑에는 정답이 없지. 사람도 정답 없고. (잔 든다)
주은	(짠 해주고) 마셔, 마셔. (소주 원샷)
(혜원)	그래서, 몇 살이야? 그 서우진이란 여잔…?

4. 혜원 집 거실 (밤)

요가복 입은 혜원 매트 위에서 필라테스 중이고, 주혁이 옆에서 잡아주고 있다.

주혁	(흠칫, 왜 또 우진이 얘기를…) 아… 글쎄…? 서른이던가 하나던 가….
혜원	예쁘게 생겼던데…. 그 정도면 예쁜 거 아냐?
주혁	글쎄… 이쁜가? 모르겠는데. (일부러 더 갸웃하는 척)
혜원	(필라테스 동작 계속하며) 집은? 어딘데?
주혁	어… 보은동 어딘가 그렇던데.
혜원	이쪽 방향이긴 하네. (동작 계속하며) 그래도 차에 여직원 태워주 고 그러지 말지. 말 나올 수도 있고, 괜히 오해할 수도 있는 거 아 니야?
주혁	오해는 무슨. 그냥 어쩌다 한 번 태워준 거야.
혜원	한 번이 두 번 되고 두 번이 쭉 되는 거지. 남자들은 경계심이 없 더라.
주혁	아, 안 그래. 걱정 마. (눈치 보는)

5. 다음 날/우진의 집 외경 (낮)

청명한 아침의 공기 속에 우진의 집 외경이 보이고

(E) 요란한 알람 소리 울리며

타이틀이 뜬다.

제7화 | 기억이란 사랑보다

6. 우진의 집 거실 (낮)

멀쩡한 표정의 우진 모, 콩나물국 끓여 아침상 차리고 있다. 산발 인 채로 방에서 뛰어나오는 우진.

우진	아, 늦었어, 늦었어. 알람은 언제 끈 거야, 대체. 나 좀 깨우지, 엄마!
우진 모	(표정 없이) 깨웠어. 더 잔댔어.
우진	잠결에 한 말이지, 엄만. 미치겠네, 진짜. (욕실로 들어가는데)
우진 모	밥 먹어. 콩나물국 끓였어.
우진	(안에서 소리로만) 아침 먹을 시간 없어, 엄마!
우진 모	(서운하다. 입 삐죽거리며)⋯ 옘병⋯. 일부러 일찍 일어나 끓였는데 조금이라도 먹지⋯. (자리에 앉아 국물 떠먹는다)⋯ 맛있구먼⋯. (하곤 본격적으로 밥 먹기 시작한다. 밑반찬인 멸치볶음 집어 먹으려) 이거 우리 차 서방도 엄청 좋아하는데⋯.

욕실에서 뛰어나오는 우진. 세수하고 머리에 대충 물만 묻혔다.

우진	아⋯ 머리 감았어야 되는데⋯ 많이 티 날까, 엄마? 티 나?
우진 모	(보며) 응.
우진	아, 씨⋯. 어쩌지? 지각하더라도 감을까? 감아, 말아? 감아?
우진 모	응. (상관없다는 듯 밥 한술 크게 뜨는)
우진	(손바닥으로 정수리 꾹꾹 누르고, 냄새 맡아본다) 아, 몰라, 몰라. 괜찮아. 아무도 몰라. (하고는 다시 서둘러 방으로 들어간다)
우진 모	(먹다가) !!! (뭔가 좋은 생각이 났다는 듯 씽긋, 일어나 씽크대 찬장 뒤지는)

7. 은행 입구 (낮)

은행 입구 벽면에 몸 바짝 대고 숨은 채 우진 기다리는 주혁.

주혁	(시계 보고) 아⋯ 더 늦으면 지각인데⋯ 왜 안 와⋯. (초조한데)

이때, 은행 쪽으로 뛰어오는 우진의 모습이 보인다.

주혁	…! (안 보이게 벽에 바짝 붙어 기다리는)
우진	(입구 쪽으로 들어서는데)
주혁	(한 발 앞으로 나와 신발 고쳐 신는 척하다가) 어, 우진 씨. 좀 늦었네.
우진	(보고, 살짝 당황) 아, 네. 좀 늦잠을 자서….
주혁	그랬구나. 나도 오늘 차가 좀 밀려서. (우진 눈치 보며) 어제, 좀 당황했지? 갑자기 와이프가 와서.
우진	(실제 당황했지만) 아뇨. 뭐 당황할 것까지야.
주혁	그렇구나. 당황 안 했구나…. (하곤 눈치 보며) 저기, 내가 좀 궁금해서… 별 건 아닌데, 저기… 어제 그 확인, 그거….
(종후)	헤이, 차 대리! 서우진!
주혁/우진	(종후 본다)
종후	(뛰어오는) 지각. 지각, 지각! 빨리, 빨리빨리! (우진 등 밀며 들어가는)
우진	(얼떨결에 종후한테 밀려 들어가고)
주혁	아, 씨…. (타이밍을 놓쳤다. 체념의 표정으로 들어간다)

8. 은행 내 객장 (낮)

출근한 나머지 직원들, 각자 업무 준비 중이다.

변 팀장	(컴퓨터 보며) 야, 이따 2시에 마루리빙, PSB(*찾아가는 서비스) 요청 있다. 누가 갈래? 윤 대리가 갈래? 윤 대리 거기 공장장이랑 안면 좀 있잖아.
종후	저요? 아…. (귀찮다…. 책상 위 서류 훑으며) 오늘은 일이 좀…. (하는데)
변 팀장	신입들 급여 통장도 개설한다니까, 우진 씨도 같이 좀 가라. 괜찮지?
우진	넵, 그럼요.
종후	… 많긴 하지만 후딱 하고 가야죠! 부지런히 해야겠다. (급 의욕

불태우는)

주혁　　(옆에서 그런 종후와 우진 번갈아 보며, 신경 쓰이는 표정)

9. 공장 외경 (낮)

10. 공장 내 사무실 (낮)

한쪽에 마련된 자리에 앉아 찾아가는 서비스 업무 중인 우진과 종후. 각자 앞에 앉은 공장 직원과 상담, 통장 개설 업무 하고 있다.

종후　　(대출 상담 중. 태블릿 PC 보여주며) 이 상품은 정규직, 비정규직 제한 없이 나온 거라 4대보험 적용만 받고 계시면 대출 가능해요. 상환 기간은 최대 7년이고요.

직원1　아… 생각 좀 해볼게요, 그럼. 바빠서 은행도 못 갔는데, 이렇게 오시니까 좋네요.

종후　　그죠? 저희도 좋습니다, 고객님들 뵈니까. 언제든지 콜 해주십시오!

우진　　(옆에서 통장 발급 업무 중이다. 태블릿 PC 내밀며) 여기 통장 비번 네 자리 찍어주시고요. (찍으면 확인하고) 네, 등록되셨고요. 요것 만 작성 좀 해주세요. (신청서 내미는데)

직원2　(문 열고) 형진아, 잠깐 와봐. 반장이 찾는데?

직원3　지금? (우진 보며) 저기, 잠깐만요. 저 금방 갔다 올게요. (일어나 나가는)

우진　　(미소로) 네, 천천히 오셔도 됩니다.

종후　　(우진 보며) 난 몇 명만 더 하면 될 것 같은데… 얼마나 받았어요?

우진　　(서류 세며) 열… 한 분요. 저분이 마지막일 것 같은데요.

종후　　오, 생각보다 일찍 끝나겠는데요. 땡땡이나 좀 치다 들어갈까? 어 차피 들어가도 마감하고 그냥 퇴근일 것 같은데.

우진	땡땡이, 그게 또 제 전공이긴 하죠. (맞장구쳐주는데 휴대폰 벨 울린다. 화면 보고 얼른 받는) 네, 이모님. (표정 굳는) 진짜요? 알겠어요, 제가 갈게요. 네. (끊고, 종후 보며) 대리님. 저 잠깐 집에 좀 갔다 은행으로 갈게요. 엄마 때문에⋯.
종후	(상황 대충 짐작) 알았어요, 가봐요, 얼른.
우진	이분 신청서 좀 대신⋯ 부탁드릴게요! (급히 가방 챙긴다)

11. 물류창고 앞 (낮)

우진, 서둘러 가는데 창고 앞에 타일 박스 잔뜩 실은 트럭 세워져 있고⋯ 트럭 몰고 온 하청 업체 직원, 공장장에게 한 소리 듣고 있는 상황.

공장장	(하대 말투) 유광 200, 무광 200⋯ 맞네. 창고 안에까지 갖다 놔줄 거지?
트럭남	예? (난감) 아⋯ 전 그냥 여기 내려놓으면 된다고 들어서⋯ 그래서 혼자 왔는데⋯.
공장장	아, 뭐야! 똥 쌀 시간도 없구만 이거 나를 손이 어디 있어, 우리가! 아, 도로 가져가든가 안에 들여놓든가 마음대로 해! 놓고 가면 납품 인정 못해, 난.
우진	(불량한 말투에 저도 모르게 인상 일그러진다. 다시 서둘러 가는데⋯. 뒤에서 와장창 타일 깨지는 소리 난다) !!! (돌아보면)
트럭남	(박스 들다가 상자가 찢어져 타일들 바닥에 쏟아지고⋯ 당황한다)
공장장	아, 씨⋯. 여러 가지 한다, 진짜. 어이, 이거 뺀다, 한 상자. 이의 없지?
우진	(마음에 안 들지만 상관할 상황이 아니다⋯. 서둘러 간다)

12. 우진의 집 거실 (낮)

집으로 뛰어 들어오는 우진. 안절부절 못하던 간병인이 우진 맞이한다.

우진   (헉헉) 이모님, 엄마는요?

간병인   아직. 내가 웬만한 덴 다 뒤졌는데 없어. 아니, 죽 끓이느라 주방에 있다가 계속 주무시기에 웬 낮잠을 이리 오래 자나 했는데… 세상에, 저걸 저렇게 해놨더라고. (하며 안방 쪽 가리킨다)

문 열린 안방 – 이부자리 위, 쿠션과 베개로 사람이 누워 자고 있는 것처럼 해놓았다.

우진   하아… (한숨이 절로 나온다. 이젠 별 방법을 다…) 어딜 간 거야, 또….

간병인   아니, 내가 24시간 눈도 깜빡 안 하고 보고 있을 수도 없고… 방문 잠가놓는 건 또 딸내미가 싫대고… 이럴 거면 요양원에 모시는 게 낫지 않겠어?

우진   (난감하다) 일단 엄마부터 좀 찾고요. 한 번만 더 돌아봐요, 이모님. (집 나서는)

13. 은행 객장 (낮)

영업 중인 객장. 고객 얼마 없이 비교적 한가하다. 환이 바깥쪽에서 전단지 꾸러미를 들고 끙끙거리며 들어온다.

환   (변 팀장에게) 팀장님, 따끈따끈한 전단지 나왔습니다.

변 팀장   (일어나) 각자 할당량 200장씩, 저녁 시간 전에 돌려. 오타 체크는 했지? (하고 화장실 쪽으로 간다)

환	아… 20장도 아니고 200장? 이걸 언제 돌려. (바닥에 놓고 툴툴 거리는데)

이때, 보자기로 싼 찬합 꼭 끌어안고 들어서는 우진 모. 두리번거린다.

환	(보고) 어떻게 오셨어요? 일단 저쪽에서 번호표부터….
우진 모	일 보러 온 게 아니고, 나 우리 사위 좀 보러 왔는데….
주혁	(딩동) 89번 고객님, 89번 고객님, 5번 창구에서… (하다 우진 모 발견한다) !!!
우진 모	(주혁 목소리에 역시 주혁 발견, 반가움에) 차 서방! (한 손 마구 흔 드는)
주혁	(놀라 벌떡 일어나는) 자, 장모님…!
직원들	(쳐다보는)
우진 모	(주혁에게 다가와) 놀랐지? 아유… 우리 사위 일하는 덴 또 처음 와보네, 내가. 좋다! 내부가 아주 깔끔하니. (하곤) 아니, 아침에 멸치볶음을 보는데 딱 차 서방 생각이 나더라고. 원체 좋아하잖아, 입맛 없을 때 딱이라고.
주혁	(당황) 아… 네…. (바깥쪽으로 나오며) 어떻게… 연락도 없이….
우진 모	(해맑게) 번호가 없더라고, 나한테? 근데 나 여기 온 건 비밀이야. 주책맞게 사위 직장까지 찾아갔다고 우진이 그게 또 지랄….
주혁	(놀라 얼른 말 막는) 아, 장모님! 지금 업무 중이라… 일단 좀 나가서….
우진 모	아냐, 일해야지. 이것만 주고 난 갈 거야. 나중에 우진이….
주혁	(다시 말 막는) 아니에요, 아니에요, 장모님! 나가세요, 제가 점심은 몰라도 커피 한 잔은 대접해야죠. 여기까지 오셨는데… 하하…! (데리고 나가려는데)
변 팀장	(나오는) 아, 차 대리 장모님이시구나. 안녕하십니까? KCU 가현 지점 대부계 팀장 변성우 팀장입니다. 뵙게 돼서 영광입니다.

（90도로 인사하는데）

지점장 （뛰어나온다）누가 오셨다고? 차 대리 장모님…? （우진 모 보고）
아이고, 안녕하십니까? 웬일로 이렇게 누추한 데까지…. 말씀 많
이 들었습니다. 너무 인품 훌륭하시다고 차 대리가 입이 닳도
록 그냥 말하고, 또 말하고. 아주 장모님 자랑이 끝도 한도 없더
니…. 이렇게 미인이신 건 왜 말 안 했나, 차 대리? 떽! 못써! （너
스레 떤다）

주혁 （미치겠다. 우진 모가 실수하기 전에 데리고 나가려는）저기… 장모
님이 얼른 다시 가보셔야 돼서…. 가시죠, 장모님. （찬합 뺏어 자
기 자리에 올려놓으며）아유, 맛있겠다 멸치…. 입에 침이 고이네,
하하… 가세요. （우진 모 데리고 나가는）

우진 모 （해맑게 웃으며 지점장과 변 팀장에게 고개로 인사하고 끌려 나가는）

지점장 （뻘쭘）거, 오신 김에 안에서 차도 대접하고 그럼 좋을걸. 참….
（사무실로 들어가는）

변 팀장 크흠. （역시 뻘쭘해져 자리로 간다）

장 팀장 （나가는 모습 보며）근데 진짜 JK 그룹 사모님이라고, 저분이? 대박.

혜정 어쩜 저렇게 소박하게 하고 다녀? 완전 의외다. 난 재벌 사모님
이면 막 명품 빼입고 기사 대동하고 그러고 다닐 줄 알았는데.

환 그거 선입견이거든요. 원래 진짜 있는 집 사모들은 더 티 안 낸다
던데.

향숙 그러게, 아우라가 다르긴 하네…. 뭔가 막, 품격이 느껴지지 않아?

14. 주혁 차 안 （낮）

주혁 차가 신기한 듯 이것저것 만지는 우진 모. 주혁, 운전하며
블루투스로 우진에게 전화 거는데, 우진 안 받는다.

주혁 （끊고 우진 모 보며）제가 집에 모셔다 드릴게요. 다음부턴 말씀
안 하시고 이렇게 오시면 안 돼요. 우진이 걱정해요….

우진 모	알아…. 근데 옘병할 년이 지만 놀러다니고 난 못 나가게 하니까는…. (시무룩)
주혁	(미안해져서) 멸치… 맛있게 잘 먹을게요.
우진 모	(다시 반색) 어, 먹고 또 얘기해. 내가 백 번이라도 볶아다 줄 테니깐.
주혁	… 감사합니다…. (괜히 마음이 울컥하는데)
우진 모	(진지) 우진이랑 사는 거, 만만찮지? 내가 알아. 걔가 은근히 존심이 세서 힘들어도 내색하는 성격이 아니었어, 어릴 때부터. 그러고는 지 힘에 부치니까 속으로만 곪고, 성질부리고. 그래도 남편이라고 차 서방한텐 내색하는 거야, 지 딴엔.
주혁	…! (본다. 장모님은 확실히 날 기억한다…. 치매라서가 아니었어…!)
우진 모	걔가 어느 날인가 그러더라고. 자네가 지 생명의 은인이라고. 아빠 보내고 죽고 싶을 정도로 힘들었는데 선생님이 있어서 버텼다고. 내가 그래서 고마워, 차 서방한테. 우리 딸 생명의 은인이니까. (하고 방긋 웃는다)
주혁	(보며) … 장모님…!
우진 모	어? 왜?
주혁	… 장모님은 왜 절 기억하세요? 어떻게… 제가 다 바뀌버렸는데….
우진 모	(가만히 주혁 본다) 어떻게는 뭘 어떻게야? 사위니까 당연히 기억을 하지.
주혁	(여전히 이해되지 않는다는 듯 보면)
우진 모	(온화한 미소로) 연이라는 게… 손바닥 뒤집듯이 맺고 끊고 할 수는 없는 거거든. 삼라만상 세상 이치를 다 알 수도 없는 거고.
주혁	장모님, 그게 무슨…? (하는데)
우진 모	(갑자기) 잠깐 스톱! 차 서방, 스톱. 스토옵!!!
주혁	? (급히 브레이크 밟는)

파라솔 앞에 앉아 바닐라 아이스크림 퍼먹는 우진 모. 주혁, 그 앞에 앉아 우진 모를 보며

주혁   그게 그렇게 드시고 싶으셨어요?

우진 모   어, 먹고 싶었어. (한입 먹다가 멈칫, 주혁에게 내밀며) 한입 먹을래?

주혁   … 아뇨, 드세요…. 바닐라 아이스크림 좋아하시는 걸 몰랐네요…. (하곤 혼잣말하듯) 왜 이렇게 모르는 게 많았을까요, 전…. (우진 모, 아이스크림 먹는데 녹아서 흐르자 얼른 냅킨 들어 턱 밑에 받쳐준다. 그때)

(우진)   엄마!!!

소리 나는 쪽 보면, 우진이 모친을 발견하고 뛰어오고 있다.

우진 모   (말갛게 손 흔들며) 우진아!

우진   어떻게 된 거야, 엄마? 왜, 대리님이랑…? (냅킨 받치고 있는 주혁을 본다)

객장 영업 끝난 시간 – 비교적 자유롭게 왔다 갔다 하는 직원들. 환, 자리에서 기지개 켜는데 변 팀장 자리로 와 앉으며 말 건다.

변 팀장   김환, 한가해 보인다? (중앙 책상 위 전단지 보며) 저거 언제 돌릴 건데?

환   아… 저 심의 서류 방금 올렸거든요? 조금만 쉬고요, 좀.

변 팀장   쉬고 언제 돌리냐고. 차 대리, 윤 대리 것까지 해야 될 거 아니야.

얼른! 얼른얼른!

환   아, 진짜… 600장을 혼자 어떻게 돌리라고… 우리 엄만 내가 이
          렇게 돈 버는 거 아시려나. (툴툴대다 향숙 힐끗 보며) 향숙 씨, 나
          좀 안 도와줄래요? 내가 지난주에 수신도 땡겨줬는데.

향숙   아, 안 돼요. 우진 씨 없어서 우리도 손 달려요.

환   치… 별로 바빠 보이지도 않구만. 됐어요, 개 치사. (전단지 들
          고 나가는)

변 팀장   (남은 전단지 보며) 아이고, 참 먹고 살기 힘들다. 이건 뭐, 우리가
          은행원인지 찌라시맨인지… 알바비를 따로 주는 것도 아니고, 진
          짜….

장 팀장   그러게. 이번 거는 홍보 효과가 좀 있어야 될 텐데…. (전단지 한
          장 휘릭 집어 들고) 문구는 잘 뽑았나? 이왕이면 눈에 확 띄게…
          (하다가 !!! 눈 동그래진다)

변 팀장   (등 가려운지 긁는데)

장 팀장   저기… 변 팀장님…?

변 팀장   나 요기 좀, 살짝만 좀 긁어줄래, 장 팀장? (등 돌리는데)

장 팀장   이럴 때 아니시고요…. 제가 오타를 하나 발견했는데, 그게 임팩
          트가 좀 있네…?

변 팀장   아, 뭔데? (보며) 웬만하면 넘어가자. 좀. 사람들이 뭐 자세히…
          (하다 눈 커진다. 고객 '놈' C.U 되며) 이… 이이, 미친…! 고객 '놈'
          이 뭐야, '놈'이! 아, 이 또라이 진짜…! 김환 콜 해봐, 빨리. 전단
          지 돌리기 전에 얼른!!!

혜정   네. (전화 거는데 안 받는 듯) 안 받는데요?

변 팀장   아오, 씨… 이 상또라이, 씨…! (안 되겠는지 후다닥 뛰어나간다)

17. 은행 근처 거리 (낮)

환, 전단지 옆구리에 끼고 휴대폰으로 문자 하며 딴짓 중인데….
멀리서 잔뜩 성난 채 달려오는 변 팀장이 보인다.

환	! (놀라서 얼른 휴대폰 넣고, 전단지 나눠주는) KCU입니다!
변 팀장	야, 안 돼! 하지 마, 하지 말라고, 인마! (손 내저으며 소리 지른다)
환	!!! (겁먹고, 더 열심히 나눠주는) 네, 고객과 함께하는 KCU입니다!
여자	(받고 걸어가며 읽는다)
변 팀장	야이, 씨! (하며 환 지나쳐 여자에게 달려가 전단지 뺏는다) 저기, 고객님, 죄송합니다. 잠깐만요… (주머니에서 펜 꺼내 '놈'을 '님'으로 고친다)
환	(다가와) 팀장님, 지금 뭐 하시는 거예요?
변 팀장	(본다. 부글부글) 내가 뭐 하는 거 같냐, 이 또라이야!!!

18. 주혁 차 안 (낮)

주혁 운전하고, 우진 보조석에 타고 은행으로 돌아가는 길.

우진	… 엄마가 은행까지 갔을 줄은 몰랐어요. 왜 자꾸 대리님한테 집착하는지, 진짜….
주혁	내가 원래 연상한테 좀 먹혀…. (농담 던졌다가) 미안.
우진	(풉, 웃는) 대리님도 그런 농담 하시는구나. 완전 안 어울려.
주혁	(뻘쭘) 나도 알아.
우진	너무 낙심하지 마세요, 살짝 진지한 게 또 대리님 매력이니까.
주혁	매력은 얼어죽을.
우진	뭐, 착한 것도 매력이시고.
주혁	(찔린다, 힐끗 보며) 나 안 착해, 하나도. 그러니까 그런 칭찬 하지 마.
우진	(본다. 뚫어져라…) 대리님은 참… 이상해요. 이상하게 편하고, 이상하게 친근하고, 이상하게 우리 엄마도 잘 다루시고… 아까 편의점 앞에서 보는데 왜 이렇게 자연스러운지…. (하다가 너무 진지해졌나 싶어 살짝 농담해보는) 전생에 진짜 우리 엄마 사위였던

거 아니에요?

주혁   ! (당황해 끼익, 급브레이크 밟는)

우진   (앞으로 확 쏠리고)

주혁   (당황) 미, 미안. 괜찮아?

우진   예… 괜찮아요. (놀란)

주혁   진짜 미안해. 내가 잠깐 다른 생각을 해가지고. (어쩔 줄 몰라하는)

19. 은행 객장 (낮)

환, 책상 위에 전단지 올려놓고, 수정 스티커도 올려놓는다.
장 팀장, 변 팀장, 주혁… 스티커 작업 위해 책상에 둘러앉는
데…. 향숙, 혜정, 우진 온다.

장 팀장   어, 우진 씨 왔네. PSB는 잘했어? 마침 잘 왔다, 손 하나가 아쉬
웠는데.

우진   (웃으며) 들었어요. 환 씨 또 사고쳤다면서요?

환   (향숙, 혜정 보며 투덜거리듯) 이럴 땐 또 엄청 빨라, 또.

향숙/혜정   아 뭐, 사고친 거 맞잖아요./그러게, 우리가 뭐 없는 말 했나? (하
는데)

우진   근데 윤 대리님은… (두리번거리다가, !!!) 혹시 아직 안 오셨어
요?

변 팀장   어, 그러고 보니까 왜 혼자야? 우리 윤 대리는 얻다 버렸어? 같이
안 왔어?

우진   아, 그게… 제가 잠깐 급한 일이 있어서 먼저 나왔는데…. (하곤
아차, 싶다) 저기, 팀장님. 저 마루 쪽 다시 좀 가봐야 될 거 같은
데… 못 챙긴 신청서도 좀 있고….

주혁   (우진 본다. 다시 간다는 우진이 또 신경 쓰인다)

20. 대학 캠퍼스 (낮)

수업 들어가는 길의 혜원, 인사하는 학생들에게 고개 까딱해주는
데… 맞은편에서 오는 현수가 보인다.

혜원   …! (궁금했던 터라 의식되는)
현수   (혜원을 보는)
혜원   (현수의 멘트에 받아칠 준비 하는데)
현수   (쌩하니 그냥 혜원을 지나쳐 간다)
혜원   (뭐야…? 어이없어 뒤돌아보는데)
현수   (화구통 든 여학생에게) 오랜만이네, 수업? 줘. 들어줄게. (화구통
          들어주는)
혜원   (괜히 무안하기도 하고, 화가 난다) … 하… 쟤 뭐야…? (신경질적
          으로 가는)

21. 공장 앞 (낮)

우진, 사무실 건물로 가기 위해 물류 창고 앞 지나가려는데… 타
일 트럭 여전히 앞에 서 있다. 우진, '이 트럭 아직 있네…?' 하며
다시 보는데… 이때, 창고 안에서 땀에 흠뻑 젖은 종후가 트럭남
과 함께 나온다.

우진   ? (윤 대리님? 하고 보는)
트럭남   (역시 땀에 젖은 채) 이제 그만하고 가세요. 남은 건 저 혼자 할게
          요….
종후   에이, 어차피 땀으로 샤워한 거 마저 하죠, 뭐. 그래야 생색이라
          도 내지…. (하곤 트럭에서 타일 박스 하나 꺼내 드는)
트럭남   (보며) 진짜 고맙습니다. 혼자 했으면 아직 반도 못했을 텐데….
종후   정 그럼 끝나고 자판기 음료수나 하나 사주세요. 목말라 죽겠어

요. (하며 끙차! 박스 들고 들어가려다 우진 본다) 어, 우진 씨!

우진   (이 사람 보기보다 참 인간적이구나…. 그런 생각에 미소 지으며 종
후 본다)

(종후)   뭐하러 다시 왔어요, 내가 신청서 챙겨서 들어갈 텐데….

22. 거리 (낮)

같이 복귀 중인 우진과 종후. 종후, 일부러 우진과 멀찍이 떨어져
서 걷는다…. 땀냄새 신경 쓰이는

우진   내 일까지 맡기고 왔는데 안 들어오시니까, 양심에 좀 찔려서.

종후   아유, 뭘 양심까지. (말하다가 우진이 가까워지자 얼른 한 발 더 떨
어진다)

우진   ? (종후 보며) 근데 대리님. 왜 그렇게 떨어져 걸으세요?

종후   에? 아, 아뇨…. 내가 언제. (한 발 다가서고는 팔 꽉 오므리고 걷는)

우진   ? (뭔가 이상하다는 듯 보면)

종후   실은… (눈치 보며) 아까 땀을 너무 흘려서… 여름이잖아요. 땀냄
새 날 것 같아서….

우진   (풉, 웃고는) 괜찮아요. 저 축농증 있어서 냄새 잘 못 맡아요.

종후   진짜요? 냄새 안 난다고, 하나도?

우진   네.

종후   (좀 더 붙어, 팔 파닥파닥하며) 이래도…?

우진   네. 전혀.

종후   (그제야 화색) 하… 다행이다. 괜히 걱정했네. 아까부터 어찌나 신
경 쓰이던지….

우진   (그런 종후가 귀엽다. 웃으며 본다)

종후   (우진 보며) 웃는 게 참… 예쁘십니다, 서우진 씨는.

우진   어머, 이 타이밍에 무슨… 너무 밑도 끝도 없는 거 아니에요?

종후   밑도 끝도 없는 건 아는데… (보며) 이제 답 좀 주시죠, 서우진

씨. 기다릴 만큼 기다린 거 같은데. (진지하게 보는)

(장 팀장) 아으, 눈 빠지겠네, 진짜!

23. 은행 객장 (밤)

변 팀장, 장 팀장, 주혁, 환, 향숙, 혜정… 전단지에 오타 스티커 붙이고 있다.

장 팀장 쪼끄만 글씨만 보고 있으려니까, 초점이 하나도 안 맞네, 그냥. (눈 깜빡인다)

변 팀장 노안 오는 거 아냐? 돋보기 맞춰야겠다, 장 팀장.

장 팀장 건드리지 말죠, 동기님. 저 상당히 예민하거든요? 아니, 사고 터질 땐 니 탓 내 탓 따지더니, 몸빵 필요할 땐 웬 상부상조? 염치가 없어도 너무 없으신 거지.

변 팀장 (할 말 없다) 흐음…. (딴청하는데)

환 그래도 막상 해보니까, 아날로그적 감성 돋는 게 재밌지 않아요?

혜정 (눈 부릅뜨고) 아니.

향숙 죽을래요? (하곤 멀찍이 있는 가위 집는데, 상의 올라가 옆구리가 살짝 보인다)

환 (보고 !!! 향숙 툭툭 치곤 옆구리 가리킨다. 내려라… 하는 듯)

향숙 뭐요?

환 (답답) 아, 내리라고요, 옷! 조심성 없게 진짜….

혜정 (보고) 아, 뭐 어때! 수영장 가면 비키니도 입는데.

환 여기가 수영장입니까? 여기 객장이거든요?

혜정 근데 왜 화를 내, 환 씨? 지금 누구 때문에 생고생인데, 분위기 파악 좀 하지.

향숙 그니까. 웃겨, 진짜.

환 아니, 화낸 게 아니라…. (머리 처박곤 다시 스티커 붙인다)

주혁 (그 와중에 혼자 딴생각에 골몰한)

#. 회상 인서트 - 19씬. 우진, 전생에 우리 엄마 사위였던 거 아니에요?
하던 장면.

주혁   (다시 생각해도 아찔하다. 고개 저으며 시계 확인하는… 꽤 늦었다)
         … 근데 윤 대리랑 우진 씨는 거기서 바로 퇴근할 건가?
변 팀장   그러게, 그럴 거 같은데? 자식이, 그럼 팀장한테 보고를 먼저 해
         야지 말이야….
향숙/혜정 이럴 줄 알았으면 나도 PSB나 갈걸./우진 씨가 계 탄 거지, 뭐.
         (투덜거리는데)
주혁   (같이 있을 두 사람이 신경 쓰이는)

24. 공원 (밤)

분수대 옆 벤치에 앉은 우진과 종후. 종후, 우진 힐끗 보며

종후   … 아직 더 기다려요? 한 10분이면 되나?
우진   아니, 5분.
종후   콜, 5분. 그 정도는 기다릴 수 있지, 며칠도 기다렸는데, 뭐.
우진   (생각하다 종후를 빤히 본다)
종후   (보며) 뭘 그렇게 빤히 봐요, 또? 설레게.
우진   (보며) 대리님은 제가 왜… 아니, 어디가 좋으세요?
종후   글쎄… 어디가 좋은 걸까…. 나도 모르겠네, 그건. 그냥… 좋습니
         다. 웃는 거, 엉뚱한 소리 해대는 거, 가끔 나오는 똘끼, 그리고 효
         녀인 거, 기타 등등….
우진   (가만 보다가) 오케이, 콜. 만나봅시다.
종후   (반색하는) 진짜요?
우진   솔직하게 말하면, 제 감정이 아직 100은 아니에요. 그래서 고민
         한 건데… 근데 대리님 진짜 좋은 분 같아요. 나랑 죽도 잘 맞고,
         같이 있으면 재밌고.

종후	그 정도면 돼요. 충분해요. 아니 100퍼 확신 갖고 시작하는 남녀가 어디 있어요? 만나보고 괜찮으면 가는 거고, '엥 아니네?' 싶음 헤어지는 거지. 그냥 편하게 생각해요. 그래도 마음에 걸리면 일단 한 달만 만나보든가. 난 자신 있으니까.
우진	한 달요? 어, 이거 말로만 듣던 계약 연애…?
종후	거창하게 무슨, 그냥 간 보는 거지 서로. 프리하게.
우진	(보다가) 콜! 프리하게 한 달. 좋네요, 그거. 대신 회사에선….
종후	비밀이지, 당연히. 나도 사내 공개 연애는 싫어요, 불편해서.
우진	(웃으며 훅 손 내민다. 협상 됐으니 악수하자는)
종후	(웃으며 손 잡고 크게 흔든다. 잘해 보자는)
우진	(그래, 이게 맞는 거야… 잘하는 거야…. 생각하며 웃다가 흡, 숨 참는)
종후	(표정 굳으며) … 축농증 아니죠.

25. 실내 포차 외경 (밤)

26. 실내 포차 (밤)

우동 먹고 있는 주혁. 휴대폰 계속 울려댄다. 혜원에게 오는 전화다. 주혁, 휴대폰 힐끗 보고는 안 받겠다는 듯 엎어놓으면

주은	(힐긋 보고) 왜 그래, 언니 아냐?
주혁	맞아.
주은	근데 왜 안 받아? (보며) 오…, 오빠의 이런 반항 참 신선한걸.
주혁	그냥. 니네 우동 먹고 싶어서 왔는데, 이 전화 받으면 바로 달려가야 되잖아. 스테이크보다 니네 우동 땡길 때 있거든…. (쓸쓸하게 웃어 보이는데)

이때, 문 열리고 종후와 우진이 들어온다.

종후	5분 안에 우동 되나요? 배고파서 신발도 씹어 먹겠단 사람이 있어서. (주혁 보며) 어, 너 있었어? 웬일이야, 집에 안 가고?
우진	(감정 무장하고 아무렇지 않게) 여기 계셨어요? 하이, 주은! (손 들어 보이는)
주혁	어… 왔어…? (어색하게 우진과 종후 보는)
주은	둘은 이제 완전 세트로 다니네. 사귀기로 한 거야, 뭐야?
주혁	!!! (설마… 하는 표정으로 보는)

(컷) 나라를 잃은 듯한 표정의 주혁, 멍하다…. 주은과 상식만 흥분한 상태. 종후는 신났고 우진은 밝게 웃고 있다.

상식	진짜? 진짜 만나보기로 했다고? 와, 종후야. 인마, 축하한다! 우진 씨, 잘했어요. 둘이 진짜 잘 어울려요, 진짜.
종후	알아, 나도. 고맙다 인마. (좋아 죽는)
주은	축하해, 오빠, 봉 잡은 거 알지? 우진아, 잘했다. 잘한 선택이야. (우진 손 잡고 흔들어준다. 흔들렸던 마음을 알기에 더 격려하는)
우진	(잡은 손 크게 흔들며 나 잘했지? 웃어 보이는)
종후	차 대리, 넌 축하 안 하냐? 아까부터 얼이 빠져가지고… 왜, 마음에 안 들어?
상식	그래, 인마, 축하 좀 해라. 친구 경사인데, 인마.
주혁	(당황해 오버하는) 어, 그럼, 축하해야지, 당연히. 잘됐다, 진짜, 잘해봐.
종후	진심이지? 앞으로 커버 좀 잘 쳐줘. 지점에선 비밀이니까.
우진	잘 부탁드려요, 대리님. (주혁 보며 웃고, 비로소 마음 가벼워진다)
상식	야, 그럼 다음 수순은 뭐야. 적령기인데 연애 길게 할 필요 없는 거 아냐? 날부터 잡지. 올 가을이나 내년 봄 어때? 아예 겨울도 괜찮고, 어?
종후	야, 일단 만나보는 거야. 우진 씨 부담스럽게 왜 앞서가고 그래.
주은	또 흥분했지 뭐. 최근에 신나는 일이 너무 없었지? 그치?

상식   그러게. 내가 자꾸 감정이입을 하게 되네. 결혼기념일도 다가오고
       옛 생각이 나서 그런가? (말하다가) 맞다, 우리 결혼 기념 여행!

주은   여행 뭐.

상식   (보며) 다음 주가 우리 결혼기념일이거든. 엄마가 애 봐준다 그래
       서 가평에 펜션 하나 잡아놨는데, 쌍쌍으로 다 같이 가면 어때?
       대학 때 엠티 기분도 나고, 무지하게 재밌을 거 같은데. 어때, 좋
       은 생각이지? 죽이지?

주은   언니까지? 에에, 안 돼. 분위기 깨, 절대 안 돼.

상식   야, 너무 그러지 마라. 너도 호불호 너무 확실한 그 성격 그거 고
       쳐야 돼. 어떻게 세상 사람이 다 너하고 맞냐? 코드가 좀 다른 사
       람도 있는 거지.

주은   아, 그래도 언닌… 쫌 다르잖아. 공주님 모시고 놀러 갈 일 있어?

상식   야, 공주야 집사가 모시겠지, 여기 평생 집사 있잖아. 우진 씨, 어
       때요?

종후   야, 안 돼, 우진 씨 1박 2일은 좀 무리야. (하는데)

우진   아니에요, 가능해요. 파주 사는 이모가 엄마 보고 싶대서 모셔다
       드릴 거거든요. 자유예요, 이번 주말. (웃는다)

종후   진짜? 진짜 갈 수 있어요, 그럼? (업된 표정이다)

주혁   (혼자 속이 타들어 간다. 사이다를 따라 원샷하는)

27. 주혁 차 안 (밤)

CD에서는 슬픈 첼로곡이 흘러나오고 주혁, 운전하고 있다. 끓어
오르는 감정을 봉인한 듯 꽉 다문 입술이 괴로운 주혁의 심정을
대변하고 있는 것 같다. 신호 앞에 서 있는데, '연희대학교' 좌회
전 표지판이 보인다.

주혁   (표지판 본다. 연희대… 모교다. 우진이와의 추억이 가득한 그곳)

주혁, 신호 다시 바뀌자 직진해 가려다가 급작스럽게 좌회전한다.

28. 대학교 캠퍼스 (밤)

늦은 밤이라 오가는 학생들이 거의 없는 캠퍼스. 주혁이 천천히 오랜만에 찾은 캠퍼스 곳곳을 훑으며 걷고 있다. 마치 시간이 멈춘 듯… 이곳은 10여 년 전과 별반 다른 게 없다. 주혁, 걸음 멈추고 캠퍼스 한 곳을 응시하면… 그곳에 10여 년 전의 주혁과 우진이 있다. 공부를 끝내고 도서관에서 나오는 주혁과 우진. 우진은 교복 차림이다.

29. 회상 - 도서관 근처 캠퍼스 (낮)

주혁과 우진 나란히 걸어 나가며

우진 아, 내일이 벌써 수능이라니…! 믿기질 않는다…. 쌤 쫓아서 여기 와서 공부하는 거 대따 좋았는데… 대학생 된 거 같고.

주혁 이제 진짜 대학생 되면 되지. 내일 진짜 잘 봐야 된다, 너. 알지?

우진 아, 왜 부담을 주고 그래요? 솔직히 공부할 환경은 아니었지, 내가. 아빠 때문에 몇 주 까먹고, 또 몇 달 헤매고….

주혁 (짠하다) 그니까… 더 잘 봐야지, 인마. 수험표는 잘 챙겨놨지?

우진 네! 그럼요.

주혁 마킹 잘해라. 괜히 또 하나씩 밀려서 낭패 보지 말고.

우진 밀린 게 나을 수도 있는데… 알았어요.

주혁 오늘 일찍 자. 괜히 총정리하네 뭐네 안 하던 짓 해서 지각하지 말고. 아침은 간단히 먹고. 도시락은 소화 잘 되는 걸로….

우진 아, 알았어요, 벌써 몇 번째예요 제발 긴장 좀 풀어요 쌤이 시험 봐?

주혁 야, 차라리 내가 봤음 좋겠다… 후우… (하곤 뭔가 생각난 듯 부시럭, 주머니에서 찹쌀떡을 꺼낸다) 야, 이거나 먹고 제발 좀 잘 봐라, 좀.

우진 오, 이건 또 언제 샀내? 근데 쌤이 먹여주면 더 잘 볼 거 같은데, 시험.

주혁 아우…. (한숨 쉬곤 까서 입에 넣어주는데)

우진 (장난기 돌아 주혁 손가락까지 앙 무는)

주혁 아아! (손 빼며) 야이, 씨…. 넌 장난이 치고 싶니, 이 와중에?

우진 (투정) 아, 긴장돼서 그래요 나도. 한일전 승부차기 상태야 거의.

주혁 (손가락 대주며) 야 그래, 먹어라 먹어. 내 손가락이 대수니? 자, 먹어!

우진/주혁 (진짜 물려 하고)/(손가락 얼른 빼고 장난치며 가는 뒷모습)

    (E) 다급하게 울리는 휴대폰 벨소리

30. 자료 화면 인서트 - 2006년 수능 고사장 앞 풍경들

31. 회상 - 발표 날, 컴퓨터 앞 (낮)

  컴퓨터 앞에 긴장한 채 앉아 있는 주혁과 우진. 결과 발표를 보기 전이다. 마우스를 쥔 주혁의 손이 덜덜 떨린다. 후우… 호흡 고른다.

우진 아, 빨리 봐요. 쌤, 저 준비됐어요.

주혁 잠깐… 아직 내가 준비 안 됐어…. 휴우…. (호흡 크게 하고는 클릭! 눈 동그래졌다가 경직되는 표정. 고개 푹 숙이는)

우진 (떨어졌구나…. 낙심한 주혁의 등을 토닥토닥 쳐준다. 주객이 전도된 모습)

32. 회상 - 도서관 열람실 (낮)

  나란히 앉아 공부 중인 재수생 우진과 취준생 주혁. 우진 책 접고

주혁에게 작게 말한다.

우진   오늘은 먼저 갈게요. 컨디션이 좀 안 좋아서….

주혁   또 아파? 열 나?

우진   아니, 그냥, 쬐끔 으슬으슬해서. 걱정할 정도는 아니고요.

주혁   너 또 저번처럼 꾀병 아니지? 너 재수생이다, 그거 잊지 마.

우진   아, 알아요, 나 재수생인 거. 이마에 아예 써 붙이고 다닐까? (이마에 손가락 대며) 재, 수, 생. (눈 흘기고는 손 흔들며 가는)

주혁, 피식 웃고 다시 공부 열중하는데… 책상을 톡톡 두드리는 손가락. 보면 상식이다.

상식   야…, 오늘 형진이 생일. 한잔 산댄다, 꼽사리 끼자.

주혁   아, 됐어, 술은 무슨.

상식   야, 인간이 어떻게 공부만 하냐, 취업도 좋지만 릴렉스 좀 하자. 어? 어어?!

33. 회상 – 호프집 (밤)

댄스풍 가요 빵빵하게 나오는, 젊은이들로 북적이는 호프집. 신난 표정의 상식과는 달리 따라 들어오는 주혁은 시큰둥한 표정이다.

상식   그렇지, 이게 사람 사는 거지. 몸이 다 들썩거린다 아주. (어깨춤 추는)

주혁   (별로 감흥 없다) 아, 시끄러. 형진이 어디 있어?

상식   여기 어디 있을 텐데… (하다 구석 테이블 보며) 어, 저기 있다. 형진아! (그쪽으로 간다)

주혁   (심드렁하니 쫓아가며 휴대폰 문자 치는… '몸은 괜찮냐?' 썼다 지우

고… '아무리 생각해도 너 꾀병이지?' 쓰는데)

이때 앞치마 두르고 생맥주 나르던 우진, 주혁과 부딪칠 뻔한다.

우진   아, 죄송합니… (다… 하려다 !!! 놀라 얼음 된다)
주혁   !!! (우진 보고 눈 휘둥그레지는)

34. 회상 - 호프집 근처 (밤)

우진 손 잡아 끌고 나오는 주혁. 잔뜩 화가 났다.

우진   (손 뿌리치며) 아, 놓고 얘기해요! 손 아파요….
주혁   (화나서 보며) 너… 너 여기서 뭐 하는 거야?
우진   아, 봤으면서 뭘 물어요. 밥벌이 중이잖아요. 알바!
주혁   그러니까 왜… (말문 막힌) 감기 기운 있다며? 컨디션 안 좋아서
        간다며?!
우진   아, 그래요. 거짓말했어요, 뭐요.
주혁   뭐요?! 얀마, 너 재수생이야. 밤낮으로 죽자고 파도 모자랄 판에
        알바는 무슨…. 이래 가지고 대학 갈 수 있을 거 같애? 대체 뭔 생
        각이야, 너 인마!
우진   (주혁 보며) 그럼 어떡해요, 생활비가 모자란데!
주혁   ! (놀라는)
우진   돈이 없다고요, 집에! 그렇다고 집을 팔 수도 없고… 이 상황에
        어떻게 공부만 해요? 내가 무슨 대단한 학구파라고… 그래서 또
        대학 붙으면, 등록금은 뭘로 댈 건데요? 나도 호프집 알바 좋아
        서 하는 거 아니거든요?! 그리고…
주혁   (그런 줄은 몰랐다. 당황하고 미안하고 어쩔 줄 모르는데)
우진   (눈물 그렁그렁해지며) 쌤이 뭔데요? 뭔 자격으로 이렇게 화를 내
        시는데요? 저 아무것도 아니라면서요! 여친이고 뭐고 안 된다면

서요!

주혁   … 야…, 여친 아니면 뭐 화도 못 내냐? 나랑 너 사이가 그거밖에
       안 돼?

우진   그니까요. 쌤이랑 제가 뭔데요? 뭔 사인데요, 우리?

주혁   … (진짜 우린 뭐지…? 혼란스러운)

우진   (슬픈) 거 봐…. 할 말 없지. 아무것도 아니잖아. (돌아서는데)

주혁   (우진 후드티의 후드를 잡는다)

우진   ! (돌아보면)

주혁   (후드 확 잡아당겨 돌려세운 후 키스한다)

우진   (갑작스러운 키스에 눈 동그래진다)

주혁   (입술 떼고 제 감정을 확신하는 표정으로 우진 바라보는. 우진 머리
       에 후드 씌우며 다시 키스한다)

우진   (눈 감으며 마음을 다해 키스한다)

35. 대학교 캠퍼스 (밤)

       다시 현실. 늦은 밤, 넓은 캠퍼스에 혼자 덩그러니 남은 주혁의
       쓸쓸한 모습에서…. (f.o/f.i)

36. 며칠 후/국도변 (낮)

       앞서 달리는 주혁의 차. 30, 40미터 뒤로 상식의 차가 뒤따라 달
       린다.

37. 주혁 차 안 (낮)

       백미러로 뒤차 확인하는 주혁. 보조석에서 귤 까먹는 혜원은 살
       짝 상기된 표정이다.

혜원	나 지금 살짝 설레는 거 있지? 대학 때 엠티도 안 보내줘서 못 가고, 펜션 같은 데서 놀아본 적 한 번도 없거든.
주혁	너무 기대하지 말지, 실망할 수도 있는데.
혜원	왜, 티비에서 보면 꽤 괜찮던데, 펜션도. 자쿠지도 있고.
주혁	펜션마다 천지차이야, 시설은.
혜원	(안 듣고) 솔직히 아가씨한테 전화 왔을 때 좀 놀랐다? 쇼핑 한 번 같이 안 가는 사람이 웬일로 여행? 알고 보니까 메인 게스트가 우리가 아니더라고.
주혁	어… 뭐.
혜원	종후 씨랑 서우진…? 둘은 언제부터 사귄 거야? 본사에서 온 지도 얼마 안 됐다며.
주혁	몰라. 이제 막 시작인 거 같던데.
혜원	보기보다 앙큼한 스타일인가 봐. 오자마자 연애부터 하고.
주혁	(듣기 불편한 듯) 연애하면 다 앙큼한 건가 뭐.
혜원	그런 건 아니지만… (말하다가) 근데 왜 편들어, 자기? 기분 나쁘게?
주혁	(당황) 편은 무슨. 편이 어디 있다고, 참. (말 돌리며 백미러로 뒤차 힐끔 보는)

38. 상식 차 안 (낮)

주혁 차 분위기와 상반되게 걸 그룹 댄스 음악 틀어놓고 업된 분위기로 가고 있는 상식, 주은, 종후, 우진.

상식	야, 이게 얼마 만에 나들이냐 진짜. 나 진짜 재밌게 놀 거거든. 열라 때려먹고 열라 마시고 열라 노가리 까고, 그러니까 나 말리지 마, 알았지? 알았지?
주은	아, 알았으니까 운전이나 똑바로 해, 대가리 돌리지 말고.
상식	야, 넌 남편한테 대가리라 그러면… 어때, 놀러 가는데. 대갈통도

돼. 다 돼.

종후   쯔쯔… 짠한 놈. 이렇게 좋아하는 걸 진작에 한 번 데리고 나올 걸.

우진   (웃으며) 근데 두 분은 어떻게 친해지신 거예요? 주은이 남편분이 차 대리님 대학 절친이란 얘긴 들었는데….

주은   오빠지 뭐. 오빠가 우리 가게에 종후 오빠를 달고 오니까, 니 친구가 내 친구 되고 그러다 절친 되고, 죽고 못 사는 삼총사가 된 거지.

우진   아… 참 좋아 보여요 세 분. 되게 든든할 거 같아요.

종후   그런 거 있죠, 어떤 상황에서도 내 편일 거 같은 놈들?

상식   아닌데. 난 너랑 주은이랑 쥐어뜯고 싸우면 주은이 편들 건데.

주은   아닌데. 난 자기랑 오빠랑 싸우면 오빠 편들 건데?

상식   아이 씨…. 그런 게 어디 있어. 남편이 먼저지 오빠가 먼저냐? 핏줄이라 이거야?

주은   안됐잖아, 우리 오빠. 공주 와이프에, 떠받들어야 되는 처가에.

우진   (아… 대리님 상황이 그렇구나…)

상식   글쎄, 그게 동정의 여지가 있을까? 모르고 한 결혼도 아니고.

종후   그럼. 대신 또 주혁인 누리는 게 있잖냐. 비빌 언덕 있단 게 너 남자한테 얼마나 든든한 건지 모르지. 월급 받아 맨 땅에 뭘 일구기가 너무 어려우니까. (하다 아차, 우진 보며) 근데 난 또, 처가 덕 바라는 그런 타입은 아니라서.

우진   네. 그럼 차 대리님만 그런 타입인 걸로.

주은   (풉, 웃는)

종후/상식   (머쓱한 표정)/(웃으며 볼륨 크게 올려주고, 주혁 차 앞질러 가는)

39. 펜션 외경 (밤)

소박하고 심플한 단층 펜션. 트렁크 열린 상식 차와 주혁 차가 나란히 주차되어 있다.

40. 펜션 거실 (낮)

종후와 상식은 밖에서 안으로 왔다 갔다 가방 나르고, 주혁이 받는다. 우진과 주은은 냉장고에 장 봐 온 식료품들을 챙겨 넣느라 정신없는데… 혜원만 펜션 안 여기저기 구경 다닌다.

혜원	… 어머…. 뭐가 이렇게 아담해, 다. 무슨 인형의 집 같애.
주은	(정리하며) 네, 죄송합니다. 뇌실 줄 모르고 요 따위밖에 예약 못 했습니다.
혜원	누가 뭐래요? 그냥 그렇다는 거지. (주혁에게) 욕실에 샤워부스도 없어. 샤워는 어떻게 해?
주혁	대충 씻어야지 뭐. 이런 데 와서는 그래, 다.
혜원	놀다가 우린 호텔 가서 자면 안 돼? 방에 냄새도 좀 나는 것 같고.
주혁	어떻게 그래, 대충 좀 참아.
혜원	나 비위 약한 거 알잖아. 다른 건 몰라도 냄새는 좀 그렇단 말야.
주은	아, 거, 하루 자도 안 죽거든요? 간만에 같이 왔는데 적당히 좀 합시다, 언니.
혜원	(어깨 으쓱해 보인다, 말도 못해? 하는 표정인데)
상식	(들어오며) 짐은 다 들어온 거 같은데? 방은 어떻게 나눠야 돼?
종후	두 개잖아. 여자 방, 남자 방으로 나눠야지 뭐.
혜원	에? 거실까지 하면 세 개잖아요. 그냥 커플끼리 쓰면 안 돼요?
주혁	! (화들짝해) 야, 커플은 무슨, 저긴 결혼한 것도 아닌데! 한 방 쓰는 건 오버지.
혜원	하… 뭐가 오버야? 요즘 세상에 촌스럽게, 자기야말로 왜 오버야?
주혁	아니, 오버가 아니고… 둘이 곤란할 거 같아서. 윤리적으로도 좀 그렇고.
혜원	어머, 윤리래, 미치겠다. 우리 여보. (어이없다는 듯 보며) 오늘 왜

382

	그래, 자기? 아까부터 안절부절못했다가 오버했다가, 좀 낯설다.
주혁	(또 당황) 낯설긴 무슨. 놀러 와서 좀… 들떠서 그런가? 흠.
주은	언니가 제일 낯설어요. 난 봐도 봐도 그렇게 낯설다, 언니가.
종후	어쨌든 커플끼리는 그렇고, 남자 방 여자 방 나누는 게 제일 깔끔하겠네. (하는데)
상식	(짐 뒤적이다) 어! 아… 믹스커피 안 가져왔다. 놀러 와서는 또 그게 있어야 되는데.
주혁	(불편했는데 잘됐다, 얼른 손 들며) 어! 내가 얼른 사 올게. 근처에 슈퍼 하나 있더라. 뭐 또 필요한 거 없어? 아이스크림 어때?!
종후	그래, 갔다 와라. 난 좀 씻어야겠다.

41. 펜션 근처 (낮)

믹스커피와 아이스바 담긴 비닐봉지 들고 펜션 쪽으로 걸어가는 주혁. 이 여행이 여러모로 불편하고 부담스럽다. 휴우…, 긴 한숨 내쉬는데… 이때, 펜션 근처 산책하며 통화하는 우진 보인다.

우진	… 어, 엄마. 이모랑 재밌게 놀아. 밥 잘 먹고. 어… (끊다가 역시 주혁 발견하는)

(컷) 나란히 펜션을 향해 걸어가는 주혁과 우진. 아이스바 하나씩 입에 물고, 어색한 분위기 속에 걷는다.

주혁/우진	(동시에) 종후는…/슈퍼는…
주혁	먼저 얘기해.
우진	(웃으며) 별 얘기 아니에요, 어색해서 그냥 아무 말이나.
주혁	나도 뭐. 종후는 왜 같이 안 나오고…?
우진	아, 상식 씨한테 새치기 당해서 이제 씻고 있어요. 난 놀러 와서는 잘 안 씻는데…. 4박 5일까지 버텨봤거든요. 와, 나중엔 모기

도 안 물더라고요.

주혁 어, 알아. (웃으며 고개 끄덕끄덕)

우진 (의아하게 보며) 어떻게 알아요?

주혁 어? (당황) 어… 안 무는 모기의 심정을 알 것 같다…, 뭐 그런 거지. 흐흐.

우진 역시, 대리님은 착해. 이 상황에서 모기의 심정을 헤아리시다니. (끄덕끄덕)

주혁 (뻘쭘, 걷다가 우진 눈치 보며) 저기….

우진 (보면)

주혁 (보다가 어렵게 말 꺼낸다) … 종후 말이야…, 진짜 좋아해…?

우진 (뜻밖의 질문이다) 네, 뭐…, 좋으니까 만나기로 했겠죠?

주혁 (왜 하필 종후인가…) 왜, 어떤 점이…?

우진 음… 잘생겼잖아요. 성격도 유쾌하고. 또… (주혁 보며) 같이 있으면 뭔가 외로울 틈 없게 잘 채워주는 사람? 끊임없이 말 걸어 주고, 관심도 주고.

주혁 (우진의 말이 가슴을 후벼 판다. 난 그렇게 해주지 못했었지…)

우진 근데 그건 왜… 대리님, 윤 대리님이랑 친하시잖아요. (의아한 표정으로 보면)

주혁 아냐, 그냥 궁금해서. 신경 쓰지 마. 가자, 아이스크림 녹겠다. (앞장서 가는)

우진 (그런 주혁 보다가… 아냐, 다시 복잡해지지 말자. 마음 다잡고 쫓아간다) 대리님, 같이 가요!

42. 펜션 외경 (밤)

어둠이 깃든 펜션 외경. 모기, 나방 등 날벌레들이 불빛을 향해 날아든다.

주은과 우진, 주방에서 야채 씻고 남자 셋은 고기와 바비큐 준비물 챙기고 있다. 혜원만 아무 일도 안 하고 에이컨 앞에서 열 식히고 있다.

혜원　… 에어컨이 오래됐나 봐. 너무 약해. (더운 듯 에이컨 강도 더 올리면)

우진　콜록, 콜록. (야채 씻으며, 잔기침한다)

주혁　(눈치 채고) 강도 좀 내리지. 온도 차 심하면 감기 걸려…. (내리려는데)

혜원　(말리며) 아, 됐어. 이 정도로는 안 걸려. 나 더위 못 참는 거 알면서.

주혁　(내리지도 못하고 우진 걱정스럽게 보는데)

상식　야, 우린 나가서 불부터 붙이자. 이거 만만치 않다, 생각보다.

종후/주혁　오케이, 렛츠 기릿! (나가고)/(어쩔 수 없이 따라 나가는)

주은　(혜원 보며) 언니. 더위 고만 식히시고 같이 좀 하죠, 양심이 있으시면?

혜원　저요? 아… 네…. (에어컨 강도 한 단계 더 올리고 주방으로 오는) 뭐 해요, 저?

주은　거기 깻잎 좀 씻어요.

혜원　(깻잎 들고 한 장 한 장, 아기 다루듯 씻는)

주은　언니, 지금 애기 목욕시켜요? 그렇게 해서 어느 세월에 해.

혜원　그러게 세척 채소 파는데 굳이 왜 이걸 샀어?

주은　비싸잖아요, 더. 씻으면 될걸 뭐하러 돈을 더 써요.

혜원　이런 불필요한 노동을 값으로 계산하면 별로 비싼 것도 아니에요, 아가씨. 가치를 어디에 두냐에 따라, 쓸데없는 게 아니라 합리적인 것일 수도 있어요.

주은　하이고, 누가 보면 뭐 대단한 노동이라도 하신 줄?

우진　(혜원 자리로 가 깻잎 뺏으며) 주세요, 제가 후딱 씻을게요. (웃으

며 씻는)

지글지글, 익어가는 고기. 주혁은 서서 고기 구워가며 먹고… 그 옆으로 테이블에 둘러앉아 맥주, 소주와 함께 고기 먹는 다섯 명.

상식 세 커플 놀러 가는 거 늘 상상만 했는데… 이렇게 갑자기, 느닷 없이 실현이 되니 진짜 감개가 무량합니다. 그런 의미에서 자, 행 쇼! (잔 들면)

일동 행복하십시오/지화자! (짠, 마시는데)

종후 (알림음 소리에 휴대폰 보고) 하이구야…, 이건 또 뭐냐. 비하인드 난리났네.

상식/주은 (호기심 어린) 왜왜?/뭔데?

종후 우리 부행장 중에 누가 법인카드를 개인 용도로 썼다가 딱 걸렸 다는데? 호텔을 자그마치, 쯔쯔… 이럼 접대라고도 못 우기지. 끝 이네, 이분.

혜원 (궁금한 듯) 비하인드가 뭔데요?

주혁 있어, 직장인들이 하는 앱인데 일종의 비밀 게시판 같은 거.

종후 이게 보다 보면 은근 재밌거든요. 상사 욕부터 신입 길들이는 법, 가끔 불륜 같은 가십거리도 올라오고, 아주 시간 후딱 간다니까.

주은 아… 그럼 회사 쪽에서도 보는 거야?

주혁 모르겠어… 뭐 인사팀에서 주시한다는 말도 있고, 그냥 여기 화 제 되면 입소문 때문에 알게 된단 말도 있고. 어쨌든 비하인드에 걸려서 퇴사한 사람도 있는 거 보면 영향력이 아주 없진 않나 봐. 거론돼서 좋을 건 없는 거지.

혜원 참 별게 다 있네, 재밌겠다 직장인들은. (하는데)

우진 (콜록콜록, 또 잔기침하면)

주은 (보며) 자꾸 웬 기침? 여름 감기는 개도 안 걸린다는데.

우진	아냐, 그냥 연기 때문에.
종후	(주혁 보며) 야, 씨…, 너 자꾸 우리 우진 씨한테 연기 보낼래? 확 그냥!
주혁	(빠직, 손 휘휘 저어 종후한테 연기 다 보내는)
상식	아이쿠, 우진 씨 잔 비었네. 주세요, 제가 한잔 말아 줄게요. 7:3? 6:4?
우진	그냥 소주로 할게요, 섞어 마시면 배부르기만 해서.
상식	캬, 음주 취향 확실하시고. 아주 볼수록 우리 과시네, 우진 씨. (소주 주며) 주은이랑만 친구하지 마시고 저랑도 술친구 해주십시오, 가끔.
우진	좋죠, 주당 모임을 하나 만들까 봐요 아예. (웃고 원샷하면)
혜원	(우진에 쏠린 관심이 의식되는 듯, 잔 내밀며) 저도 한 잔 주세요. 소주.
주혁	(놀라서 보며) 야, 왜 그래, 너 와인밖에 못 마시잖아.
혜원	못 마시긴 누가? 안 마셔서 그렇지. 주세요, 소주. (잔 내미는)
상식	예에! 드리는 거야, 뭐… (따라주면)
혜원	(눈 질끈 감고 원샷하는. 크으…! 하고는) … 뭐, 소주도 마실 만하네! (소주병 빼앗아 제 잔에, 우진 잔에 채우며) 우진 씨, 나랑 한잔해요.
우진	콜! 천천히 하세요. (혜원과 짠, 하고 각각 원샷하면)
주혁	(두 여자의 때 아닌 경쟁에 목이 탄다. 물 병째로 벌컥벌컥 마시는)
(혜원)	(크릉, 가늘게 코 고는 소리)

45. 펜션 여자 방 (밤)

취해서 침대에 뻗어 자는 혜원. 가늘게 코 골며 자고 있다. 바닥에 이불 깔던 우진과 주은, 기가 막힌 듯 그런 혜원 내려다본다.

주은	진짜 어이가 없다. 낯선 사람이랑은 못 잔다던 여인이 누구니 대

체….

우진   (웃는) 술이 약하네. 반 병에 인사불성이 웬말이야.

주은   오기로 덤볐지 뭐. 라이벌 의식 있는 거 같더라?

우진   나한테? 뭐, 미모? (농담하며 침대를 등받이 삼아 바닥에 기역자로 앉는)

주은   (나란히 앉으며) 어떤 자리든 자기한테 집중돼야 하는 사람 있잖 아, 왜.

우진   그래도 은근 귀여운 데도 있던데 난.

주은   보살 났다, 치… (하곤) 그래서, 윤종후는 어때? 좋아 죽겠나, 아 주?

우진   좋은 건 맞고. 죽겠는 건 아니고.

주은   자기 감정 파악이 확실하시네 아주.

우진   그치. 그게 내 문제지… (순간 또 복잡해지려 한다. 벌렁 눕는)

주은   근데 그게 이상적인 거다, 너? 결혼은 생활이잖아. 사소한 걸로 부딪치고, 서로 바닥 보고. 좋아 죽겠는 사람이랑은 결혼하면 안 돼. 상처 받아.

우진   다들 그러더라? 근데… (주은 허벅지 베며) 그래도 난 내가 좋은 사람이랑 결혼하고 싶은데. 깨질 때 깨지고 상처 받더라도.

주은   쯧쯔… 얘가, 얘가 마음이 한번 너덜너덜해져봐야 정신을 차리 지, 얘가.

우진   일단 너덜너덜이라도 좀 해봤으면 좋겠다. (웃으며 또 잔기침하는)

46. 펜션 남자 방 (밤)

이불 까는 상식과 종후. 주혁 씻고 들어오자

종후   마나님 많이 취했던데. 괜찮겠냐? 괜히 우리 우진 씨 힘들게 하 는 거 아냐?

상식   아 자식, 말끝마다 우진 씨, 우진 씨. 내 꿈에 나오겠다. 그렇게 좋냐?

종후	어, 좋아. 좋아 죽겠다, 왜.
상식	아우 야아! (주먹 쥐고 마구 때리면)
종후	아파, 미친놈아! (발로 차는)
상식	그래, 내가 봐도 아주 볼매더라. 좀 잘해봐라 제발. (하다) 아… 진짜 커플로 방을 쓸걸 그랬나. 온 김에 그냥 밀어붙여서 역사를 아주 쫙…!
주혁	(베개 놓다가) 밀어붙이긴 뭘, 새끼… (베개로 때리며) 넌 자나깨나 그 생각뿐이지? 어? 시끼가 아주 정신이 썩었어! 썩었어!
상식	아, 농담이야, 인마. 왜 예민하게 그래. 지 동생도 아니면서.
주혁	(발로 차며) 그니까 인마, 내 동생도…! 니가 뭔데, 인마 니가…!
상식	야, 이제 내 마누라거든. 진짜 이상해, 요새 이거.
주혁	뭐가 이상해. 뭐가, 뭐가! (발길질해댄다)

47. 펜션 외경 (밤)

칠흑 같은 어둠 속의 펜션. 불빛 환하게 켜져 있다.

48. 펜션 여자 방 (밤)

세 여자 모두 잠든 방. 이불 위에서 자고 있는 우진이 끄응, 앓는 소리를 낸다. 카메라 줌인하면…, 이마에 식은땀이 맺힌 우진. 열이 오르는 듯 볼이 벌게진 채 하아…, 하아… 거친 호흡 내뱉으며 비몽사몽이다.

49. 펜션 거실 (밤)

자다가 목말라 나온 주혁, 생수를 벌컥벌컥 들이켠다. 손등으로 입 닦고, 여자 방 한번 힐끗 보고는 다시 남자 방으로 들어가는데… 이때, 여자 방 문 열리며 우진이 걸어 나온다.

주혁	(보고) 우진 씨···.
우진	(땀에 젖은 채 비몽사몽 주혁 쪽으로 오는) 대리··· 님···. (하아···)
주혁	뭐, 물? 저기··· (하며 생수 놓아둔 쪽으로 가려는데)
우진	(주혁 팔 잡는다)
주혁	! (멈칫해서 보는)
우진	(열에 충혈된 눈으로 주혁 본다)
주혁	(왜 잡지? 무슨 뜻이지? 긴장한 채 보며) 왜···? 뭐 할 말··· (하는데)
우진	(순간 스르륵 쓰러지듯 주저앉아 버린다)
주혁	(놀라) 우진아! 서우진! (일으키려는데 몸이 불덩이다. 이마에 손 대보고는 주은이 자는 방 쪽 보며) 주은아!!! (소리 지르는)

50. 펜션 여자 방 (밤)

이불 위에 누워 있는 우진. 이마에는 물수건이 얹어져 있다. 자다 깬 종후와 상식, 주은, 주혁이 걱정스런 표정으로 보고 서 있다. 혜원은 여전히 침대 위에서 등 돌리고 자고 있다.

종후	(걱정 가득) 진짜 병원 안 가도 괜찮을까? 응급실이라도···.
주은	됐어. 해열제 먹였으니까 좀 기다려봐. 지금 응급실 갔자 해열제 놓는 거밖에 없어. 어차피 고열 때문에 그런 거라···.
상식	쓰러질 정도면 밤새 앓았다는 건데··· (주은 보며) 몰랐어?
주은	어, 피곤했나 봐. 완전 시체 됐어. 아··· 밤에 기침할 때 알아봤어야 되는데···.
상식	근데 제수씨는 참 대단하시네. 이 와중에도 안 깨고 주무시네.
주은	(보며) 말해 뭐해. 난 포기야.
종후	(여전히 걱정스럽다. 이마 손 대보고) 아··· 아직 너무 뜨거운데.
주은	그래? 이상하네. 슬슬 열이 내려가야 되는데···.
주혁	!!! (뭔가 생각나는)

#. 회상 플래시 - 과거 어느 날. 주혁의 집 거실.
우진, 약상자에 약통 챙기며

우진 난 이상하게 해열제는 이것만 받더라. 다른 건 먹어도 열이 안 내려….

'맞다, 그 약이 필요하다…!!!' 주혁, 다른 사람들 모르게 슬쩍 방을 빠져나간다.

51. 펜션 앞 마당 (밤, 새벽)

펜션에서 뛰어나오는 주혁. 아직 날이 밝지 않은 어스름한 새벽녘이다. 주혁, 자동차 리모컨 키 누르고 재빨리 차에 올라 시동 건다.

52. 거리 몽타주 (밤, 새벽)

#. 셔터 문 닫힌 약국 앞에 차 세우는 주혁. 급하게 차에서 내려 문 두드리는데, 안에서는 기척이 없다.
#. 다른 약국 앞.
이번에도 역시 불 꺼진 약국, 문 잠겨 있다.

주혁 (문 두드리며) 저기요! 안에 누구 안 계세요?! 계시면 문 좀 열어주세요, 급해서 그래요! 아무도 안 계세요?! (계속 두드리는데)

이때, 옆 슈퍼 집 문이 열리며 자다깬 듯 나오는 50대 아저씨.

아저씨 뭐요, 시끄럽게.
주혁 아, 죄송합니다…. 안에 아무도 안 계신가 해서… 와이프가 열이

391

아저씨	많이 나서요…. 먹여야 되는 약이 있는데 시간이 이래서….

아저씨	쯔쯔… 또 팔불출 났구만. 요새 젊은 사람들은 참…. 요 앞에 빌라가 약국 주인 집이니까 한번 가보든지. 101호요.
주혁	아 네, 감사합니다! 감사합니다, 아저씨.

#. 빌라 현관 앞. 염치불구하고 벨 마구 눌러대는 주혁. 빼꼼, 문 열리면 역시 자다 깬 약사가 비몽사몽 얼굴 내민다.

#. 약국 안. 팟, 불이 켜지고, 앞 씬의 약사, 안쪽으로 들어가 약을 찾는다. 주혁, 초조한 표정으로 기다리는데… 약사가 약통을 들고 나온다.

약사	(내밀며) 이거 맞죠? 삼동에서 나온 프리실린.
주혁	(보곤) 아, 맞아요. 이거예요! (산삼이라도 받은 듯 약통 들고 반색하는)

53. 주혁 차 안 (밤→낮)

약 구해 서둘러 돌아오는 주혁. 펜션 마당으로 막 들어서는데… 창밖으로 종후와 주은이 몸도 못 가누는 우진을 부축해 데리고 나오는 모습 보인다. 상식이 상식 차 뒷문 열고, 종후가 우진을 차에 태운다.

주혁, 차 대충 세우고 얼른 차에서 내린다.

54. 펜션 앞 마당 (밤→낮)

차에서 내려 상식 차 쪽으로 뛰어가는 주혁.

주혁	(주은 보며) 어디, 어디 가…?
주은	어, 응급실. 도저히 열이 안 내려서.

주혁	저기, 나한테 약… 있는데. 이거 먹으면 내릴 거 같은데….
주은	안 돼. 약 먹였는데도 안 내린다니까. (상식 보며) 자기가 운전해 가야 되는 거 아냐?
종후	아냐, 혹시 모르니까 나만 갈게. 봐서 주혁이 차 타고 올라가든 지. (하곤 차 운전석으로 올라탄다)
주혁	아니, 여기 약…. (뭐라고 더 설명할 길이 없다. 답답한 채 보면)
주은/상식	운전 조심해 오빠./가서 연락하고, 조심해 종후야! (당부하는데)

종후, 얼마나 마음 급한지 대답도 않고 서둘러 출발한다.

주은	(멀어져가는 차 보며) 이게 뭔 일이니. 초여름에 웬 열감기….
상식	보기보단 몸이 약한가 보네, 우진 씨가.
주은	어릴 땐 그랬는데 체력 많이 좋아졌다더니, 그것도 아니네. (주혁 보며) 근데 오빠 어디 갔다 왔어, 이 새벽에?
주혁	어? 어… 그냥… 산책.
주은	이 외중에 산책은 무슨… 들어가자. 새벽 공기 차다, 산이라. (떨 며 들어가는)
상식	그랬쪄? 우리 애기 많이 추웠쪄? (주은 안으며 들어가고)
주혁	… (주머니에서 약통 꺼내 보며 씁쓸한 표정)

55. 병원 응급실 (낮)

해열제 맞고 있는 우진. 숨소리가 많이 안정된 듯하다. 종후, 그 옆에서 걱정스러운 표정으로 서 있고, 간호사가 체온계로 열 잰 다. 종후 보며

간호사	열은 많이 떨어졌어요. 마저 맞고 가시면 될 것 같아요. (가는)
종후	(그제야 안심) 아 네, 감사합니다. 감사합니다!
우진	(눈 뜨는) 윤 대리님….

종후	어, 깼어요? 열 내리고 있대요. 괜찮을 거예요, 더 자요.
우진	… 죄송해요. 괜히 저 때문에 분위기만 깨고…
종후	아, 됐어요. 안 그래도 계속 자책했구만…. 아픈 줄도 모르고 신나서 술이나 권하고….
우진	그래서 티 안 낸 거예요. 못 마시게 할까 봐. (희미하게 웃는)
종후	어쭈, 웃어? 이제 살 만한가 보네, 서우진.
우진	그러게. 농담이 나오네…. (웃다가 종후 팔 쓸린 상처 본다) 어, 피 다….
종후	…? (자기 팔 보고 그제야 안다) 아… 이게 언제 이랬지…?
우진	(나 때문에 정신 없었구나. 그런 종후 보며) … 약 발라야겠다. 쓰릴 텐데….
종후	아, 됐어, 본인이나 빨리 나아요. 진짜 약골이야, 그냥 하는 소린 줄 알았는데.
우진	그래서, 마음에 안 들어요? 물러요?
종후	아, 봐서, 좀 생각해보고. (하고는 이불 덮어준다)
우진	(생각보다 더 좋은 사람이구나, 싶은)

56. 펜션 거실 (낮)

잠이 홀딱 달아난 듯 커피 마시며 기다리는 주은, 상식, 주혁. 그새 혜원도 깨서 나왔다. 컵에 커피를 따르며,

혜원	그래서, 감기 때문에 응급실까지 갔다고요?
주은	그냥 감기가 아니었다니까, 언닌. 몸이 불덩이였다고. 40도 넘었을걸?
혜원	어쨌거나 그냥 감기잖아. 좀 유난 아닌가? 놀러 와서까지.
주은	헐… 놀러까지 와서 유난 떤 게 누구신데….
혜원	제가 뭘요? 전 최소한 이런 민폐는 안 끼쳤거든요? (커피 한 모금 마시고는 찡그리는) 아우, 커피맛이 왜 이래. 이거 원두 아니에요?

주은	원두 같은 소리 하시네. 인스턴트 커피입니다. 놀러 와선 그런 거 먹거든요.
혜원	(할 말 없다. 못마땅한 표정으로 슬쩍 컵 내려놓는다)
주혁	(시계 보곤 상식에게) 저기, 전화 좀 해봐야 되는 거 아냐?
상식	그러게. 간 지 꽤 됐는데… (휴대폰 꺼내며) 아, 자식이 괜찮으면 괜찮다고 전화를 해주든가 하지. 아까 보니까 넋 나갔더라고 자식이. (전화 거는)
주혁	… (걱정스럽게 보는)
상식	(기다리다) 안 받는데? 벌써 열 다 내리고 어디로 샌 거 아냐, 둘이?!
주은/혜원	설마, 우리 이러고 있는데…/모르죠 또, 남녀 간의 일은 아무도.
주혁	… (그렇게 쉽게 나을 게 아닌 걸 안다. 걱정스런 표정으로 창밖 본다)

57. 펜션 앞 마당 (낮)

날이 훤히 밝은 이른 아침, 펜션 마당. 멀리 상식의 차 들어오는 모습 보이고, 이내 마당으로 들어와서 주차한다.

58. 상식 차 안 (낮)

종후 주차하고 시동 끄고 옆을 보는데… 보조석의 우진, 깜빡 잠들어 있다. 앓느라고 기진맥진 지쳐 보이는…. 종후, 그런 우진을 안쓰러운 표정으로 보다가… 열은 다 내렸나, 조심스럽게 우진의 이마에 손 대보고는 머리를 쓸어 올려준다. 이내 멈추는 손. 가만히 우진 보다가 입맞춤하려고 다가가는….

59. 펜션 앞 마당 (낮)

걱정되어 나오는 주혁. 주차된 상식의 차를 본다. 왔나? 하는 표정으로 다가가던 주혁, 멈칫한다.

주혁   !!! (얼음이 된 듯 그 자리에 얼어붙는)

상식의 차 안. 우진 입술 가까이 다가간 종후.
주혁의 시선에서는 그 순간, 진한 키스라도 하는 듯 보인다. 놀란 주혁, 얼른 획 뒤돌아서고….
차 안의 종후, 자는 우진에게 이건 아니다 싶은 듯 멈추고는 제자리로. 그 상황 모르는 주혁. 나라를 잃은 듯한 표정으로 서둘러 펜션으로 들어가고… 차 안의 종후와 우진까지, 세 사람의 모습 부감으로…. (f.o/f.i)

60. 고속도로 (낮)

펜션에서 서울로 올라오는 고속도로. 상식의 차가 먼저 지나가고, 잠시 후 주혁의 차가 속력을 내며 간다.

61. 마사지샵 건물 앞 (낮)

고급스런 건물 앞에 선 주혁 차. 혜원, 차에서 내린다.

혜원   마사지 받고 전화할게. 가서 쉬고 있어.
주혁   (뭔가 혼이 나간 느낌) 어….
혜원   (보며) 왜 그래? 오면서도 말 한마디를 안 하고…?
주혁   그냥…, 좀 피곤해서.
혜원   잠 못 자서 그렇지 뭐. 은근 민폐야 그 여자. (문 닫고 들어가는)

주혁   (혜원이 건물 안으로 들어가자 그제야 핸들에 훅, 엎어지는)

62. 주혁 차 안 (낮)

핸들에 엎어져 있던 주혁. 살짝 고개 돌리면… 아직 충격이 가시지 않은 표정이다.

#. 회상 플래시 - 62씬. 키스하는 종후와 우진

자해하듯 핸들에 머리 쿡, 쿡 찍는 주혁. 그 장면이 머리에서 떠나질 않는다. 이건 예상치 못한 전개다. 종후와 우진이의 키스 장면을 목격하게 될 줄은… 빡침을 주체 못하고 더 센 강도로 머리를 박는 주혁. 경적 소리도 빵…! 지나가던 행인, 놀라서 주혁 차 쳐다보는 모습이 창밖으로 보인다.
다시 고개 든 주혁. 뭔가 결심한 듯 동전통 속 동전을 쏟아내 2006년도 동전을 찾는데, 없다. 격앙된 표정으로 서둘러 시동을 걸고 출발한다.

63. 은행 앞 (낮)

끼익! 급정차하는 주혁의 차. 주혁, 차에서 내려 은행으로 뛰어가 비번 누른다. 삐! 경보음이 울리자 경비업체에 전화하며 걸어간다.

주혁   아, 저 KCU 가현점 차주혁 대립니다. 급하게 가져갈 게 좀 있어서, 사번 k16420요….

64. 은행 객장 안 (낮)

촤르르, 자루 속 500원짜리 동전을 책상 위에 쏟아내는 주혁.

'06…, 06…, 06….' 읊조리며 미친 듯이 동전 찾다가 눈이 동그
래진다.

찾았다…! 2006년도 500원짜리 동전이다!

(E) 우르르 쾅쾅!

천둥과 마른번개가 치고, 금괴라도 찾은 듯 500원짜리 동전 치
켜드는 주혁의 모습에서…

7화 엔딩.

8
화

🌙

☾

———

영영

1. 전화 연결 - 펜션 앞 마당 (낮)

주혁   !!! (얼음이 된 듯 그 자리에 얼어붙는)

           상식의 차 안 - 우진 입술 가까이 다가간 종후.
           주혁의 시선에서는 그 순간, 진한 키스라도 하는 듯 보인다. 놀란
           주혁, 얼른 휙 뒤돌아서고….

2. 전화 연결 - 은행 앞 (낮)

           끼익! 급정차하는 주혁의 차. 주혁, 차에서 내려 은행으로 뛰어
           가 비번 누른다. 삐! 경보음이 울리자 경비업체에 전화하며 걸
           어간다.

주혁   아, 저 KCU 가현점 차주혁 대립니다. 급하게 가져갈 게 좀 있어
           서, 사번 k16420요….

3. 전화 연결 - 은행 객장 안 (낮)

           촤르르, 자루 속 500원짜리 동전을 책상 위에 쏟아내는 주혁.

'06⋯, 06⋯, 06⋯.' 읊조리며 미친 듯이 동전 찾다가 눈이 동그
래진다.

찾았다⋯! 2006년도 500원짜리 동전이다!

(E) 우르르 쾅쾅!

천둥과 마른번개가 치고, 금괴라도 찾은 듯 500원짜리 동전 치
켜드는 주혁. 주머니에서 다른 500원짜리 동전을 꺼내 바꿔 넣
고 동전들 다시 담는다.

4. 도로 위 (낮, 1회 72씬과 동일한)

속력 내 달려가는 주혁의 차. 1회와 동일한 지점의 도로를 지나
쳐 간다. 측면에 그때 그 비뇨기과 광고판이 서 있고

5. 주혁 차 안 (낮)

동전을 손에 꼭 움켜쥔 채, 전방을 똑바로 주시하는 주혁. 아무리
봐도 톨게이트는 보이지 않는다. 끼익, 다시 유턴. 역시 톨게이트
는 없다.

(diss) 가다가 다시 유턴.

(diss) 가다가 또다시 유턴. 여전히 톨게이트는 나오지 않는다.

(diss) 가다가 또다시 유턴. 절망적인 표정의 주혁, 오른편 비뇨기
과 광고 전광판을 지나쳐 그대로 다시 서울 방향으로 올라간다.

6. 거리 (낮)

갓길에 정차한 주혁. 입 꾹 다문 채 차에서 내려 지하철역으로 뛰
어 내려간다.

지하철 여기저기, 구석구석을 다니며 지하철남을 찾는 주혁. 들
어오는 지하철을 보며, 혹시 지하철 안에 있나? 살펴보지만 없다.
다시 역내를 두리번거리며 찾는 주혁.
그를 찾아야 한다. 그는 뭔가를 알지도 모른다. 그날로 돌아가는
방법을….
이때, 구석에 벙거지 모자를 쓰고 종이 상자를 깔고 앉아 있는 남
자가 보인다.

주혁   !!! 다가가서 다짜고짜 벙거지를 벗기는데… 지하철남이 아니다.
주혁   … 아, 죄송합니다. 죄송합니다…. (고개 조아리고는)

다시 두리번거리는 주혁. 지하철남은 역시, 이곳에 없는 걸까…?
이때, 주혁의 눈에 화장실 푯말이 들어온다. 혹시…?!

화장실로 뛰어 들어온 주혁… 아무도 없다. 첫 번째 칸의 문을
확 여는데, 역시 아무도 없고. 두 번째 칸 문을 열자 막 바지를
추키던 20대 청년, 놀라서 바지춤을 여민다. 죄송하다는 듯 머리
를 까딱 숙이는 주혁. 청년, '미친놈인가?' 하는 표정으로 얼른 나
간다.
주혁, 심호흡하곤 마지막 칸의 문을 확 여는데… 바닥에 종이 상자
깔다가 돌아보는 지하철남. 대걸레 등 비품을 넣어두는 칸이다.

주혁   !!! (드디어 찾았다!!!)

(컷) 웅크리고 누워 잠 청하는 지하철남에게 읍소하는 주혁.

주혁　(격앙) 아저씨, 저랑 얘기 좀 해요. 제발…! 아저씨는 아시잖아
　　　요…. 그날 지하철 안에서 분명히 들었어요. 항성 울프가 블랙홀
　　　화되면서 균열이 어쩌고, 과거로 갈 수 있다고… 분명히 그러셨
　　　잖아요. 그죠? 맞죠?!

지하철남　….

주혁　제가 잘못했어요! 걔를 불행하게, 괴물로 만들어놓고… 난 내가
　　　더 애쓴다고 생각했어요. 회사 일로도 벅차다, 니 몫은 니가 감당
　　　해라… 외면했어요. 분명히 힘들다고 티 냈었는데, 온몸으로 소
　　　리 질렀는데…. (울컥) 평생 사랑해줄 것처럼 그랬으면서… 내 심
　　　장도 꺼내줄 것처럼 사랑했으면서… 어떻게 그걸 다 까먹고….

지하철남　….

주혁　하나만 물어볼게요, 아저씨. 저 다시 그날로 돌아갈 수 있어요?
　　　예? 어떻게 하면 그날로 가요? 어떻게 하면 갈 수 있어요? 네?
　　　네?!

지하철남　….

주혁　아저씨!

지하철남　아, 시끄러! 귀 따가워 죽겠네 미친놈! 성가시게 그냥….

주혁　네, 미친놈 맞아요. 저도 제가 미친놈 같아요. 그러니까 미친놈
　　　하나 살린다 치고, 제발 알려만 주세요, 아저씨. 어떻게 하면 다
　　　시… (하는데)

지하철남　(귀찮아 죽겠다는 표정으로 툭) 낙장불입 복수불반분.

주혁　??? (뭐라는 거야… 하며 보는)

지하철남　이미 저지른 걸 어떻게 물러. 그땐 그렇게 간절하더니만.

주혁　아저씨….

지하철남　잘못 거슬러 오른 운명도 운명인 거지. (진지하게 보며) 행복이나
　　　빌어줘. 남자답게. (하고는 누워서 신문지를 머리끝까지 휙 덮어버
　　　린다)

주혁　… (뭔가 뒤통수를 맞은 듯 띵, 해서 보는)

터덜터덜 지하철역에서 나오는 주혁. 그새 해는 저물어 있다. 울 것 같은 표정으로 정면의 옥외 광고판을 보면, 파노라마처럼 지나가는 주혁과 우진의 히스토리 영상들.

#. 광고판 인서트 - 버스 정류장에서 처음 만나던, 집에서 과외하던, 장례식장에서 주혁을 잡던, 도서관에서 같이 공부하던, 호프집 근처에서 첫 키스 하던….

그 영상을 물끄러미 보는 주혁. 회한의 눈물이 주르륵 흐른다.

(지하철남) 잘못 거슬러 오른 운명도 운명인 거지. 행복이나 빌어줘. 남자답게.

그래, 맞다. 지금 나는 남자답지 못하다. 한없이 찌질하고 못났다. 이젠 진짜 우진을 포기해야 할 것만 같다. 그녀의 행복을 빌어줘야지….
주혁, 슬픈 눈빛으로 손에 쥔 2006년도 동전을 내려다보다가… 마지막 미련을 내던지듯, 손을 펴 동전을 바닥에 버린다. 굴러가는 2006년도 500원짜리 동전. 또르르… 굴러가다가 하수구에 폭 빠져버린다. 그렇게 눈물 흘리며 하염없이 서 있는 주혁의 모습 부감으로….
타이틀이 뜬다.

10. 다음 날/혜원의 집 외경 (낮)

(E) 윙…, 청소기 돌리는 소리

11. 혜원의 집 거실 (낮)

청소기 돌리고 있는 주혁. 주방에선 커피머신이 작동하고 있다.
청소기 소리에 깬 혜원, 방에서 나온다.

혜원   (잠 덜 깬 목소리) 뭐 해…?

주혁   (활기차다. 평소보다 목소리 톤 높은) 어, 잘 잤어? 눈이 일찍 떠져
      서 청소기 좀 돌렸어. 운동되고 좋네, 아주. 아, 커피 내리고 있고
      오믈렛도 좀 했는데 먹을래?

혜원   아니, 나중에… 근데 아침부터 왜 이렇게 기분이 좋아?

주혁   (밝게) 나? 아닌데. 평소랑 똑같은데.

혜원   아닌데, 되게 기분 좋아 보이는데…. 뭐야, 진짜?

주혁   뭐가 뭐야. 그냥 새로운 하루가 밝았으니까 열심히! 어? 책임감
      있게 잘살려고 그러는 거지. 으라차차! (하고는 다시 청소기 미는)

혜원   (주혁 백허그하며) 뭔지 모르겠지만 자기 기분 좋으니까 나도 좋
      네?

주혁   좋아?

혜원   어, 좋아. 다시 내 말 잘 듣는 남편으로 돌아온 거 같애.

주혁   (기분 좋게) 좋으면 됐어. 씻고 와. 아침 차려놓을게.

혜원   (안은 채) 잠깐. 잠깐만 요렇게 좀 있고.

주혁   (미소 지으며 혜원 등 뒤에 달고 청소기 미는)

혜원   (딱 붙은 채) 요기. 조기, 조기. (지휘하는, 간만에 기분 좋다)

주혁   (그래, 이렇게 최선을 다하자… 자신에게 다짐하며 열심히 하는 표정)

12. 우진의 집 앞 (낮)

간병인, 걸레질하고 있고 우진은 출근 준비 마치고 나선다.

우진   이모님, 저 출근할게요.

간병인   어, 가. 그나저나 힘들어서 어떡해, 내일 혼자… 하필 이모 칠순이 겹쳐가지고….

우진   괜찮아요, 미리 월차 냈어요. 장은 이따 퇴근할 때 보면 되고요.

간병인   그래. 잘 어르면 엄마도 사부작사부작 도와줄 거야.

우진   네, 다녀오겠습니다! (안방 쪽 보며) 엄마, 밥 잘 먹어야 돼! (나간다)

간병인   다녀와, 차 조심하고. (하고는 너무 조용한데…? 하며 안방 문 슬쩍 열어본다)

우진 모, 등 보이고 앉아 장 안에서 영정 사진 꺼낸다.

이모   아유, 엄청 보고 싶은가 보네. 오늘 아니에요, 내일이에요!

우진 모   (대답 없이 손으로 사진 쓰다듬는. 액자 C.U - 우진 부 영정 사진)

13. 우진의 집 앞 (낮)

우진, 대문 열고 자전거 끌고 나오면 종후가 앞에 서 있다. 뒤쪽에는 모범택시 한 대 대기 중이다.

종후   (우진 보며 너스레) 어, 이 동네에 이런 미인이 살았었나? 아, 눈부셔!

우진   (장단 맞춰 주는) 어, 웬 훈남이 우리 집 앞에? (의외다) 여긴 웬일이세요?

종후   웬일은…. 내 이럴 줄 알았어, 서우진. 그 체력으로 뭔 자출을 한다고. 아, 갖다 놓고 와요. 아직 정상 컨디션 아니야.

우진   (택시 보고 알아채는) 아… 이제 진짜 괜찮은데, 나.

종후   내가 안 괜찮아, 내가. 괜히 또 쓰러지면 은행에서는 티도 못 내고…. 사람 또 멘붕 오게 만들려고? 아, 놓고 와요! 얼른.

우진   와… 이게 이런 기분이구나, 이게. 감동이 있네, 이게!

종후   감동은 가면서 하시고, 내가 지금 뒤통수가 무지하게 따갑거든요?

우진   (기사님 쪽 보고) 아, 알았어요. 쏘리쏘리. (자전거 도로 끌고 들어가는)

종후   (기사님 보고 머쓱하게 웃으며 죄송합니다, 잠깐만요, 제스처하는)

14. 은행 객장 (낮)

혜정, 향숙, 환, 아이스 모닝커피 마시는데 주혁 들어온다.

주혁   (활기차게) 굿모닝!

혜정/향숙/환   오셨어요, 대리님./좋은 아침입니다!

주혁   (자리에 가방 올려놓고, 복싱 스텝 밟으며 잽 날리는) 원 투, 원 투. (뭐가 잘 안 되는지 갸웃하다가 다시) 원 투, 원 투.

환   뭐 하세요, 대리님?

주혁   아, 다시 운동이나 좀 해볼까 해서. 몸이 너무 굳었어. (환 커피잔 뺏어 한 모금 마시고) 예전에는 잽 좀 날렸었는데… 굳었네 굳었어.

환   스냅이 그게 아니죠, 대리님. (잽 날리고, 스트레이트와 훅을 치는) 이렇게 좀! 치는 힘이 있어야지, 좀! (다시 반복해 보여주면)

주혁   (따라해 보며) 오, 너 좀 배웠나 보다?

환   그럼요, 한 2, 3년 했죠? 그만둘 때 관장님이 어찌나 잡던지, 후계자라고….

혜정/향숙	어머 환, 쫌 남자다./그러게, 의외로 각이 나오네.
환	(으쓱해 잽 날리며 자리로 가는) 원 투, 원 투. (하는데)

이때, 우진과 종후 함께 들어온다.

종후/우진	좋은 아침!/안녕하세요.
주혁	(평온하게 우진 보고, 종후에게 잽 날리며 가슴팍 치는) 왔냐?
종후	뭐냐, 이 잔망스러운 주먹은.
주혁	너도 운동 좀 해라, 인마. 푹푹 들어간다, 야. (하는데)
혜정	(수상하다는 듯) 근데… 두 분은 어떻게 또 같이 오세요?
향숙	그러게. 지난주에도 그러더니, 요즘 부쩍 출퇴근을 같이 하시네.
혜정	뭐야… 따로 만나서 오는 거 아냐? 혹시 둘이 사겨요?!
종후	(갑작스러운 공격에 당황) 아우… 무슨, 사귀기는….
우진	(역시 당황) 우연히 자꾸 만나지더라고요… 요 앞에서….
환	어, 발연기! 둘이 눈도 못 마주치고…그러니까 더 수상한데…
종후/우진	(말문 막혀 눈치만 보는데)
주혁	오, 그런 거야? (나서 준다) 근데 말야… 내가 요 며칠 보니까 주향숙 퇴근하면 김환이가 바로 쫓아 나가던데, 그럼 둘도 뭐 있는 건가?
환/혜정/향숙	!(찔리는)/?! (향숙 홱 보고)/아 대리님, 뭔 말씀 하시는 거예요!
주혁	아냐?
향숙	아니죠, 그럼! 말도 안 되는 소릴…. (수상하단 듯 보는 혜정에게) 아냐, 언니!
환	아니, 뭘 그렇게 질색을 하고 그래요? 나도 밖에선 나름 인기 많거든요?
향숙	안 물어봤거든요?
혜정	(의심쩍게 보며) 너 언니한테 비밀 만들고 그럼 죽는다, 알지?
종후	(그 틈에 슬쩍 자리로 가며, 주혁에게 고맙다 찡긋하는)
주혁	(됐어, 제스처하고는 일어나 금고 쪽으로 간다)

주혁 시재 챙기는데 우진 들어온다. 오늘 시재 담당이다.

우진   (주혁 보며) 제 리액션, 많이 어색했죠?

주혁   어. 발연기더라, 우진 씨.

우진   평소에는 뻥도 잘 치면서 참… 감사합니다, 방자 노릇 해주셔서.

주혁   무슨 방자?

우진   원래 춘향이랑 이도령 만날 때 방자가 겁나 커버 쳐주잖아요.

주혁   와, 순식간에 사람 방자 만드네. (웃고) … 몸은 좀 어때? 괜찮아?

우진   네, 민망할 정도로요. 제가 원래 편도선이 커서 감기 들면 열부터 나거든요.

주혁   알아. (하다 얼른) 아니, 그런 거 같더라고. (하곤 진지하게 보는) 우진 씨.

우진   네?

주혁   잘해 봐, 종후랑. 좋은 놈이야, 능력도 있고.

우진   (옅은 미소로) 알아요, 저도.

주혁   (끄덕끄덕하곤) 혹시라도 속 썩이면 나한테 말해, 니킥으로 확 찍어버릴게. 주은이 친구면 뭐 내 동생이나 마찬가지니까.

우진   와. 남친에 오빠에, 저 올해 남자복 터지는데요? 너무 좋아요.

주혁   나도 좋다, 여동생 하나 더 생겨서. 마저 챙겨 나와. (하곤 시재 들고 나가려다, 격려한다는 듯 우진 어깨를 툭툭 쳐주고 나가는)

우진   (기분이 묘하다. 살짝 서운한 듯도, 조금은 가벼워진 듯도 하다)

금고 쪽에서 나오던 주혁, 웃음기 가시고 후… 긴 한숨 내쉬는

주혁   … 오케이, 잘했다. 깨끗이 접자, 차주혁. (다짐하고 가는)

17. 은행 객장 (낮)

주혁과 우진, 각각 대부계와 수신계 시재 나눠 주고….
장 팀장과 변 팀장, 컴퓨터 보는데 띵, 메신저. 연수원 동기방에
메시지 뜬다.

#. 채팅방

〔인사팀 배은선〕 속보! 부행장 후임 픽스됐다 함.

〔매향점 김남희〕 진짜? 누구? 모두의 예상대로 행장 라인?

〔변 팀장〕 (눈 커지며, 독수리타법으로 타자 치는) 그럼… 지점장…

〔장 팀장〕 (빠르게 타자 치는, 닉네임 가현동 장만옥) 그럼 지점장 중에 한 명
올라가는 거 아냐?

〔변 팀장〕 (장 팀장 힐끔 보고, 입력 중이던 글씨 탁탁탁 지우면)

〔인사팀 배은선〕 노노. 해외파로 영입했다는 소문 있음.

〔양산점 송태진〕 진짜? 이거 뒤통수네.

〔변 팀장〕 ! (독수리로 치며) 그럼… 우리가 아는…

〔장 팀장〕 (인터셉트) 그럼 우리가 아는 인물은 아니란 소리네.

변 팀장 (장 팀장 노려보곤 신경질적으로 탁탁탁 지우는)

〔인사팀 배은선〕 소문에 의하면 취임 전에 암행부터 돌 거란 얘기가 있어.

〔변 팀장〕 (놀라며, 얼른 치는) 암행…? (엔터 치려는데)

〔장 팀장〕 (타다) 암행을 돈다구? 그럼 오늘부터 긴장 타야 됨? 프로필 정보
는?

변 팀장 (폭발한다) 아이 씨… 장만옥! 나도 말 좀 하자, 말 좀!

장 팀장 아, 빨리 좀 치시든가. 늙으면 손부터 굳는다더니… 어떻게, 호두
라도 몇 알 사다 드려요? (쏘는데)

지점장 (출근하는) 아, 또 왜! 왜 아침부터 둘이 으르렁이야?

변 팀장 지점장님! 이거 완전…

장 팀장 비상인데요? 새로 오시는 부행장님이 오늘 내일 중에 암행 뜬대

요!

일동 (일제히 본다. '암행?!' 놀라는 표정)

18. 프라이빗 헬스클럽 (낮)

헬스장 안으로 들어서는 트레이닝복 차림의 혜원. 스트레칭하며 혹시 현수가 있나 눈으로 쓱 스캔하는데 보이지 않는다. 런닝머신 쪽으로 가다가 지나가는 트레이너한테 눈인사하고는,

혜원 저기… 요새 혹시 그 친구 안 나와요? 왜… 얼굴 하얗고 멀끔하게 생긴… 이름이 (정확히 기억하지는 못한다는 듯) 정… 현수였나…?

트레이너 아… 그 친구. 그러게요, 열심히 나오더니 요샌 안 보이네. 아는 친구예요?

혜원 아뇨, 안다기보다는…. 저희 학교 학생이더라고요.

트레이너 저기, 잠깐만요. (다른 직원한테) 야! 정현수 회원…!

혜원 (당황) 아뇨, 아뇨! 괜찮아요. 그냥 안 보이길래 물어본 거예요. 됐어요! (하고는 러닝머신 쪽으로 가며) … 나 때문에 안 나오는 거야? 하… 뭐 그렇게까지…. (뭔가 서운한 듯한 표정으로 러닝머신에 오르며 스타트 버튼 누른다)

(은행 직원들) (하이 톤) 어서 오십시오!/반갑습니다 고객님, KCU입니다.

19. 은행 객장 (낮)

객장 들어오는 고객들 의식하며 평소보다 더 웃는 얼굴로 환대하는 직원들. 누가 부행장인지 알 수 없어 과하게 대비하는 분위기다.

향숙/혜정 (생글생글) 259번 고객님, 1번 창구에서 사랑으로 모시겠습니

다!/260번 고객님, 2번 창구로 오십시오! 어머 고객님, 오셨어요? (오버한다)

주혁/종후   (친절, 통화 중인) 네, 고객님! 전화 상담도 언제든지 가능합니다. 어떤 대출 원하시는데요?/(고객에게) 잠시만요, 신분증 복사 좀 하고 올게요. (복사기로 가는)

환   (그 와중에 가장 평소와 다름없는, 뭔가 물어보려고 오는 고객한테) 아, 대기번호표부터 뽑고 기다리셔야 되는데요.

변 팀장   (미소 띤 채 복화술로) 야, 활짝 웃어라. 즐거웠던 기억이라도 좀 떠올려.

환   글쎄요, 딱히 즐거웠던 게 없어서. 그리고 부행장님 암행…

변 팀장   쉬잇! 목소리 안 낮추지?

환   (낮춰) 암행 온다고 이렇게까지 해야 돼요? 평소에 잘해야지, 이건 너무 얍실…

변 팀장   즐거운 기억이 없으면, 혼자 남아서 서고 정리하는 상상은 어떠냐? 내가 즐거운 기억은 못 만들어줘도 그건 확실히 만들어줄수 있는데.

환   (활짝 웃으며) 고객님, 이쪽으로 오시겠습니까? 아까 뭐 물어보셨죠?

우진   (수신 쪽에서) 안녕히 가십시오, 고객님! (인사하곤 대기 고객 별로 없는 거 확인하고 일어서며) 향숙 씨, 나 잠깐 화장실 좀. (파우치 들고 가는)

이때, 범상치 않은 포스의 정장 차림 중년 남자가 젊은 남자와 들어온다. 젊은 남자가 중년 남자를 보필하는 느낌.

장 팀장   ! ('저 사람 아니에요?' 지점장 보며 눈짓하는)

지점장   ! (보고) 흐, 으흠! (괜히 바닥에서 뭔가 줍는 척하며) 아이고, 이 먼지. 티끌 하나 없어야지, 고객 상대하는 객장에서 이거. (하며 중년남 힐끗 보는)

중년남	(그사이 번호표 뽑고 기다리고)
혜정	(긴장, 최대한 친절하게) 263번 고객님, 2번 창구로 와주시겠습니까?
중년남	(다가서며) 저, 주택청약 좀 알아보고 싶은데요.
혜정	아, 주택청약 말씀이십니까? 주택청약은 매달 2만 원에서 50만 원까지 자유롭게 납입할 수 있고요, 일단 청약 통장 개설부터 도와드리겠습니다. (하는데)
향숙	(사탕 바구니 내밀며) 기다리시는 동안 사탕 좀 드시겠습니까, 고객님?
중년남	아뇨, 됐습니다.
장 팀장	어머 고객님, 더우신가 보다. 땀 흘리셨네. 잠시만요, 에어컨을… (가려는데)
지점장	(이미 에어컨 앞에서 풍향 조절) 바람 닿으시죠? (총공세 펼치는)

20. 은행 내 화장실 (낮)

우진, 거울 보며 파우치에서 립스틱 꺼내 바르는데… 등산복 차림의 중년 아줌마, 옆 칸에서 나와 세면대 앞으로 와서 선다.

우진	아. (얼른 자리 비켜주는)
아줌마	(손 씻고 손수건으로 닦고는 가방에서 핸드크림 꺼내 바르려는데 거의 다 썼다. 꾹꾹 쥐어짜 내는데)
우진	(파우치에서 핸드크림 꺼내서 건네주며) 이거 쓰세요.
아줌마	아유, 고마워라. 너무 친절하다, 아가씨. (웃고 크림 손에 바르는)
우진	아뇨, 별말씀을요. 더 쓰세요. (옆에 핸드크림 놓곤 립스틱 바른다)

21. 은행 객장 (낮)

지점장과 장 팀장, 혜정의 창구로 몰려 중년남에게 집중적으로 서비스 중이다.

혜정   결정 어려우시면 더 고민해보시고 다시 들러주셔도 됩니다, 고객님.

장 팀장 그럼요. 충분히, 신중하게 고려해보시고 오세요. 뭐 더 필요한 건
      없으시고요?

중년남 아 네, 직원분들이 참 친절하시네요.

지점장 아유, 당연하죠. 고객님들이 계셔서 저희 KCU가 있는 거니까요,
      하하…! (하는데)

우진   (자리에 돌아와 앉으며 향숙에게 입 모양으로, 부행장?!)

향숙   (끄덕끄덕)

우진   (오… 끄덕끄덕하곤 벨 누르며) 270번 고객님, 3번 창구로 와주십
      시오.

아줌마 (다가선다)

우진   (반가운) 아, 저희 구면이네요? 어떤 거 도와드릴까요?

아줌마 적금 하나 들까 하는데, 딸애 앞으로. 정기가 나을지, 자유적금이
      나을지….

우진   아, 따님이 미혼이신 거죠? 고정적인 수입이 있으시면 정기적금
      이 목돈 만들긴 나을 것 같은데…. 1.0 포인트 우대 이율 가능하
      시고요.

아줌마 으응. (끄덕이곤) 아, 그리고 내가 대출받은 게 하나 있는데 금리
      가 너무 높아서, 무슨 방법이 없을까?

우진   고금리를 저금리로 전환해주는 전환 대출 가능하세요. 그리고,
      신용이나 담보 없이 가능한 맞춤 대출도 있고요. 원하시면 대출
      계 직원 연결해드릴까요?

아줌마 아니, 나중에. 생각 좀 해볼게요.

우진   그러실래요? 아, 연락처 주시면 좋은 상품 나오는 대로 제가 문
      자 드릴게요.

22. 은행 입구 (낮)

중년 남자와 비서로 보이던 젊은 남자가 같이 은행을 나선다.

중년남   (젊은 남자 보며) 청약되면 우리 집 살 수 있겠다, 그지?
젊은남   어, 나 막 벌써 설레는 거 있지. (하며 애정의 눈빛으로 중년남 손
        잡고 가는)

뒤이어 나오는 아줌마, 만족스러운 듯 뒤돌아보곤 휴대폰 꺼내
전화 건다.

아줌마   (전화 받자) … 어, 차 어디 있나…? (걸어가는)
(지점장) 맞지맞지? 틀림 없는 것 같지, 어?

23. 은행 객장 (낮)

폐장 가까워 대기 고객 거의 없는 객장. 지점장, 변 팀장까지 수
신계 쪽에 웅성웅성 모인

장 팀장   네, 제 촉으론 확실해요. 비서까지 대동하고 오셨잖아요.
변 팀장   와, 우리 진짜 운 좋았다. 우리 동기방 꿀정보 아니었으면 진
        짜….
향숙/혜정 근데 너무 웃었더니 얼굴에 경련 와요./난 광대가 다 뻐근해.
지점장   아주 고생들 했어. 나이스야, 아주. (기분 좋게 들어가는)
장 팀장   동기방에 바로 전달해야겠다. 수행 비서 대동한 2대8 가르마!
        (자리로 가다가) 참 우진 씨, 내일 안 나오지? 시재 모출납으로 넘
        기고 가. (자리로 가는)
우진   네! (마감 준비하는)
주혁   ('안 나와? 왜…?' 하듯 종후 보면)

종후	(작게) 월차 냈대, 내일. 아버지 기일이라.
주혁	아… (책상 위 달력 본다. 그러고 보니 내일이구나…!)
종후	이따 장도 봐야 된다는데… 아씨, 오늘 (서류 보며) 상환철까지 싹 해 넣어야 돼서 빼박 야근이잖아. 썩을 변사또, 시켜도 하필…! (변 팀장 째리면)
변 팀장	(컴퓨터 모니터 보다가 ?! 고개 드는)
종후	(얼른 눈 피하곤) 와씨…, 촉은 또 드럽게 빨라요…. (삐죽거리는데)
주혁	(별일 아니란 듯 툭) 내가 할게. 같이 가서 장 봐.
종후	뭐?!
주혁	됐어. 못 들었으면 말…
종후	아니, 들었어, 아주 똑똑히 들었어! 고맙다, 친구야 진짜!
주혁	됐어, 자식아. 이왕 도와주는 거… 꼼꼼하게 좀 챙겨. 장 본 거 집까지 들어다 주고.
종후	야, 그럼, 기본이지. (하다 주혁 보며) 츤데레 같은 놈. 눈에 흙이 들어가도 안 될 것처럼 반대해대더니… (툭 치며) 이러니 내가 널 안 사랑하고 배겨?
주혁	미친놈. 아, 징그러, 꺼져.
종후	싫은데? 안 꺼질 건데? (의자째 밀착, 장난치며 승강이한다)

24. 거리 전경 (밤)

저녁 퇴근 풍경 – 퇴근길 재촉하는 사람들, 도로 위 빽빽한 차들….

25. 마트/은행 객장 교차 (밤)

#. 대형 마트
종후는 카트 끌고 가고, 우진은 제사상 차릴 재료 꼼꼼하게 골라

넣는다. 누가 봐도 다정한 신혼부부처럼 보인다.

#. 은행 객장

모두 다 퇴근한 객장. 주혁 혼자 남아 타닥타닥, 키보드 친다.

#. 모니터 인서트

　＊학교 법인 메아리학원은 학교 운영을 목적으로 '74년 06월 설립 인가를 득하여 '94년 3월 경기 홍제에 설립되어…

　＊신청내용 요약 : 신규/공공시설일반대/152.

#. 대형 마트

고기 시식 코너. 종후가 고기 세 개 꽂아 우진에게 먹여주고, 저도 두 개 꽂아 먹는다. 두 사람 가는 척하다 원 그리며 다시 돌아와 처음 온 척 또 고기 찍어 먹는.

종후　(신나서) 내가 고기 실컷 먹여준댔죠….

우진　(눈치 보며) 근데 아줌마가 계속 째려보시는데… 눈치챘나 봐요….

종후　그래요? (눈치 보곤) 튀어요. (카트 밀며 앞서가는)

우진　(찍은 고기 마저 먹고 얼른 쫓아가는, 즐겁다)

#. 은행 객장

주혁, 눈 벌게진 채 집중해 작업하는데 배에서 꼬르륵 소리 난다. 여전히 쌓여 있는 서류 보는 주혁. 일단 다 하고 보자 싶어, 정수기 쪽으로 가 물로 배 채운다. 다시 자리로 돌아오다가 전선에 걸려 넘어질 뻔하는데, 플러그가 쏙 빠진다. 불길한 표정으로 천천히 고개 드는 주혁. 꺼져 있는 컴퓨터 모니터 보고,

주혁　… 흐…. 흐흐…. (어이없어 웃다가) 흐아, 씨!!! (울부짖는)

우진 모, 우진 부 영정 사진 닦고 있는데….
현관 문 열린다. 우진, 장 본 것 들고 들어오며

우진	들어오세요… 이쪽으로… (하고는 모친에게) 엄마, 나 왔어!

우진 모   ? (내다보는)

종후   … 으으…. (장 본 박스에, 수박 한 통 얹고 들어와 거실 바닥에 놓는다)

우진   무겁죠? 배달시켜도 되는데… (모친 보며) 엄마, 우리 지점 대리님. 오늘 장 보는 거 도와주셨어. (종후 보며) 저희 엄마세요.

종후   아, 처음 뵙겠습니다. 우진 씨랑 같은 지점에 있는 윤종후, 라고 합니다.

우진   (외면하고 그냥 계속 닦는)

종후   (치매인 거 아는지라, 넉살 좋게) 말씀 많이 들었습니다, 어머님. 생각보다 너무 미인이신데요? 우진 씨는 아버님을 닮았나 봐요, 하하.

우진 모   (혼잣말처럼) 지랄, 누가 어머니야…. 난 널 낳은 적이 없다아….

우진   (당황해서) 엄마!!!

종후   그죠, 맞죠. 재치도 넘치시고 진짜, 팔방미인이십니다!

우진 모   (대꾸 않고) 아, 웬 먼지가 이렇게… (걸레로 종후 서 있는 쪽 바닥을 닦는다)

종후   (뒤로 펄쩍 물러나고는) 아, 그럼 전 이만. 다음에 정식으로 인사 드리겠습니다! (우진 보며) 우진 씨, 고생해요. (전화하겠다는 제스처하고 나가는)

우진   오늘 진짜 너무 감사해요, 조심히 가세요! (따라 나가려는데)

우진 모   (벌떡 일어나 우진 막아서고 현관문 턱, 잠가버린다)

우진   (그런 모친 보며 어이없는) 엄마, 왜 그래? 대리님이 장도 같이 봐 줬는데.

우진 모   아 몰라. 바람피우지 마.

우진	바람은 무슨, 억울해 못살겠네 진짜. (웃곤) 나 이거 정리부터 좀 할게. 고만 닦아, 엄마, 아빠 닳겠다. (하곤 박스 들고 주방으로 가는)
우진 모	(다시 우진 부 사진 본다. 금세 아련한 표정 되며) … 당신도 나 기다리느라 심심하지. 기다려, 곧 갈게, 내가…. (사진 쓰다듬는)

27. 실내 포차 (밤)

구석에 한 테이블 손님 있고…. 상식, 주은 입구 쪽 테이블에 앉아 휴대폰 들고 뭔가 하고 있다. 이때, 문 열리며 퀭한 얼굴의 주혁 들어온다.

주은	어서 오세…, (일어나려다가) 에? 이 시간에 웬일이래?
상식	(보고) 왔냐?
주혁	(앉으며) 우동.
상식	우동? 말이 상당히 짧다.
주혁	밥도 못 먹고 야근해서 기운이 없어서 그래.
주은	하긴, 이 시간이면 언넌 자겠네. 있으나 마나 한 무늬만 마누라. (하고는) 기둘려, 잠깐. 이것만 마저 하고.
주혁	(본다) 뭔데?
상식	SNS. 장사 안 돼가지고 홍보 삼아 시작했는데, 꽤 효과 있어.
주혁	그래? 그걸로 홍보가 돼?
상식	아… 또 시대 뒤떨어진 발언하네, 얘가. 되는 정도가 아니에요. 필수야, 요샌. 몇만 명이 보는데, 이게. 잃어버린 강아지도 요샌 이걸로 찾더라.
주혁	그래? 참…, 부지런하구나 사람들이…. (머쓱한데)
주은	뭐야, 이 사진은 왜 올렸어? 나 완전 찐빵같이 나왔잖아.
상식	내가 잘 나왔잖아. 너 턱선 없는 게 뭐 하루이틀이냐?
주은	아, 싫어, 바꿔, 바꿔! 이걸로 해. (사진 찾으면)
상식	야, 넌 인간적으로 진짜… 어떻게 남편이 오등신으로 나온 걸 올

리재냐?

주혁　야, 일단 뭐 좀 주고 싸우면 안 되냐? 너무 배고픈데.

주은　(무시하고) 아 뭐, 너도 키 작은 거 하루이틀 아니잖아!

상식　너어? 남편한테 너이?! 씨…, 까불래 진짜? 오늘 한번 혼나 볼 거야? 어?!

주은　어떻게 혼낼 건데? 혼내 봐. 능력 있으면 혼내 보라고!

상식　아우 진짜. 너 뭘 믿고… 주혁아, 얘… (하는데 주혁 이미 자리에 없다) 어, 얘 어디 갔어? (의자 밑, 여기저기 찾으며) 주혁아? 주혁아!

28. 상식 포차 밖 거리 (밤)

포차 뒤로하고 터덜터덜 걸어가는 주혁. 밤하늘 올려다보면… 휘영청 밝은 달이 자기 마음처럼 구슬퍼 보인다…. (C.U)

29. 다음 날/우진의 집 외경 (낮)

30. 우진의 집 안방 (낮)

이른 아침. 햇살이 비치는 방 안. 곤히 잠든 우진. 으음, 돌아누우며 모친 쪽으로 팔 올리는데… 뭔가 허전하다. 얼핏 눈을 뜨는 우진. 자고 있어야 할 모친 자리가 텅 비어 있다. 어디 갔지? 화장실 가셨나? 하며 부스스 일어난다.

우진　(밖을 향해) 엄마, 화장실에 있어? 엄마!

대답이 없다. 순간, 불길한 예감과 함께 서둘러 거실로 나가는 우진.

'엄마!' 부르며 화장실 문 벌컥 여는 우진. 아무도 없다. 창백해진 얼굴로 황급히 베란다 쪽 확인하는데 역시 아무도 없다. 이때, 살짝 열린 현관문이 우진의 눈에 들어온다.

우진   (덜컥) 엄마… 엄마! (놀라서 뛰어나간다)

우진 자리 비어 있고, 직원들 각자 시재 챙겨 자리로 오는데… 이때 지점장 싱글벙글 웃으며 출근한다.

일동   (지점장 보며) 점장님 오셨습니까?/오셨어요?

지점장   어, 에브리바디 굿모닝이고 다들 여기 좀 보지. 주먹 내리고 주목!

일동   (모여 서서 보면)

지점장   (표정 관리하며) 방금 부행장 비서실에서 콜이 왔는데 말야…

일동   ! (긴장해서 보면)

지점장   (표정 환해지며) 지금 부행장님 이쪽으로 오고 계신댄다. 어제 우리 지점에서 아주 좋은 인상을 받았대요! 으하하하!

일동   우와/역쉬/예쓰! (환호하는)

장/변 팀장 장만옥이 축 안 죽었쓰!/금일봉이라도 쏘러 오시는 건가?

지점장   그럼, 설마 빈손으로 오시겠어? 이렇게 직접 행차하시는데. (말하는데)

환   (휴대폰 보며) 와, 그새 홈피에 부행장님 인사 정보 떴어요. JBS 글로벌 경영본부장 출신, 강은선 부행장….

주혁   근데 강은선이면, (갸웃) 여자 이름 아니에요?

변 팀장   에이 무슨. 내 친구 중에도 이은선이라고 복싱장 하는 놈… (하는데)

이때, 수행 비서 대동하고 객장으로 들어서는 부행장. 등산복 차림이었던 어제와는 달리 깔끔한 치마 정장 차림이다.

비서　　부행장님 들어오십니다.

일동　　!!! (일제히 당황하는 표정, 어제 그 중년남이 아니다!)

(컷) 지점장에게 금일봉 전달하는 부행장.

지점장　(깍듯) 감사합니다, 부행장님. 지점 운영에 유용하게 쓰겠습니다.

부행장　운영에 보태지 마시고 회식비로 쓰세요. 직원들 사기 진작도 중요하니까.

지점장　아… 네! 지당하신 말씀입니다. 그렇게 하겠습니다, 하하!

일동　　(흡족한 표정으로 박수 치는)

부행장　근데… (둘러보며) 어제 그 직원이 안 보이네요. 서우진… 주임?

장 팀장　아… 그 친구는 오늘 개인 사정으로 월차를 좀….

부행장　음… 아쉽네. 보고 인사하고 싶었는데. 진심이 담긴 친절, 인상적이었다고 전해주세요. 계속 그렇게만 해달라고. (하고 웃는다)

일동　　(아… 서우진 덕분이구나 깨닫는 표정)

33. 은행 앞 (낮)

부행장 차 타고 떠나고… 지점장과 장 팀장, 변 팀장 배웅하며 90도로 인사한다.

34. 은행 객장 (낮)

지점장과 장 팀장, 변 팀장… 뻘쭘한 표정으로 들어오는

변 팀장　이야, 우리 장 팀장 촉이 진짜 대단하다 대단해….

장 팀장	나만 찍은 거 아니거든요, 지점장님도 확실하다 그러셨거든요.
지점장	그게 뭐가 중요해, 지금. 어쨌거나 저쨌거나 좋은 평가를 받았다는 게 중요하지. 저기, 나 서진물산에 통화 좀. (얼른 들어가 버리는)
변/장 팀장	(뻘쭘, 얼른 각자 자리로)
종후	(의욕 제로인 채로 우진 빈자리 보며) 홈런 친 선수는 자리에 없고… 오늘따라 왜 이렇게 객장이 휑해 보이냐?
주혁	휑하긴. 니 책상 좀 볼래? 오늘 할 일이 아주 꽉이거든?
종후	에이! 일할 맛 안 난다, 진짜. 간만에 가스나 갈러 가자. (가스총 들고 나서는)
주혁	(가스총 들고 일어서며 우진 빈자리 본다. 아닌 게 아니라… 허전하다)

35. 은행 옥상 (낮)

가스총에 가스 가는 주혁과 종후.
주혁은 어느새 갈고 난간에 다리 올리고 또 스트레칭 한다.

종후	(의욕 없는, 느릿느릿 갈며) 아… 진짜 보고 싶다, 서우진….
주혁	(보며) 자꾸 유난 떨래? 만난 지 뭐 얼마나 됐다고….
종후	야, 기간이 중요하냐? 마음의 깊이가 중요하지. 에이고, 어차피 밤에도 만나긴 글렀고, 이따 집에나 갈란다. 엄마가 허리가 도졌네, 심장이 벌렁거리네, 아주 날마다 콜이시다. 한번 다녀가라 이 거지.
주혁	여자 대신 엄마냐? 이 불효막심한 놈아.
종후	안 가는 너보단 낫지, 인마! (하다 너무 정곡을 찔렀다 싶다. 얼른 딴청하는) 아, 안 되겠다. 서우진 목소리라도 들어야지. (전화 거는데… 안 받는다. 기다리다 휴대폰 내려놓으며) 아 뭐야, 왜 안 받어.
주혁	제사 준비로 바쁜가 보지. 좀 찡찡대지 마, 자식아.
종후	흐흥. 나도 이런 내가 낯설다. 아 그래도 전화는 좀 받지, 뭐하냐 서우진.

424

36. 우진 몽타주 (낮)

#. 엄마 찾아 뛰어다니는 우진. 동네 슈퍼에 들어간다.

(우진)   저희 엄마 못 보셨어요? 왜 얼굴 똥그랗고, 파마 머리 하신….

#. 미용실
뛰어 들어오는 우진. 의자에 앉아 있는 손님들부터 살핀다. 파마
마는 아줌마가 하나. 커트 남자 손님이 하나. 모친은 없다.

우진   (미용실 사장 보며) 아줌마, 혹시 저희 엄마 안 오셨어요…?

#. 거리
점점 얼굴이 더 하얗게 질려가는 우진. 공원이며, 놀이터며, 혹시
라도 엄마가 있을 만한 곳은 죄 뒤지고 다니는데… 그러다 문득,
혹시 거기…?! 어딘가 떠오르는
#. 납골당
급히 뛰어 들어오는 우진. 부친 납골함 안치단 쪽으로 가는데…
아무도 없는 납골함 앞. 수국 한 다발이 놓여 있다.

우진   (엄마다!) … 엄마…, 엄마! 엄마!!!

(두리번거려 보지만 모친은 없다. 한발 늦었다) … 엄마…, 엄마
아…! (절망감에 그렁, 눈물 맺힌다)

37. 은행 객장 (밤)

각자 자리에서 마감 중인 직원들. 지점장 객장으로 나오며

지점장	자! 마무리 됐지, 다들? 간만에 다 같이 일찍 좀 퇴근해보자. 슬슬 정리하고.
일동	(신난) 네!
혜정	근데 지점장님, 오늘 회식 안 해요? 부행장님 금일봉요, 완전 배고픈데 지금.
향숙	맞아요, 회식해요! 조 앞에 일식집 오픈 행사 중이던데!
변/장 팀장	오 일식? 확 땡기네./그러게, 나도 갑자기 초밥 먹고 싶다.
환	저도 오늘은 시간 됩니다! 중국어 학원 휴강이라. (힐끗, 향숙 보는)
지점장	그래? 그럼 쇠뿔도 단김에 빼랬다고, 오늘 제대로 회식 함 갈까?
종후	(산통 깨듯) 에이, 그건 아니죠. 주인공도 없는데 무슨 회식을 해요?
주혁	제 생각에도 좀. 솔직히 이번 금일봉은 백퍼 서우진 씨 덕분에 받은 거 같은데.
향숙/혜정	아, 그런가…?/듣고 보니… 그렇긴 하네.
장 팀장	그래. 우진 씨 빼고 회식은 좀 그렇다 생각해보니까…, (괜히 변 팀장에게) 그치?
변 팀장	안 되지, 안 되지… 다음에 해야지, 그게 맞는 거지…. (괜히 직원들에게) 그치?
(일동)	자, 잔들 채우고/오늘 먹고 죽자!/가현점 레츠기릿!!! (신난)

38. 일식집 안 (밤)

잔 높이 쳐드는 (우진 뺀) 직원들. 결국 회식하러 왔다. 다들 신났고, 주혁과 종후만 뭔가 안 내키는 표정.

장 팀장	우진 씨도 같이 왔음 좋았겠지만, 오픈 행사도 딱 오늘까지라고 하고 다음 주에는 회식할 시간도 없을 것 같고. 우진 씨는 지점장님이 따로 챙긴댔으니까.
변 팀장	그럼그럼, 우리보다 더 좋은 거 먹을 텐데, 뭐. 한우 사주실 거죠,

	지점장님?
지점장	어어, 그래야지. 상품권도 챙겨뒀어요. 내가 우진 씨 주려고.
장 팀장	자자, 우리 고마운 서우진 씨 위해서 건배사나 한번 하자구. 서우진! 고맙고 감사하고 진짜 사랑한다, 고감사!!!

지점장 어어, 그래야지. 상품권도 챙겨뒀어요. 내가 우진 씨 주려고.

장 팀장 자자, 우리 고마운 서우진 씨 위해서 건배사나 한번 하자구. 서우진! 고맙고 감사하고 진짜 사랑한다, 고감사!!!

일동 고감사!!! (하고는 원샷한다)

종후/주혁 아 진짜, 이건 아닌데 진짜./잘 먹는다 참, 안 걸리나들? (계속 떨떠름한데)

향숙 참참, 비하인드 봤어요? 부행장님 오늘은 마포 지점 암행 뜨셨나 보던데.

혜정 어, 봤어봤어. 거기 신입이 사고 쳤던데. 부행장님한테 아줌마라 그랬다며?

향숙 웬일이니? 그 신입 어떡해, 퇴사하고 싶겠다.

환 거, 남이야 퇴사를 하든 말든 신경 끄시고, 거기 초고추장이나 좀 닦으시죠?

향숙 어머, 묻었어요? 어디? (엉뚱한 데 닦는)

환 아 진짜, 칠칠맞지 못하게… (하곤 냅킨 들고) 요기! 요기요기! (거칠게 닦으면)

향숙 아, 아파요…! 좀 묻을 수도 있지 웬 타박? 사사건건 시비야 요새. 왜 그래요?

종후 야야, 왜 그러냐들. 신성한 회 앞에서.

주혁 환아, 먹어 얼른. 향숙 씨도 얼른 먹어. 먹는 게 남는 거야. (회 한 점 주는)

지점장 (변 팀장, 장 팀장 보며) 내가 오늘 여러모로 기분이 좋다. 지점 평가도 좋게 받고, 우리 딸내미가 또 장학금을 받았다나 뭐라나! 나 안 닮아 머리는 좋아, 이게.

변 팀장 와, 축하드려요. 따님이 올해 스물둘이랬죠? 대학교 3학년인가 그럼?

장 팀장 스물둘…, 한참 이쁘겠다 아주. 꽃봉오리같이.

지점장 이쁘지. 내 눈에야 너무 이쁜데… 한번 볼래? (휴대폰 꺼내 딸 사

진 보여준다)

일동   (성의를 봐서 일제히 집중해서 봐주는)

#. 지점장 휴대폰 인서트 - 지점장 딸 사진 (머리만 긴 지점장 얼굴)

직원들   !!! (보고 다들 표정 관리 안 되는데)

지점장   (기대하며) 어때? 어?

주혁/종후   아… 뭔가… 처음 보는데도 굉장히 친근한 게…/호감형! 어, 호
            감형 얼굴이네…

변/장 팀장   어… 그러게. 매력… 있다, 그치?/성격이 참… 좋아 보이네.

지점장   (눈치 못챈) 성격은 아냐, 아주 까칠해. 그래도 딸이 아들보단 키
            우는 재미가 있어요. 뎅뎅거리는 게 아주 귀여워. (하는데 휴대폰
            올리고) 아이고, 지 얘기하는 거 어떻게 알고…. (받는) 어 딸, 아
            빠 지금 회식. 어어…. (통화하며 나간다)

변/장 팀장   (부러운 듯 보다가, 이내 쓸쓸한 표정으로 술 마시는)/(그 모습 옆에
            서 본다)

39. 일식집 화장실 밖 (밤)

주혁, 화장실로 가는데… 종후, 휴대폰 들여다보며 화장실에서
나오다 부딪칠 뻔한다.

종후   아, 죄송… (하다 주혁 보고) … 너냐…?

주혁   앞이나 보고 다녀 인마, 폰 좀 그만 보고.

종후   아니, 부재중 떠 있는 거 보면 전화를 할 텐데 왜 안 하는 걸까?
            받지도 않고, 톡도 안 읽고.

주혁   그래? (진짜 또 뭔 일 있나? 내심 걱정되는데)

종후   아니, 어제 그 집 가서 보니까… 어머니 혼자 영정 사진 닦고 있
            는데 마음이 좀 그렇더라고. 그 넓은 집에… 제사도 달랑 둘이 지

낼 거 아냐.

주혁 ··· (그 말 들으니 마음이 더 안 좋다)

종후 아··· 집에 내려가기 전에 통화라도 좀 하고 싶구만. 또 걸어볼
까···?

주혁 (우진 생각에 착잡한데)

종후 부재중 너무 많이 떠 있으면 미저리 같으려나? 하지 마? 해? 야
아···!

주혁 (짜증) 아, 몰라, 시꺄!!! 하루 종일 달달달달··· 지겨워 죽겠네, 그
냥. (가는)

종후 아, 왜 성질을 내고 지랄이야. (휴대폰 보며) 아··· 서우진, 이 무심
한 여자 진짜···.

(주혁) (노래) 그대여어··· 지금꺼엇··· 그 흔하안··· 옷 한 벌 못해 주고···

40. 가라오케 안 (밤)

후회와 회한의 감정을 가득 담아 취기 어린 열창 중인 주혁.

주혁 (토해내듯) 무심한 나를 용서할 수 있나요··· 미안해요오···!!!

향숙/혜정 (보며 표정 썩은) 뭐야··· 이게 언젯적 노래야···./몰라. 분위기 다
떠워놨더니···!

그 옆의 환은 캔맥주 손에 쥔 채 만취해 엎드려 있다.

주혁 (울먹) 이 못나안··· 날 만나··· 얼마나···! 마음고생 많았는지
이···!!!

향숙/혜정 우셔? 어머, 웬일이니?/야, 끊어끊어. 다른 거 부르자 얼른. (노래
방 책 펴는데)

환 (벌떡 일어나 혜정 책 빼앗아 향숙 무릎 덮으며) 아, 좀 가리라고
오··· 좀!

혜정   아, 왜 이래, 얜 또?! (책 빼앗아 보는데)

환 다시 빼앗아 향숙 무릎 덮고, 혜정 '야이 씨!' 화나서 빼앗고
승강이하는데… 이때, 화장실 갔다 들어오던 장 팀장, 앉으려다
변 팀장이 없는 걸 알아챈다. 이 인간이 어디 갔지? 두리번대는
모습.

41. 가라오케 앞 (밤)

어두운 일각에 쭈그리고 앉아 통화 시도 중인 변 팀장, 만취해 혀
꼬였다.

변 팀장   … 받아라 좀, 제바알…! (역시 안 받는다. 끊으며) … 맨날 씹어,
이씨…. 우리 승주, 목소리만 좀 듣겠다는데 이씨…! (또 걸려는데
휴대폰 확 뺏긴다. 누군지 보면)
장 팀장   (휴대폰 들고 한심하단 듯) 이러고 있을 줄 알았다, 내가. 또 캐나
다냐?
변 팀장   여어 장 여사! 내 동기! 너 휴대폰 좀 줘봐. 니 걸로 하면 받겠지.
장 팀장   미쳤어? 사고 치지 말고 들어가자. 내일 또 머리 뜯고 후회하지
말고, 어?
변 팀장   … 우리 마누라 진짜 독하지 않냐? 내가 지랑 헤어졌지 애랑 헤
어졌냐고! 이름도 못 부르게 하고 씨…, 에이미는 지랄! 이길 승,
기둥 주. 그게 얼마나 좋은 이름인데… 우리 아부지가 그 이름 지
으려고 얼마나, 씨이…. (고개 떨구면)
장 팀장   (짠하게 보다가) 알았으니까 들어가자고, 얼르은! (팔 잡고 들어가는)

비틀거리는 변 팀장 부축하듯 잡고 들어가는 장 팀장, 둘의 뒷모습.

(변 팀장)   … 만옥아. (…) 야, 장만옥….

(장 팀장)   아 왜…?

(변 팀장)   넌 절대 결혼하지 마라. 안 하고 외로운 게 훨 낫다.

(장 팀장)   시끄러, 버리고 간다.

(변 팀장)   헤헤…. 하고는 싶은가 보지? 남자도 없으면서….

(장 팀장)   확 그냥, 길바닥에서 자볼래? (하면서도 끝까지 부축해 들어가는)

42. 주혁 차 안 (밤)

대리 기사 운전하고… 주혁 뒷좌석에 푹 파묻힌 채 창밖 보며 가
고 있다. 얼마 마시지 않은 술은 거의 깬 듯, 뭔가 생각 많은 표정
이다.

43. 회상 - 주혁의 집 (밤)

식탁 위 탁상용 달력. 2014년 7월 펼쳐져 있고. 밤 늦게 집에 온
주혁, 빨래 개는 우진 눈치 보며…

주혁   … 미안 우진아. 이번 기일엔 어떻게든 내가 가볼라 그랬는데….
       아, 하필 송 대리님 송별회가 딱 겹쳐가지고….

우진   (서운하지만 담담하려 애쓰는) 됐어, 작년에도 못 왔잖아, 기대도
       안 했어.

       (컷) 식탁 위 달력. 2015년 7월. 우진, 냉장고에 제사 음식 챙겨
       넣는데 주혁 뛰어 들어온다.

주혁   아, 미안. 미안미안. 많이 기다렸지? 아씨… 갑자기 행장 암행설
       이 떠가지고 서류 맞춰 놓느라고.

우진   (확 째리며) 또 일이니? 온다고 말이나 처하지 말든가, 너만 일 하
       냐고…!

(컷) 식탁 위 달력. 2016년 7월. 휴지며 과자며 리모컨이며 닥치는 대로 던지는 우진. 주혁, 겁먹은 표정으로 피한다.

우진   내가 신신당부했지! 엄마 서운해한다고! 이번 한 번만 좀 와달라고!!!

주혁   아, 야아…. 나도 놀다 온 거 아니라고. 점장님이 맹장이 터졌는데 그럼 어떡해….

우진   니가 의사야? 직원이 너밖에 없느구, 이 개XX XXX야!!! (소리 지르며 앞에 있던 선풍기 발로 확 차 넘어뜨린다)

44. 우진의 집 앞 거리 (밤)

큰 정종 한 병 사 들고 우진의 집 쪽으로 걸어오는 주혁. 우진의 집 앞에서 멈춰 서고, 대문 밑에 정종을 놓고는 집 올려다본다.

(주혁)   … 오셨나요, 장인 어른? 너무 늦었습니다…. 우진이랑 장모님, 마음 좀 잘 달래주고 가세요…. (눈 감고 기도하듯)

눈 뜬 주혁. 후…, 호흡 가다듬고는 우진의 집 벨 꾹 누른다. 우진이 나올까 봐 얼른 뒤돌아 냅다 뛰어간다.

45. 우진의 집 쪽 골목 (밤)

뛰어오는 주혁. 후… 후…, 다시 호흡 가다듬고 뒤 한 번 돌아보고는 걸어가는데… 저쪽에서 곧 쓰러질 듯 휘청거리며 걸어오는 우진을 본다.

주혁   ! (멈칫, 뜻밖의 등장에 놀라서 보는)

우진   … (기진맥진해 걸어오는)

주혁	(왜 거기서 오냐는 듯) 우진 씨… (멀뚱멀뚱 보면)
우진	(주혁을 보는) 대리님….
주혁	… 왜 밖에… 제사는…? (하는데)
우진	(눈물 그렁그렁해서) 대리님! (다가와 주혁 팔 잡고 기대서 우는)
주혁	(놀라서) 왜 그래? 무슨 일이야, 어? 우진아?! (어쩔 줄 모르는)

(컷) 골목 일각에 앉아 있는 우진. 주혁, 그 앞에 서서 자초지종을 들은 분위기.

주혁	그래서 하루 종일… 엄마 찾아다닌 거야?
우진	… 가볼 수 있는 덴 다 가봤어요. 옛날에 친했던 엄마 친구분 집에도 가보고, 아빠랑 자주 갔던 중국집, 연애 시절 엄마 아빠 데이트했던 삼청공원, 다 가봤는데… 근데 없어요, 아무도…. (주혁 보며) 엄마 인식표도 놓고 갔는데… 집, 제 전화번호, 기억도 잘 못하는데… 이대로… 이대로 엄마 못 찾으면 저 어떡해요, 대리님? 어디 가서 찾아요? 저 어떡해요…? (울먹이는)
주혁	(다독인다) 너무 극단적으로 생각하지 마. 아직 하루도 안 지났잖아.
우진	하아… (막막하단 듯 눈 감으면)
주혁	(그런 우진 보며) 신고는, 경찰에 신고는 했어?!

46. 지구대 안 (밤)

접수대 앞에서 경찰1에게 가출 신고하는 주혁과 우진. 뒤쪽으로 다른 경찰2가 비틀거리는 주취자를 진정시키고 있다. (경찰은 앉으셔라, 주취자는 싫다 서 있겠다, 나 안 취했다… 같은 말 반복하며 비틀거리는)

경찰1	(우진이 내미는 휴대폰 바탕의 우진 모 사진 찍고, 뭔가 입력하며) 네, 가출 신고 접수되셨고요… 소재 파악되는 대로 연락드리겠

습니다. 댁에 가 계세요.

우진 (불안하다) 저기 언제쯤…?

경찰1 글쎄, 일단 주변 지구대랑 수소문해봐야죠. 아직 하루 채 안 지났
    으니까.

우진 (안절부절못한다) 저기… 저 그냥 여기서 기다리면 안 될까요? 너
    무 불안해서….

경찰3 바로 연락 온다는 보장은 없는데…, 뭐 편한 대로 하세요.

우진 (주혁 보며) 대리님은 가세요, 이제. 너무 늦었어요.

주혁 (걱정되는) 어… 신고했으니까 찾을 수 있을 거야. 너무 걱정 말고.

우진 (끄덕끄덕… 기운 하나도 없는)

주혁 (안타까운) 종일 아무것도 안 먹었지? 뭐 좀 먹어야지….

우진 (생각 없다는 듯 고개 젓는데)

이때, 주혁 휴대폰 진동벨 울린다. 발신자 '혜원'이다.

47. 지구대 밖 (밤)

주혁, 밖으로 나와 얼른 전화 받는다.

주혁 어, 혜원아….

(혜원) (자다 일어난) 왜 안 와? 아직 회식 안 끝났어?

주혁 어… 아니, 회식은 끝났는데… (머리 굴리는) 좀 아까 연락이 왔
    는데… 본사 임원 중 한 분이 모친상을 당해가지고… 점장님이
    랑 팀장님이랑 다 가야 돼서….

혜원 그래? 어딘데, 멀어?

주혁 어? 어… 좀. 지방이야… 저어기 상주….

혜원 상주? 거길 꼭 지금 가야 돼? 내일 자고 가면 안 돼?

주혁 어… 그분이 친척도 없고 형제도 없고 해서… 빈소가 너무 썰렁
    하면 그렇잖아…. 그리고 점장님, 팀장님 다 가시는데 나만 안 갈

434

수도 없고….

혜원   (내키진 않지만) 알았어, 조심해서 갔다 와 그럼.

주혁   어, 다시 자 얼른. 전화할게. (끊는다. 후우… 심호흡하며 휴대폰 본다. 찔리지만 지금은 어쩔 수 없다… 지구대 쪽 보며 우진이 배고플 텐데… 생각한다)

48. 편의점 앞 (밤)

편의점 통유리 안쪽으로 주혁이 죽, 음료 등을 계산하고 있다.

49. 지구대 안 (밤)

주혁, 편의점에서 죽 사 들고 들어오는데… 우진, 긴 대기 의자에 앉아 벽에 머리를 기댄 채 잠들어 있다. 하루 종일 얼마나 뛰어다 녔으면… 짠한 표정으로 보며 우진 옆에 앉는다. 우진을 지키는 수문장처럼 앉아 휴대폰 뒤적거리다가… 뭔가 좋은 생각이 떠오른 듯 황급히 어딘가에 전화를 건다.

(상식)   (자다 깬) … 에…, 여보세요….

주혁   어, 상식아… 너 어제 말한 그 SNS, 아이디랑 비번 좀 보내봐. 나 좀 빌리자.

(상식)   (비몽사몽) 뭐… 뭘 빌려…?

주혁   SNS 아이디랑 비번! 이유는 묻지 말고 문자로 얼른 보내. 알았지? 그냥 자지 말고 새꺄. (전화 끊고, 우진 주머니에서 조심조심 휴대폰을 꺼내 바탕화면의 우진 모 사진을 자기 휴대폰 카메라로 찍는다. 핸드폰 다시 우진 주머니에 넣으려는데…)

우진   (조느라 머리를 자꾸 벽에 콩, 콩, 찧는다)

주혁   (아… 아플 텐데… 걱정되는 표정)

해가 어슴푸레 떠오르는 새벽. 이른 시간이라 오가는 행인도 없다.

51. 지구대 안 (밤─낮)

의자에서 잠들었던 우진, 게슴츠레 눈 뜨고 보면… 주혁이 우진 머리와 벽 사이를 손바닥으로 받치고, 불편한 자세로 앉아 잠들어 있다.

우진   … (그런 주혁을 가만히 본다. 고맙고, 미안하고, 뭔가 뭉클한데)

주혁   …! (화들짝 잠 깨서 보는) 어어… 일어났어? 아우, 깜빡 잠 들었네, 내가….

우진   … 저 때문에 집에도 못 가시고…, 어떡해요?

주혁   괜찮아. 대충 둘러댔어. (하곤 얼른 휴대폰 확인한다. 아직 제보가 없다)

우진   (멀찍이 업무 중인 당직 경찰관 보며) 아직… 아무 연락 없는 거죠?

주혁   그런 거 같애. 접수하고 얼마 안 지났으니까 조금만 더 기다려보자, 응? (하는데) 이때, 주혁 휴대폰에서 띠링, 알림음이 울린다.

주혁   (휴대폰 얼른 보는) 어…!

우진   (뭐지? 같이 보는)

주혁   (보며) 제보 글이야. 새벽에 내가 상식이 SNS에 사람 찾는다고 올렸거든. 어머니 사진이랑 같이. (하며 휴대폰 보여준다)

우진   (황급히 보는)

#. 휴대폰 인서트 - 우진 모 사진과 함께 '사람을 찾습니다' 58세, 키 160센티, 동그란 얼굴에 파마 머리, 치매 증상 있으심.

공지 글 밑에 자판기 앞에서 음료수 뽑는 중년 여성의 옆모습(우진 모와 비슷한) 사진과 함께 '고속버스 터미널. 인상착의가 비슷해서요…'라는 글 올라와 있다.

우진   (!!!) … 인상착의는 비슷한데…. (얼굴이 안 보여 모르겠다) 근데 터미널이면 가능성 있어요. 일단 가볼래요! (일어난다)

52. 주혁 차 안 (낮)

주혁, 입 꾹 다물고 운전 중이다. 보조석의 우진은 안전벨트를 꼭 잡고 있다. 지푸라기라도 잡고 싶은 듯.

우진   (초조하다) … 제발…, 제발 거기 계셔야 되는데….
주혁   (우진 보며) 계실 거야. 우진 씨 나 촉 좋은 거 알지? 엄마 찾을 거니까 걱정 마.
우진   (그래도 초조하다)
주혁   (격려의 뜻으로 우진의 손을 한 번 잡아주곤, 손 놓고 다시 정면 보며 액셀 밟는다)
(우진)   엄마, 엄마!

53. 고속버스 터미널 내 (낮)

뛰어 들어오는 우진. 뒤쫓아 주혁도 들어온다. 아직 이른 시간이라 터미널 내 대합실에도 그다지 사람이 없다. 우진, 여기저기 두리번거리며 혹시라도 있을지 모를 엄마를 찾는데… 대합실 의자에 앉아 있는 우진 모와 비슷한 뒷모습의 아줌마.

우진   !!! (그 아줌마 모습에 시선이 멈춘다)
주혁   !!! (역시 아줌마 발견한)

우진	… 어…, 엄마…! (그 아줌마 쪽으로 다가가는)
주혁	(조심스럽게 뒤쪽에서 쫓아가는)
우진	(아줌마 등 뒤까지 가서) 엄마…, 엄마! (부르면)

아줌마, 돌아보는데… 우진 모가 아니다. 비슷한 인상의 아주머니다.

우진	(맥이 빠지며 휘청한다)
주혁	(그런 우진 잡아주는)
우진	(의자에 털썩 주저앉으며) … 어떡해애…. 아무래도 엄마 못 찾을 거 같아요…. 몇 시간 잃어버렸다 찾은 적은 있어도, 이렇게 오래… 이런 적은 없었는데… 저 어떡해요, 대리님. 이대로 엄마 못 찾으면… 그럼 어떡해요? (눈물 그렁그렁한)
주혁	(등 토닥) … 아냐, 우진아…. 찾아… 찾을 거야…. (하면서도 본인도 걱정되는데)

이때 다시 울리는 띠링, 알림벨. 주혁 주머니에서 휴대폰 꺼내 보고

주혁	(우진 보며) 또 제보야. 노숙인 무료 급식소 같은데… (보여준다)
우진	(기대 없이 보고, 고개 흔들며) … 아니에요…. 엄마랑 머리 길이가… 달라요…. (하곤 시선 거두다가 !!! 뭔가 발견한 듯 갑자기 휴대폰 뺏어 들고 본다)
주혁	(눈 동그래지며) 왜, 왜?
우진	(급히 엄지와 검지로 화면 확대하는)

#. 휴대폰 화면 인서트 - 무료 급식소에 줄서서 배식받는 노숙인들 뒤쪽으로 봉사 조끼에 큰 국자 들고 국 배식하며 활짝 웃는 우진 모의 모습 (C.U)

사진의 그 모습 그대로 실제 우진 모의 얼굴로 바뀌며….

우진 모   (활짝 웃는 얼굴로 국 퍼주며) 많이 드세요. 네에, 맛있게 드세요
          오! (신나게 배식 중인)
봉사원   (옆에서 밥 퍼주며) 아주머니, 봉사 많이 다니셨나 보다. 손도 빠
          르시고, 친절하시고. 어느 봉사단에서 오셨어요?
우진 모   우진 봉사단요. (계속 국 퍼주며) 많이 드세요오!
봉사원   아, 우진…? (그런 데가 있었나? 갸웃하는데)

공원으로 막 뛰어오는 우진, 두리번거리다가 급식소 보고 더 빨
리 뛰어간다. 뒤이어 따라온 주혁도 같이 뛰어가고… 우진, 급식
소가 점점 가까워지자 눈으로 찾다가 멈칫, 생글거리며 국 퍼주
고 있는 모친 발견한다.

우진   (반가움과 안도와 원망이 섞인 표정으로) 엄마!!!
우진 모   ? (우진 보고) 어, 우진아! (해맑게 웃으며 손 흔드는)
우진   (뛰어가 모친 확 끌어안고) 여기서 뭐 하는 거야, 대체! 난 다신
          엄마 못 보는 줄 알고… 얼마나 무서웠는지 알아? (눈물 흘리면)
우진 모   다 큰 게 왜 이래, 쪽 팔리게? 엄마도 사생활이 있구만, 참…. (우
          진 떼어놓는데)
주혁   장모님!!! (우진 모를 와락 껴안는다) 여기 계신 줄도 모르고… 얼
          마나 걱정했는데요…! (울컥하는)
우진 모   어어, 차 서방. 아니, 다들 왜 난리야? (영문 모르겠다는 듯)
주혁   (떨어지며) 아니에요, 그냥… 너무 안심돼서… 무사하셔서 다행
          이에요 진짜….
우진   (진심으로 울컥한 주혁 보며 감정이 또 묘해지는)

주혁, 구두로 땅 툭툭, 차며 기다리고 있는데… 우진, 나온다.

주혁   어머니는? 주무셔?

우진   (끄덕) 아빠 살아 계셨을 때 두 분이 같이 봉사 다녔거든요. 그때
       생각이 났나 봐요…. 그래도 어떻게 참… 거기서 급식 봉사를 하
       고 있냐, 진짜 우리 엄마도….

주혁   그러게. 엉뚱한 게 모전여전 같기도 하고. (웃는)

우진   너무 자연스러워서, 급식소에서도 봉사 나온 단체 사람인 줄 알
       았대요. (웃는)

주혁   (우진이 웃으니 좋다. 보다가) 들어가, 어머니 또 깨실라.

우진   약 드셔서 한참 주무실 거예요. 가세요, 차 있는 데까지 배웅할게
       요. (가는)

주혁   (보다가, 따라서 가는)

차 주차한 곳을 향해 나란히 걸어가는 주혁과 우진. 주혁, 이 길
을 우진과 또 걷자니 밀려오는 감회가 남다르다.

#. 회상 플래시 1 - 골목, 12년 전.
교복 차림의 우진, 달려와 복학생 주혁 팔짱끼며

우진   같이 가요! 왜 이렇게 걸음이 빨라, 쌤. 쫓아오느라 죽는 줄 알았네.

주혁   팔은 빼라.

우진   아으 치사하게. 어차피 썩어 없어질 몸뚱이를 뭘 그렇게 아껴요.
       (팔짱 빼고 주혁 옷소매를 엄지와 검지로 잡는다. '됐지?' 하는 미소
       지으며)

다시 현재. 걸어가는 주혁과 우진 모습에서

\#. 회상 플래시 2 - 골목. 10여 년 전.
연애 시절의 주혁와 우진, 손 잡고 이 길 걷는다.

우진   어… 집에 다 와 간다. 나 헤어지기 싫은데.

주혁   나도 보내기 싫어, 인마.

우진   우리 그냥 결혼할까? 선생님 나한테 프로포즈 안 할래요?

주혁   (몸을 낮춰 우진과 눈을 마주보며) 그럼 여기서 프로포즈할까요?

우진   (진짜 프로포즈 받은 듯 머리 위로 동그라미 그리며) 예쓰!

다시 현재. 주혁 웃픈 표정. 추억에 가슴이 아린데….

우진   …저 이번에 진짜 대리님 아니었으면 정줄 놨을 거예요, 너무 무서워서.

주혁   내가 뭐… 해준 게 있다고.

우진   왜요. 결국 그 제보 덕분에 엄마 찾은 건데. 차도 태워주시고…. 차 한 대 뽑아야 될까 봐요, 엄마 때문에라도. (하곤) 그리구… 옆에 있는 걸로 충분히, 너무너무 의지가 됐어요. 정말. 진짜루. (하고 걸어가는)

주혁   … (조용히 뒤따라 걸어가는)

우진   난 하느라고 하는데… 엄만 평생 아빠 빈자리가 너무 큰가 봐요. 진짜 아빠밖에 없었거든요, 우리 엄만. 완전 순정파죠.

주혁   마치 숫자 0처럼. (우진 바라보며) 0은 곱셈에서는 뭐든 다 0으로 만드는 절대 권력이지만, 덧셈에서는 아무 힘도 없지. 0이 더하기를 더 사랑하기 때문에.

우진   와, 그거 어떻게 아세요? 그래서 제가 제일 좋아하는 숫자가 0이거든요.

주혁   어디서 들었어, 누구한테. 무슨 말인지 이제 알 것도 같고.

우진   (주혁 바라보는)

주혁   누군가 사라진 후에, 그 사람이 날 떠난 후에… 왜 더 잘해 주지 못했을까? 왜 얼마나 소중한지 몰랐을까? 후회되고, 아쉽고, 그립고….

우진   (놀리듯) 어, 커밍아웃하시는 거예요 지금? 가슴에 묻은 러브 스토리?

주혁   (끄덕끄덕, 진지하게 우진 보며) … 미안해…. 정말.

우진   ? (무슨 말인가 싶어 보면)

주혁   (쓸쓸하게 웃으며) 이렇게 꼭 얘기하고 싶었어…. 그 친구한테. (얼른 다시 밝게) 근데 이젠 글렀지 뭐. 더 이상 만날 수가 없으니까.

우진   그 말이 꼭 그분에게 전달되면 좋을 텐데….

주혁   모든 말이 다 가서 닿을 수 있는 건 아니니까…. 마음으로 빌려고, 행복하라고.

우진   (끄덕끄덕, 그 말을 곱씹다가) 음… 전 마음으로 빌고 그런 거 잘 못하는 성격인데… 앞으론 해봐야겠네요, 저도…. (주혁 보며) 오늘 진짜 감사했습니다. (손 내미는)

주혁   ? (무슨 악수? 싶지만 일단 손 내밀어 잡는다)

우진   (흔들고) 월요일에 뵐게요, 대리님. 운전 조심하세요! (뒤돌아 빠른 걸음으로 걷는)

주혁   (우진 모습 보다가 뒤돌아 차를 향해 걸어간다. 그렇게 멀어지는 두 사람 모습에서…)

57. 우진의 집 앞 (낮)

왠지 모르게 쓸쓸한 마음으로 걸어오는 우진. 집으로 들어가려다 대문 앞 한편에 놓인 정종을 본다. 경황이 없어 이제야 봤다. '이 게 왜…?' 정종 집어 들며 의아해하는 표정.

꽃꽂이 중인 혜원. 싹둑싹둑, 너무 잘라낸 꽃은 가차 없이 휙 버리고…. 완성된 꽃병을 식탁 위에 갖다 놓는데… 주혁 들어온다.

혜원　(보고) 어머, 이게 누구세요? 오랜만이시네요 차주혁 씨.

주혁　(눈치 보며) 어… 미안.

혜원　상주도 아니고, 뭘 그렇게 오래 있어? 전화도 안 하고, 진짜 너무 한 거 아냐?

주혁　아… 지점장님이 자꾸 좀만 더 있자 그러셔서 가지고… (찔려 혜원 눈 못 보는)

혜원　그 점장님은 이상하더라. 집에 가기 싫으면 혼자 있든지, 왜 밑에 사람들까지 고생을 시켜, 마음에 안 들어 진짜.

주혁　그러게 말야. 나 좀 씻을게, 샤워를 못해서. (얼른 욕실 쪽으로 가는)

혜원　어. (하다) 근데 자기 그러고 갔어?

주혁　어? (혜원 보면)

혜원　상갓집에 그 넥타이는 좀 심했다. 하나 사든지 하지.

주혁　(아차, 그러고 보니 유난히 칼라풀한 넥타이를 맸다) 아… 살 데가 마땅치가 않아서. 그래도 문상할 땐 뺐어, 씻을게. (하곤 얼른 욕실로 도망가듯 들어간다)

혜원　아빠가 주말에 또 골프가재. 시간 비워놔.

(주혁)　어! (목소리만 들린다)

59. 우진의 집 안방 (낮)

자고 있는 우진 모. 그 옆에 우진도 어제의 피로 탓에 탈진해 쓰러져 자고 있다. 순간 경기하듯 푸드덕거리던 우진 모. 벌떡 일어나 앉는다. 눈을 끔뻑끔뻑하고는 자는 우진을 한 번 보더니 누굴 찾는 듯 두리번거린다. 찾는 사람이 없자 실망한 표정을 짓는 우진 모. 방바닥에 있던 우진의 휴대폰을 집어 들고 살금살금, 밖으로 나간다.

60. 혜원의 집 거실 (낮)

욕실 안쪽에서 샤워 물소리 들리고 혜원, 욕실 앞에 주혁이 벗어 놓은 옷 챙기는데 그 옆에 놓여 있던 주혁의 휴대폰 진동이 울린다. 혜원, 힐끗 보면 발신자 '서우진'이다.

혜원   … 뭐야, 얜 왜 또…? (그리 유쾌하지 않다. 잠시 보다가 휴대폰 들고 거실 중앙으로 나오며 전화받는다) 네, 여보…,

(우진 모) 차 서방! 왜 그냥 갔어? 기다렸다가 밥이라도 먹고 가지….

혜원   네? (다시 발신자 확인하고는) 누구세요?

(우진 모) (주혁 아닌 거 깨닫고) 그러는 댁은 누구슈? 이거 우리 차 서방 전화번호인데….

혜원   저 와이프인데요. 그쪽은 누구신데 우리 남편을 차 서방이라 그러시죠?

(우진 모) … (혼란… 침묵하고 있는)

혜원   여보세요… 여보세… (하는데 우진 모 툭, 끊어버린다) ?! (어이없어 보다가) 뭐야아…? (휴대폰 내려놓으려는데 뭔가 이상하다. 분명 '서우진'이었는데…)

(우진 모) 차 서방! 왜 그냥 갔어? 기다렸다가 밥이라도 먹고 가지…

혜원   ?! (분명 뭔가 수상하다. 욕실 쪽 보는)

61. 혜원의 집 안방 (낮)

옷과 휴대폰 들고 안방으로 들어오는 혜원. 주혁의 휴대폰 통화 목록부터 뒤진다. 일과 관련된 사람들, 새벽에 상식…? 별다른 단서가 없다. 이번엔 옷을 뒤지기 시작하는데… 주머니에서 명함이

나온다. 보은지구대 순경 명함이다. 지구대…? 이건 또 왜…? 점점 의혹이 커진다.

62. 혜원의 집 주차장 (낮)

주차장으로 나온 혜원. 두리번거리며 주혁의 차를 찾는다. 주차된 주혁의 차가 보이고… 차 쪽으로 다가서는 혜원. 이미 감 잡고 뭔가 캐내 보겠다는 의지의 표정이다. 리모컨 키로 잠금 해제하고 운전석 문 열어젖힌다.

63. 주혁 차 안 (낮)

뭔가를 직감하고 주혁 차 안을 뒤지는 혜원. 콘솔 박스며 글러브 박스를 열어보고, 내비게이션도 살펴보는데 최근 목록에 보은지구대, 버스터미널, 중앙공원 등 알 수 없는 행선지들 찍혀 있다.

혜원 … 뭐야, 이게…?!
   (상갓집은 분명 상주랬는데… 분명 상갓집을 다녀온 건 아니다…)

확신이 생긴 혜원, 블랙박스를 눌러 목록을 뒤진다. 어제 날짜 녹화된 분량을 찾아 플레이하자 음성 들려오는.

(우진) 지구대 신고하면, 찾을 수 있을까요, 엄마?
(주혁) 해봐야지. 일단 신고부터 하고 상황을 좀 보자. 응?
혜원 !!! (뭐야 이거, 여자 목소린데… 다른 목록 찾아 또 플레이하면)
(우진) 제발…, 제발 거기 계셔야 되는데….
(주혁) 계실 거야. 우진 씨, 나 촉 좋은 거 알지. 엄마 찾을 거니까 걱정 마.
혜원 !!! (서우진! 상갓집이 아니라 또 서우진이었어?! 부들부들 떨리는)

64. 혜원의 집 안방 (낮)

샤워하고 잠옷으로 갈아입은 주혁. 수건으로 머리 털고 침대에 털썩 눕는다.

주혁   … 아…, 편하다…. (어제 쪽잠밖에 못 잔 탓에 피곤이 몰려오는데)

혜원   (씩씩거리며 들어오는)

주혁   (보며) 어, 어디 갔다 왔… (하는데)

혜원   (블랙박스 메모리 카드를 주혁 향해 집어 던진다)

주혁   (깜짝 놀라) 뭐, 뭐야…?!

혜원   뭐야? 내가 묻고 싶은 말이야. 이거 뭔데?

주혁   (주워서 보다가… 블랙박스 메모리 카드구나… 깨닫고 놀라서 혜원 본다)

혜원   말해보라고! 이게 뭐냐니까?! (씩씩거리며 쏘아본다)

말문 막혀 쳐다보는 주혁과, 격앙된 혜원의 모습에서….
8화 엔딩.
(2권에 계속)

아는 와이프 1

1판 1쇄 인쇄 2018년 10월 2일
1판 1쇄 발행 2018년 10월 10일

지은이 | 양희승
펴낸이 | 김영곤
펴낸곳 | (주)북이십일 아르테팝
미디어사업본부 본부장 | 신우섭
기획·편집 | 이은   **미디어믹스팀** | 강소라 이상화
미디어마케팅팀 | 민안기 정지은 정지연
영업팀 | 권장규 오서영
홍보팀장 | 이혜연   **제작팀장** | 이영민

출판등록 | 2000년 5월 6일 제 406-2003-061호
주소 | (우 10881) 경기도 파주시 회동길 201(문발동)
대표전화 | 031-955-2100   **팩스** | 031-955-2151

(주)북이십일 경계를 허무는 콘텐츠 리더

아르테팝 채널에서 도서 정보와 다양한 영상자료, 이벤트를 만나세요!
북이십일과 함께하는 팟캐스트 '[북팟21] 책 이게 뭐라고'
페이스북 | facebook.com/21artepop   블로그 | arte.kro.kr
인스타그램 | instagram.com/21_artepop   홈페이지 | arte.book21.com

ISBN 978-89-509-7769-6 04680
ISBN 978-89-509-7771-9 (SET)